抗日战争
专题研究

张宪文 | 主
朱庆葆 | 编

第五辑
战时政治
与对外关系

抗战中的澳门

冯翠 著

江苏人民出版社

图书在版编目(CIP)数据

抗战中的澳门 / 冯翠著. -- 南京 : 江苏人民出版
社, 2025.8
(抗日战争专题研究 / 张宪文, 朱庆葆主编)
ISBN 978 - 7 - 214 - 28782 - 3

Ⅰ. ①抗… Ⅱ. ①冯… Ⅲ. ①抗日战争—史料—澳门
Ⅳ. ①K265.06

中国国家版本馆 CIP 数据核字(2023)第 243401 号

书　　　名　抗战中的澳门
著　　　者　冯　翠
责 任 编 辑　张晓薇
装 帧 设 计　刘葶葶
责 任 监 制　王　娟
出 版 发 行　江苏人民出版社
地　　　址　南京市湖南路 1 号 A 楼,邮编:210009
照　　　排　江苏凤凰制版有限公司
印　　　刷　苏州市越洋印刷有限公司
开　　　本　652 毫米×960 毫米　1/16
印　　　张　33.5　插页 4
字　　　数　390 千字
版　　　次　2025 年 8 月第 1 版
印　　　次　2025 年 8 月第 1 次印刷
标 准 书 号　ISBN 978 - 7 - 214 - 28782 - 3
定　　　价　168.00 元

(江苏人民出版社图书凡印装错误可向承印厂调换)

教育部哲学社会科学研究重大委托项目
2021年度国家出版基金资助项目
南京大学"双一流"建设卓越计划项目
"十四五"国家重点出版物出版专项规划项目

合作单位

南京大学　北京大学　南开大学　武汉大学
复旦大学　浙江大学　山东大学
台湾中国近代史学会

学术顾问

金冲及　章开沅　魏宏运　张玉法　张海鹏
姜义华　杨冬权　胡德坤　吕芳上　王建朗

总　序

张宪文　朱庆葆

　　日本侵华与中国抗日战争是近代中国最重大的历史事件。中国人民经过 14 年艰苦卓绝的英勇奋战,付出惨重的生命和财产的代价,终于取得伟大的胜利。

　　自 1945 年抗日战争结束至 2015 年,度过了漫长的 70 年。对这一影响中国和世界历史进程的重大事件,国内外历史学界已经做过大量的学术研究,出版了许多论著。2015 年 7 月 30 日,在抗日战争胜利 70 周年前夕,中共中央政治局就中国人民抗日战争的回顾和思考进行集体学习,习近平总书记发表重要讲话,指示学术界应该广为搜集整理历史资料,大力加强对抗日战争历史的研究。半个月后,中共中央宣传部迅速制定抗日战争研究的专项规划。8 月下旬,时任中共中央宣传部部长刘奇葆召开中央各有关部委、国家科研机构和部分高校代表出席的专题会议,动员全面贯彻习总书记的讲话精神,武汉大学和南京大学的代表出席该会。

　　在这一形势下,教育部部领导和社会科学司决定推动全国高校积极投入抗战历史研究,积极支持南京大学联合有关高校建立抗战研究协同创新中心,并于南京中央饭店召开了由数十所高校的百余位教授、学者参加的抗战历史研讨会。台湾也有吕芳上、陈立文等十多位教授出席会议,共同协商在新时代深入开展抗战历史研究的具体方案。台湾著名资深教授蒋永敬在会议上发表了热情洋溢的讲话。经过几个月的酝酿和准备,南京大学决定牵头联合我国在抗战历史研究方面有深厚学术基础的北京大学、南开大学、武汉大学、复旦大学、浙江大学、山东大学及台湾学者共同组建编纂委员会,深入开展抗日战争专题研究。中央档案馆和中国第二历史档案馆也积极支持。在南京中央饭店学术会议基础上,编纂委员会初步筛选出 130 个备选课题。

南京大学多次举行党政联席会议和校学术委员会会议,专门研究支持这一重大学术工程。学校两届领导班子均提出具体措施支持本项工作,还派出时任校党委副书记朱庆葆教授直接领导,校社科处也做了大量工作。南京大学将本项目纳入学校"双一流"建设卓越计划,并陆续提供大量经费支持。

江苏省委、省政府以及江苏省委宣传部,均曾批示支持抗战历史研究项目。国家教育部社科司将本项研究列为哲学社会科学研究重大委托项目,并要求项目完成和出版后,努力成为高等学校代表性、标志性的优秀成果。

本项目编纂委员会考察了抗战历史研究的学术史和已有的成果状况,坚持把学术创新放在第一位,坚持填补以往学术研究的空白,不做重复性、整体性的发展史研究,以此推动抗战历史研究在已有基础上不断向前发展。

本项目坚持学术创新,扩大研究方向和范围。从以往十分关注的九一八事变向前延伸至日本国内,研究日本为什么发动侵华战争,日本在早期做了哪些战争准备,其中包括思想、政治、物质、军事、人力等方面的准备。而在战争进入中国南方之后,日本开始逐步将战争引出中国国境,即引向广大亚太地区,对东南亚各国及东南亚地区的西方盟国势力发动残酷战争。研究亚太地区的抗日战争，有利于进一步揭露日本妄图占领中国、侵占亚洲、独霸世界的阴谋。

本项目以民族战争、全民抗战、敌后和正面战场相互支持相互依靠的抗战整体，来分析和认识中国抗日战争全局。课题以国共两党合作为基础，运用大量史实，明确两党在抗日战争中的地位和作用，正确认识各民族、各阶级对抗日战争的贡献。本项目内容涉及中日双方战争准备、战时军事斗争、战时政治外交、战时经济文化、战时社会变迁、中共抗战、敌后根据地建设以及日本在华统治和暴行等方面，从不同视角和不同层面，深入阐明抗日战争的曲折艰难历程，以深刻说明中国抗日战争的重大意义，进一步促进中华民族的伟大复兴。

对于学界已经研究得甚为完善的课题，本项目进一步开拓新的研究角度和深化研究内容。如对山西抗战的研究更加侧重于国共合作抗战；对武汉会战的研究将进一步厘清武汉会战前后中国政治、经济、社会的变迁及国共之间新的友好关系。抗战前期国民党军队丢失大片国土，而中国共产党在十分艰难的状况下，在敌后逐步收复失地，建立抗日根据地。本项目要求对各根据地相关研究课题，应在以往学界成果基础上，着力考察根据地在社会改造、经济、政治、人才培养等方面，如何探索和积累经验，为 1949 年后的新中国建设提供有益的借鉴。抗战时期文学艺术界以其特有的文化功能，在揭露日军罪行、动员广大民众投入抗战方面，发挥了重要作用。我们尝试与艺术界合作，动员南京艺术学院的教授撰写了与抗日战争相关的电影、美术、音乐等方面的著作。

本项目编纂委员会坚持鼓励各位作者努力挖掘、搜集第一手历史资料，为建立创新性的学术观点打下坚实基础。编纂委员会要求全体作者坚决贯彻严谨的治学作风，坚持严肃的学术道德，恪守学术规范，不得出现任何抄袭行为。对此，编纂委员会对全部书稿进行了两次"查重"，以争取各个研究课题达到较高的学术水平，减少学术差错。同时，还聘请了数十位资深专家，对每部书稿从不同角度进行了五轮审稿。

　　本项目自 2015 年酝酿、启动，至 2021 年开始编辑出版，是一项巨大的学术工程，它是教育部重点研究基地南京大学中华民国史研究中心一直坚持的重大学术方向。百余位学者、教授，六年时间里付出了艰辛的劳动，对抗战历史研究做出了重要贡献！编纂委员会向全体作者，向教育部、江苏省委省政府以及各学术合作院校，向江苏凤凰出版传媒集团暨江苏人民出版社，向全体编辑人员，表示最崇高的敬意和诚挚的感谢！

目录

导论

　　澳门,位于珠江三角洲西岸,近代以博彩著称,冠之以东方"蒙地卡罗"之名。开埠以来,经受葡萄牙四百多年的殖民侵染,散发着东西文化的双面神韵,其城市与历史文化更是融贯东西的产物。澳门虽地域狭小,却承载着厚重的历史。20世纪三四十年代,当日本侵华战争的硝烟在中华大地肆虐之际,澳门处于葡萄牙管治下,因循"中立",成为中国抗战的特殊区域——"中立区",有其特殊的意义和学术研究价值。

一、研究价值与意义

　　澳门虽处于异邦管治之下,但其毗连大陆,且与内地唇齿相依,从未隔断政治、经济、文化等方面的联系。特别是占澳门人口绝大多数的华人,与内地在社会活动、地域文化、族群情感等方面联系紧密,往来从未间断。日本发动侵华战争之际,澳门因循葡萄牙政府所奉行的中立政策,成为远东的"中立区",对中国抗战事业、澳门本土社会均产生了独特的影响,呈现出别具一格的历史面相。

（一）本土之外——澳门在中国抗日战争史上的独特地位

学界一般按管治力量、社会状态、政权性质的不同将抗日战争时期中国各个区域分为国统区、沦陷区、根据地，但在此要探讨的是有别于前三者的存在——"中立区"。"中立与战争"本就是一个值得研究的问题。首先，"中立"并非与战争隔绝，而是在战争中采取的另一种态度；其次，中立与战争呈现出的是有别于直接参战的另一番关系。正是"中立区"所呈现出来的"另一种态度"和"另一番关系"，即令其在一般意义的战争史研究以及中国的抗日战争史研究中具有非常独特的价值。

澳门这一远东的"中立区"在日本侵略中国乃至东南亚时期是一个特殊的存在，相较战火下的中国腹地及其周边区域，澳门成为难得的一隅偏离战火之地。它安于战争带来的财富与地位，但并没有幸免于战争的冲击，承受着战争所带来的其他后果——难民的涌入、物资的匮乏、对外交通的封锁、瘟疫的侵袭等等，而且各方势力在澳门角逐，夹缝中生存并非易事，它所经历的是一场没有硝烟的战争。

澳门在地理位置上与内地毗邻，社会形态的不同并未割裂民族认同，而且由于其"中立"地位，在抗日战争前期更彰显出作为祖国抗战后盾的作用。澳门曾成为祖国抗战的筹赈埠、受难同胞的避难所。澳门华人虽处于葡萄牙殖民管治体系下，但仍是支援祖国抗战的重要力量。澳门华人在各华人社团的组织号召下，以"救灾""赈难"为口号，相继成立了救济兵灾委员会、各界救灾会、四界救灾会等爱国救亡团体，同时组织发动澳门各界积极募捐，筹募棉衣等，为祖国抗战贡献一份力量，其行为亦受到当时国民政府的嘉奖。

澳葡政府虽持中立，但澳门华人在情感上并未中立，也从未被其他各方视作"中立",他们支援祖国抗战的同时,也在为自身生存而战。1941 年 12 月,太平洋战争爆发,香港以及东南亚各地相继沦陷,澳门成为远东唯一的"安全区",参战各方势力深入澳门进行情报和物资的收集、转运等各项活动,使其成为东亚的谍报港、中转站。周边难民亦涌入这狭小的"安全区",澳门成为战争中的避难所。人口迅速增加,对外交通却受到封锁,物资匮乏引发普遍的物价上涨,伴随严重的饥荒、瘟疫,澳门经历三年零八个月的艰难时期。难民的安置、贫民的救助、社会秩序的稳定,成为澳葡政府与民间社会面临的巨大挑战。

澳葡政府接纳了蜂拥而至的难民。随之,澳门的各类慈善组织、华人团体因应战争的境遇,毅然承担起筹募善款、救济难民、互助求存等各项任务,而这一系列慈善救济行为的实施都离不开澳门民间华人社团的领袖——华商精英的领导、资助与扶持。

在当地华人领袖的组织、号召下,以华人社团为依托,澳门华人社群在抗战前期发起赈难救亡运动,作支援祖国抗战的有力后盾;后期为救养在澳门的同胞开展大规模慈善救济,为着生存自救作抗争,延续了数以万计来澳华人难民和本地贫困者的生命。抗战中的澳门是中华民族抗日战争史上不可或缺的特殊一隅,澳门华人的互助求存是本土之外的对待日本侵略的另一种抗争。

(二)异治华邦——战时澳门社会与华人社群的特殊性

澳门作为一个殖民管治区或华人的侨居地,相对其他一般殖民管治区或华人侨居地而言,有其独特的社会结构与地域特征。首先,从人口及社群构成来看,澳门是由大多数华人以及少数的葡萄牙人、其他西方人所构成的特殊社会,不同族群构建起各自文化背景下的次生社群,没有固定的边界,各个社群若即若离、交错相依。澳门社会是一个复杂的综合体,华人社群是其主要的构成面,华人占澳门人口的绝大多数,在诸多领域都占有绝对的优势。其次,从地理位置及社会联系来看,澳门虽然是葡萄牙殖民体系下的远东殖民管治城市,但在地理位置上与中国腹地连在一起,华人对祖国的依赖,以及所受到的祖国的影响,远比其他侨居地深刻,而且联系紧密。再次,从澳葡政府的管治政策及效果来看,葡萄牙本国实力衰微,难以实现对远东殖民管治区的有力控制及治理。澳葡政府长期以来对华人社群采取间接管治的政策,更多依靠民间华人社团及其领袖来实现,其对华人社群的管治是柔性而低效的。华人社群在这种环境下,实现了内部的自我整合、管理及发展,并且以其在民间的强大力量以及对周边的影响,与澳葡政府分享澳门所拥有的便利,共同承担风险和面临的困难。从上述意义而言,澳门社会在很大程度上是一个处于他国管辖下的华人社会。

抗日战争时期的澳门是战火中的绿洲,是中华儿女进行抗战宣传的基地,也是难民的庇护所。战火弥漫之际,"中立"的特殊地位,及其带来的一系列社会问题,催生了澳门华人社群自身的转变与发展。在特定的时局下,澳门华商把握发展机遇,为自己谋得权益与发展空间,在慈善救济领域充分发挥了其实力与影响力;同时,其实力与权力的发展、壮大也为救亡图存、支援抗战、慈善救济事业提供了保障。澳门的华人社会呈现出一种发展与救亡、救济交叠共存的局面。

抗日战争时期特殊的社会环境给社团的领导者——澳门华商,带来了挑战与机遇。华商利用澳门的"中立"地位为自己谋得财富,同时通过华人社团发起一系列赈灾慰劳、救济难民的爱国爱民运动,获得祖国政府、澳门华人社群以及澳葡政府的赞许。澳葡政府管理华人社群,在组织机构方面必须通过华人社团这一桥梁,在人事方面不仅看重华商在华人社群及其社团中的领导地位与影响力,诸多事务的推行更是仰仗华商的财力与名望。因此,澳葡政府在管理华人社会以及处理对华关系上也越来越倚重华商,华商则以此为自身谋取更多的经济利益与政治权利。华商是抗日战争时期澳门社会一道耐人寻味的风景,他们在慈善救济事业上曾尽心尽力,在战时显赫一方,财富、名望、权力囊括于怀,战后却成为国民政府通缉的"经济汉奸",一时满城风雨。

澳门民间华人社群与澳葡政府的相处模式,颇值得研究与探讨。抗日救国的召唤,国共、日伪、英美等势力在澳门的活动及其影响,促使华人社群内部明显出现多种趋向,每一个小群体都在利用澳门实现各自的意愿,既有交错,亦有分流,呈现丰富而复杂的价值取向与纷繁的历史活动。澳门华人社群为祖国的抗日战争积极奉献,也经历了自身内部的蜕变与重组,而这些变化亦直接关系到澳门战后的发展趋势及其回归后的治理。

(三)战中飞地——连接中国战场与太平洋战场的中立港

澳门虽为弹丸之地,却因葡萄牙的中立政策及各方的主观考虑,成为战时远东地区唯一幸存的"中立区"。这样的特殊情况,被各方洞悉、利用,使澳门成为情报搜集、物资及人员转运之地,也使其经济得到畸形的发展,社会极端化的倾向更加明显。

日本虽然未直接占领澳门,却对澳门内外进行严密的间接把控。在外围,日本海陆军对澳门周边海域及陆路进出实行封锁、监控;在内部,日本政府海军省、陆军省、外务省以及周边的附日伪势力均有进入澳门活动。日本外务省在澳门设立了领事馆,海军在澳门设立了武官府,陆军的特务机关也在澳门设立据点,这些不仅对澳门的政治、经济、教育、检疫等领域构成威慑,还针对澳门社会不利于日方的活动进行侦察与破坏。不仅如此,日伪势力在澳门创办《西南日报》为其政策宣传鼓噪,同时,还创办日语学校,培植间谍及亲日分子，进行文化层面的渗透。

英美方面则充分利用澳门的中立地位积极开展战时情报的搜集与物资、人员的援救工作。例如，香港沦陷后，港英政府人员转移到澳门避难，英国驻澳门领事瑞礼士（John Pownall Reeves）及英军服务团负责人赖廉士（Lindsay Tasman Ride）等以澳门为中转站，联合国民党、共产党方面开展情报搜集、物资运输及营救战俘、飞行员等行动。

国民党在澳门的势力因日本对澳葡政府的施压而备受打击，国民党澳门支部甚至一度难以开展党务、抗战等活动。日伪势力与国民党在澳势力间展开了持续的暗杀行动，小规模的枪杀事件频繁发生，令中立区的人民感受到战争的存在与残酷，而对居澳日伪分子的狙杀，也令日伪在澳门的活动受到扼制和削弱。

共产党则通过组织澳门的爱国分子，进行积极的抗日宣传、救济、营救等各类活动，一方面动员滞澳党员发展组织，积极开展工作，一方面派出柯麟、柯正平等到澳门活动，联系澳门各界爱国分子，争取到马万祺、何贤等澳门华人领袖的支持，在抗战的浪潮中将反侵略与民族解放工作相结合，为中共在澳门的发展打下良好的基础。

澳门是远东的战中飞地，是中国战场与太平洋战场、陆上抗战与海上抗战的连接点。对这一时期澳门的研究，既是中国抗战史研究的一部分，也是太平洋战争史研究的一部分，更是世界范围的宏观的第二次世界大战史研究的一部分，呈现出中国与世界的辩证的双重意义。

总之，"殖民地"的身份、"中立区"的地位成为战时澳门的主要特征，也是澳葡政府应付时局的策略出发点。随着战事的发展，不同时期的澳门呈现出与众不同的历史景象。抗日战争爆发之初，澳门华人响应祖国召唤,使澳门成为祖国抗战的筹赈埠;随着日军的南侵,澳门逐渐成为各方受难民众的避难所;香港沦陷后,澳门又成为远东地区唯一的"中立港",国共、英美、日伪各路人马涌入其中,使澳门成为参战各国的谍报港、各类物资的中转站;战争结束时,由于澳葡政府的包庇,澳门一度成为众多战犯和汉奸的藏匿处。

抗战中的澳门从最初担当救国救民的筹赈埠,到最后沦为庇护战犯和汉奸的藏匿处,扮演着多重复杂的角色,缠绕着诸多是非,是没有硝烟的战场。身处其中的澳门华人因应祖国抗日战事发展及澳门生存处境的变迁,支援祖国抗战、救济难民与本地贫困,共渡难关,是中国全国抗战、全民族抗战不可或缺的组成部分。国共、英美、日伪各路势力在澳门的博弈,牵动着二战中诸多联盟在远东的利益及关系变迁。通过澳门来对中日、中葡、中英、日葡、日英、英葡等在战时的多重关系及其变迁予以关注与研究,亦是远东太平洋战争史以及二战史研究的特殊之处。因此,本书希望通过对抗日战争时期澳门的研究,以澳门"中立区"的特殊性角色,丰富以往对抗战史、二战史的认识与了解,加深对有关澳门历史与现实问题的认知。

二、研究回顾与分析

学界对抗日战争时期澳门的研究起步相对较晚,早年鲜有学者关注,直到澳门回归前后,学界对澳门与抗战问题才逐渐重视。中、日、葡、加、英等国学者陆续投入研究,经年积累起一批成果,包括口述史、回忆录、史料集、著述及论文等,迄今已颇为可观。

（一）国内相关研究回顾与分析

澳门与抗日战争研究的学术发展历程大致可分 20 世纪 80 年

代前、1999 年前后以及 21 世纪以来三个阶段。20 世纪 80 年代前，国内学界对于民国时期的澳门，特别是抗日战争时期澳门历史相关领域缺少关注，即便是已发表的有关论著大多集中于澳门在抗战中的地位、澳门的救灾社团等几个比较突出的方面，且因"殖民地"的历史敏感及档案资料的有限开放等现实因素，研究尚未深入展开。

1999 年前后，以澳门的回归为契机，澳门史的研究引起了学界积极的关注，特别是粤港澳三地的学者得风气之先，相继开展了一些十分有意义的研究，有关澳门与抗日战争的史料整理及研究亦初现成果。进入 21 世纪，在澳门史研究学者的辛勤耕耘下，澳门与抗日战争的研究逐渐受到重视，特别是澳门本地学者更是热衷于整理及研究这一特殊时期澳门华人社会、澳门与祖国抗战的相关问题，颇有所成。

目前，澳门与抗日战争研究的学术成果经数年耕耘累积，已有一定规模，对澳门在战时的地位、经历、发展及其贡献等问题的认识与研究也在不断地深化中。有关抗日战争时期澳门史料的整理刊布及相关问题的研究情况大致如下：

1. 档案资料归集、史料刊布及口述史料保存

在没有史料便无以成言的史学研究领域，史料是重构历史事实的基础，只有通过归集和整理相关史料，方可展现史实和解答各种疑问。目前，已出版的有关抗日战争时期澳门的史料集，主要有傅玉兰主编的《抗战时期的澳门》[①]，黄慰慈、陈立平主编的《濠江风

---

① 傅玉兰主编：《抗战时期的澳门》，澳门：澳门特别行政区文化局澳门博物馆 2001 年版。

云儿女——澳门四界救灾会抗日救国事迹》①，吴志良等主编的《民国葡萄牙驻广州总领事馆档案》②等。此外，莫嘉度（Vasco Martins Morgado）著《从广州透视战争：葡萄牙驻广州总领事莫嘉度关于中日战争的报告》③，陈大白著《天明斋文集》，蔡佩玲编《澳门历史的见证：陈大白大半个世纪的回忆》④，廖平子著《淹留》⑤，金国平、吴志良著《镜海飘渺》⑥，以及黄哲军、笙秀、陈树荣（濠江客）、黄就顺、徐新、林发钦等以其收集到的相关史料撰写发表于《澳门日报》的系列文章，提供了研究这一时期历史的线索，常被学者引用。

近年，有关澳门与抗战的图集、史料也陆续面世。2015—2016年，林发钦、王熹编著《孤岛影像：澳门与抗日战争图志》，以及林发钦主编的《抗战文献文物图录》《澳门人的抗战》⑦，将搜集到的有关澳门与抗战的文献、文物（如图章、证件、地图、简报）等刊印出版，丰富了澳门抗战研究的史料来源。同年，镜湖医院慈善会也出版

① 黄慰慈、陈立平主编：《濠江风云儿女——澳门四界救灾会抗日救国事迹》，澳门：星光书店 1990 年版。

② 吴志良等主编：《民国葡萄牙驻广州总领事馆档案》，广州：广东教育出版社 2016 年版。

③ ［葡］莫嘉度著，［葡］萨安东编，舒建平、菲德尔译：《从广州透视战争：葡萄牙驻广州总领事莫嘉度关于中日战争的报告》，上海：上海社会科学院出版社 2000 年版。

④ 陈大白：《天明斋文集》，澳门：澳门历史学会 1995 年版；蔡佩玲编：《澳门历史的见证：陈大白大半个世纪的回忆》，澳门：澳门特别行政区文化局 & 澳门历史档案馆 2015 年版。

⑤ 廖平子著，陈业东点校：《淹留》，澳门：澳门基金会 2006 年版。

⑥ 金国平、吴志良：《镜海飘渺》，澳门：澳门成人教育学会 2001 年版。

⑦ 林发钦、王熹编著：《孤岛影像：澳门与抗日战争图志》，广州：广东教育出版社 2015 年版；林发钦主编：《抗战文献文物图录》，澳门：澳门理工学院 2016 年版；林发钦主编：《澳门人的抗战》，澳门：澳门理工学院 2016 年版。

了"抗日战争胜利七十周年纪念特刊"之《报国济世：抗战时期的澳门镜湖医院慈善会》①，详细叙述了镜湖医院在战时赈济灾民、救助伤员、赡养难童、营救名人等事迹。2018年，澳门理工学院又推出了王熹、林发钦编著的报刊史料集《抗战时期澳门日志——中文报刊视野下的战时澳门社会》②，以编年体的形式辑录了《华侨报》《大众报》《市民日报》《复兴日报》《西南日报》《申报》等所载战时澳门社会各项报道，对了解战时澳门的基本情况提供了难得的参考资料。

2019年12月，持续十多年的葡萄牙驻广州总领事馆档案编辑出版工程终告完成，其中民国档案部分161册的出版为抗日战争时期澳门的研究提供了珍贵的海外史料。该工程自2008年启动，由澳门基金会、葡萄牙外交部档案馆、广东省立中山图书馆、澳门大学图书馆等多家单位联合，吴志良等中外学者主持。2009年11月，该工程出版了《葡萄牙外交部藏葡国驻广州总领事馆档案》③清代中文部分16册；2015年7月，出版了《清代葡萄牙驻广州总领事馆档案》④32；2016年5月，出版了《民国葡萄牙驻广州总领事馆档案》⑤中文部分29册；2019年12月，出版了《民国葡萄牙驻广州

① 廖泽云主编：《报国济世：抗战时期的澳门镜湖医院慈善会》，澳门：澳门镜湖医院慈善会2015年版。

② 王熹、林发钦编著：《抗战时期澳门日志——中文报刊视野下的战时澳门社会》，澳门：澳门理工学院2018年版。

③ 澳门基金会、葡萄牙外交部档案馆、广东省立中山图书馆、澳门大学图书馆编：《葡萄牙外交部藏葡国驻广州总领事馆档案》（清代部分·中文），广州：广东教育出版社2009年版。

④ 澳门基金会、葡萄牙外交部档案馆、广东省立中山图书馆、澳门大学图书馆编：《清代葡萄牙驻广州总领事馆档案》，广州：广东教育出版社2015年版。

⑤ 澳门基金会、葡萄牙外交部档案馆、广东省立中山图书馆、澳门大学图书馆编：《民国葡萄牙驻广州总领事馆档案》（中文部分），广州：广东教育出版社2016年版。

总领事馆档案》①外文部分 132 册。这批影印档案是有关中葡外
交、粤港澳关系的珍贵史料,包括葡萄牙驻广州总领事馆与中国官
方的往来公函、与驻广州各国领事交往情况的记录、葡萄牙商号及
公司纠纷和领事裁判案件等葡萄牙在东南亚地区的各类交涉文书
存牍。其中,日军侵略中国、东南亚各国等诸多重大历史事件在这
批档案中均有所反映,葡萄牙驻广州总领事馆收集了不少有关日
军侵华战事的消息、情报等,为相关研究提供了第三方的视角与
史料。

除了史料的刊布,为方便各地学者查阅史料或了解最新研究
动态,也有对这一领域研究提供档案史料信息,或提出宏观设想、
研究建议的文章出现。许锡挥在《关于抗战时期澳门历史的研
究》②一文中指出,过去历史学者对澳门抗战时期的研究虽非空白,
但远远不够,并进一步就澳葡政府对日政策和对华政策的变化、关
于日军不占澳门的原因、战时澳门的特殊性定位等九个方面的研
究提出建设性意见及期望。时至今日,他的建议正成为这一领域
研究与探讨的重点。

吴树燊根据其走访各地搜罗史料的收获与心得而形成的《两
岸四地馆藏抗战时期澳门史料的探索与评析》③一文,详细介绍了
相关档案馆和图书馆所藏有关澳门史料,为有志于研究澳门抗日
战争时期历史的人士提供了追踪史料的线索。吴氏还在文中指出
保护文物史料和整理保存口述史料的重要性。赵春晨所撰《澳门

---

① 澳门基金会、葡萄牙外交部档案馆、广东省立中山图书馆、澳门大学图书馆编:《民国
　葡萄牙驻广州总领事馆档案》(外文部分),广州:广东教育出版社 2019 年版。
② 许锡挥:《关于抗战时期澳门历史的研究》,《当代港澳》1999 年第 1 期,第 2 页。
③ 吴树燊:《两岸四地馆藏抗战时期澳门史料的探索与评析》,《文化杂志》2011 年总第
　81 期,第 165—172 页。

历史研究与新史料的刊布和利用》①回顾了近年来有关澳门史料发掘、刊布和利用的情况,分析了新史料的刊布对于澳门史研究的推动作用,并对今后澳门史研究的推进和深化提出了自己的看法,其中不乏关于抗日战争时期澳门情况的史料介绍及研究建议。

口述史料是这一时期史料的重要组成部分,学界曾呼吁尽快收集本地和境外人士与战时澳门有关的经历整编成册,为这段历史留下见证。早年,很多当事人还健在,对这一时期口述史料的整理是可实现的,也是有必要的。粤澳两地文博及研究单位曾举行一系列讲座、展览、会议,以图保存史料,引起各界对抗日战争时期澳门口述史和史料保存的重视。

2001 年 3 月 4 日,"澳门同胞支援祖国抗战展"在中国人民抗日战争纪念馆举行,随后出版了相关纪念图册。②同年,8 月 10 日,澳门博物馆举办"抗战时期的澳门"大型展览,通过访谈和大量图片,分别从城市概况、经济民生、文化教育、献金救国、赈济难民、抗日救国前仆后继六个方面介绍抗日战争期间澳门同胞对祖国抗战所作的贡献,生动地呈现澳门战时的情况。是次展览内容由傅玉兰主编出版了《抗战时期的澳门》一书,成为澳门抗战史研究的主要参考资料之一。2002 年,澳门理工学院社会经济研究所提出《关于开展"澳门人口述历史"研究的初步设想》计划书,拟分"抗战时期""关闸事件""博彩业的发展"等专题进行研究,该院学者林发钦表示,"这是首次有研究机构就澳门历史问题提出系统的口述历史

---

① 赵春晨:《澳门历史研究与新史料的刊布和利用》,《学术研究》2003 年第 6 期,第 112—117 页。

② 中国人民抗日战争纪念馆编印:《澳门同胞支援祖国抗战展留念》,2001 年。

方案"①。林氏亦曾发表《口述史料与澳门历史研究》②《澳门口述历史研究的回顾与思考》③等文,极力提倡系统地进行口述史料的采编,有步骤地推出澳门各行各业以及抗战时期以来的口述历史成果。

以纪念抗日战争及世界反法西斯战争胜利为契机,2005 年,澳门第一部有关抗战时期澳门的口述史,蔡佩玲主编的《口述史料——抗日战争时期的澳门》面世,诚如其在后记中所言:

> 我们以有限的财力和人力,搜集相关资料、整理事件脉络、寻访当时生活在澳门的老居民,通过访谈的方式让他们口述六十年前抗日战争时期澳门的往事,重组当时的社会面貌。这项工作的确花费了我们不少的时间、体力和心力,但我们认为这是一项值得去做的工作。④

因这份关注,此书为澳门保存下来一份独特的口述史料,也激励了后来的口述史整理工作。同时,内地与澳门就这一主题也开始交流与互动。2005 年,为纪念广东人民抗日游击队珠江纵队成立 60周年,中山、广州、顺德、四会各地纷纷举办纪念活动,整理出版了

---

① 林发钦:《澳门口述历史研究的回顾与思考》,《郑州大学学报(哲学社会科学版)》2010年第 4 期,第 14—17 页。

② 林发钦:《口述史料与澳门历史研究》,《澳门日报》,2005 年 3 月 27 日。

③ 林发钦:《澳门口述历史研究的回顾与思考》,程祥徽主编:《澳门人文社会科学:回顾与前瞻　首届澳门人文社会科学大会论文集》,澳门:澳门基金会 2007 年版,第241—247 页。另见林发钦:《澳门口述历史研究的回顾与思考》,《郑州大学学报(哲学社会科学版)》2010 年第 4 期,第 14—17 页。

④ 蔡佩玲主编:《口述历史——抗日战争时期的澳门》,澳门:澳门东亚大学公开学院同学会、澳门历史学会、录像空间 2005 年版,第 134 页。2015 年,蔡佩玲主编:《抗日战争时期的澳门续篇》(澳门:澳门东亚大学公开学院同学会、澳门历史学会、录像空间2015 年版)作为该系列的第二卷问世。

相关纪念册、画展册等，是年"纪念广东人民抗日游击队珠江纵队成立 60 周年"展览亦在澳门博物馆举行。

此后，抗日战争时期澳门的历史也以专题讲座的形式走向课堂。2007 年 3 月，澳门本地教育家刘羡冰女士在澳门旅游学院主持开设了"抗战时期的澳门"讲座；2009 年 5 月，陈子良先生为澳门高美士中葡中学学生主讲"抗战时期的澳门"。这些讲座图文并茂，使人们对抗日战争时期本澳居民的生活情况及支持抗日的史绩，有了更深切的认知与体会。

2010 年 4 月，在澳门基金会大力支持下，广州地区老战士联谊会与《澳门日报》合办"澳门中山抗战期间活动回顾"座谈会。战时澳门与抗战的亲历者欧初①（曾担任广东人民抗日游击队第一支队队长及广州市人大常委会主任）和李成俊（曾参加广东人民抗日游

---

① 欧初，1921 年 6 月出生于广州，1937 年考入省立广雅中学，参加广东青年抗日先锋队广雅支队，1939 年 4 月加入中国共产党。1940 年奉命组建中山抗日游击队，任中山人民抗日游击大队、中山人民抗日义勇大队、珠江纵队第一支队队长，指挥和经历大小战斗 140 多次。1941 年，开辟五桂山革命根据地，欧初名字与其领导的游击队威震中山至珠三角、澳门一带，队员穿戴的胶鞋和竹帽，被群众称为"欧初鞋""欧初帽"。抗战胜利后，先后任中共江北地区副特派员，中共中央香港分局农村工作委员会武装小组负责人，粤桂边人民解放军司令部政治部主任、参谋长，中共粤桂边委员会常务委员兼宣传部长、粤桂边区人民武装东征支队司令员兼政委，中共粤中临时区党委常委，中共粤中军分委第二副主席，中国人民解放军粤中纵队副司令兼参谋长，多次率部粉碎国民党的清剿，配合南下大军打下江门五邑，促进广东省全境解放。1949 年 10 月后，历任中共华南分局办公厅副主任，广东省人民政府副秘书长兼办公厅主任，省政府秘书长，中共广州市委书记、常务副市长、人大常委会主任、中共广东省顾问委员会常委。曾当选中共十二大代表，第三届、第七届全国人民代表大会代表。1996 年离休，曾发起成立广东书法篆刻研究会、广东中华诗词学会、孙中山基金会等，主编《岭南文化丛书》等多部学术著作，出版《欧初书画集》《五桂山山房诗文集》等著作 6 部。2017 年 10 月 31 日，因病在广州逝世，享年 97 岁。

击队珠江纵队,《澳门日报》董事长)①作重点发言,希望整理相关口述史料,建立专门档案保存。

2012 年 6 月 9 日至 8 月 12 日,澳门历史档案馆举办"澳门历史的见证:陈大白大半个世纪的回忆"②展览,由陈大白先生和蔡佩玲小姐主讲,以澳门资深报人陈大白的亲身经历和回忆,透过口述史料及珍贵档案文物展示,再现抗日战争时期澳门社会情况及当地中文报业发展历程。2015 年,蔡佩玲辑成同名史作《澳门历史的见证:陈大白大半个世纪的回忆》③,并编入"澳门口述历史"丛书系列出版。

澳门理工学院中西文化研究所在澳门文化局的支持下于 2014 年启动"抗战时期澳门历史资料的整理与出版计划"。2015 年,由林发钦、江淳主编的《平民声音:澳门与抗日战争口述历史》④出版,书中保存了近 40 位亲历者的回忆,提到了许多以前未曾关注的事件及一些历史的细节,丰富了早期口述史的诸多面相,更为研究抗日战争时期的澳门提供了平民层面、微观视角的史料。

2. 抗日战争时期澳门未被占领原因探讨

抗日战争时期澳门处于"中立"地位,未被日军占领的原因,一

---

① 李成俊,出生于 1926 年,祖籍广东新会。年轻时参加广东人民抗日游击队珠江纵队,抗战胜利后返澳,曾开办书店,销售爱国报刊,并先后担任星光书店和中国文教用品公司经理。1958 年与友人创办《澳门日报》,历任经理、总编辑、社长以及澳门文化传媒集团董事长等职。2015 年 12 月 30 日,在澳门仁伯爵综合医院辞世,享年 90 岁。

② 2009 年,陈大白将多年珍藏的抗日战争时期"澳门四界救灾会"的 100 余件档案原件,包括照片、文献、书信等悉数捐赠予澳门博物馆收藏,现已作为专门档案开放。

③ 蔡佩玲编:《澳门历史的见证:陈大白大半个世纪的回忆》,澳门:澳门特别行政区文化局、澳门历史档案馆 2015 年版。

④ 林发钦、江淳主编:《平民声音:澳门与抗日战争口述历史》,广州:广东教育出版社2015 年版。

直是中外史界探讨的重要议题。随着史料的不断刊布及研究的进一步推进，曾先后出现"驱逐巴西日侨说""情报基地说""葡日秘密协议说"等观点，当前学界仍在努力进一步解读这一史事。

20 世纪 90 年代初盛行的"驱逐巴西日侨说"主要来源于濠江客、笙秀、梅士敏先后发表于《澳门日报》的三篇文章，①根据三者的解读，日军不占领澳门的主要原因是葡萄牙政府以驱逐巴西境内的日侨为威胁。内地学者叶美兰在其《略论抗日战争时期的澳门》一文中提出澳门未被日军占领的原因有三：一是葡萄牙、巴西与澳门自身情报机能的连环压力；二是经济封锁——实质上占领；三是澳门与帝汶岛有战略上的不同之处，澳门已成孤岛，战略上没有占领的必要。② 该文肯定了澳门战时情报基地的功能与地位，认为这是其未被占领的主要原因。

陈锡豪以葡萄牙外交部档案和台北"外交部"档案为依据，提出战时日军未占领澳门，是因为葡日间达成的秘密协定，提出"葡日秘密协议说"。金国平、吴志良两位学者结合葡萄牙外交部历史—外交档案馆的档案资料及国内相关资料，在《抗战时期澳门未沦陷之谜》③一文中阐述了葡萄牙中立与澳门的关系，对抗战时期澳门的几个历史问题进行了再探讨，如：驱逐巴西日侨说、日军占领帝汶的原因、日澳秘密协定、澳门未沦陷之原因等，并从 1938 年葛古诺（Carlos de Sousa Gorgulho）访日、1940 年日葡秘密协议、

---

① 濠江客：《日军为何不进驻澳门》，《澳门日报》，1992 年 8 月 24 日；笙秀：《抗战期间三个谜》，《澳门日报》，1994 年 6 月 5 日；梅士敏：《澳门与巴西的交往》，《澳门日报》，1994 年 7 月 16 日。

② 叶美兰：《略论抗日战争时期的澳门》，《民国档案》1999 年第 4 期，第 14 页。

③ 金国平、吴志良：《抗战时期澳门未沦陷之谜》，《复印报刊资料·港澳特区行政与社会》2001 年第 7 期，第 15—46 页。

1941 年日葡临时协议、1943 年日葡协议等日澳交涉的主要议题及事件入手,着重探讨了战时日澳关系,试图还原两者关系的发展轨迹。这样的推进,令研究不断接近历史真相。当然,随着史料的不断挖掘与发现,对这一问题的探讨仍将继续深入。

3. 澳葡政府"中立"政策研究

澳葡政府的"中立"政策是牵涉战时各方关系的核心,澳葡政府与各方关系的发展与变化依据其维护"中立"政策及立场的目的而定,本质上是维持葡萄牙继续占领、拥有澳门的需要。

陈锡豪认为,抗日战争时期澳葡当局标榜"中立"政策,期望在中日两交战国间寻找生存空间,维持对澳门的管治,其间随着战局的变化,由基本保持对华合作到明显偏向日本,甚至趁机谋求扩张土地。[①] 李昆明在其学位论文《抗日战争时期澳葡政府的"中立"政策研究(1937—1945)》中试图追寻澳葡政府"中立"政策之渊源、内容以及演变的过程等;探讨"中立"政策下澳葡政府对中日两国的态度,以及澳门本土的管理与应对策略;分析澳葡政府"中立"政策之动机、目的、实质、特点、影响及有关各方(中、日、当地华人)的关系。[②] 李文的研究十分有意义,惜限于史料及时间,对很多问题的探讨意犹未尽。

2012 年 9 月,澳门历史文化研究会主办的"澳门对外关系史研究"暨澳门历史文化研究会 2012 年学术年会上,香港树仁大学莫世祥教授提交《抗战期间葡日合流内幕窥探——依据台北"国史馆"蒋中正档案部分史料的透视》初稿,该文后来在《澳门理工学

---

① 陈锡豪:《抗战时期澳葡政府的对华关系》,《广东社会科学》2001 年第 1 期,第 110—115 页。
② 李昆明:《抗日战争时期澳葡政府的"中立"政策研究(1937—1945)》,暨南大学中国近现代史专业硕士学位论文,2007 年,第 3—12 页。

报》公开发表,文中主要依据台北"国史馆"藏有关澳门的情报,分析澳葡政府战时"中立"态度的内在变化,对澳葡政府"中立"立场的演变梳理得非常清晰。文中总结,抗日战争初期,澳葡政府试图与英、法两国在华南的势力商洽中立自保,但随着日军不断南侵,占领澳门周边岛屿而立场逐渐动摇,并在日军的"有效压迫"下迅速软化,妥协附日,以求自保,甚至趁乱侵占澳门外围岛屿。① 香港沦陷前后澳葡政府的"中立"政策如何发生变化,如何应付时局,与战争相关各方的态度及其行动的变化密切相关,影响着澳门社会的发展轨迹,是一个非常值得探讨的问题。此后,还有吴斌、夏泉两位学者从国际法的视角再度审视"中立"政策,②阐释澳葡政府从"局外中立"到"局内中立"的变化及其影响。

4. 有关战时各方势力在澳门活动研究

与澳葡政府的"中立"立场变化密切相关的是各方势力在澳门的渗透及其活动。国内学界对澳门与各方关系的研究主要集中在战时中国三大势力国民党、共产党、汪伪与澳葡政府的关系,以及日本特务机关在澳门的活动等方面。

战时澳门与中国国民党(以下简称"国民党")关系的研究,主要集中在有关国民党澳门支部的组织沿革及其党务活动,兼有论及战时的情报工作。屈仁则的《中国国民党澳门支部沿革史》③较早对中国国民党澳门党务活动进行考察,但是一些史实仍待考证;

---

① 莫世祥:《抗战期间葡日合流内幕窥探——依据台北"国史馆"蒋中正档案部分史料的透视》,《澳门理工学报》2013年第2期,第42—52页。

② 吴斌、夏泉:《抗战时期澳葡政府的"中立"政策探析——从"局外中立"到"局内中立"》,《暨南学报(哲学社会科学版)》2018年第12期,第105—112页。

③ 屈仁则:《中国国民党澳门支部沿革史》,《澳门今日之侨运》,澳门:澳门世界出版社1948年版,第3—7页。

黑蕊、陈浩东的《1927—1949 年国民党澳门支部的党务考察》①以中国第二历史档案馆馆藏澳门档案为基础,分三个阶段重构1927—1949 年国民党在澳门的党务活动情况,着重探讨了 1939—1945 年的具体党务情况及抗日活动。何伟杰的《澳门与中国国民革命(1905—1926)》②一文则对 20 世纪 20 年代国民党在澳活动进行了相对详确的考证,某些问题颇能引人思考。台湾暨南国际大学李盈慧教授在首届澳门学国际学术研讨会上提交的《战时国民党在澳门的党务与情报活动:兼论香港的国民党党务》③一文,运用台北国民党党史馆所藏档案及其所编辑的原始史料,较为详细地梳理了抗日战争时期国民党在澳门的组织活动,对抗日战争时期国民党澳门党部的组织结构、人事变动及党务活动考证十分严谨,但其所征史料多源于台湾方面,尚未对内地及澳门所藏档案文献进行搜集运用。

张中鹏的《国民党澳门支部的组织与党务活动(1919—1949)》④在研读中国第二历史档案馆所藏相关档案文献之基础上,排比参校日记、回忆录、报刊等资料,论述 1919—1949 年中国国民党澳门支部的组织创设、历史演变及党务活动,探讨在中葡政府、国民党中央党部、国民党广东省党部等多重利益关系纠结、多股政

---

① 黑蕊、陈浩东:《1927—1949 年国民党澳门支部的党务考察》,《澳门研究》2009 年总第54 期,第 131—135 页。

② 何伟杰:《澳门与中国国民革命(1905—1926)》,转引自冯翠、夏泉:《本土之外:澳门抗日战争研究述评》,《民国档案》2013 年第 3 期,第 125—133 页。

③ 李盈慧:《战时国民党在澳门的党务与情报活动:兼论香港的国民党党务》(2012 年 4月),《澳门学引论——首届澳门学国际学术研讨会论文集》下,北京:社会科学文献出版社 2012 年版,第 667—687 页。

④ 张中鹏:《国民党澳门支部的组织与党务活动(1919—1949)》,《文化杂志》2011 年总第 81 期,第 67—82 页。

治势力交互影响下澳门国民党的组织形态、策略选择及党务活动，以期给学界勾勒出一段清晰的历史。方子乐的学位论文《中国国民党澳门支部与澳门社会（1945.8～1949）》①，梳理了国民党澳门支部自成立到 1949 年间的发展，对其组织运作、党务情况进行了分析，重点探讨了国民党澳门支部抗日战争时期、解放战争时期在澳门社会执行的各项任务及开展的工作，并分析其功能与作用。

　　国民党在澳门的情报工作，有台湾学者王文隆专撰《战时中国国民党在澳门情报工作初探（1941～1945）》②一文，以中国国民党"特种档案"为主，搭配日本军事史料、公文书及"国史馆"所藏的"汪精卫档案"交互参照，探索国民党在二战期间以国际法下东亚唯一的中立地区——澳门为舞台所推动的情报工作与活动。

　　中国共产党（以下亦简称"中共"）战时在澳门的活动，主要围绕其组织活动和统战活动两个方面展开，特别是关于珠江纵队对澳门统战工作的回顾与研究尤受重视。原广东人民抗日游击队珠江纵队第一支队队长欧初曾先后发表《孙中山故乡抗日斗争二三事》《前山高处指南环——关于澳门的往事杂忆》③等回忆性文章，讲述当年其主办"纽约桥"青年训练班、与澳葡政府进行两次秘密会谈及合作、为澳葡政府捉拿兵匪"老鼠精"、引渡汉奸黄公杰、派人到澳门领取地下党电台、严峻形势下在翠亨村公演《精神不死》纪念孙中山先生等事迹，展现抗战时期珠江纵队对澳门统战政策

---

① 方子乐：《中国国民党澳门支部与澳门社会（1945.8～1949）》（未刊稿），暨南大学中国近现代史专业硕士学位论文，2013 年，第 5—6 页。

② 王文隆：《战时中国国民党在澳门情报工作初探（1941～1945）》，《抗战史料研究》2012 年第 1 期，第 74—84 页。

③ 欧初：《孙中山故乡抗日斗争二三事》，《炎黄春秋》1995 年第 11 期，第 49—51 页；《前山高处指南环——关于澳门的往事杂忆》，《源流》1999 年第 6 期，第 4—6 页。

的实施细节及其效果。不仅如此,欧初还积极参与相关展览及学术活动,组织广州地区老战士联谊会,曾与《澳门日报》、澳门基金会等单位合作举办相关活动,致力推进口述历史整理及建档,期望将这段历史抢救、保存,并传承下去。

吴敏娜的《珠江纵队与澳门》、卜穗文的《珠江纵队对澳门的统一战线工作》和赵艳珍的《论抗战期间党在澳门的统一战线工作及影响》①三篇文章异曲同工,从各自的视角叙述珠江纵队为进一步开拓敌后游击战争空间,充分利用澳门"中立"的特殊环境,开展对澳葡政府及民间的统战工作,在澳门建立秘密办事处,为部队募捐筹款,筹集军需给养,团结和组织澳门青年回乡参战等珠江三角洲抗战斗争的历史。张量依据其赴澳门征集的史料和文物,整理发表《澳门同胞支援祖国抗战初探——兼谈抗战时期中国共产党在澳门的活动》②,从中共在澳门的抗日统战工作与澳门同胞的抗日救亡宣传活动、义卖筹款、捐输抗战、接济难民为国分忧,组织慰问队、医疗队回国服务,奔赴前线报效祖国等方面论述了澳门同胞在中共领导下全力支援祖国抗战的史事。左双文的《民主革命时期中国共产党在澳门的活动》③以 1935 年为界,分别考察了中共澳门支部初创阶段和成熟阶段在澳门的组织状况及活动,分析其机构

---

① 吴敏娜:《珠江纵队与澳门》,中共广东省委党史研究室编:《广东党史资料》第 41 辑,广州:广东人民出版社 2005 年版,第 200—206 页;卜穗文:《珠江纵队对澳门的统一战线工作》,《羊城今古》2005 年第 4 期,第 12—13 页;赵艳珍:《论抗战期间党在澳门的统一战线工作及影响》,中共广东省委党史研究室编:《广东与抗日战争》,广州:广东人民出版社 2006 年版,第 327—336 页。

② 张量:《澳门同胞支援祖国抗战初探——兼谈抗战时期中国共产党在澳门的活动》,《抗日战争研究》2003 年第 1 期,第 101—114 页。

③ 左双文:《民主革命时期中国共产党在澳门的活动》,《中共党史研究》1999 年第 5 期,第 51—57 页。

演变、党员情况、政策策略、相关活动开展的效果及面临的困境。其所述亦侧重于抗战时期,积极掩护革命同志,提供撤退和转移的便利;动员人力物力,支援内地斗争;接触上层人士,开展统战工作三个层面总结得出抗战时期是中共在澳门的活跃时期。

谢晓鹏的《抗战时期叶挺在澳门》①,鲁阳等著《红色医生、教育家柯麟传》②,李葆定、冯彩章编著的《柯麟传略》③等则专门探讨了这一时期叶挺、柯麟等共产党人在澳门的活动及其政治意义。这些文章和著作对于全面了解抗日战争时期中共对澳门的统战工作以及澳门各方势力与中共的关系提供了较为详细的线索及史实依据。

对澳葡政府与日伪势力的研究主要围绕日本特务机构、汪伪派驻人员在澳门的活动展开,虽史料难求,又必须跨越语言障碍,但仍有文章见诸史界。陈锡豪的学位论文《抗日战争时期的澳门》以大量笔墨对澳葡政府与日伪关系进行论述,涉及日伪在澳门的经济活动、暗杀行动等,并对战后澳葡政府查封日伪机构及汉奸财产一节进行了考证与研究。根据其前言所述,这篇论文试图还给历史一个真面目,剖开那些深藏的人与事,探讨抗战时期中、日、葡三国在澳门的利益关系,论及葡人在日军和汪伪人员俯视下如何管治澳门,葡人如何维持澳门中立,居澳汉奸怎样充当葡人脚夫,而葡人怎样依附日伪出卖中国,战后澳葡政府抗拒引渡汉奸等史实。④ 该文成篇较早,大部分内容在过去是不见经传的,有些问题

---

① 谢晓鹏:《抗战时期叶挺在澳门》,《纵横》1999 年第 12 期,第 22—23 页。

② 鲁阳等:《红色医生、教育家柯麟传》,广州:广东高等教育出版社 1992 年版。

③ 李葆定、冯彩章编著:《柯麟传略》,北京:人民卫生出版社 1988 年版。

④ 陈锡豪:《抗日战争时期的澳门》(未刊稿),华南师范大学中国近现代史专业硕士学位论文,1998 年,第 1 页。

则在后来得到进一步的考证与澄清,但其仍不失为一篇少见的系统研究抗战时期澳门历史的论文,文中史料及观点早年曾被学界同人频繁引述。

房建昌的《从日本驻澳门总领事馆档案看太平洋战争爆发后日寇在澳门的活动》《有关太平洋战争爆发后日本外交与特工人员在澳活动的几点补正》①两文依据收藏在北京图书馆的日本驻澳门总领事馆档案,揭露日本侵略者在澳门的罪行,并纠正中日两国有关论著的不确记载之处。特别是考证了日本陆军驻澳门特务机关机关长泽荣作、宪兵队少尉山口久美、日本驻澳门领事馆代理领事福井保光、书记生朝比奈泰晖等人的生平及战时在澳门的活动,对福井保光被刺事件、日本驻澳机构之间的嫌隙与矛盾作了深刻的分析,这对研究战时日澳关系及日方人员在澳门的活动非常重要,也是诸多学者重点借鉴的成果之一。

刘龙华的学位论文《中立区的声音——抗战时期澳门〈华侨报〉涉日舆论研究》②以创刊于抗战初期且一直未曾中断发行的澳门本地中文报纸《华侨报》所载涉日舆论为研究对象,从日方势力对《华侨报》办报环境的影响变迁及《华侨报》涉日舆论内容和形式的变化两个层面,展现不同时期中文报刊及报人对日本侵华战事的关注,以及对祖国抗战的关怀。特别是《华侨报》适时重开《读者园地》栏目,将读者引入中日"和""战"舆论之争一节,深刻辨析了《华侨报》通过批判假"和平"理论,坚定华人"抗战"心理所发挥的

---

① 房建昌:《从日本驻澳门总领事馆档案看太平洋战争爆发后日寇在澳门的活动》,《广东社会科学》1999 年第 3 期,第 55—58 页;房建昌:《有关太平洋战争爆发后日本外交与特工人员在澳活动的几点补正》,《民国档案》1999 年第 4 期,第 17—20 页。

② 刘龙华:《中立区的声音——抗战时期澳门〈华侨报〉涉日舆论研究》(未刊稿),暨南大学中国近现代史专业博士学位论文,2019 年,第 21—23 页。

正义的、民族的舆论导向作用。

5. 战时澳门社会民生百态及各界发展情况研究

在澳葡政府奉行"中立"政策的形势下,澳门社会如何发展,民众的生活有怎样的变化,各行业又怎样在危难中求存? 这些关乎战时社会民生百态及各界发展的问题亦受学界关注。相关史著,特别是通史类著作对这一时期澳门民生百态及各行业发展情形都或多或少有所概括与描述,这里不再赘述,只对所涉猎的研究专著、论文进行归纳分析。迄今,有关研究主要涉及如下几个方面:

(1) 关于澳门经济社会状况及走私活动的研究。张晓辉的《抗战前期澳门的经济社会(1937.7—1941.12)》①着重分析抗战前期澳门作为珠江口西岸对外交通及贸易重要枢纽,以及抗日救亡运动在海外的一支坚强力量的地位及作用;论及澳门市面各业的繁荣,经济结构发生的明显变化——渔业及一些传统手工行业日渐衰落,新兴的金融等行业迅速崛起;透过剖析澳门经济社会发展的特点,以及澳门与中国内地、香港关系的动态,肯定了澳门在当时的经济地位。文中还指出澳门经济社会存在的严重问题,如钨砂等军事工业原料及粮食等生活必需品走私与黑市贸易活动猖獗,工业发展成效不彰,社会寄生层风气萎靡,一般民众生活艰辛。齐春风的《抗战时期日本在港澳湾地区的走私活动》侧重分析走私路线,归纳走私团体的情况及走私物品种类,并将这一时期走私的特点归纳为五点:走私日商既有单家公司,也有公司组合;日本著名的大垄断洋行,纷纷到港澳湾地区扩展业务;日本特务机构在某些走私公司的组建过程中起了穿针引线作用;日商与华商合作组织

---

① 张晓辉:《抗战前期澳门的经济社会(1937.7—1941.12)》,《民国档案》2005 年第 3 期,第 82—89 页。

的公司、商号比较多;日本为掩人耳目,经常借第三国商人达到走私目的。① 吕志鹏的学位论文《抗战时期澳门经济发展与社会救亡运动》将澳门经济发展与救亡运动相结合,论述 1931—1940 年澳门的救亡运动及经济发展对救亡运动的支持。② 吕文从经济发展角度来看抗战时期的澳门,认为抗日战争曾为澳门带来空前的繁荣,日军南侵亦曾为澳门经济带来致命的打击,这种极端的情况既体现出澳门自身经济能力的薄弱,同时又说明澳门经济本身有着较强的适应能力,它的经济是能够较快较好地反映国内外市场的需求变动,是能够适时而变,以求得本身的生存与发展的。透过以上三文,我们看到当时的澳门因其"中立"地位,迎来了经济的畸形繁荣,其原因何在,影响如何,具体情况究竟怎样,这些研究起到了很好的点拨作用,而进一步的具体深入的研究还需有志者继续求索。

(2)关于战时澳门各界发展情况的论述。战争在破坏的同时亦为澳门各行各业带来了发展的契机,澳门社会经济结构应时调整,爆竹等旧行业衰落,美术、文化、教育事业得到繁荣并呈现新特点,报业、邮务等则在艰难中求存。

宾水林《抗战时期的澳门文化界》③一文叙述澳门新闻界、教育界、文学界、戏剧音乐界、美术界的发展,兼论由前述各界发起组织的澳门四界救灾会的抗日救亡活动及发展情况。盛恩养的《抗日

---

① 齐春风:《抗战时期日本在港澳湾地区的走私活动》,《中国边疆史地研究》2003 年第 3 期,第 84—91、119 页。

② 吕志鹏:《抗战时期澳门经济发展与社会救亡运动》,暨南大学中国近现代史专业硕士学位论文,2004 年,第 17—26 页。

③ 宾水林:《抗战时期的澳门文化界》,《澳门杂志》2005 年总第 45 期,第 70—79 页。

战争时期的澳门美术》①围绕战时澳门美术繁荣的成因、澳门与岭南画派"新国画"的兴盛、岭南画派大家关山月在澳门的发展这三个方面展开论述。战争的硝烟带来了澳门美术的繁荣与新发展，这与当时残酷的战争局势形成鲜明的对比。陈业东的《抗日时期澳门诗坛一瞥》②则叙述由内地及香港避难到澳门的文人墨客和本地文人一起推动抗战时期澳门诗坛兴盛繁荣的历史，彰显战时文人以宣传抗日、爱国主义，歌颂抗战民族英雄为主旋律的诗歌创作及个人斗争经历，审视了战时澳门诗坛的变化，探讨其中缘由，也总结了这一时期澳门诗坛的特点。

查灿长的《抗日战争时期的澳门报业》《抗战时期的澳门〈华侨报〉》③就澳门报业所处的特殊政治背景、澳门报业的奋斗与沉浮及其产生的特殊意义和作用、地位作了论述，阐释了《华侨报》在抗战时期所载报道和消息在澳门史、新闻报业史、国际关系史、抗日战争史研究方面的史料价值。澳门大学李真真的学位论文《抗日战争时期民族主义影响下澳门华文报纸的走向及在四大领域的作用》④（*Approaches of Chinese Newspapers in Macau and Their Roles in Four Fields under the Influence of Nationalism during the Sino-Japanese War 1937-1945*）以《华侨报》《市民日报》《西南

---

① 盛恩养：《抗日战争时期的澳门美术》，《南京艺术学院学报（美术与设计版）》2009 年第 3 期，第 93—99 页。

② 陈业东：《抗日时期澳门诗坛一瞥》，《许昌师专学报》1998 年第 1 期，第 57—59 页。

③ 查灿长：《抗日战争时期的澳门报业》，《贵州社会科学》2003 年第 3 期，第 103—106 页；查灿长：《抗战时期的澳门〈华侨报〉》，《新闻界》2006 年第 4 期，第 108—109 页。

④ Li Zhen Zhen（李真真），*Approaches of Chinese Newspapers in Macau and Their Roles in Four Fields under the Influence of Nationalism during the Sino-Japanese War 1937 - 1945*（《抗日战争时期民族主义影响下澳门华文报纸的走向及在四大领域的作用》），A thesis for the degree of Master of Arts at the University of Macau，2013.

日报》为例,探讨澳门华人报纸的舆论走向、作用和发展,及各报的思想理论在抗日战争中的作用,还具体考察了具有国家意义的日期设计,以及《市民日报》的爱国标志等的内涵及影响。

刘羡冰《祖国抗日战争期间的澳门教育》一文指出"深重的国难意外地造就了澳门教育史上第一个黄金时代"①,文章介绍了祖国抗战初期澳门的教育状况,也论述了澳门教育事业在抗战时期的发展以及抗日战争对本澳教育的影响。郑振伟所著《1940 年代的澳门教育》②则从教育史研究的视角全面论述 20 世纪 40 年代澳门中小学校教育概况,并论及广州沦陷后内地学校迁澳境况及其发展、抗战时期教师和学生的救济等,而有关抗战时期澳门师生救济的问题,则可参见郑振伟的另一论作《1941—1945 年间澳门教育界对教师和学生的救济工作》③,这些研究总体上呈现了战时澳门教育的境况。特殊时期教育的繁荣与师生在生活上的困难成为抗战时期澳门教育的一大特征。

此外,黄就顺的《抗战胜利五十周年纪念回忆录:风潮时期的澳门》④、何建明的《竺摩法师与抗日战争时期的澳门佛教文化》⑤、

① 刘羡冰:《祖国抗日战争期间的澳门教育》,《教育史研究》1999 年第 2 期;另见《纪念〈教育史研究〉创刊二十周年论文集》(14)"中国地方教育史研究(含民族教育等)",北京:中国地方教育史志研究会 2009 年版,第 986—990 页。

② 郑振伟:《1940 年代的澳门教育》,北京:中国社会科学出版社 2016 年版。

③ 郑振伟:《1941—1945 年间澳门教育界对教师和学生的救济工作》,《民国档案》2013 年第 3 期,第 134—141 页。

④ 黄就顺:《抗战胜利五十周年纪念回忆录:风潮时期的澳门》,《红蓝史地》1995 年第 4 期,第 25—32 页。

⑤ 何建明:《竺摩法师与抗日战争时期的澳门佛教文化》,《文化杂志》1999 年总第 38 期,第 61—74 页。

姚鸿光的《抗战中期粤澳邮路初探(1939—1941)》①、邢荣发的《澳门马场区沧桑六十年(1925—1985)》②述及风潮时期的澳门社会、佛教文化在澳门的发展、粤澳邮路的艰难维护、马场区的沧桑变化等鲜为人知的方面,扩展了后人对战时澳门社会的认知,有助于学者对战时澳门社会发展进行全景式的探讨与研究。

6. 澳门侨胞赈难运动与救亡社团研究

战时澳门社会的发展与澳门侨胞的赈难运动是相辅相成的,爱国、救亡是这一时期的主旋律,无论是政客、商人、学生,还是村野匹夫、赌客、娼妓都被卷入救亡图存的大浪之中。

澳门的救亡社团及侨胞的赈难运动一直都受到澳门各界关注。1985 年 12 月 22—25 日,黄哲军撰《光荣和坎坷的历程:记旅澳中国青年乡村服务团》③连载于《澳门日报》,详细介绍了旅澳中国青年乡村服务团的人员结构,在战时的救亡工作和光荣事迹等。1990 年,澳门星光书店出版黄慰慈、陈立平主编的《濠江风云儿女——澳门四界救灾会抗日救国事迹》④;1995 年,战时《大众报》编辑、澳门"四界救灾会"主要成员陈大白先生将自己逾半个世纪以来所撰写的文章汇编出版了《天明斋文集》⑤。此二书载有大量"四界救灾会"和澳门报业发展史、新闻史资料,为学界相关研究提

---

① 姚鸿光:《抗战中期粤澳邮路初探(1939—1941)》,《文化杂志》2005 年总第 54 期,第 155—162 页。

② 邢荣发:《澳门马场区沧桑六十年(1925—1985)》,《文化杂志》2005 年总第 56 期,第 1—16 页。

③ 黄哲军:《光荣和坎坷的历程:记旅澳中国青年乡村服务团》,《澳门日报》,1985 年 12 月 22、23、24、25 日。

④ 黄慰慈、陈立平主编:《濠江风云儿女——澳门四界救灾会抗日救国事迹》,澳门:星光书店 1990 年版。

⑤ 陈大白:《天明斋文集》,澳门:澳门历史学会 1995 年版。

供了难得的当事人收藏的史料。

　　1999 年,澳门回归祖国之际,有关战时救亡社团及赈难运动的研究成果大量出现,何山的《热血丹心赤子情——抗战时期澳门四界救灾会服务二队在鹤山》①、张涛的《澳门人民的抗日爱国活动》②、林万晖的《留取丹心照汗青——记澳门同胞林耀的抗日事迹》③、黄少群的《风雨澳门回归路(五)——投入抗日救亡大潮》④、钟青的《澳门同胞的抗日救亡运动》⑤、林锋的《澳门四界救灾会抗日救亡片断》⑥、邓开颂的《抗日战争时期的澳门》⑦、魏宏运的《抗战时期的华侨捐输与救亡运动》⑧等文章从不同视角论述了当年在澳门各界救灾会、四界救灾会组织影响下,澳门民众进行义卖、义舞、献金、素食募捐,抵制日货、抗日宣传,组织回乡服务团,联合动员下乡宣传演出,坚持报道抗战等事迹,惜上述多为纪事及回忆文章,对相关史事的进一步探讨与研究仍待深入。

　　战时澳门社会赈难运动如火如荼,救亡社团的活动波及面广,对这一运动的性质及其领导者、参与者进行深入的学术研究是有必要的。吕志鹏的《抗战时期澳门经济发展与社会救亡运动》从救

---

① 何山:《热血丹心赤子情——抗战时期澳门四界救灾会服务二队在鹤山》,《岭南文史》
　1999 年第 S1 期,第 55 页。

② 张涛:《澳门人民的抗日爱国活动》,《民国春秋》1999 年第 6 期。

③ 林万晖:《留取丹心照汗青——记澳门同胞林耀的抗日事迹》,《岭南文史》1999 年第
　S1 期,第 16—18 页。

④ 黄少群:《风雨澳门回归路(五) ——投入抗日救亡大潮》,《党史文汇》1999 年第
　7 期,第 26—28 页。

⑤ 钟青:《澳门同胞的抗日救亡运动》,《统一论坛》1999 年第 6 期,第 33—34 页。

⑥ 林锋:《澳门四界救灾会抗日救亡片断》,《广东党史》1999 年第 6 期,第 6—7 页。

⑦ 邓开颂:《抗日战争时期的澳门》,《光明日报》,1999 年 12 月 10 日第 7 版。

⑧ 魏宏运:《抗战时期的华侨捐输与救亡运动》,《近代史研究》1999 年第 6 期,第 157—
　182 页。

亡的角度来看当时澳门社会的发展,将澳门民众的这场救亡运动
定位为爱国主义式的革命抗争,认为它实际上是一种进步思想与
社会政治相结合的运动。① 吕氏眼光独到,文章颇能发人所未发、
思人所未思。黄鸿钊的《抗日烽火中的濠江儿女》②则主要论述澳
门青年在四界救灾会、中共地下党组织号召下奋勇救国的光辉事
迹,特别是梁捷、廖锦涛、诗人廖平子等爱国者的事迹。同时,该文
对这一时期中共地下党组织在澳门的具体发展、统战政策及工作
情况也进行了一定的考证与分析。

　　娄胜华的《1931—1945年澳门救亡赈难社团的兴盛与转折》考
察抗战时期澳门救亡社团的演变主要是受内地及澳门周边地区沦
陷所产生的外部动机和澳葡政府“中立”政策随形势发展产生的能
动效应两个因素的影响。文中分析各社团的组织基础、人员构成、
活动方式和活动内容随着澳葡政府适应不同时段政治需要而推行
的外交政策的变化而发展转化,娄氏认为:民族性社团兴盛和团结
的动力并非出于澳门社会自然生长的内部力量(如工业化等因
素),而是民族灾难所引发的“烘炉效应”。③江敏锐的《抗日战争时
期澳门华人社团的作用》,则从共赴国难、爱国捐献、开展抗日宣传
与慰问、组织青年回国服务、救济难民、应对饥荒、力争华人合理权
益七个方面阐述了澳门华人社团在这一时期所作出的卓越贡献。④

① 吕志鹏:《抗战时期澳门经济发展与社会救亡运动》,暨南大学中国近现代史专业硕士
　　学位论文,2004年,第2—57页。
② 黄鸿钊:《抗日烽火中的濠江儿女》,《文化杂志》2010年总第77期,第197—207页。
③ 娄胜华:《1931—1945年澳门救亡赈难社团的兴盛与转折》,《民国档案》2007年第1
　　期,第68—74页。
④ 江敏锐:《抗日战争时期澳门华人社团的作用》,杨福昌、陶光元主编:《澳门回归论:庆
　　祝澳门回归祖国学术研讨会论文集》,北京:世界知识出版社1999年版,第207—
　　224页。

陈子昌（音译，Kaede，Chen zichang）的学位论文《抗日战争时期澳门华人民族主义文化的兴起》(*the Rise of Macao Chinese Cultural Nationalism during the Anti-Japanese War*)则运用民族主义理论来分析澳门华人从最初"民族观念不浓"到"被动回应内地民族运动"，再到"民族主义观念浓厚"的转变历程。[①] 这些研究成果深化了战时澳门救亡运动的研究，也为推进抗日战争时期澳门史的研究贡献了一份力量。

7. 关于战时澳门慈善救济的研究

战时澳门的慈善救济是研究澳门抗日战争史及澳门华人社会史的一部分。关于战时澳门的慈善救济问题，早在 1947 年《镜湖医药》所载《镜湖医院在战时工作概况》[②]及马万祺所撰《林炳炎先生与镜湖医院》[③]两文中便有对镜湖医院战时救济工作作的总结及论述。

抗战时期，难民涌入，澳门人口急剧增加，带来了社会、经济等各方面的压力与发展机遇。钟子程的《抗日战争时期澳门的难民救济工作研究》从澳葡政府和澳门华人社团的救济工作入手，对澳葡政府、华人社团、教会组织的救济工作进行了一定的研究。钟氏经分析认为，各社团的难民救济工作是与政府合作并采取分工的方式进行，澳葡政府的主要工作是为救济事业提供粮食和物资，救

---

① Kaede, Chen zichang（陈子昌）, *the Rise of Macao Chinese Cultural Nationalism during the Anti-Japanese War*《抗日战争时期澳门华人民族主义文化的兴起》, A thesis for the degree of Master of Arts at the University of Macau, 2013.

②《镜湖医院在战时工作概况》，澳门镜湖医院慈善会编印：《镜湖医院概况：1941—1946》，1947 年，第 7 页。广东省立中山图书馆藏资料，典藏号：001767250。

③ 马万祺：《林炳炎先生与镜湖医院》，镜湖医药社主编：《镜湖医药》第 3 期，澳门：澳门镜湖医院慈善会，1949 年 3 月，第 7 页。广东省立中山图书馆藏资料，典藏号：001867805。

济难民的重心工作则由各救济社团负责,这种分工对应了澳门社会的实际环境。① 米荒是澳门战时人口剧增带来的另一个问题,李俊的《抗战时期澳门米荒问题研究》探讨了澳门米荒问题发生的背景及原因、严重程度,具体分析了澳葡政府解决米荒问题的措施、民间团体解决米荒问题的表现,以及战时澳门米荒问题的深远影响,主要表现在:澳葡政府权威下降;天主教教育得到较大发展;天主教信徒数量激增;民间社团发展形成高潮;社团承担起部分政府职能;澳门社会的包容性增强。②这两篇学位论文对当时的难民救济及米荒进行了一番探讨,为进一步研究战时澳门社会提供了参考,或许限于文献史料,有些方面难免关照不够,不过也为后来研究者作了铺垫,留下完善和提升的空间。

郑振伟的《1941—1945 年间澳门教育界对教师和学生的救济工作》一文运用澳门报章在 1941—1945 年间的相关报道,展现了这一时期澳门慈善救济事业的某些侧面及突出的救济问题。文中勾勒出澳门教育界当时所面临的严峻境况,如学生流失、学校停办或结束、教员失业、薪酬偏低、粮食短缺等问题,以澳门中华教育会和澳门学生救济会这两个团体救济学生和教师的工作为关注点,肯定了其团结教育界的力量,为当地侨校向澳葡政府和国民政府争取援助的贡献。③

---

① 钟子程:《抗日战争时期澳门的难民救济工作研究》,暨南大学中国近现代史专业硕士学位论文,2007 年,第 10—36 页。

② 李俊:《抗战时期澳门米荒问题研究》(未刊稿),暨南大学中国近现代史专业硕士学位论文,2009 年,第 4—55 页。

③ 郑振伟:《1941—1945 年间澳门教育界对教师和学生的救济工作》,《民国档案》2013 年第 3 期,第 134—141 页。

8. 抗战胜利前后中国方面谋划收回澳门问题研究

抗战胜利后,国民政府与民间试图乘胜收回澳门的谋划以及"肃奸运动"对澳门的波及成为澳门与抗战的尾声,在澳门与抗日战争的研究中具有特殊的意义。关于战后中国方面谋划收回澳门未果一事,叶美兰在《略论抗日战争时期的澳门》一文中提出己见,认为国民政府的软弱与妥协,是这次未能利用胜利之机收回澳门的主要原因;加之,葡萄牙出于自身利益考虑,不肯轻易放弃其在澳门的利益;而英美的实用主义外交政策,亦促使澳门的回归成为泡影。①

关于谋划收回澳门问题的研究,主要以左双文的《抗战胜利前后中国收回澳门的谋划与流产》为代表。据左氏考证,当时国民政府面临着是否收回、如何收回,以及收回后如何治理等问题。该文从国民政府内部对于收回澳门问题之"缓进""急进"两种态度入手,分析当时驻葡公使张谦与顾维钧、王世杰、宋子文、张发奎、国民党澳门支部负责人屈仁则、外交部驻澳专员唐榴等国民政府内部各方对于收回澳门问题的见解,从地方到中央全面论述当时国民政府收回澳门的谋划及考虑,从而分析得出国民政府放弃收回澳门计划的原因:一方面是因为外交部软弱胆怯,国民政府一再错失良机;另一方面是葡萄牙和澳葡政府为保住澳门这块远东乐土,明里暗里搞一些花样:其一,打"英国牌",以港澳一体为借口,积极谋求英国庇护;其二,打"民意牌",通过一系列活动,企图借以显示澳门居民对葡萄牙管治的拥戴;其三,利用国共矛盾。② 左氏的文

① 叶美兰:《略论抗日战争时期的澳门》,《民国档案》1999 年第 4 期,第 15—16 页。
② 左双文:《抗战胜利前后中国收回澳门的谋划与流产》,《近代史研究》1999 年第 6 期,第 41—63 页。

章对收回澳门的谋划与流产给予严谨考证,综合考虑了广州行营、中山驻军到外交部各方关系及各环节的不同行为和态度,对整个事件及问题作了比较充分的论述和分析。左文提出国民政府收回澳门未果的原因对叶文所析原因作了一定补充,使对同一问题的探讨更趋全面。

关于"肃奸运动"与澳门的研究,由于复杂的历史与现实原因,早年学界少有提及,只有陈锡豪的学位论文《抗日战争时期的澳门》[①]有所涉猎。此外,则有台湾学者吴淑凤的《伸张正义?——战后引渡逃匿澳门汉奸(1945—1948)》[②]一文对澳门华商所涉及的"经济汉奸"问题进行了较为详细的阐述,并辑录列举了台湾方面档案所载"奸商"名录及附敌劣迹。

笔者的博士学位论文《抗日战争时期的澳门华人社会——以慈善救济为中心的研究》[③]曾专辟一节论述战后澳门华商所涉"经济汉奸"风波,并对著名华商高可宁抗告一案进行了较为详细的梳理论证。随后,陈敏的学位论文《战后国民政府对澳门"经济汉奸"的引渡与审判研究》[④]则更进一步,对战后国民政府"肃奸运动"与澳门关系作了相对深入且全面的探讨,包括战时澳门"经济汉奸"的附敌活动,以及战后国民政府引渡与审判澳门"经济汉奸"经过、结果及审判分析。依据该文的研究,澳门"经济汉奸"最终定罪率

① 陈锡豪:《抗日战争时期的澳门》(未刊稿),华南师范大学中国近现代史专业硕士学位论文,1998年,第90—99页。

② 吴淑凤:《伸张正义?——战后引渡逃匿澳门汉奸(1945—1948)》,《"国史馆"学术集刊》2001年第1辑,第127—169页。

③ 冯翠:《抗日战争时期的澳门华人社会——以慈善救济为中心的研究》(未刊稿),暨南大学中国近现代史专业博士学位论文,2014年,第278—286页。

④ 陈敏:《战后国民政府对澳门"经济汉奸"的引渡与审判研究》(未刊稿),暨南大学中国近现代史专业硕士学位论文,2016年,第60—107页。

极低,多数"经济汉奸"最终不予起诉,并且随着国民政府败退台湾,亦不了了之。

9. 澳门在中国抗日战争中地位与贡献研究

澳门以其"中立"的特殊身份在中国抗日战争中的地位及贡献,是关于澳门抗日战争史研究的重要问题。学者们归纳总结澳门侨胞在支援祖国抗战事业中所处的地位及所作的贡献,既是对澳门华人战时捐款、慰劳、救济等各项工作的肯定,也是为提醒学界关注这一特殊区域的抗战历史。

郭昉凌认为澳门民众在广东抗战中的历史地位和作用主要体现在四个方面:面对民族危亡,投身救国运动;同仇敌忾,捐输抗战;加强统一战线,壮大抗日力量;利用地缘优势,发挥特殊作用,成为战时的难民避居岛和交通枢纽。[1]叶美兰从全局出发,认为澳门在中国抗日战争期间的地位及贡献主要有四点:一是澳门民众积极声援和直接参加抗击日本侵略者的斗争;二是澳门人民积极从物质上支援中国内地抗战;三是抗日战争时期的澳门成为中国南方宣传抗日的阵地;四是澳门成为抗战期间华南地区中国人的避难所及中转站。[2]元胜林则以港澳一体来分析战时港澳对祖国抗日战争的贡献主要体现在:组织抗日救国团体,支援祖国的抗战;对内地的抗战活动进行积极的宣传,组织指导捐物;港澳台三地利用自身的地理优势,积极地向内地运输抗战物资;收容内地的避难民众和迁来的文化机构。[3]

---

[1] 郭昉凌:《试论澳门在广东抗战中的地位与作用》,《湛江师范学院学报》1999年第4期,第100—105页。

[2] 叶美兰:《略论抗日战争时期的澳门》,《民国档案》1999年第4期,第13—14页。

[3] 元胜林:《略论港澳对祖国抗日战争的贡献》,《大学时代》2006年第4期,第36—38页。

中国人民抗日战争纪念馆所著的《港澳同胞与祖国抗日战争》①一书中重点探讨了澳门音乐、文学、美术等文化各界的救亡抗日活动,从文化抗战与抗战宣传的视角阐释并肯定了澳门在战时的地位及作用。2015 年 8 月 11 日,《澳门日报》抗战胜利 70 周年特刊的报道,将澳门对祖国抗战的贡献总结为"齐心支援祖国抗日、捐输物资赈济难民、参军救援守护家园"②三个方面,该报从澳门本土的视角表达了澳门民众齐心拥护祖国抗战的立场,与外地研究者"他者"的视角互为印证,启发探讨澳门与抗战关系的视角和切入点。以上文章均对澳门在战时作为避难所的作用予以肯定,同时,也摆明澳门对祖国的贡献及其在战争中的地位,正是通过一系列历史活动以及澳门在战时对各方的作用所取得的。

总之,这些年来相关学者对于抗日战争时期澳门史的研究,逐渐得到学界及社会的认同,澳门的抗战作为中国抗日战争史不可或缺的部分也逐渐受到重视。2015 年出版的有关民国史与抗战史的两大丛书均将澳门纳入其中,张宪文、张玉法主编的"中华民国专题史"丛书中有吴志良、娄胜华、何伟杰所著《革命、战争与澳门》一卷,突出了澳门在民国史中的地位;中国人民抗日战争纪念馆著"抗日战争与中华民族复兴"丛书中,澳门被纳入中国本土抗战史的叙事与书写,彰显了澳门在全民族抗战中的意义。

(二)国外相关研究回顾与分析(葡文、英文、日文)

国外学者对抗日战争时期澳门史的研究也有所关注,澳门葡籍历史学家文德泉神父(Manuel Teixeira)在第二次世界大战结束

---

① 中国人民抗日战争纪念馆:《港澳同胞与祖国抗日战争》,北京:团结出版社 2015 年版。

② 佚名:《澳门人的抗战及相关研究》,《澳门日报》,2015 年 8 月 11 日。

后,便在当时主编的《教区简报》上向澳门教会神父们发出呼吁,希望他们记下战时经历,为后世留下见证。1970 年,文德泉神父出版了一本 30 多页的小册子《战时的澳门》(*Macau durante a Guerra*),以一个个小的事件记述了战时自身的经历和知晓的点滴历史细节,如难民问题、食物问题、警方的行动、教区的救济、邻近地区的援助,以及谋杀费尔南多·罗德里格斯(Fernando Rodrigues)、日本领事福井保光遇刺等事件,[①]虽然文德泉神父是站在葡萄牙的立场进行叙事,但还是为抗日战争时期澳门的历史留下了自己的见证。文德泉神父的倡议,在当时并未得到积极的响应,不过,如今还是有一些关于战时澳门的回忆录及研究成果见诸史界。

1. 葡萄牙学界相关研究成果

1991 年,海军指挥官西瓦尔(António de Andrade e Silva, 1944 年任澳门港务局长)的《战时我在澳门》[②](*Eu estive em Macau durante a Guerra*)一书由澳门文化学会和澳门海事博物馆联合推出,该书内容始于 1941 年底香港的沦陷,讲述的是主人公葡萄牙殖民地部医生阿丰索·塞格拉(Afonso Sequeira)经朋友介绍在澳门卫生局谋得一份差事留居澳门期间的个人经历和所见所闻。该书成稿于 1946 年前后,不能算是严格意义上的史学著作,但是可以作为我们追踪历史的线索。

1992 年,马加良斯(José Calvet de Magalhães)所著《战后澳门

---

① Manuel Teixeira,*Macau durante a Guerra*,s. n.,1970.

② António de Andrade e Silva,*Eu estive em Macau durante a Guerra*,Macau:Instituto Cultural de Macau,1991.

与中国》（*Macau e a China no Após Guerra*）①作为东方葡萄牙学会"东方追忆丛书"（*Colecção Memória do Oriente*）之一出版,该书主要介绍澳门地位及其与中国政府的关系、面对的局势,以及中葡两国关于澳门主权问题的看法,兼有谈及战后随着内地政治时局的变化,澳门与内地因应互动的过程。1997 年,澳门广视葡文新闻部记者里卡多·平托（Ricardo Pinto）有关抗战时期澳门的报道由邓耀荣节译发表《中立区的炮火》②一文,大致叙述了自 1938 年元旦日军袭击澳门领空到战事结束的历史,图文并茂,尤其注重介绍了澳葡政府与日方的冲突事件,对这一时期的葡日关系有较深刻的解读。

1999 年,伊萨贝尔·玛利亚·佩肖托·布加拉（Isabel Maria Peixoto Braga）在澳门大学葡文学院完成学位论文《第二次世界大战期间的澳门——社会、体育与运动》（*Macau Durante a II Guerra Mundial: Sociedade, Educação Física e Desporto*）③,其研究聚焦战时澳门社会各种类型的体育运动,包括各类慈善体育活动,深入探讨了澳门战时社会的变化与体育运动发展的关系。

2006 年,雷欧奈尔·巴洛斯（Leonel Barros）所著《东方回忆

---

① José Calvet de Magalhães, *Macau e a China no Após Guerra*, Macau: Institvto Portvgvês do Oriente, 1992.

② ［葡］里卡多·平托著,邓耀荣节译:《中立区的炮火》,《澳门杂志》1997 年第 2 期,第 74—101 页。

③ Isabel Maria Peixoto Braga, *Macau Durante a II Guerra Mundial: Sociedade, Educação Física e Desporto*, A Thesis for M. A. of Portuguese Language and Culture at the University of Macau, 1999. 另见: Isabel Maria Peixoto Braga, *Macau Durante a II Guerra Mundial: Sociedade, Educaçã Física e Desporto*, Macau : Centro de Publicações Universidade de Macau, 2003.

录:战时在澳门》(*Memorias do Oriente em Guerra:Macau*)①,由澳门土生教育协会(Associação Promotora da Instrução dos Macaenses)出版,以回忆录的形式叙述了主人公战时在澳门的经历与感悟。

2012年,澳门国际研究院(Instituto Internacional de Macau)出版了另一回忆录——若昂·波达斯(João F. O. Botas)的《澳门1937—1945:战时岁月》(*Macau 1937 - 1945:Os Anos Da Guerra*)②,该书与众不同的是,从国际博弈的大视阈来阐述战时澳门在中、日、葡、英关系中的地位及利益考量,以及彼此力量的消长,视野开阔,格局宏大。

2. 其他西方学界相关研究成果

加拿大英属哥伦比亚大学历史系硕士米兰娜·冈恩·加侬(Melania Dawn Cannon)所撰学位论文《过去的经历、记忆、组织:纪念澳门（1941—1945）》(*Experience, Memory and the Construction of the Past:Remembering Macau 1941 - 1945*)③是以口述史的方式对1941—1945年澳门人战时经历的叙述和研究,运用口述历史和集体记忆理论来分析叙述,以阐明经验、记忆与第二次世界大战期间澳门居民和侨民社区建构的关系,其研究结果显

---

① Leonel Barros, *Memorias do Oriente em Guerra: Macau*, Macao: Associação Promotora da Instrução dos Macaenses (APIM), 2006. 2007年,其又出版了《澳门杰出奉献人物》[Leonel Barros, *Homens Ilustres e Benfeitores de Macau*, Macao: Associação Promotora da Instrução dos Macaenses (APIM), 2007]。

② João F. O. Botas, *Macau 1937 - 1945: Os Anos Da Guerra*, Macau: Instituto Internacional de Macau, 2012.

③ Melania Dawn Cannon, *Experience, Memory and the Construction of the Past: Remembering Macau 1941 - 1945*, a Thesis for the Degree of Master of Arts at the University of British Columbia, 2001.

示,澳门的侨民和居民对二战时期的澳门有着截然不同的回忆。

战时英国驻澳门领事瑞礼士的回忆录《孤独的旗帜:二战时期英国驻澳门领事回忆录》(*The Lone Flag: Memoir of the British Consul in Macao during World War II*)①是其在战后被派驻意大利罗马时撰写的,但被英国外交部禁止出版,直到 2014 年由香港大学出版社出版。该书叙述时序有点混乱,却清楚地记录了当时澳门人在日本侵华时的生活情况,以及滞留澳门外侨难民的苦楚,书末还列出了许多当年关于收容难民的传媒报道。

2016 年,香港大学出版社出版了一部有关战时澳门研究的论文集《战时澳门:在日本阴影下》(*Wartime Macau: Under the Japanese Shadow*)。② 该书主编杰弗里・C. 冈恩(Geoffrey C. Gunn)与一群国际撰稿人在书中探讨了澳门如何"逃脱"日本直接入侵和占领的命运。该书试图站在那个时代更广泛的外交和战略问题层面,揭示对澳门的占领并不符合日本的最佳利益。澳门对日本关于中国海岸的控制没有构成威胁,并充当了审视盟军活动的监听站。这本书对澳门的战时治理提出了截然不同的观点,并展示了澳门社会不同阶层是如何在战争中幸存下来的。

牛津大学葡籍学者罗爱莲(Helena Ferreira Santos Lopes)的博士学位论文《令人质疑的中立:战时与战后的中葡关系(1937—1949)》(*Questioning Neutrality: Sino-Portuguese Relations during the War and the Post-war Periods*,1937–1949)从对战时葡萄牙中立政策的探讨切入,对抗日战争全面爆发后到中华人民

---

① John Pownall Reeves,*The Lone Flag: Memoir of the British Consul in Macao during World War II*,Hong Kong:Hong Kong University Press,2014.

② Geoffrey C. Gunn,*Wartime Macau: Under the Japanese Shadow*,Hong Kong:Hong Kong University Press,2016.

共和国成立之前这段历史时期的中葡关系作了较长时期的研究。
主要观点有四：一是葡萄牙在东亚的中立具有明显的矛盾性；二是
澳门战时的经历与中国其他城市有些相似；三是战时澳门呈现多
层次合作的特点；四是战争遗留问题对战后中葡关系产生了影
响。[①] 罗爱莲的导师为英国中国史专家、牛津大学中国研究中心教
授拉纳·米德(Rana Mitter)，该文对于东亚战争问题的研究受米
德的影响颇深。文章呈现了西方学者对于葡萄牙在远东的中立、
战时中葡关系等问题的认知与阐释，其中提出的观点，与国内的研
究可形成争鸣，启发国内学界研究的视野和思路。

2018 年 4 月，罗爱莲在《英联邦历史杂志》(*The Journal of
Imperial & Commonwealth History*)发表了论文《帝国间的人道
主义：第二次世界大战期间的葡萄牙红十字会澳门代表团》[②]
("Inter-imperial Humanitarianism: The Macau Delegation of the
Portuguese Red Cross during the Second World War")，以 1943—
1946 年葡萄牙红十字会澳门代表团的历史为主线，探讨二战时期
澳门与被占领地香港间的互动。需要注意的是，该文从葡萄牙与
英国两个殖民帝国的联系出发，来看葡萄牙红十字会澳门代表团
在当时的国际地位及其影响，也让我们看到了两大殖民远东的帝
国在港澳方面的联动。

---

① Helena Ferreira Santos Lopes, *Questioning Neutrality: Sino-Portuguese Relations
during the War and the Post-war Periods, 1937 - 1949*, Thesis (Ph. D.), University
of Oxford, 2017.

② Helena Ferreira Santos Lopes, "Inter-imperial Humanitarianism: The Macau
Delegation of the Portuguese Red Cross during the Second World War", *The Journal
of Imperial & Commonwealth History*, Vol. 46, No. 6(2018), pp. 1125-1147.

3．日本学界相关研究成果

日本学者宜野座伸治在《太平洋战争时期的澳日关系：关于日军不占领澳门的初步考察》①中讨论了日军不占领澳门原因之"驱逐巴西日侨说"。根据作者研究，此说法最初来源于刘禹生在其《世戴堂杂忆》中以他直接在澳门从葡国办理外交事务人员口中打听到的消息为依据，进而提出"葡日秘密外交"的说法，对"驱逐巴西日侨说"予以澄清。同时其检讨了日本、巴西及葡国战时的相互关系，以及帝汶岛和澳门在军事方面的重要性差别，进而考察日本没有占领澳门是因为里斯本和澳门分别担当了与英美关系、重庆关系的情报收集基地的角色，且对澳门的经济封锁与事实上的占领无异，没有军事占领的必要性。

小林英夫、柴田善雅所著《日本军政下的香港》②一书则专辟一章论述了日本军政与澳门的关系及影响，分析了太平洋战争时期的日葡关系，并且对比了澳门在"占领"前后的动态。此外，宫武谨一的《香港的走私与华南经济》③、小林英夫的《军票史研究的现状和课题：以日中太平洋战争时期的华中为中心》④和《太平洋战争下的香港：香港军政的开展》⑤等论文虽然并非以澳门为研究对象，但

---

① ［日］宜野座伸治：《太平洋战争时期的澳日关系：关于日军不占领澳门的初步考察》，《澳门研究》1997 年第 5 期，第 76—84 页。

② ［日］小林英夫、柴田善雅著，田泉、李玺、魏育芳译：《日本军政下的香港》，香港：商务印书馆有限公司 2016 年版，第 97—108 页。

③ 宮武謹一「香港の密輸と華南経済」，『中国研究所所報』(13)、1948 年 05 月 25 日、2～8 頁。

④ 小林英夫「軍票史研究の現状と課題：日中・太平洋戦争期の華中を中心に」，『駒沢大学経済学論集』19(1/2)、1987 年 10 月、317～349 頁。

⑤ 小林英夫「太平洋戦争下の香港：香港軍政の展開」，『駒沢大学経済学論集』26(3)、1994 年 12 月、209～281 頁。

是在论述战时的香港社会、走私以及日军军票流通中均有涉及澳门的内容,还是可以洞见战时澳门的些许面相。

上述外籍学者的著述与研究,其立场、叙事、书写等与国内学者存在明显的差异,一些著述夹带有站在侵略者、殖民者立场阐述的痕迹,对其有鉴别地、批判性地运用,有助于从国际、国内两个层面进一步认识抗日战争时期澳门所具有的历史地位及其国际影响,多角度深入理解当时的社会现状及其与外部的关系,对于澳门近现代史和抗日战争研究具有特殊的学术价值。

(三)小结

目前国内外学界关于战时澳门史研究的成果累积颇多,但是大多集中于澳门社会及华人社群某些方面,宏观层面探讨的成果不多见;研究成果质量参差不齐,史料的运用亦偏重中文史料;研究重心倾向以华人社群、华人团体等为对象的华人史研究。以往对澳门华人在战时的活动的研究限于文化、体育、教育等几个群体,对与战争有切身利害关系的政府官员、商人团体、突出历史人物的研究明显关注不够。对于战时澳门华人社团的研究,现有成果多侧重前期的赈难运动,以澳门四界救灾会研究为主,当时最大的救亡团体各界救灾会,传统华人社团同善堂、镜湖医院、澳门中华总商会(时称"澳门商会",以下亦有称"澳门商会")等尚待研究;后期出现的慈善救济社团则缺少关注,如怡兴堂、澳侨赈饥会、平粥会等甚至名不见经传。

研究中存在的诸多有待深入的问题亦值得后来者关注。过去的研究涉及范围宽泛,但力度稍显不够。例如关于战时澳葡政府对华、对日政策及外交活动,要从中、日、葡各方政府文件以及官员实际行动和个人日记等方面寻求依据,不能单从某一方面的史料来作简单的分析判断;战时各方在澳门的活动研究多限于国共两党,英美势力战时在澳门的活动、日本派驻机构及汉奸在澳门的活动则迷雾重重,仍有待揭示;战时澳门社会各行业的发展、进出口贸易变化等经济方面的研究十分少见,诚需有志者加入探索。

总体上,学界对抗日战争时期澳门各个方面的研究已有一定积淀,为宏观性的研究提供了可能。然而,以澳门社会作为整体研究对象,不仅需观照中葡阶层、群体关系,还需关注内地、葡国、港英、日伪等各方关系的博弈与演变,宏观层面的研究难度仍在。不过,抗日战争时期澳门的研究要进一步深化,充分展现其历史特征,广视角、多维度的研讨诚待开展。

钱乘旦先生曾言,"澳门史研究和一般的中国史研究不同,它有三个支脉:(1) 中国的澳门史研究,(2) 葡萄牙的澳门史研究,(3) 其他国家的澳门史研究"①。而不管是哪个支脉的研究,以往大多局限在国别史的研究范畴,基本分为两大类:一类把澳门史放在中国史的背景下进行研究,作为中国区域史研究的个案(澳门地方史);一类把澳门放在葡萄牙史的背景下,成为葡萄牙海外殖民史(海外领地史)的一部分。② 有鉴于此,钱先生力主以"全球史"观来研究澳门史,其主编"全球史与澳门"丛书,为澳门史的研究引入更为宽广的、联系性的视角与途径。

更为宽广的视角意味着更加丰富、多样的史料、文献,以及更大范围的研究成果的对照、借鉴与运用,这对有关澳门与抗日战争的研究既是启发,也是挑战。目前,学界对这一时期葡文、日文、英文史料的归集与出版不多,对其解读与运用则更少。一般研究者

① 钱乘旦:《全球史与澳门》总序,娄胜华、潘冠瑾、赵琳琳:《自治与他治:澳门的行政、司法与社团(1553—1999)》,北京:社会科学文献出版社 2013 年版,第Ⅴ页。
② 钱乘旦:《全球史与澳门》总序,娄胜华、潘冠瑾、赵琳琳:《自治与他治:澳门的行政、司法与社团(1553—1999)》,第Ⅵ页。

困于语言上的障碍,致使许多文章和著作的史料来源局限于中文,对诸多问题的研究外文资料挖掘尚属不够,限制了研究者的视野,不利于研究的进一步推进,有待综合多国及多方史料进行系统梳理,方能更加全面、宏观、深刻地呈现澳门的战时地位与历史情境。

以往研究涉及的每一个问题都很重要,总体的研究涉及面比较宽泛,大部分论著仍局限在一般史实的论述,今后的研究需要对问题进行聚焦,深入探讨,又需要站在更宽广的、联系的视角来看问题。澳门的抗战史既是第二次世界大战史的一部分,更是中国抗日战争史不可或缺的一部分,它的地理位置及战时的地位,将亚太战场与中国战场结合在一起,也把海洋与陆地两个战场的战事活动结合在一起。

从中国抗日战争史研究的立场以及史学观照出发,研究抗日战争与澳门问题,需要在中方史书与中文史料记载及其研究的基础上,自主地排比、对照海外葡萄牙、英国、日本、加拿大、美国等国档案馆、文献馆馆藏史料及学术研究成果,融汇东西,批判性地运用东西方史料及史学理论对澳门史的观照,合理地解读与论述抗战时期澳门的历史。

就澳门社会本身的发展而言,澳门在战时的性质及其发挥的作用是最根本的问题,决定了澳门在中国及国际社会的地位,是主导其命运的根源,也是这一时期历史演变的内因所在。因此,笔者试从澳门作为“中立区”的性质及发挥的作用出发,以战事变化带来的澳门发挥作用的变化为线索,厘清澳门在战时的境遇变迁,探讨其应对内外局势,导致命运变化的缘由、过程和产生的影响,力图展现中国抗日战争史上除沦陷区、国统区(大后方)、根据地以外的另一类抗战区域——“中立区”的历史。

三、研究背景与维度

澳门地处珠江入海口西南岸,东距香港约 30 千米,南面直临南中国海,西与湾仔岛、横琴岛隔海对望,北接陆地,与中山地域相邻,三面环海,一面通陆。20 世纪 30 年代,澳门时受葡萄牙的殖民管治,被视为葡萄牙的"殖民地",成为葡萄牙帝国在远东的"行省"之一。陆地总面积约为 14.47 平方千米,包括澳门半岛、氹仔岛、路环岛等部分岛屿。

(一)背景:20 世纪 30 年代初澳门概况

开埠以来,澳门的发展备受葡萄牙远东殖民政策及周边环境的双重影响与制约,在政治、经济、社会、教育等各个方面呈现出与内地城市截然不同的状态。殖民色彩的政治管治、畸形的经济发展、华洋杂处的社会形态成为澳门在 20 世纪上半叶的主要特征。

1. 殖民色彩的政治管治

抗日战争时期,澳门正处于萨拉查(António de Oliveira Salazar)独裁统治葡萄牙时期。30 年代,葡萄牙总理萨拉查确立其独裁统治,加强对澳门等"殖民地"的重视。澳葡政府形成以总督为首的政治制度框架,对待澳门半岛、离岛地区中西两个族群态度截然不同,在管治上采取了不同的措施,以实现有效统治。在管理华人族群、维系民间华人社会方面,澳葡政府多倚重"华人代表"、华人社团领袖,通过后者管理的华侨社团来间接实施与实现其管治目标。

(1)葡萄牙对澳门的管治。自 19 世纪中叶以来,经过多次演变,澳葡政府最终形成了以总督和立法会为首的政治机构及公共行政当局组成的政府架构。根据 1917 年《澳门省组织章程》(*Carta Orgânica da Província de Macau*)规定,澳门有总督和政务委员会两个机关。澳葡总督直属殖民地部部长,并从民事和刑事上对自身行为负责。总督是该地的最高民事和军事权威,代表中央政府,拥有行政权、军事权、财政权和立法权,其立法以训令(Portaria)形式为之。政务委员会则为总督之后首要的和主要的管理机关,依法密切协同总督运作。[①]

1920年8月,葡萄牙修改宪法,赋予各殖民地高度自治权。殖民地拥有三个自我管治机构——总督、立法委员会(Conselho Legislativo,时称"议例局")和行政委员会(Conselho Executivo,时称"议政局"),原来的政务委员会一分为二,而且规定立法委员会中应有当地代表,以适应各殖民地的发展。[②]

1926年10月,葡萄牙通过《澳门殖民地组织章程》(*Carta Orgânica da Colónia de Macau*),澳门设有两个政治机构——总督及政务委员会。总督主持政务委员会的工作,但是政务委员会有决议和咨询的职责。总督和政务委员会的分歧由殖民地部部长自由裁决。政务委员由当然委员、委任成员和选举产生成员三部分组成,当然委员为政府官员,委任和选举的成员为非公务员委员,人数必须相同,其中选举的成员包括市政厅互选的一位议员代表、居民直接选举的一位代表以及澳门商会推选的一位代表。[③] 华人参政的范围比较狭窄,澳门商会在当时处于比较特殊的地位,虽然是华人民间社团,但在参与澳葡政府的决策方面享受特殊待遇。

随着萨拉查的上台,葡萄牙逐渐加强对海外领地的管治。1930年6月,葡萄牙颁布了《殖民地法案》(*Acto Colonial*),把包括澳门在内的所有海外"殖民地"统统划入葡萄牙的版图。1932年,

---

① 吴志良:《澳门政治制度史》,广州:广东人民出版社2010年版,第168页。

② 吴志良:《澳门政治制度史》,第169页。

③《澳门万象》编写组编:《澳门万象:简明澳门百科全书》上卷"澳门政制的演变",北京:中国华侨出版社1999年版,第83—85页。

萨拉查成为葡萄牙总理,推行独裁统治,葡萄牙第二共和国总统几乎成了傀儡。[①] 1933 年 11 月,《葡萄牙殖民帝国组织章程》(*Carta Orgânica do Império Colonial Português*)及《海外行政改革法》(*Reforma Administrativa Ultramarina*)出台,要求各殖民地以此为依据进行内部管理,以加强中央集权,削弱殖民自治。[②] 依此,海外殖民地内部及其与葡萄牙的关系发生巨大变化:一方面,殖民地总督的权力集中起来,形成总督专制,政务委员会变为一个纯咨询机构,每年仅有一个约 30 天的会期,总督可以不接受政务委员会的意见;[③] 另一方面,所有海外殖民地接受葡萄牙政府海外殖民地部的管辖,总督必须将有关决定汇报给殖民地部部长,而兼任殖民地部部长的萨拉查也就成为"总督的总督"。

此后 20 年,澳门基本维持这一政治形态,不过,总督在集权的同时也要兼顾其他群体利益,在委任政务委员时要照顾到市政组织、工商业、农业和工人团体的提名,也会尽量开设渠道听取当地居民,尤其是对当地经济发展、社会稳定有所贡献人士的意见。

(2)澳葡政府对澳门的管治。澳葡政府将澳门分为澳门半岛及离岛地区两大部分,澳门半岛为澳门主城区,氹仔、路环等为离岛地区,设立海岛市(Concelho das Ilhas)进行管理。澳葡政府对澳门的行政区划采取的是与中国传统基层行政单位截然不同的设置,代之以各居民区内具代表性的教堂名称命名的堂区。[④] 历史

---

① 黄庆华:《中葡关系史(1513—1999)》,合肥:黄山书社 2005 年版,第 1029 页。

② 娄胜华、潘冠瑾、赵琳琳:《自治与他治——澳门的行政、司法与社团(1553—1999)》,第 217—218 页。

③ 吴志良:《澳门政制》,澳门:澳门基金会 1995 年版,第 53—58 页。

④ 娄胜华、潘冠瑾、赵琳琳:《自治与他治——澳门的行政、司法与社团(1553—1999)》,第 221 页。

上,澳门有两种堂区:一种是天主教澳门教区为传教、管理信徒和教堂而设立的堂区(paróquia,宗教堂区);一种是澳葡当局为日常管理而设立的堂区(freguesia,行政堂区)。① 这两种堂区在澳门历史上经历了一定的调和,到后来则发展成为宗教堂区与行政堂区混淆使用的局面。

20 世纪上半叶,澳门半岛的行政区划基本维持着三大堂区(即风顺堂区、大堂区、花王堂区)②的格局,只在此基础上调整各区的区划。澳门教区在 1923 年成立望德圣母堂区,负责管理全澳华籍天主教徒事务,但此宗教堂区仍未成为一个独立的行政堂区,而是将该区的范围分别纳入花王堂及大堂两个行政堂区。至于离岛地区,其行政堂区在 1976 年以前一直未有确定的区划,只有 1935 年3 月 18 日的第 25124 号大总统令(Decreto,即国令)确认当时的海岛市分为凼仔和路环两个行政分所,并没有列明行政分所以下堂区的划分;宗教堂区方面,只在凼仔市区设有一个堂区,即嘉模圣母堂区,路环所设的圣方济各堂区是"准堂区"(Quase-Paróquias),比堂区次一级别,其前身为传教区(Missão)。③ 显然,澳葡政府对澳门的管治带有诸多的"政教合一"的色彩,且在不断调整行政堂区与宗教堂区的区划,以致经常是两种堂区混为一谈。另外,与葡

---

① 陈震宇:《澳门的行政堂区——兼议市民服务中心的可行区划》,《行政》总第 79 期,第19 页。

② 《澳门地扪宪报》(Boletim Ofical do Governo da Províncial de Macau e Timor)在1893 年 8 月 5 日刊登的第 128 号札谕"合行将澳地定分三坊,列左:一为圣老楞佐坊,即华俗名风顺堂约;二为大堂坊约;三为圣安多尼坊约,即华俗名花王堂坊",以后一直到 1976 年,其行政区划范围虽然有一定变迁,但澳门半岛基本维持只此三个堂区。《澳门地扪宪报》,1893 年 8 月 12 日,第 32 期。

③ 澳门主教公署:《2006 年天主教手册》,转引自娄胜华、潘冠瑾、赵琳琳:《自治与他治——澳门的行政、司法与社团(1553—1999)》,第 225 页。

萄牙其他海外"行省"明显不同的是,澳门的行政堂区未设立相应的行政建制机构,只是作为一种处理缴纳公钞、登记房屋、统计人口、治安巡察等事务的区域单位,如在抗日战争时期,澳葡政府主要按各堂区分配、供应米粮等生活必需品。因此,历史上,堂区大多是作为澳门的行政区划范围及概念而存在,但并没有建立实体的行政机构。

(3)澳葡政府对华人社群的管理。20世纪以来,澳葡政府对华人社群的管理大致遵循华洋分治的策略,具体做法集中体现在四个方面:颁布《华人风俗习惯法典》,依循华人风俗习惯;设立专理华务机构,处理华人事务;吸纳少数华人精英参政,实现互惠互利;倚重华人社群领袖(华商)及其社团,间接实现管治。

澳葡政府将澳门华人归于其管治下,治理力度却难以深入华人社群,在实际管理上采取的是华洋分治的策略,对于华人社群主要采取间接管理的方式,以免华洋冲突。甚至如遇有重大节庆等,澳葡政府会晓谕葡萄牙人等约束行为,如下《澳门宪报》(*Boletim oficial da Colónia de Macau*)1937年1月16日公示:

> 澳门市行政局兼警察局局长炮军上尉马为晓谕事照得本年狂欢节(俗称扮波布)不许违反下开各条以维秩序,倘有不遵,即依违抗官命例究办,今为公众周知及免事后诿为不知禁令起见,合将本示译出华文,颁行宪报并标贴常粘告示地方及公众场所,俾众凛遵此示,计开:
>
> 一凡领班之人未经澳门政府准给人情者,不许在道上率队演戏及跳舞、弄音乐等事,又无论何故均不许讨取钱银或借此行乞;

一不许在家内或街上暨别处地方将物件向人投掷,以致伤害他人或污损衣服,暨滋扰别人,毁坏物件等弊;

一不许闯入华人区域;

一所穿衣服不许违背宗教信条及道义善良习惯。①

早期澳门法制发展格局大致是以中华法系的主导治理和澳葡政府的有限自治为特征。自 1887 年清政府与葡萄牙签署《中葡和好通商条约》,葡萄牙便据此将事实上的殖民管治演绎为近代国际公法意义上的殖民管治。从下设华政衙门到 1894 年葡萄牙司法统一改革下澳门法区法院的司法建制,澳葡政府一步步将中华法系"逼出"澳门,但是中华传统宗法影响却根深蒂固,澳葡政府不得不作出妥协,最终形成制度性的认可。将华人风俗习惯法典化,成为 19 世纪末 20 世纪初葡萄牙为澳门"立法"的任务之一。②

1909 年 6 月 17 日,《华人风俗习惯法典》颁布实施,把澳门华

① 《澳门宪报》,1937 年 1 月 16 日。澳葡政府公报,在不同历史时期,由于行政编属范围不同,其名称及所涉及的内容亦不同,许多学者在运用这份资料时,名称使用上存在一定的混淆,在这里有必要说明一下:澳葡早期并没有独立的政府公报,而是与帝汶、梭罗联合的公报,称"Boletim do Governo do províncial de Macau, Timor e Solor",出版时并未有中文名称,其译名为《澳门、帝汶和梭罗政府公报》;至 1880 年,因行政范围的变化,更名为《澳门地扪宪报》(地扪,即帝汶;Boletim Ofical do Governo da Províncial de Macau e Timor),从这时开始政府公报开始中、葡文名称并行;1897 年开始,又更名为《澳门宪报》(Boletim oficial da Colónia de Macau),1944 开始,再次更名为《澳门政府公报》(Boletim oficial da Colónia de Macau),但其葡文名称则与《澳门宪报》葡文名称一致。亦有相关学者在使用中,只采用《澳门宪报》一种名称,然后标明葡文名称,本文亦采取这一处理方式。葡据时期,澳门的政府公报是以葡文为主的,少数情况下,涉及华人的有关管治时才会译注中文。

② 何志辉:《殖民管治下的文化妥协——1909 年〈华人风俗习惯法典〉研究》,曾宪义主编:《法律文化研究》第 8 辑"澳门法律文化专辑",北京:社会科学文献出版社 2015 年版,第 258—272 页。

人在民事领域的风俗习惯以法律的形式固定下来,作为《葡萄牙民法典》在澳门地区的特别补充法,对澳门华人的婚姻家庭、继承和相关民事问题作出较详细的规定,对不适应华人风俗习惯的部分民事法律规范则作了相应保留。① 其中主要规定如下:

在婚姻方面,凡系奉教华民,其嫁娶遵照教例而行。华人男女结婚,照中国教礼仪而行,悉与本国律例所准奉教人及民律例所准结婚者平等无异。

在财产方面,家庭财产支配及管理物业之权,概由丈夫掌管,女子体己名下物业首饰等,不在此例。

在人身关系方面,妻室有下列各情事,可禀官判断,与妻异居:妻室有犯奸情事;成婚已过三十五年无生育;凌辱丈夫;有传染之疯疾;或好说是非或偷盗或嫉妒。凡有夫妻离异或异居情事,所有子女均归丈夫。丈夫既娶正室,可以立妾。妾所生子女,与正室所生子女一体无异。

在继承方面,华人无子者,应立一子承继,并须在华政衙门立案或立契。凡被取立嗣之子,即离其本身之父母,而于所承嗣之父母则全然有亲生子之权利,对于教例律例俱与生子无异。父母死后,惟其子得以均分其遗下之产业。长子应分照次子所得者之二份。若长子已故,则归长子所生之子。未嫁女子不得分产,惟应照次子所得者之四份一,送给以为赠嫁之资。未分家之前,先将产业划出十分之一留为公产,以为祭扫之用。其在挂号房注册,亦应用公家名号。此公产应归长子管,或有缘故不应归长子管理,则于各子公举一人管理。华

---

① 何志辉:《殖民管治下的文化妥协——1909 年〈华人风俗习惯法典〉研究》,曾宪义主编:《法律文化研究》第 8 辑"澳门法律文化专辑",第 261 页。

人到二十岁,便算成为大人,系照中国年岁计。到十七岁,可以禀官,准其管理自己产业。[①]

如上所示,澳葡政府颁布《华人风俗习惯法典》看似保留和尊重华人传统,实则借用华人宗法传统,以尊重华人风俗习惯的做法来缓和殖民管治因匮乏历史正义和国际法理而时刻紧绷的权威危机。[②]该法典在1933年曾研究修订,一直延续到1948年7月才被撤销。

华洋分治的方针之下,澳葡政府内部专理华务机构一直存在。20世纪30年代,华务专理局作为澳葡政府主要民政机构,专门负责处理与华人相关事宜。如下图所示:

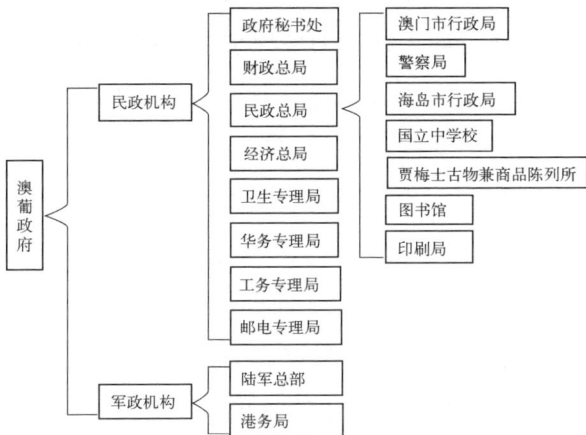

图 0-1　澳葡政府机构设置图[③]

---

① 《澳门宪报》,1909年9月4日,第36号;转引自吴志良、汤开建、金国平主编:《澳门编年史》第四卷"清后期(1845—1911)",广州:广东人民出版社2009年版,第2168—2169页。

② 何志辉:《殖民管治下的文化妥协——1909年〈华人风俗习惯法典〉研究》,曾宪义主编:《法律文化研究》第8辑"澳门法律文化专辑",第259—260页。

③ 依据 Anuário de Macau(《澳门年鉴》,1939,p. 433.)与 Directório de Macau(《澳门指南》,1937,p. 415.)绘制。

在对华人社群的管治中,澳葡政府注重吸纳华人精英参与政治性、管理性机构及政府政策咨询机构,如政务委员会、立法会等。根据 1917 年《澳门省组织章程》(*Carta Orgânica da Província de Macau*),政务委员会须设立华人社群代表,参与议政;1920 年,第 7030 号法令颁布,总督在华人社会挑选 2 名代表成为立法会非官守议员。[①] 华人参政是澳葡政府管治华人社群的主要举措之一,在某种程度上缓解了华洋矛盾,甚至与华人上层谋求合作,互惠互利,共享维护澳门现状的红利。

华务专理局及华人代表成为连接澳督与华人社群的纽带,澳督在对华人实施管理时往往通过华务专理局及华人代表来传达其旨意,而该两者在对华人社会的各项事业上亦负有向澳督表达华界意愿的义务。20 世纪 30 年代,华人在政治上争取到一定的权力,逐步开始参与澳葡政治,而且在许多华人事务的处理上,澳葡政府不得不仰仗华人官绅来处理。

澳葡政府管理华人社群的另一举措是注重通过华人社团组织,特别是澳门三大侨团——澳门商会、镜湖医院、同善堂,来实现一些社会事务的管理。例如,澳门商会赋有收报业钞及管理华人商务的一些权力;镜湖医院负责管理华人坟场,在华人医疗、卫生、防疫等方面发挥积极作用;同善堂的声望则对维系华人社会十分有利。

华人社团中起关键作用的是这些社团的领袖——澳门华商,他们依靠其经济实力及个人威望,成为社团领袖,在澳葡政府中取得一定地位,其中许多人担任澳葡政府的相关职务,同时他们成为

---

① 《澳门万象》编写组编:《澳门万象:简明澳门百科全书》上卷"澳门政制的演变",第 83—85 页。

澳葡政府所仰仗的管理华人社群及处理华侨事务,甚至是处理中葡关系的关键人物。所以,在维系澳葡政府与华人社群的关系上,这些多重身份的华商成为连接的纽带,而这些华商从事这一系列活动所倚赖的媒介则是强有力的民间华人社团。澳门华人社团在社会功能及效应上则是以从事慈善救济活动者居多,最具影响力的几大社团多为华人慈善组织。

2. 经济的畸形发展:由传统贸易转向特种产业经营

20 世纪 30 年代,受香港开埠及自身缺陷的制约,澳门工商业的繁荣非比往日,各行业在平稳中求发展,捕鱼业、造船业、神香业、爆竹业、火柴业等传统产业较为发达,而维持澳门繁荣的最大经济支柱则是赌博、娼妓、当押和鸦片等特种行业。

(1)捕鱼业、神香业、爆竹业、火柴业等传统产业的发展。澳门自古便是优良渔港,捕鱼业是澳门最重要产业之一。抗战初期,从事这行业的居民有 2 万余人,鱼栏约 150 家。[①] 在 1918 年至 1934 年渔业生产的鼎盛时期,年贸易额达 500 万—800 万澳元。[②]不仅如此,渔业的伴生产业,如制网、制索、制桨、罐头、咸虾、蚝油、鱼翅等都随着捕鱼业的发达而繁荣。例如,1931 年时,"氹仔及过路湾(按:路环岛古称)二岛,设有蚝塘 12 处,每年产蚝 1 200 担,可制蚝油(蚝油每斤售洋 1.5 元)及干蚝 240 担,约值 1.2 万元"[③]。渔业的兴盛也带动了造船业的发展,至 1931 年时,澳门及其附近有小船厂 17 家,每家每年可造民船 10 艘,在妈祖阁、黑沙环、筷子基、青

---

① 何大章、缪鸿基:《澳门地理》,广州:广东省立文理学院 1946 年版,第 69 页。

② 黄鸿钊:《澳门史》,福州:福建人民出版社 1999 年版,第 414 页。

③ *The Maritime Customs Decennial Reports 1922 - 31 (LAPPA)*[《海关十年报告·1922—1931(拱北关)》],中国第二历史档案馆藏,财政部档案,179(2)—169,第 230 页。

洲还设有 4 所船舶修理厂,专门经营各种船舶修理业务。① 捕鱼业、造船业以及伴生产业俨然形成一条以渔业为核心的产业链,折射出现代产业模式的雏形。

爆竹、火柴、神香是澳门三大传统手工业,有逾百年历史。30年代,澳门平均每年出口额约 1 000 万澳元,其中鱼类26.4%,食品18.5%,爆竹、火柴各 15.9%,神香 6%,纺织品5.3%,其他 12%。② 根据各行业出口额的占比统计可知,三大传统手工业产品的出口额占每年总出口额的 37.8%,这些产品曾一度远销东南亚及欧美各国。当时,澳门半岛西北部提督马路等地已建有不少火柴厂,而在氹仔尤其多,计有昌明号、东兴号、大光号等数家。爆竹厂则多在氹仔,有广兴泰号、广兴隆号、谦源号、益隆号等数家,其中以广兴泰号及广兴隆号为最大,工厂面积数亩,多用女工,以手工制造,每厂工人常达千余名,产品畅销南洋及美洲各地。③ 抗战前,神香业是澳门一大重要事业,其时制造香烛的工厂计 20 余家,工人3 000多名,战事爆发后此行业首先受到冲击,广州沦陷后几乎全行停顿。④日本侵华战争给澳门传统手工业生存带来危机,却给澳门特种产业的发展带来机遇。

(2)洋烟业、赌博业、娼妓业等特殊行业的崛起。由于自然地理环境的制约,在生产资料、生活物资的来源方面,澳门对周边环

---

① 查灿长:《转型、变项与传播:澳门早期现代化研究(鸦片战争至 1945 年)》,广州:广东人民出版社 2006 年版,第 178 页。

② 彭琪瑞、薛凤旋、苏泽霖编著:《香港与澳门》,香港:商务印书馆 1986 年版,第 260—261 页。

③ 何大章、缪鸿基:《澳门地理》,第 72 页。

④ 陈锡豪:《抗日战争时期的澳门》(未刊稿),华南师范大学中国近现代史专业硕士学位论文,1998 年,第 3 页。

境极其依赖。诚如澳门经济局局长罗保(Pedro José Lobo)在 1936
年《澳门年鉴》的序言中所称:"澳门商业之活动依目下情形而论,
其力甚属薄弱,必需凭藉邻近市场方能获其需要,所以澳门市场,
事实上实为邻近市场之附庸,而贸易之平衡,近日相差益远也。"①
如下表所示:

表 0-1　1930—1938 年澳门进出口贸易统计②

(单位:澳门元)

年份	一般贸易总数	总进口量	总出口量	逆差
1930 年	32 908 641	21 508 631	11 400 010	10 108 621
1931 年	42 589 699	27 851 263	14 738 436	13 112 827
1932 年	49 078 166	34 080 410	14 997 756	19 082 654
1936 年	24 887 212	15 743 585	9 143 627	6 599 958
1937 年	36 216 243	20 093 164	16 123 079	3 970 085
1938 年	49 171 246	28 432 286	20 738 960	7 693 326

以上传统行业的出口水平,并不能挽回澳门在对外贸易中的
劣势,无法弥补巨大的贸易逆差。这种出入口贸易的逆差在 30 年
代驱使澳门由旧式的贸易中心转变为特种行业的集聚地。烟草、
苦力、赌博、娼妓、洋药(鸦片)等特种行业成为澳葡政府主要的税
收来源,各项税收中尤以鸦片进出口税、赌饷、娼饷为甚。

鸦片贸易在澳葡政府的加持下经久不衰。20 世纪 20 年代,中
国政府已实行禁烟,国际舆论一再迫使澳葡政府禁止鸦片贸易,然
而出于自身发展境地的考虑,澳葡政府并未对鸦片贸易罢手。

①《澳门年鉴·1936 年》,转引自何大章、缪鸿基:《澳门地理》,第 75 页。
② 资料来源:由 Anuário de Macau(《澳门年鉴》),1940—1941)、《澳门及其人口演变五百年
 (一五零零至二零零零年):人口、社会及经济探讨》、《澳门编年史》相关内容整理而得。

1913 年,葡萄牙与大不列颠就澳门与香港的洋药专卖达成协议。规定允许澳门洋药专卖权限为:每年进口 500 箱印度生烟,其中炼制 260 箱,供本地消费,其余 240 箱出口到尚未禁止进口洋药的"外埠"。① 在巨大利润的驱使下,当地鸦片走私活动源源不绝,澳葡政府非但不禁止,反而允许公开制造鸦片烟膏,允许吸食鸦片,并设立烟膏配置场及鸦片专卖局。

1933 年《澳门年鉴》中公然刊出鸦片烟专卖章程,以便商民齐投,出售洋药(鸦片)专卖权成为澳葡政府的主要收入来源。根据时人所述,1946 年以前,在澳门吸食鸦片是合法的,吸烟场所被称为茶话室、谈话室。从事鸦片行业者在澳门比比皆是,当时澳门有茶话室 50 余间,每间都设有烟床,烟床多者 30—40 张,少者亦有 10 余张,总计烟床约达 1 000 数;另外尚有持公烟小牌的 80 余家商店出售鸦片,供人购买;同时各俱乐部及酒店内均设有烟局设备,即便普通人家,也有以鸦片烟奉客及自用的。② 可见,鸦片在澳门之流行,鸦片产业之兴盛。

赌博业在澳门后来居上,迅速发展成为龙头产业。当时,澳门的赌博业发展迅速,达到了极度繁华的地步。③ 从中央大酒店到关闸前这一段不长的街面上,有赌场 20 余家,白鸽票收票站达 40—50 所。④ 就其种类而言,番摊、骰宝、百家乐、牌九、扑克、麻将、铺票、山票、白鸽票等,各种赌法应有尽有,赛马、赛犬、赛车、斗蟋蟀

---

① *The Maritime Customs Decennial Reports 1912 – 21* (*LAPPA*)〔《海关十年报告·1912—1921(拱北关)》〕,中国第二历史档案馆馆藏,财政部档案,179(2)—168,第251 页。

② 何大章、缪鸿基:《澳门地理》,第 67 页。

③ 查灿长:《转型、变项与传播:澳门早期现代化研究(鸦片战争至 1945 年)》,第 173 页。

④ 彭琪瑞、薛凤旋、苏泽霖编著:《香港与澳门》,第 259 页。

等各种赌博项目均有引进。1934 年,澳葡政府宣布允许各种赌博业拥有专营权,并采取投标方式办理全澳赌博业务,由私人公司与政府签约,从此实行专利经营。赌场一般集中在市区最繁华地段,如清平直街、福隆新街、怡安街等处赌场就达 20 余家,皆为公司管理,如德成公司、荣生公司等。当时最有实力的当推高可宁、傅德荫等设立的泰兴娱乐公司,在中央酒店、福隆新街及十月初五街设有 3 个分赌场,而中央酒店的赌场为当时全澳规模最大者。① 根据《澳门总体统计回顾》记载,1937 年泰兴娱乐公司与澳葡政府财政厅签订专营合约主办全澳赌场业务,每年缴纳赌税合葡币 180 万元,②成为澳葡政府的主要财政来源之一。

娼妓业早期在澳门已实现规范化。1851 年 9 月 11 日,澳葡当局发布《娼妓业规范条例》,规定"只允许在指定区域开设'妓寨'"③。1898 年又颁布《新订澳门娼寮章程》,规定娼寮妓寨只须挂牌领号,即可进行营业,④如此,澳门的娼妓业便在"合法"的外衣下持续发展。1932 年,香港因受英国法律的影响,宣布禁娼,香港的妓女及从事娼妓生涯和包娼的人大多数转移到澳门继续营业。在澳门赌博业、鸦片业的消费带动下,30 年代澳门娼妓业愈加发达,并在数处增设妓院,当时澳门的娼寮共有 120 余处,妓女 1 500 多人。⑤

综上所述,30 年代澳门由以往的传统贸易中心转型成为以特

① 何大章、缪鸿基:《澳门地理》,第 65—67 页。
②《澳门总体统计回顾》,澳门官印局 1994 年编印,转引自张晓辉:《抗战前期澳门的社会经济(1937.7—1942.12)》,《民国档案》2005 年第 3 期,第 82—89 页。
③ [葡]施白蒂著,姚京明译:《澳门编年史·十九世纪》,澳门:澳门基金会 1998 年版,第 110 页。
④《澳门宪报》,1898 年 8 月 11 日。
⑤ 陈锡豪:《抗日战争时期的澳门》(未刊稿),华南师范大学中国近现代史专业硕士学位论文,1998 年,第 3 页。

种行业为中心的消费型城市。工商业发展不景气,对外部环境依赖性大,周边地区经济、政治局势的变化促使澳门寻得特种行业的发展空间,成为一个典型的消费型城市,赌博、娱乐、观光旅游等产业开始兴起。诚如查灿长所书:"20 世纪 30 年代的澳门,市面上最火暴(按"爆")的'黄、赌、毒'等新兴的特种产业使以往正常的贸易和商业早已退居次要位置。"[1]抗战期间,恰恰是这种特殊行业的经营及澳门中立的地位"挽救"了澳门颓废的经济,形成畸形经济产业链,亦为澳葡政府及商人积累了资本,也正是这种畸态的经济结构加剧了战争中后期澳门社会的一系列灾荒。

(3)华洋杂处:澳门的人口及社会结构。20 世纪 20 年代,澳门的人口有一个缓慢的增长,逐渐突破 10 万。本地居民绝大多数为华人,葡萄牙人及其他外籍人所占比率较低,依据下表"1910—1939 年间澳门历史上四次人口统计"数据所示:

表 0 - 2　1910—1939 年澳门历史上四次人口统计[2]

年份	澳门半岛			氹仔岛			路环岛			合计
	华人	葡人	其他	华人	葡人	其他	华人	葡人	其他	总人数
1910	63 732	3 526	241	6 393	50	3	1 896	25	0	74 816 (75 866)
1920	73 077	3 535	360	4 779	277	1	1 951	4	0	83 948 (83 984)
1927	144 296	3 575	585	5 492	98	1	2 946	173	5	157 170 (157 171)
1939	227 030	4 174	749	7 634	144	1	5 039	306	9	245 194 (245 086)

说明:原论文中的四次人口统计数据中,澳门半岛、氹仔岛、路环岛三部分的华人、葡人、其他人数与本表均一致,但总人数的统计存在偏差,特重新进行了核算,以括号内修正后数据为准。

---

[1] 查灿长:《转型、变项与传播:澳门早期现代化研究(鸦片战争至 1945 年)》,第 175 页。
[2] 陈栋康:《澳门人口的增长、分布与构成》,《人口与经济》1986 年第 1 期,第 54—57 页。

1910 年统计时,华人占澳门人口的 94.9%;1920 年统计时,华人占澳门人口的 95.0%;1927 年统计时,华人占澳门人口的 97.2%;1939 年统计时,华人占澳门人口的 97.8%。华人不仅占澳门人口的绝大多数,而且呈逐渐递增的趋势。从人口增加的数目来看,澳门人口的增加也主要是华人数量在增加。可见,华人一直都是澳门人口的主体。

根据上表所载,1927 年澳门的人口为 157 171 人,根据《澳门经济四百年》一书中有关民国时期澳门人口的记载,1937 年澳门的人口为 164 528 人,[①] 两相比较,1927—1937 年 10 年间,人口仅增加了 4.5%,可见总体上增长相对缓慢。但是,澳门的人口变化受周边战乱、天灾等因素影响非常大,会出现骤然增加的情况。如上述 10 年间,1924 年澳门人口曾激增到 184 456 人;[②] 又比如,1936 年澳门的人口仅为 12 万人,[③] 受战争的影响,1937 年才激增到 164 528 人。

华人在澳门的发展主要依赖工商业。他们富有商业头脑,工作勤恳,很快就主宰了澳门的房地产、博彩、银行、外贸等领域,以及澳门的制造业,如造船、爆竹、神香等。上层华人以经商而跻身整个澳门社会的上层,或入澳葡政府为华官,因此受到澳葡政府的倚重,被澳葡政府视为管理社会的合作者。基层华人则充斥在澳门的各个领域,寄生于各个行业,大多为工人、小商贩、一般职员、车夫、仆役、特殊行业从业者,甚至是流民等。

在澳门,葡裔的人数长期维持在 3 000 余人,包括在澳门出生

---

① 黄启臣、郑炜明编著:《澳门经济四百年》,澳门:澳门基金会 1994 年版,第 3 页。
② 黄启臣:《四百多年来澳门人口的变动》,《南方人口》1987 年第 2 期,第 44—46 页。
③ 陈栋康:《澳门人口的增长、分布与构成》,《人口与经济》1986 年第 1 期,第 54—57 页。

的土生葡人和在欧洲出生的葡萄牙人。他们主要任职于公共部门、军队、警队或商界,亦有少数从事律师或医生等职业。上海和香港在近代相继开埠,作为商港取得了巨大的成功,完全将澳门的角色掩盖,因此,越来越多的葡萄牙人转而去香港、上海发展。到1930年,香港已有超过3 000名葡萄牙人,上海则有超过1 500人,[①]澳门已不再是葡萄牙人在中国发展的唯一大规模聚居地。此外,还有少量的欧洲人、东南亚人、非洲人在澳门生活,其生活与工作主要集中在澳门半岛。

从人口分布来看,澳门人口绝大多数分布在澳门半岛,氹仔岛、路环岛为离岛地区,常年人口稀少。就澳门半岛而言,受地形的影响呈现"西部稠密、东部稀疏"的特点,以西岸自白鸽巢山以南,司打口以北,大炮台气象台以南至新马路、草堆街、营地大街、大码头街一带为人口最稠密区,亦是商业繁华之地;南部的南环、松山一带则为人口稀疏地区。[②]

在澳门,多数华人住在澳门半岛中部,离海岸较远或者是附近靠山的地方,相对富裕的欧洲人和少数富有的华人则住在别墅区。这些别墅分布在近市中心的山坡上,从南湾一路延伸至半岛尖端近妈阁古堡的岸边。[③] 基于族群、地域、文化、职业等的差异,澳门长期以来存在着两个次生社会——西人社会与华人社会,两者相对独立,但随着历史的发展,交流越来越多。在19世纪末至20世纪初,澳门社会变化比较大,受过教育的华人与本土出生的葡萄牙

---

① *Hong Kong Sessional Papers*(1931),p. 111,Tab. 11. 转引自[葡]施安东(António M. Jorge da Silva)著,叶浩男译:《跨越文化与时空的葡亚人:澳门葡裔的演化》,香港:中华书局2019年版,第114页。

② 陈栋康:《澳门人口的增长、分布与构成》,《人口与经济》1986年第1期,第54—57页。

③ [葡]施安东著,叶浩男译:《跨越文化与时空的葡亚人:澳门葡裔的演化》,第120页。

人一代比一代更加务实,社交渐趋紧密,维持着一种华洋共处、共存发展的状态。

总之,20世纪30年代初,澳门在政治上以殖民管治为特征,澳葡政府对上须受葡萄牙的统领,对下对澳门社会分而治之,对华人社群则采取间接管治。经济上,澳门依赖于特种产业而发展,尤其是赌博业发达,被称为东方的"蒙地卡罗"。社会结构上,澳门长期存在相对独立的次生社会——华人社会与西人社会,以华洋共处、中西并行为特征。

(二)维度:抗日战争时期澳门发挥的作用及其转变

20世纪30年代初始,日本对中国的侵略战争愈演愈烈,导致整个东亚地区的政治格局、经济发展和社会生存状态随之发生改变。面对战争带来的冲击,澳门如何应对? 1932年3月,葡萄牙政府宣布在中日之间保持中立,澳门由此成为"中立区"。一年后,1933年3月,时任澳葡总督美兰德(António José Bernardes de Miranda)在致葡萄牙殖民地部大臣的报告中阐述了这一特殊时期澳门的发展规划。

美兰德在报告中指出,澳门没有农业或工业基地,又紧靠香港,因此,它不可能转变为一个大商业中心,只有旅游业能确保澳门繁荣,而确保旅游业的唯一途径,就是改造赌博业。由于经常光顾番摊行的都是一些最贫困、最可怜的人,这样的收入也就意味着加于这一部分人身上的间接税;华人商业阶层对这些不能给他们的生意带来任何好处的地方唯恐避之不及;富人阶层则往往在私人俱乐部里彼此之间赌博。因此,赌博业的重组方式就是责成特许权的获得者既要迎合无产阶级,又要迎合富人阶层。对赌博公司数量的限制也被设定得不至于损害特许权获得者(番摊公司),它们每年向政府缴纳14万美元的租金。美兰德建议,在这个萧条的年代里,要通过在现代化酒店中修建一些高级豪华娱乐场,从而把澳门转变成像蒙地卡罗、圣雷莫、比亚里茨或埃斯特里尔那样的城市,以吸引那些腰缠万贯的欧洲人,以及邻近城市的中国人。美兰德在报告的最后极力倡议:"让澳门前进吧!把这座美丽的城市转变成全中国的一个旅游胜地。"①

依据上述报告,在受战争影响的萧条年代里,澳葡政府最初规划将澳门转变为一座以赌博业为支撑的旅游城市。然而,澳门的发展对周边环境具有极强的依赖性,随着日本侵略战争对其周边地区带来的巨大破坏及地缘格局的改变,澳门作为旅游胜地的设想难以实现,而作为"中立区"的价值却受到各方的关注与利用。

在早期资产阶级民主革命时期,澳门因其"殖民地"的特殊地位发挥了保护革命者、支援革命的作用,曾被称为"革命者的走廊"。那么,抗日战争时期,在"殖民地"与"中立区"双重特殊身份加持下,澳门对战争各方的价值或作用又体现在哪些方面?

对于抗日战争时期澳门所发挥的作用,一些学者早先在研究中已意识到,并有所论述。如:日本学者宜野座伸治在论述太平洋战争时期的澳日关系时,曾将澳门与里斯本作类比,认为澳门在战时作为情报收集基地的作用是其未被日军直接占领的主要原因。②叶美兰论述澳门在中国抗日战争期间发挥过积极有利的作用时指出,澳门成为中国南方的抗日宣传阵地、避难所及中转站。③ 郭昉

---

① AH/GGM/4,总督致殖民大臣,1933 年 3 月 30 日,转引自[澳]杰弗里·C. 冈恩(Geoffrey C. Gunn)著,秦传安译:《澳门史:1557~1999》,北京:中央编译出版社2009 年版,第 132 页。

② [日]宜野座伸治:《太平洋战争时期的澳日关系:关于日军不占领澳门的初步考察》,《澳门研究》1997 年第 5 期,第 78 页。

③ 叶美兰:《略论抗日战争时期的澳门》,《民国档案》1999 年第 4 期,第 13—14 页。

凌阐述澳门在广东抗战中的地位与作用时,亦曾概括澳门利用地缘优势,发挥了三大特殊作用:一是战时的难民避居岛,二是战时的交通枢纽,三是共产党组织活动基地和对外联络的窗口。[①] 关于第三点,张量亦有指出澳门在抗日战争时期成为中国共产党组织在广东,乃至华南地区对外联络的窗口与桥梁。[②]

吕志鹏在其学位论文《抗战时期澳门经济发展与社会救亡运动》中阐述过澳门因中立地位发挥的三大功能:内地难民的避难地、吸取海外华侨的对外通道、营救文化人的中转站。[③] 查灿长亦提出抗日战争时期澳门经济短暂性"兴旺"的原因,正是澳门在中国抗日战争中所处的政治地位(中立区)和港口地位(原来是国际商港)使其戏剧性地成为沟通内外商品的通道,[④]亦即贸易枢纽。

澳大利亚学者杰弗里·C.冈恩也曾在其著作《澳门史:1557～1999》以及主编的论文集《战时澳门:在日本阴影下》中强调澳门作为避难港、情报港的作用与贡献。[⑤] 总之,战时的澳门因其对各方所发挥的各项作用,而被扣上了很多"帽子",如避难所、贸易港、中转站、情报基地、抗战宣传中心等等,甚至还有学者指出澳门是日本的军需运转站、劳工供应站。

正是上述学界对澳门在战时发挥作用的初步探讨,启发笔者

[①] 郭昉凌:《试论澳门在广东抗战中的地位和作用》,《湛江师范学院学报》1999 年第 4 期,第 100—105 页。

[②] 张量:《澳门同胞支援祖国抗战初探——兼谈抗战时期中国共产党在澳门的活动》,《抗日战争研究》2003 年第 1 期,第 101—114 页。

[③] 吕志鹏:《抗战时期澳门经济发展与社会救亡运动》,暨南大学中国近现代史专业硕士学位论文,2004 年。

[④] 查灿长:《转型、变项与传播:澳门早期现代化研究(鸦片战争至 1945)》,第 208 页。

[⑤] 详见:[澳]杰弗里·C. 冈恩著,秦传安译:《澳门史:1557～1999》;Geoffrey C. Gunn, *Wartime Macau: Under the Japanese Shadow*.

对澳门在战时所发挥作用的整体思考。作为"中立区"的澳门,对战时各方到底发挥了哪些作用,这些作用因何而生,又产生了哪些影响呢?

战时,澳门作为"中立区"对各方都有着独特的价值和作用,澳门作为一个平台或者场域,承载着各方利用澳门开展活动,随着战事变化依次展现出筹赈、避难、谍报、中转、藏匿等各项作用,而围绕这些作用的缘起、运用、发展、影响的探讨,便构成了阐述抗战中澳门的特殊情况及其经历的维度。

澳门虽是"中立区",但受到战争直接或间接的影响,不可能独善其身,仍然是战争的一部分。笔者试图以澳门随着战事推进而呈现的作用来作为探讨澳门与抗日战争的线索。澳门在战时所发挥的中立区、筹赈埠、避难所、谍报港、中转站、藏匿处六个方面的作用,既是体现战时澳门地位、影响及其历史特征的六个主要方面,也是认知抗日战争时期澳门复杂历史的六个关键维度。事实上,这也是一条相对清晰的,从宏观层面概括、呈现抗日战争带给澳门的影响及其变化的线索,它能够联系起纷繁的历史面相及其变化轨迹,并可依着这条线索,渐次铺开澳门在抗日战争时期别开生面的历史,领略这段不一般的历程。

第一章 中立区:战时澳门地位与澳葡政府政策

早在 20 世纪 30 年代初,日本对中国的侵略即已拉开序幕,葡萄牙政府为维持其在远东的权益,盘旋在中、日两国之间寻求生存之机,进而出台"中立"政策,希冀保全既得利益,并窥伺时机谋取更多的政治、经济利益。澳葡政府以"中立"政策贯彻始终,受这一基本政策的影响与制约,澳门社会各个方面及城市功能适时转变,以适应战时的特殊状况。

第一节 澳葡政府的战时"中立"及其演变

澳葡政府战时应变及"中立"政策的实施与"殖民母国"葡萄牙的政治形势、海外政策密切相关。葡萄牙自 20 世纪 30 年代形成萨拉查[①]的独裁统治,对海外殖民地的管治与控制在这一时期则不断加强。早在 20 年代,萨拉查便利用报刊宣传其治国的功绩,树立

---

① 安东尼奥·德·奥利维拉·萨拉查(António de Oliveira Salazar)(1889 年 4 月 28 日至 1970 年 7 月 27 日)1932 年至 1968 年担任葡萄牙总理,其间于 1951 年曾担任共和国总统,在 1932 年至 1974 年期间主持国事,控制着葡萄牙,是葡萄牙的独裁者。

起自己在金融政策上绝对权威的形象,并且与军队和教会结成同盟,巩固地位。1932 年始,萨拉查以总理身份对葡萄牙实行全权统治,并且直接接管了葡萄牙殖民地部,其对葡萄牙的控制与影响长达半个世纪,一直延续到 70 年代。

一、萨拉查独裁与葡萄牙的"中立"政策

萨拉查将其创立的独裁政权称为"新国家"政权,被认为是与意大利的墨索里尼政权、西班牙的弗朗哥政权同一时期的法西斯主义政府系统。但是,葡萄牙的独裁政权,远达不到"法西斯"的程度,葡萄牙缺乏大众党派,政治家无法号召民众攻击"公敌"。独裁者萨拉查也不愿把里斯本的群众召集到大街上从事政治活动,他宁可隐于幕后,让其宣传机器把他打造成一位圣明的修士般的父亲、一位国家的拯救者。① 因此,法国批判观察家雅克·若热尔把萨拉查视为小资产阶级独裁者,而不是真正的法西斯主义者。在雅克·若热尔看来:

> 葡萄牙政权不能因为它的极权主义、警察制度、社团体制、反民主、反议会、反集产主义和蔑视并意欲从肉体上消灭反对者而被贴上法西斯主义标签。这是一种剥夺了所有法西斯属性的法西斯主义,有一点滑稽地被一个在孤独中生活了 40 年、一旦见人就难受、权力欲极强的男人小气地把持着。这个人声称自己是为了一项特殊使命而被命运选择的,这是一个在谦恭外表后有着热烈骄傲的男人,这是一个希望通过他人民的欢乐这一完全特质化的概念来证明他的天才的男人,

---

① [瑞士] 戴维·伯明翰著,周巩固、周文清等译:《葡萄牙史》,北京:商务印书馆 2012 年版,第 145—146 页。

　　这是一个,总的来说,把他的国家和人民带向毁灭的男人。①

　　萨拉查上台掌权,担任总理后推行新政,其有关海外殖民地的改革也拉开了序幕。1930 年 6 月 8 日,葡萄牙《殖民地法案》(*Acto Colonial*)出台,试图一改之前殖民地管理混乱的局面,强调本土与殖民地在道德、政治、经济上的联系和统一,加强中央集权,削弱殖民地的自治权。

　　萨拉查独裁统治建立后,以 1933 年宪法肯定《殖民地法案》的内容,而在其后 20 年里,各殖民地都没有单独的组织章程,一概依《葡萄牙殖民地帝国组织章程》(*Carta Orgânica do Império Colonial Português*,1933)和《海外行政改革法》(*Reforma Administrativa Ultramarina*)进行内部管理。殖民地部部长成为殖民地政策的指导者和领导人,在殖民地高等委员会(Conselho Superior das Colónias)、殖民地总督联席会议(Conferência dos Governadores Coloniais)、葡萄牙殖民地帝国经济联席会议(Conferência Económica do Império Colonial Português)等咨询机构的协助下,代表中央政府对殖民地行使除议会保留的立法权之外的所有权力。② 因此,殖民地部部长被视为“总督的总督”。

　　1930 年,萨拉查直接接管了殖民地部,随之兼任殖民地部部长。如此,战时萨拉查的决策与态度,直接影响到葡萄牙及其殖民地在战争中的态度及所处地位。面对 30 年代的危机,一方面,葡萄牙走向了独裁之路,虽并非典型的法西斯式的独裁,但是受到轴心国的青睐;另一方面,因与英国数百年来的联盟关系,葡萄牙始

---

① [法]雅克·若热尔:《萨拉查:历史和总结 1926—1974》,第 302 页,转引自[瑞士]戴维·伯明翰著,周巩固、周文清等译:《葡萄牙史》,第 146 页。

② 吴志良:《澳门政治制度史》,第 170—171 页。

终与英国保持着密切的联系。葡萄牙新里斯本大学教授佩德罗·
艾利斯·奥利韦拉也提到：

> 现在人们越来越倾向于认为，萨拉查的政体非常复杂，它
> 虽然表现为独裁主义的方式，但有一定的民意空间和社会支
> 撑力，能在共和自由主义、传统天主教教义、法西斯主义等不
> 同的影响下保持某种微妙的平衡。这一政体的核心就是萨拉
> 查本人……他不仅对西方民主化生活非常仇视，实际上对同
> 时代法西斯政体的特征也倍感不安。①

萨拉查试图在各种政治观点、国家立场中维持葡萄牙的独立性与
社会平衡，所以在战争中选择"中立"是必然的。当然这种"中立"，
在战时更多地表现为变幻中的反复性，曾令轴心国和同盟国都大
跌眼镜。例如，1943 年，葡萄牙让英国进驻亚速尔群岛，使同盟国
获得扭转战局的关键战略点；但两年后，葡萄牙竟然举国哀悼希特
勒之死，还为希特勒降半旗致哀。

　　葡萄牙国内维持"中立"所采取的反复性与灵活性的态度，亦
然延续到其管治下的澳门。1942 年 6 月 25 日，萨拉查曾向全国广
播，阐释葡萄牙在战时的"中立"。1944 年，《复兴日报》将内容撮要
译出刊载，其中谈到葡萄牙维持"中立"政策的精神所在，详解
如下：

> 目前中立国领土、领空、领海之受战争国家意外或求方便
> 之侵入者，数见不鲜。吾人现正存于战争怒涛之中，盘桓于世
> 界大道之交叉点上，吾人之责任即为维持其地位，吾人不惜努

---

① ［葡］佩德罗·艾利斯·奥利韦拉：《不可避免的中立：二战中的葡萄牙》，《军事历史》
　　2015 年第 6 期，第 39 页。

力、牺牲,及消耗以执行此责任。……自私抑不自私,中立除能维持其国家权益外,别无所图,而中立亦非固定,始获万全,须随机应变。简言之,中立之维持,实不能超乎国家权益被侵害之上,是故吾国必不可因不战争而削弱其中立之精神也。①

葡萄牙"中立"的初衷最根本的是维护其国家权益不受侵害,萨拉查亦表示:"葡国苦心焦虑,以保持中立,无非为保护大西洋之重要地位而已。因其权益与责任,葡国将致力于世界之安全也"②,并且进一步解释了以"中立"政策保护国家之权益必然明白的一些道理和处境:

> 政府认为在目前情形之下,国家之权益,经已藉紧守中立得充份保护,此为一正义与光荣之中立,为维护宪法之唯一精神,而发生良好效果者。然因世界战争,军事调动之影响于吾人之生活,无不受不方便之限制,及吾国土地与人民获得安全于此近代战争悲剧中之事实,使不少民众对于各国均有利益之、和平与仅有少数国家所遵守之中立,两者之意义,互相混淆……中立之地位,诚属精美其态度,不为外面所了解,既无过失之象征,复不能被认为充分之公正,纵有劳获之贡献亦无人承认。③

在萨拉查看来,"中立"要达到维护国家权益的目的,既不可能没有过失,也不会被认为绝对公正,关键在"精美其态度"。这种"精美的态度"在战时曾充分体现于葡萄牙对中日使领馆的安排上:

①《总理萨拉沙(按:萨拉查)于 1942 年 6 月 25 日向全国广播撮要》,《复兴晚报》,1944年 5 月 28 日。

②③《总理萨拉沙(按:萨拉查)于 1942 年 6 月 25 日向全国广播撮要》,《复兴晚报》,1945 年 5 月 19 日。

　　（1）首都里斯本保留了中国、日本的领事馆。

　　（2）葡萄牙允许日本在澳门设立领事馆。

　　（3）广州沦陷后，仍保留了领事馆，只是由总领事馆改为领事馆。

　　（4）重庆方面不设领事馆，一切外交事务委托英国使馆代理。

　　从上述四个方面的安排可知，为维护切身利益，葡萄牙与战争各方的交往明显有偏重，但又不失联络，仍维持"谈判"与"友谊"的空间。

　　总之，萨拉查让葡萄牙在第二次世界大战中维持了"中立"，并且在战争中通过出售战略物资等，赚得盆满钵满。例如，葡萄牙在一战后经济衰退，欠英国大笔债务，但是到了 1945 年情况恰好相反，葡萄牙在英格兰银行有 8 000 万英镑的债券。① 而葡萄牙的"中立"政策，正是在远东开始实践，在日本侵略中国的战事中获得积累和经验。

二、澳葡政府的"中立"与澳督的态度

　　1931 年"九一八"事变后，日军大举进攻东三省，中国抗日的浪潮开始涌起。面对中日间日趋紧张的战争局势，葡萄牙政府外长费尔南多·阿乌古斯托·布朗克（Fernando Augusto Branco）根据海牙第 13 号公约，于 1932 年 3 月 5 日在日内瓦国联总部发表正式声明，宣称葡萄牙是中日世代的朋友，并表明葡国对中日战争所持有的中立立场。② 自此，葡萄牙在国际上取得中立国的法律地位，

---

① ［葡］佩德罗·艾利斯·奥利韦拉：《不可避免的中立：二战中的葡萄牙》，《军事历史》2015 年第 6 期，第 41 页。

② 金国平、吴志良：《抗战时期澳门未沦陷之谜》，《复印报刊资料·港澳特区行政与社会》2001 年第 7 期，第 16 页。

而澳门当时作为葡萄牙管治下的"殖民地",援引国际法例取得中立区的法律保障和国际认证。

1937 年 7 月,日军发动对中国的全面侵略。11—12 月,在布鲁塞尔召开"九国公约"会议期间,葡萄牙总理萨拉查向本国代表团团长卡斯特罗(Augusto de Castro)转达葡国政府训令时,一再强调指出:

> 在远东冲突的问题上,葡萄牙政府将一如既往,继续奉行完全中立的政策。这一点已得到澳门政府的肯定,我们还应向(交战)双方及英国予以说明。阁下身为葡萄牙代表团团长,我们在此次会议上的态度,应该是支持一切和解的主张,避免并反对一切可能触怒任何一方的行为。[1]

为了在中日双方间维持对澳门的管治,葡萄牙政府为澳葡当局制定了所谓的等距离接触的"中立"政策。根据国际法范畴内的规定,战争中的"中立"是指"一个国家完全置身于其他国家间所进行的战争之外,对交战双方保持不偏不倚的态度而取得的法律地位"[2]。根据钟建闳译自英国学者卢麟斯所著的《国际公法要略》所述,"中立者,在战争时,其国家并不参预战事,而与交战各国仍继续其平和之交涉之情形也。无论其同情若何,必须对于两边无所偏袒,并不得从事与战事有直接影响之举动或禁令"[3]。"中立"即

---

[1] António Vasconcelos de Saldanha ed. , *A Guerra vista de Cantão-os relatórios de Vasco Martins Morgado* , *Cônsul-Geral de Portugal em Cantão* , *Sobre a Guerra Sino-Japonesa* , p. 12. 转引自黄庆华:《中葡关系史(1513—1999)》,第 1032 页。

[2] 金国平、吴志良:《抗战时期澳门未沦陷之谜》,《复印报刊资料·港澳特区行政与社会》2001 年第 7 期,第 15 页。

[3] [英]卢麟斯著,钟建闳译:《国际公法要略》,台北:商务印书馆 1969 年版,第 90—91 页。

意味着不可插手与战争有关的各项事情,更不可利用战争谋求
"权"与"利"。近年来,学界越来越认为澳葡政府的"中立"是"盛名
之下,其实难副"。陈锡豪认为战时澳葡当局标榜"中立",期望在
中日两交战国之间寻求生存空间,维持对澳门的管治,但随着战势
变化,其实际做法有较大出入,称得上是较为典型的"趋炎附势"。①
吴志良等指出:澳葡政府虽然在中日战争期间奉行所谓的"中立"
政策,但是在执行"中立"政策的过程中,其立场和行为不时有所偏
移,而导致澳葡当局态度变化的主要因素就是战争双方力量对比
悬殊及时局转移。② 而吴斌、夏泉在《抗战时期澳葡政府的"中立"
政策探析——从"局外中立"到"局内中立"》一文中紧扣"中立"在
国际话语体系下的概念,认为澳葡政府的"中立",乃是困厄之局中
的"假中立"。该文进一步指出"中立"政策本身就是一个歧义多变
的词汇,各国对这一概念的理解与阐释在很大程度上皆是以自身
利害为准则,③更是点出了澳葡政府在战时一直维持"中立"政策及
其活动的内在动机。

　　澳葡当局"中立"政策的实施依仗历任澳葡总督(以下亦简称
"澳督")。澳督是澳葡政府的灵魂人物,是葡萄牙在澳门的全权代
理者,在当时通常是萨拉查主义者,亦是萨拉查独裁政策在澳门的
延续者和推行者。1930 年至 1947 年,历任澳督大致如下表所列:

---

① 陈锡豪:《抗战时期澳葡政府的对华关系》,《广东社会科学》2001 年第 1 期,第 110 页。
② 吴志良、娄胜华、何伟杰:《革命、战争与澳门》,南京:南京大学出版社 2015 年版,第
　　157 页。
③ 吴斌、夏泉:《抗战时期澳葡政府的"中立"政策探析——从"局外中立"到"局内中
　　立"》,《暨南学报(哲学社会科学版)》2018 年第 12 期,第 109 页。

表 1－1　1930—1947 年历任澳督列表①

1930—1945 年间历任澳督	在职时间
巴波沙 Artur Tamagnini de Sousa Barbosa	1926 年 12 月 8 日 至 1931 年 1 月 1 日
科维纳（科维喇） Joaquim Anselmo de Matae Oliveira	1931 年 1 月 2 日 至 1931 年 10 月 14 日
马加良斯 João Percira de Magalhães	1931 年 10 月 15 日 至 1932 年 6 月 20 日
美兰德 António José Bernardes de Miranda	1932 年 6 月 21 日 至 1937 年 4 月 10 日
巴波沙 Artur Tamagnini de Sousa Barbosa	1937 年 4 月 11 日 至 1940 年 6 月 28 日
昌典玉（毛殿弩） José Carlos Rodrigues Coelho	1940 年 6 月 29 日 至 1940 年 10 月 28 日
戴思乐 Gabriel Maurício Teixeira	1940 年 10 月 29 日 至 1947 年 9 月 1 日

由上述澳督的在职时间可知,抗日战争时期在任较长的澳督有三位:美兰德、巴波沙、戴思乐。日本加剧对中国乃至东南亚侵略之时,主要是在巴波沙和戴思乐任职期内,是时巴波沙已是垂暮之年,而且身体状况较差,1940 年 6 月 28 日被召回里斯本后不久,7 月 10 日便不幸逝世。此后,1940 年 10 月 29 日,戴思乐到任澳葡总督,开始署理澳门内外事务,应付时局,以竭力维护葡萄牙在澳门的利益而著称于时。因此,戴思乐被认为是澳门战时命运的主要决策者。

诚如一位葡萄牙学者所言:"葡萄牙的兴趣主要在于对殖民制

_____

① 本表系根据有关史书记载整理而成。

度的维持,因为殖民制度是萨拉查独裁统治的一大支柱,无论付出多大的代价,都要维持。"①历任澳督亦十分清楚,为保住葡萄牙在澳门的管治权及相关利益,他们不得不周旋于中国与日本之间,而保持"中立"是其企望渡过危机的一线希望,也是获取利益,实现澳门港口往日辉煌的契机。当然,为此他们必须应对来自澳门内外的各种挑战,尽量在各种斗争中挣脱。同时,为实现这些目标,其对各方活动及态度亦是在变幻、游离中不断调整。

三、葡日合流:从"被拉下水"到"主动迎合"

澳葡政府在日本的步步紧逼之下,逐渐与日方妥协、合作,甚至是合流。1929 年,随着对澳门捕鱼权的获得,日本对澳门施加的影响逐步加深。如 1931 年将一艘日本炮舰停泊在澳门港口;1934—1935 年曾试图获得澳门供水特许权;1935 年,试图在澳门秘密建立航空港。② 葡萄牙虽然坚决抵制这些挑衅,但确实在帝汶(Timor)对日本作出了经济方面的让步,还批准了日本经帕劳(Palau)飞往帝汶的航线。

日本对中国侵略战事自北向南推进,澳门在战争中的价值进一步显现,日本对澳门进行控制的计划也提上日程。曾有观点认为,日本在战争初期,因为还未关注到澳门,所以澳门得以进行如火如荼的赈难运动,澳葡政府也因未受到日本方面太大的压力,而能容忍诸多公开的抗战活动。事实上,当北方战事正酣时,华南成为中国抗战物资的补给地,中国抵抗运动的主要力量正是在华南

---

① Moisés Silva Fernandes, *Enquadramento das relações luso—chinesas entre* 1949 e 1966, in administração, Macau, No. 40, vol. XI, 1998 - 2, p. 300. 转引自黄庆华:《中葡关系史(1513—1999)》,第 1062 页。

② Geoffrey C. Gunn, *Wartime Macau: Under the Japanese Shadow*, p. 4.

的香港、澳门、广州湾等地，将战略物资源源不断地运往北方前线。

自日本谋划向南进军之时，澳门便成为日本重点关注且绕不过去的、必须处理得当的绊脚石。登陆前，日军频繁在澳门周边开展行动。1937 年 9 月中旬，日本船舰在澳门附近海面从事海底测量，澳葡当局即认为日本企图在澳门附近登陆，进犯广东。10 月，日本航空母舰及巡洋舰停泊澳门附近的荷包湾，日本军机则经常飞越澳门，经中山进入广东境内。11 月，湾仔附近的海关被日本控制，并且日本人在关闸（Porto da Cerca，Border gate）附近策划了多起事件；至 11 月下旬，日本海军在澳门附近对中国海岸进行封锁，企图占领澳门周围岛屿。① 如此，澳门亦逐渐处于日军的包围封锁之中。

同时，日本对"中立区"澳门实施"离间计"，一方面破坏澳门与香港、广州湾间的联合保卫计划，制造葡日亲善合作的表象；另一方面则不断对澳门进行"威逼＋利诱"的各种行动，确保澳葡政府不会成为日军行动的破坏者。澳葡政府"中立"地位得到日本的承诺保障后，则顺手牵羊，觊觎边界有争议的中国领土，企图在中日战事之间"渔翁得利"，从而解决悬而未解的边界争议。

1938 年 1 月 17 日，日军侵占距离澳门仅约 11 海里的三灶岛，在该岛南部修建飞机场，还建起一个不大的空军和海军休整基地。日军将三灶岛作为侵略华南的军事基地，在岛上设立由海陆空军组成的、以中将藤田为首的司令部。1938 年初，日军开始骚扰澳门海域渔船及澳门周边航运，并且迅速实施对横琴岛的军事占领。② 与此同时，有关日本袒护葡萄牙，惠及澳门的言论在社会上早已流

① 林发钦、王熹编著：《孤岛影像：澳门与抗日战争图志》，第 12 页。

② Geoffrey C. Gunn, *Wartime Macau：Under the Japanese Shadow*, p. 4.

传，诚如葡萄牙驻广州总领事莫嘉度（Vasco Martins Morgado）在其 1938 年 2 月 23 日的报告中所述：

> 在广州，令人诧异的是，没有任何一艘葡萄牙船只成为（日军）攻击的目标，不管是轮船、帆船，还是舢板，都毫发未损。有时让人感到奇怪，这么多来往于广州和香港及澳门间的船只被勒令停下，日本军舰却不检查我们的船只。没有一位中国官员作过这样的评论，老百姓中观察到这一现象的人们在传播这种观点，逐渐使人们深信不疑。……葡萄牙没有保持中立状态，日本偏袒我们——这样的观点正在被这里的中国人所利用，他们要赶在日本人入侵之前到澳门去避难。①

这样的言论对澳葡政府非常不利，连莫嘉度都担心这样的言论影响如果继续扩散，会给葡萄牙带来不利的后果。据守澳门的葡萄牙政权考虑保持中立，并与未来的胜利者达成协议。至于谁将取胜，将与哪一方打交道则有两种可能。② 莫嘉度的报告中显示其对澳门的处境十分担忧，称："随着日本人进行集结的准备和可能对南部发动的进攻，我们的澳门正在受到围困，可能会因为封锁而和中国内地失去联系。"③随后，广州的沦陷，令葡萄牙与澳葡政府为眼前的生存及未来的发展迅速扭转方向，主动寻求日方的认可与合作。

　　对于日本而言，控制澳门是日本南侵必须重视和考虑的。

---

① ［葡］莫嘉度著，［葡］萨安东编，舒建平、菲德尔译：《从广州透视战争——葡萄牙驻广州总领事莫嘉度关于中日战争的报告》，第 6 页。

② ［葡］莫嘉度著，［葡］萨安东编，舒建平、菲德尔译：《从广州透视战争——葡萄牙驻广州总领事莫嘉度关于中日战争的报告》，第 22 页。

③ ［葡］莫嘉度著，［葡］萨安东编，舒建平、菲德尔译：《从广州透视战争——葡萄牙驻广州总领事莫嘉度关于中日战争的报告》，第 47—48 页。

1938 年 12 月 29 日，日本在广州建立的临时政府派出空军少校阿鲁布米（音译：Arubumi）为使者，代表日本占领军总司令安藤利吉，拜会澳葡总督巴波沙，由此开始了葡日间直接的接触。面对广州沦陷的事实，当天澳葡方面派出警察厅厅长上尉葛古诺乘"澳门"号炮舰前往广州造访安藤利吉，直到 31 日才返澳。① 1939 年 1 月 10 日，日本海军司令盐泽到澳门拜会澳督巴波沙。1 月 11 日，日本占领军广州临时政府又派遣一名使者抵达澳门，此行的目的是告知澳葡政府，一旦葡萄牙政府向中国新的中央政府（按：汪伪政府）提出要求，界址问题很快就会解决。日本频频向澳葡政府抛出橄榄枝，而澳督巴波沙也明白："日方的目的无疑是争取葡萄牙迅速承认该政府。"②

　　日方与澳葡的频繁往来，以葛古诺访问日本而被外界认定为"葡日合流"的开始。1939 年 2 月中旬，应日方邀请，葛古诺奉澳督巴波沙之命，赴日本进行为期两周的访问。根据葛古诺访日报告，其曾就与澳门有关的若干重大问题来试探日本当局的态度，这些问题包括：

　　（1）释放几艘在日军占领广州时扣留的葡萄牙船只，当时珠江遭遇封锁，无法出来；

　　（2）要求对上年 1 月 30 日日本人轰炸肇庆天主教会造成的损失进行赔偿；

　　（3）关于两三个位于葡萄牙领水内的中国税厂；

---

① 林发钦、王熹编著：《孤岛影像：澳门与抗日战争图志》，第 25 页。
② ［葡］廉辉南（Fernando Lima）：《澳门：她的两个过渡》，澳门：澳门基金会 1999 年版，第 51 页。

（4）澳门界址有争议的边线，争取占领对面山及大小横琴。①

葛古诺所写到的内容早在广州就已向安藤利吉表达，并得到其支持，在东京只是旧话重提，以便获得东京方面日本政府当局的正式承诺。日方予以回应，要求葡萄牙及澳葡政府承诺如下：

（1）不要以再出口中国货物的方式为日本的敌人提供协助；

（2）澳门政府对拱北海关施加压力，令其接受一名日本关长，且整个华南的海关均由日本人出任关长；

（3）禁止在澳门境内的华人报纸上刊登反对南京政府（按：汪伪政府）的文章。②

此行还有一个关键事项是商讨对面山与大小横琴界址及驻军问题。早在1937年11月，日本驻香港总领事对葡萄牙驻香港总领事进行了一次私人访问，谈话内容涉及澳门周边有争议的岛屿。之后，葡萄牙驻香港总领事向澳督巴波沙密报称：

我十分荣幸地通报阁下如下：日本驻香港总领事本日访本馆。他欲知哪些是包括在澳门殖民地领土内的岛屿，哪些是有争议的岛屿。他表示，鉴于日本海军在澳门领土附近中国海岸所进行的封锁，需要这些情报，以免与澳门政府产生麻烦。日本热忱希望避免这些磨擦。从其话语中，我体察到日

---

① Arquivo Histórico Diplomático do Ministério dos Negócios Estrangeiros，2°PA48，M217，转引自金国平、吴志良：《抗战时期澳门未沦陷之谜》，《复印报刊资料·港澳特区行政与社会》2001年第7期，第25页。

② Arquivo Histórico Diplomático do Ministério dos Negócios Estrangeiros，2°PA48，M217，转引自《抗战时期澳门未沦陷之谜》，金国平、吴志良：《镜海飘渺》，第160—161页。

本的企图是占领澳门周围新的岛屿。①

1938 年 1 月,日军侵占横琴岛,澳葡政府随即派军进驻该岛,与岛上日军成拉锯对峙之势。澳葡政府希冀借用日军进驻,以保护领土之名,达到占领有争议岛屿的目的。而在上述葛古诺访日时,日方抛出领土问题诱惑葡方,表示一旦驻守对面山的中国非正规军溃散,日本军方将下令撤退当时驻扎在该岛的正规军。葡日双方均亮出了自己的条件,最终却并未达成实质性的约定或文件,可外界的渲染已使澳葡政府处于不利之境地。1939 年 3 月 1 日,东京《朝日新闻》报道了葛古诺访日取得的成果:

(1) 葡萄牙政府可能正式承认伪满洲国。

(2) 签订了一项日葡外贸协定。

(3) 澳葡当局尽量为日本陆、海军提供方便,而日本当局则协助葡萄牙确保经济措施。日本当局取消澳门港内的中国海关,澳门增加日本商品的进口。

(4) 在澳门设立日本领事馆。②

1939 年 3 月 2 日,《申报》亦转载报道了上述消息,传达葡方承认伪满洲国、缔结葡日商约、便利日军活动及同意在澳门设日本领事馆四项内容,但亦提到质询外交部发言人时,该发言人称并不知

---

① 葡萄牙外交部历史—外交档案馆,2°PA48,M175,第 798 号密函,转引自吕志鹏:《抗战时期澳门经济发展与社会救亡运动》,暨南大学中国近现代史专业硕士学位论文,2004 年,第 7 页。

② Arquivo Histórico Diplomático do Ministério dos Negócios Estrangeiros,2° PA48,M217,转引自《抗战时期澳门未沦陷之谜》,金国平、吴志良:《镜海飘渺》,第 160—161 页。

晓此事。① 而根据 6 月 1 日重庆方面截获的日本外相当日在东京
发给日本驻里斯本公使的电文,则可证实葛古诺应邀赴东京访问
确有洽谈日葡合作的内情,彼此都提出数项要求。日方对澳葡提
出的要求包括两个方面:一是令澳葡政厅在日军向华南进展之际,
采取有利日方的行动,包括设置陆军特务机关,使用无线电台及默
认军用飞机的降落等;二是以澳门为中心,缔结日葡政治协定,进
一步使葡萄牙参加防共协定。② 澳葡方面对日本提出的要求包
括:(1)澳门附近之三个岛屿希望让与葡国,愿获得日本的全面
支持,以解决中葡间之悬案;(2)封锁珠江口时扣留于广州之葡
国船三艘,望令放行;(3)台湾、广州间之航空路线,欢迎其延长
至澳门。③

　　日本外相在电文内表示:暂时听取其条件,但是尚未表示意
见。④ 根据电文内容可知,双方各自亮出了自己的条件,尚未达成实
质性的文件;但是,澳葡政府与日方在各方面的联系越来越紧密。

　　同时,日方也对澳葡政府实施了多项缜密的计划,以确保澳葡
政府不再站在日本的对立面。1939 年 12 月 21 日,重庆方面截获
日本外相野村从东京发往伦敦、罗马的密电,其中记载有日本为获

① 《不顾对华邦交,葡将以澳门供日军利用,日报盛传葡日谅解事》,《申报》,1939 年 3
月 2 日,第 3 版。
②④ 《毛庆祥电蒋中正倭葡交涉利用澳门为中心缔结日葡协定并提出三项条件等情报
提要》(1939 年 6 月 1 日),台北"国史馆"藏,"蒋中正总统"文物档案,002/080200/
00518/020,转引自莫世祥:《抗战期间葡日合流内幕窥探——依据台北"国史馆"蒋
中正档案部分史料的透视》,《澳门理工学报》2013 年第 2 期,第 44 页。
③ 《毛庆祥电蒋中正倭葡交涉利用澳门为中心缔结日葡协定并提出三项条件等情报提
要》(1939 年 6 月 1 日)台北"国史馆"藏,"蒋中正总统"文物档案,002/080200/00518/
020,转引自莫世祥:《抗战期间葡日合流内幕窥探——依据台北"国史馆"蒋中正档案
部分史料的透视》,《澳门理工学报》2013 年第 2 期,第 45 页。

得葡萄牙的矿产及煤油等物资,经日本外务省与其他各省会商后,提出诱迫澳葡政府附日妥协的通盘计划如下:

　　一、在我方之立场上,为打开该条件计,似有利用澳门之必要。关于对澳门所能采取之积极的(压迫)及消极的(予以便利甚至于援助)手段,经与有关各省协议之结果,已达到"倘对方仍不表示妥协时,唯有对澳门加以有效压迫"之结论。而压迫澳门之方法,约有下列数种:(1)遮断其由广州之陆上交通,并拿获渔船;(2)占领澳门对岸;(3)禁止澳门与广州之航运等。再援助澳门之方法,约有下列数种:(1)使其发达澳门、广州间之航运;(2)促进澳门、的摩尔(Timor帝汶)间之航运等。

　　二、以后当谈判之际,须坚持我方主张外,同时并应以在东亚之葡萄牙地位及日葡共同关系为基础之大局论,努力说服对方,使其同意。苟对方仍不反省时,即可婉曲暗示我方上述压迫之决心。惟在可能范围内,仍拟不使用此种压迫,以达此目的也。为使对方彻底明了该谈判之结果,将影响于澳门之命运一节计,如必要时,并拟派遣与现在之澳门总督有交谊之柳泽前代理公使前往澳门,从事侧面工作。①

　　由上述计划可知,不管出现什么情况,日本对胁迫澳葡政府妥协一事势在必得。从澳葡方面来看,1940年中山沦陷后,澳葡政府逐渐丧失谈判的优势,对日妥协迫不得已。戴思乐接任澳督之后,1941年间,葡日双方频繁接触,最终达成了葡日之间的临时协定。

---

① 《毛庆祥呈敌为获得葡萄牙矿产及煤油拟对澳门施用压力》(1939年12月21日),台北"国史馆"藏,"蒋中正总统"文物档案,002/080200/00522/137,转引自莫世祥:《抗战期间葡日合流内幕窥探——依据台北"国史馆"蒋中正档案部分史料的透视》,《澳门理工学报》2013年第2期,第45页。

根据 1941 年 9 月 2 日波集团发出的第 44 号作战命令所载,日方得到澳督的认可并达成关于排除澳门敌对性的协议,包括关于排除澳门敌对性(行为)的若干事项:

一、禁止与监控向未占领地输送军需品(利敌物资)。

(一)禁止澳门作为未占领区域的中国沿岸及佛印、广州湾等地中转站,经由其向敌地流入军需品或其他利敌物资,总体上要严厉取缔任何物资的输送。

(二)特别是那些企图用船运走私方式从澳门流出封锁线的物资非常多,针对这一现象要对澳门港内的船舶进行调查,阻止其走私偷运。

(三)澳门政厅实施右列禁止及监控之措施,对此日本方面给予协助配合。为此,应对日本驻澳门领地内机关人员使用船只方面给与必要的协助,提供便宜,适当保护。

二、我方指定的重庆方面机构的封锁及敌对人物的肃清。

(一)重庆方面谍报机关正在不断图谋(计划)扰乱我方占领区,需按照我方指定要求将之封锁。

(二)对我方有敌意的运输公司、运输业者组织、秘密组织等,要将其彻底的取缔、处理(铲除)。

三、彻底取缔反日宣传标语、言论及结社。

(一)勿论外文报纸或中文报纸,取缔一切反日、反国民政府(按:汪伪政府)的言论、广播、电影、政治运动等。

(二)取缔恐怖(暴力)行为,防止此类人员侵入。[①]

照应上述内容,根据波集团第 44 号作战命令中参谋长的指

---

① 「波集作命甲第 44 号 第 23 军命令 9 月 2 日 12 時 00 分」、昭和 16 年 9 月 2 日(1941/09/02)、防衛省防衛研究所館藏、南西—全般—23。

示,华南方面日军排除澳门敌对性行为的实施要点,协议如下:

一、应对排除澳门敌对性,表面上要保留澳门的中立性,否则会对从香港获取物资及收集情报不利,所以需要对《照会事项》中的第二、第三项的实施,进行酌情的处理。

二、《照会事项》中第一项大体要以附件《应澳门政府照会之实施要领》为依据来实施。①

根据协议所附《应澳门政府照会之实施要领》内容所载,澳葡政府与日本方面协定了各自的处置要点,如下所示:

一、澳门政府方面的处置

(一)停止一切依靠平底帆船进行的贸易。

(二)在适当场所设立日本方面联络机关,处理一切有关走私事项。

(三)关于澳门领海内在泊船舶中走私的防范与判定,以及船舶及其物资、武器载运等的处理,要与日本方面取得联络。

(四)澳门政厅要将港务部登记在册船舶一览表分别交给日本海军、陆军、外务省三部门各一份。

(五)澳门—广州湾—海防—西贡航线航船出港,要在前一天正午前,入港之当际,填写载货表,分别交日本海军、陆军、外务省各一份。澳门、香港定期往来船只可照前项填写载货表,尽快交付。

(六)禁止官厅以外香港定期船夜间在澳门港内航行。

_____

① 「波集作命甲第 44 号　第 23 军命令 9 月 2 日 12 时 00 分」、昭和 16 年 9 月 2 日(1941/09/02)、防卫省防卫研究所馆藏、南西—全般—23。

二、日本方面的处置

（一）陆军机关主要于陆地协助（配合）澳葡政厅方面的取缔、监控活动。

（二）海军主要于海上及附属岛屿协助工作。

（三）我方上述（右列）机关人员及船舶应随时在陆地、海上进行巡视。上述（右列）人员在必要时应由澳门政厅方面授予其借戴自卫武器（由澳门政厅借给自卫武器）。①

如此来看，澳葡政府与日方的秘密协定是存在的，并且从战时日方在澳门的机关设置及相关活动来看，澳葡政府对日方的迎合是非常明显的。在战时澳门驻有日本驻澳门领事馆、日本陆军驻澳门特务机关、日本海军驻澳门武官府，澳门已然在日本外务省、陆军省、海军省的控制与包围下，而香港沦陷后，澳葡政府更是只能仰仗与日伪的亲善关系来维持对澳门的管治以及澳门本地的生存和发展。

迄至 1944 年 9 月 26 日，《市民日报》刊载澳葡政府和日本驻澳门领事的安民消息。澳葡政府秘书长高士德（António Marques da Costa）仍在强调：澳门处境安如磐石，葡国政府中立态度不变。日本驻澳门领事福井保光则于 23 日对记者作重要谈话，表达日本对澳门方面的态度称：日本政府向以友好之精神，协调葡国政府维护澳门之宁静。其谈话中有几点特别值得注意：

一、从 21 日东京电讯消息中，谓日本政府发言人在记者会见席上正式否认外间所传日本与葡萄牙发生变化一消息，日政府指出此乃谣言，事实上日葡两国友谊自澳门总督秘书

---

① 「波集作命甲第 44 号 第 23 军命令 9 月 2 日 12 時 00 分」、昭和 16 年 9 月 2 日（1941/09/02）、防衛省防衛研究所館蔵、南西—全般—23。

长高士德访问帝汶岛后益见亲密,从此电讯中,已证明日葡邦交良好,但过去之谣言,何由而发出,福井领事谓:本人虽未接得此电,但亦不知其何由而发生。

二、此种谣言之流播,其来源如何,大抵多数谣言或由澳门居民认为对其个人有利之份子所造成。

三、在日葡友谊敦睦下,日方对留居澳门之中国人则照过去一般爱护,绝无分别,至英美侨民则无交际耳。

四、最后福井领事回复表示,旅澳日商在战事进行中生意甚小。①

澳葡政府与日本驻澳门领事联合登报辟谣,说明哪怕是在战争后期,澳葡政府对于深入澳门的日方势力亦不敢开罪,可见表面上双方合作至深。

四、不被信任的"中立":从"左右为难"到"左右逢源"

战事愈演愈烈,在维持中立地位上,澳葡政府也承受着极大的压力,其维持"中立"的诚意并不被看好,也未有保障,夹在中日之间左右为难。诚如葡萄牙驻广州总领事莫嘉度在其报告中所述:

我们双方的朋友都对我们持不信任态度。我们处在这样的一个实在不妙的位置上,使得我们任何未能绝对平衡、一视同仁和明白无误的行为,都将受到他们不信任目光的怀疑。

澳门处于中国大陆和日本海军的夹缝中,处境险恶,完全依赖于它在友邻之间保持绝对的中立,同时这一中立还得被这些邻居所承认。目前的情况并非如此,因为不管是哪一方

① 《秘书长高士德昨日强调表示葡国政府中立态度不变》,《市民日报》,1944 年 9 月 26 日,第 1 版。

都不相信这一中立。①

澳葡政府的"中立"得不到中国人以及中国政府的信任,莫嘉度在1938年5月16日的报告中称:"在中国人面前,甚至包括其当局,我们的地位仍每况愈下。日本人对我们的恭敬使这一状况变得更加糟糕,因为中国人从中看到了一种勾结行为。"②有时,一个报道就会引发一场信任危机,例如莫嘉度曾记载关于澳门防卫的一个事件:

> 报纸披露的消息说,为保卫澳门派来了几架飞机。自然,由于拖延没有使它们飞上天,很快就出现了这些飞机不是给我们的想法。日本人以为是给中国的,中国人把我们看作是日本的朋友,认为是提供给日本人使用的,因为它们没有飞行。而没有准备投入使用是由于我们对日本不感到担忧。如果说我们不害怕日本,是因为我们与其同流合污。确实有必要使我们摆脱这一令这里的中国人无法理解的处境。③

不仅如此,国民政府广东方面对澳督极度不满。莫嘉度在1938年6月15日的报告中提到,广东省省长的一位秘书在租界的一次谈话中对莫嘉度说道,澳督阁下已从日本人身上学会了处事的方法。而另一位人士则说道,澳督的言行不一。④ 澳葡政府实施

① [葡]莫嘉度著,[葡]萨安东编,舒建平、菲德尔译:《从广州透视战争——葡萄牙驻广州总领事莫嘉度关于中日战争的报告》,第137页。

② [葡]莫嘉度著,[葡]萨安东编,舒建平、菲德尔译:《从广州透视战争——葡萄牙驻广州总领事莫嘉度关于中日战争的报告》,第46页。

③ [葡]莫嘉度著,[葡]萨安东编,舒建平、菲德尔译:《从广州透视战争——葡萄牙驻广州总领事莫嘉度关于中日战争的报告》,第71页。

④ [葡]莫嘉度著,[葡]萨安东编,舒建平、菲德尔译:《从广州透视战争——葡萄牙驻广州总领事莫嘉度关于中日战争的报告》,第70页。

"中立"的双重标准,亦曾干扰到广东地方的抗战布置。早在 1937 年 9 月,日军舰队南移,日机频繁骚扰广东境内,国民政府军队九一九团在边界筑造工事,遭到葡方抗议,在外交上的交锋便已白热化。1937 年 10 月 4 日,外交部快邮代电致国民政府军事委员会第一部,称:

> 据我国驻葡使馆电称,葡政府以我国在澳东挖壕已令澳门当局与广东当局开始谈判,请转我国政府勿危害澳门安全,葡政府已向日政府抗议日飞机在澳门经过等情,查澳东与澳门距离几何,我方曾否在澳门附近准备建筑工事系何原因,日方除派机活动外,在该地带有无其他威吓形势,除电广东政府外,特电查照,即希查照合办与见复为荷。①

翌日军事委员会便致电广东省政府主席吴铁城,请其核报上述日机飞越澳门入境我国及澳门附近修筑工事事情。吴铁城就此事向军事委员会作战部复函,解释称:

> 本省自受敌舰及飞机轰炸以来,其航空母舰、巡洋舰均停泊澳门附近之荷包湾,甚且每每飞越澳门领空而入本省,为防止敌由中山县沿海处登陆计,经由□师九一九团在澳门关闸迄唐家湾及澳北之北山葫芦山等地构筑工事。查关闸为中葡交界地方,北山离关闸约 2 500 公尺,葫芦山在澳门西南距海约 3 000 公尺,俱水深八□以上,此在军事上必然之布置。②

随后,吴铁城、余汉谋发电文进一步解释:

> 日敌自将一部舰队南移,以海空军扰乱粤境以来,本部迭

---

① ② "军委会为九一九团在澳门附近之关闸至唐家湾等地构筑工事及日机从澳门经过等事与外交部的来往文电",中国第二历史档案馆馆藏,七八七—3215。

处探报葡政府有将澳门无条件让予日寇说，且敌机飞粤骚扰大半经澳门飞入中山，其少数舰队给养亦在澳门采办，本军为防止日敌自澳门附近侵入计，筑构相当工事，此种工事纯在本国领土之内与澳门完全绝无妨碍，葡政府似不应干涉，此间已派刁特派员将此意向澳当局及葡领解释。①

10月8日，军事委员会第一部便致函外交部，表达就此事的处理意见：

> 外交部勋鉴，准贵部支代电为嘱，查复关于我方是否在澳门附近准备建筑工事及日方除派机外在该地带有无其他行动各节，当经本部电请余副司令长官查明具复去后，兹据汤申参一电称：本部迭据探报葡政府有将澳门无条件让予日寇说，且敌机飞粤骚扰大半经澳门飞入中山，其少数舰队给养亦在澳门采办，本军为防止日敌自澳门附近侵入计，筑构相当工事，此种工事纯在本国领土之内与澳门完全绝无妨碍，葡政府似不应干涉，此间已派刁特派员将此意向澳当局及葡领解释矣等语，查我方以暴日有由澳门附近上陆侵入之虞，在领土之内构筑防御工事，其目的纯为自卫，澳当局自无权过问，但对于澳当局任许敌机通过入犯及供给敌舰给养一层应提出抗议，使以后不得再有以上之事，实以敦中葡邦交之睦谊，准电前由相应复查照办理为荷，军要会第一部。②

澳葡政府对中日态度各异，对日军频繁过境看得很淡，但是对国民政府军队在边界本国领土内筑造防御工事却非常敏感，甚至

---

①② "军委会为九一九团在澳门附近之关闸至唐家湾等地构筑工事及日机从澳门经过等事与外交部的来往文电"，中国第二历史档案馆馆藏，七八七—3215。

提起外交交涉,明显地表现出对日姑息、对华提防的态度。只是不管怎样,澳葡政府始终不敢彻底撕破脸,与国民政府搞僵关系,故对相关事情都进行解释,希望得到国民政府谅解。例如 1939 年 2月,葛古诺访日之后,国际上葡日合流言论四起。5 月 10 日,葡萄牙驻华外交公使凌马便向国民政府外交部发布照会,称:"澳日间签订了一项合作协议。通过它,葡萄牙将以承认伪满洲国来换取日本政府为澳门殖民地提供某些优惠。……但我可以荣幸地向阁下保证,关于葡萄牙与日本政府有任何条约或谈判的消息实属不确。"5 月 22 日,国民政府外交部部长王宠惠对照会进行回复,表示:"十分感谢阁下的肯定答复。我国政府真诚地相信,在澳门与外国的关系上,葡萄牙会适当考虑到中葡之间的坦诚关系。"以示对葡萄牙的友好。① 澳葡政府虽然打压国民政府在澳门的活动,以及民众的抗日活动和言论,但在很多非正式的场合,澳督及政府上层频频表达对中国及盟国的同情与友谊。

二战结束后,澳督戴思乐在美高俱乐部(Melco Club)的胜利庆祝会上,曾声明:"从一开始我的心就和盟国在一起,但是我的使命是不惜一切代价维持属地的中立。"②正是这种处事的初衷,令很多人相信澳葡政府在内底是亲盟国的,这种立场从英国驻澳门领事瑞礼士对戴思乐近乎矛盾却又合乎时宜的评价中亦可窥见,其称:

> 澳督戴思乐竭力避免与日本人发生矛盾,并维持他剩下的职权。其禁止抗口活动,允许日军舰船停靠,默许日军过境

① 金国平、吴志良:《抗战时期澳门未沦陷之谜》,《复印报刊资料·港澳特区行政与社会》2001 年第 7 期,第 26 页。

② John Pownall Reeves, *The Lone Flag: Memoir of the British Consul in Macao during World War Ⅱ* ,p. 142.

到邻近的中山县。但是他在尽他所能克制日本人，同时尽量援助所有民族的难民。[1]

战时澳葡政府的所作所为看似复杂、多变、诡异，甚至是难以名状，实则有迹可循，葡萄牙在亚洲对中日两方天平的调整轨迹，从下列葡萄牙中立政策在亚洲与欧洲的比较中即可看出，与其对欧洲的做法保持着极强的一致性：

在亚洲：1932 年宣布在中日战争中保持中立——1939 年后开始偏向日本——1944 年后逐渐偏向中国；

在欧洲：1939 年 9 月宣布在欧战中保持中立——1940 年末倾向德国"几何中立"——1943 年中期后，倾向于同盟国"仁慈中立"。[2]

在"中立"之下，澳葡政府可以是任何一方的朋友，也会变成任何一方的敌人。从后续的章节中会看到，澳葡政府似乎受任何一方的掣肘，又尽量与任何一方保持友善或合作，看似左右为难，实则亦是左右逢源，但这一切都无法撼动其对葡萄牙的忠诚，以及竭尽全力保住葡萄牙在澳门利益的初衷。

五、葡萄牙人对战争的态度

葡萄牙在远东的利益并非局限于澳门，面对严峻的东亚局势，同时也为缓解来自轴心国及同盟国的压力，葡萄牙开展了一系列外交活动，向国际社会进行解释其"被迫与地主中国及侵略者日本

---

[1] John Pownall Reeves, *The Lone Flag: Memoir of the British Consul in Macao during World War II*, p. xxii.

[2] ［葡］佩德罗·艾利斯·奥利韦拉：《不可避免的中立：二战中的葡萄牙》，《军事历史》2015 年第 6 期，第 41 页。

保持一种名义上的、葡萄牙外交界称之为'合作性中立'的非等距离的中立政策"。① 历史已向我们展示,澳葡政府的中立政策并不是绝对的等距中立,而是灵活处变的变向型中立,即在恪守对澳门管治权及其利益的前提下,因应时局变化而实际处理各项问题时"左右摇摆",在与参战各国的利益纠葛中"左右逢源",从而维持生存和扩展利益。

英国驻澳门领事瑞礼士作为战时澳门历史的亲历者,曾就自己在澳门的经历及观察,对葡萄牙人战时的态度作了一番分析:

> 葡萄牙人对战争的态度很有趣。
>
> 有些人完全赞成德国,但对日本则完全不赞成。我特别记得一个人,他的胡须为他赢得了"车把"的称呼,尽管他可能还像是"凯撒·比尔"(Kaiser Bill,编者按:德国皇帝)。他在1914年时倾向德国,1918年时倾向德国,现在仍然倾向德国。对于一个持这种坚定看法的人,应有真诚的敬意。
>
> 一些人是真正的亲盟国或亲英国的。在这些人中,我肯定,有总督、当时的中国事务大臣(他在胜利日当天背心下露出了丘吉尔的肖像)、大部分海军官兵(尤其是一位),还有某些温和的外科医生(在临时失败的时刻,曾对英国人表现出愤怒的坚忍态度,但对英国人只是发脾气)。可以肯定的是,罗保(Lobo)是英国的朋友,因为他对日本人保持严格中立的态度显得尤为宝贵,而日本人也认为他是友善的。也许有史以来对他最好的称赞是一位日本人说的:"罗保是我们非常好的朋友,但没有人买得了他对葡萄牙的忠诚。"我本可以说同样

---

① 金国平、吴志良:《抗战时期澳门未沦陷之谜》,《复印报刊资料·港澳特区行政与社会》2001年第7期,第16页。

的话,但我想用更温和的用词。

其他的葡萄牙人由于嫉妒而心胸狭窄,通常归因于据称我们从葡萄牙偷走了领土。(是罗得西亚吗?)这群人希望看到英国取得胜利,但希望看到狮子的尾巴先被拧了。据报告,确实有一位非常高级的官员向我说过:"在'闪电战'期间,我希望英国人获胜,但首先,我希望他们受苦受难。"

其他人再次出于个人原因希望与双方保持联系,实际上作为中立者,他们有权这样做。

令人沮丧的是,我们最大的盟友中,一些人义无反顾与日本人友好,以确保自己的个人利益。例如,某位亲爱的女士竭尽全力在澳门建立日本家庭,并希望一如既往地与我们保持友好。

在其他一些人,我们直到临近胜利都很少见到,但是随着胜利的到来,他们的友谊随之加深。①

瑞礼士将在澳门观察到的葡萄牙人对于战争、盟国的态度总结成六个类型,大致是:完全认同和支持德国者、完全同情和支持英国者、希望英国胜利但希望其受苦者、与双方均保持联系者、极力与日本友好者、战时"消失"战后联系者。葡萄牙与英国延续了数个世纪的盟友关系,葡萄牙人在战争中仍表现出如此多样的取向。与之类似,虽然葡萄牙与中国在澳门交错了近四个世纪,但其人对战时中国的态度亦是非常复杂,不可一概而论。

战争期间,葡萄牙人中像澳督巴波沙、戴思乐这样的政治人物,游走在各个社群、利益集团之间,表面各类活动轨迹纷繁复杂,

---

① John Pownall Reeves, *The Lone Flag: Memoir of the British Consul in Macao during World War Ⅱ* , pp. 24-25.

实则以维护葡萄牙在远东的利益为中心。在葡萄牙,他们是确保澳门在其管治下熬过战争,保住帝国殖民利益的英雄;但是对于中国而言,他们是战争中的既得利益者,为了自身利益,不惜牺牲其他民族生存的权益。

此外,亦有葡萄牙人成为敌方间谍,充当侵略者的帮凶。例如,1946年10月,四川高一分院检察处便对葡籍间谍罗明志提起公诉,内容大致如下:

> 罗明志,现年四十四岁,父为葡籍,母为华籍,生长上海。一九三七年十月至澳门,充葡政府警士,旋升警探,与日驻澳门特工人员陈仁桂交往甚密,时协助破坏我国政府驻澳门工作人员之组织及设施,得以获取奖金。一九四三年十一月,奉陈仁桂之命,潜来内地,负探听我方军情之责。初,服务于桂林红梅餐厅,该处盟国驻华军人出入甚多,专任招待外宾之责。次年十月,桂林疏散,转往昆明寅禄,入美军红十字会胜利俱乐部,任经理职务,藉资掩护,以达其任务。去冬被航运会调查组昆明间谍组及美国驻昆反间谍情报处侦悉,乃将其缉获,送由军统局转送高一分院川检察处。①

在远东,有一个社群与当地社会发展休戚相关,那就是土生葡人。数个世纪的殖民与共处,很多葡萄牙人的后裔在当地出生、成长,并与其他种族通婚,形成欧亚混血后代,并且在各个方面逐渐本土化,已经将远东视为自己的家乡。罗明志正是利用葡华双重身份,在中西两个社群游走,行不轨之事。

葡萄牙人在抗日战争时期的态度及其表现,本身就是一个值

---

① 《葡人任日间谍,川法院提起公诉》,《中山日报》(蒋系),1946年10月9日,第2版。

得研究的问题。虽然存在上述罗明志等不良之徒，但不能忽视许多土生葡人曾加入到抗击日本侵略的斗争中，他们中有参加香港保卫战的葡萄牙联队，也有参加英军服务团拯救战俘工作的白乐嘉、告山奴等，还有诸多同情中国人民的遭遇，施以慈善救济的葡籍神职人员。葡萄牙人对战争的复杂态度亦透露出这个特殊群体对其身份、命运及与亚欧社会关系的复杂认知。

在战争时期"谁有实力，谁就有道理"①的丛林法则下，澳葡政府在中日以及盟国内部分裂的夹缝中生存。谭明东先生②对战时澳门"中立"情况的总结非常精到，其称：澳葡所谓"中立"，实际上还是靠盟国，英美利用澳门做可能做的事，例如收集情报之类。而日本将澳门作为一个据点，有利于他们对东南亚的战争。澳门是处于双方对立、外松内紧的环境。③ 这一观点与澳大利亚学者杰弗里·C.冈恩的观点类似，冈恩提出澳门是"东京—柏林—里斯本""澳门—东京""英国—美国—葡萄牙""香港—澳门—重庆"等多个联盟的关键，④在这些时聚时散的关系里，无论英美、日本，还是中国都将其作为据点，行"不能"之事。在战时，特别是局势紧张的时刻，日本政府、汪伪政权、国民政府中均出现过意欲打破这种"中立"，直接控制澳门的呼声与策动，但最终均被劝退。可见，中立的澳门，是战时各方为行方便留下的一个据点、一个多功能的平台。

---

① ［葡］莫嘉度著，［葡］萨安东编，舒建平、菲德尔译：《从广州透视战争——葡萄牙驻广州总领事莫嘉度关于中日战争的报告》，第 13 页。

② 谭明东：在澳门"风潮时期"还是学生，后成为澳门工联工会秘书，中国旅行社董事、副总经理。

③ 谭明东：《亲闻捡尸车上的呻吟》，林发钦、江淳主编：《平民声音：澳门与抗日战争口述历史》，第 130 页。

④ Geoffrey C. Gunn, *Wartime Macau: Under the Japanese Shadow*, pp. 6-17.

第二节　澳门米粮风潮与澳葡政府统制政策

澳葡政府虽"恪守中立",却无法避免战争带来的生存危机。澳门周边陆续沦陷,难民涌入,人口急剧增长,需要安置与救济,同时,对外交通的阻断,令澳门逐渐成为一座"孤岛",物资来源时常断绝,民生受到冲击,物价腾飞,致使一般民众又多沦为贫民。

战争的破坏,民众的赤贫化,加之瘟疫的侵袭,使得澳门社会出现前所未有的悲惨局面,诸如米荒、柴荒、电荒等灾难频发,维持生存成为澳门社会的首要问题,尤其是米粮问题,直接关系到澳门的生死存亡。自1941年5月至战争结束,澳门曾爆发三次大规模的米粮风潮,在澳门社会造成极大的恐慌。

一、澳门的三次米粮风潮

1941年5月,日军在海上封锁交通,澳葡政府已意识到粮食储备的重要性。是年11月,澳督戴思乐亲自往香港商洽谷米购买事宜,从香港定购了2万包白米,又从越南西贡定购2.6万包,从泰国曼谷定购2万包,共约6.6万包,并要求在12月份急速运赴澳门。然而1941年12月6日,从越南西贡出发,悬挂瑞典国旗的"美拉马"号船运载澳门定购的2万包白米在海上被日军劫持,船只被扣留,货物也被掠走。[①] 日军侵占香港时,整个澳门的谷米存量不足5 000包,却要供养几十万的人口。粮食紧缺,黑市米价最高每斤

---

① 陈锡豪:《抗日战争时期的澳门》(未刊稿),华南师范大学中国近现代史专业硕士学位论文,1998年,第52页。

涨至 4 元,当时澳门一般工人一日工资约为 1 元,① 即 4 天的工资才能购米 1 斤,足见米价之高昂。

香港沦陷后,1942 年初,占领香港的日军当局准许华人搭乘日本人的船离港。② 1 月 19 日,停顿月余的港澳交通恢复,数以万计的难民涌向码头,前往澳门避难,当天即有"白银丸"及"天鹏丸"两船承载难民 1 500 余人赴澳门。根据《华侨报》报道:

> 该两轮系于 19 日晨在港三角码头售票,票价分三等,头等收军票 5 元,二等 3 元,三等 2 元。白银丸于昨(按:19 日)上午 10 时在港启行,而天鹏丸则启碇于正午 12 时,两轮均于昨日下午 1 时及昨晚 6 时先后抵达,分泊于火船头街海滨原日港澳轮船码头。计共载来搭客白银丸 1 150 人,其中西人 6 人;天鹏丸 416 人,其中西人 16 名。澳中人士有不少有亲朋在港者,彼辈一时聆讯,纷纷前赴码头鹄立,以探望有无亲朋抵达者甚众。③

随后,1 月 21 日又有两艘轮船"宜阳丸"及"南进丸"运载难民 1 024人抵达澳门,其中"宜阳丸"载来 600 人,"南进丸"载来 424 人。④ 1 月 25 日,"海珠丸"抵澳,载来搭客 1 206 人。⑤ 1 月 29 日又有"岭南丸"返澳,载来搭客 700 余人,"白银丸"到澳,载来搭客 1 286人。⑥ 这些轮船隔日往来一次,每次载来难民不下千人,澳门难民

---

① 吕志鹏:《抗战时期澳门经济发展与社会救亡运动》,暨南大学中国近现代史专业硕士学位论文,2004 年,第 42 页。

② 《香港华人纷纷离境》,《申报》,1942 年 1 月 20 日,第 2 版。

③ 《港轮两艘昨日抵澳,载来搭客千余人》,《华侨报》,1942 年 1 月 20 日,第 2 版。

④ 《昨日港侨抵澳共千余人,轮船两艘今开返港》,《华侨报》,1942 年 1 月 21 日,第 2 版。

⑤ 《港侨抵澳,昨又有千余人》,《华侨报》,1942 年 1 月 26 日,第 2 版。

⑥ 《港轮两艘昨日抵澳,载来二千余人》,《华侨报》,1942 年 1 月 30 日,第 2 版。

数量迅速增加,亟待安置与接济,促发澳门的粮食危机。

（一）第一次米粮风潮

难民大量来澳,粮食储存严重不足,澳门遭遇抗战以来第一次米粮危机。1942 年 1 月,饥荒开始蔓延,每月饿死者达 1 500 人以上,澳门市内饿殍满地。当时美国红十字会分会代表电告美国总会,指派专轮由南北美洲运粮到澳门,但量小力微,难以满足难民口食需要。[①] 3 月 6 日,镜湖医院主席戴恩赛致电国民政府行政院院长孔祥熙,请求设法救济在澳门的同胞,至 25 日,行政院回复,计划在广东省田赋征收项目下拨付 2 万担粮食给予澳门,并经广东省紧急救济委员会核办。[②] 除各界对外请求供粮救援外,澳葡政府也着手修订粮食购置政策。1942 年 1 月起,全澳粮食凭券购买开始实施,依照下列办法办理及分配：

一、澳门市分开街道或合数街为一坊；

二、每屋业主或其代表人于本布告公布后即将每屋住客若干开列清单；

三、该清单必须列明每屋所住几家人、家长姓名、已成年人数若干（家长在内）至 14 岁以下小童若干及住址等项；

四、该清单如系葡人业主,必须用葡文缮写,倘中国人业主,可用华文缮写,但为居民便利起见,请用葡文缮写；

五、凡船户无论曾否在港务局注册,按照本示之规定,作为屋宇其船主人应负与市内屋宇业主之同样责任；

① 吴志良、汤开建、金国平主编：《澳门编年史》第五卷"民国时期（1912—1949）",广州：广东人民出版社 2009 年版,第 2641 页。

②《戴恩赛电请设法救济在澳侨胞案》,澳门历史档案馆馆藏缩微胶卷：全宗号 35J—175/案卷号 2/盘号 10238/影像号 399。

六、该清单应即整备，以便于本月 23 日在指定地点呈交，至业主及其代表人当即领收购买粮食凭券交住客；

七、凡船只之东主应将该清单于本月 23 日呈交港务局，以便领收新凭券。

八、凡业主应负责本人或其代表人所填报各件，倘查出有假冒不实处，即依法处决。①

但由于华人人数众多，粮食奇缺，只能依填报的户口信息凭券购买粮食。葡澳政府不得不将葡人粮食拨出一部分供给华人，以维持其最低生存所需。1942 年 1 月 5 日，澳葡政府发出布告："白米乃系华人根本伙食，而以葡人而论，倘每人每日给以白米一斤当为太多，特由本日起凡属非华民每日每人准购白米额数定为八两。"②

为应对米粮危机，澳葡政府开始实行公米售卖制度，按堂坊分配每月或每季度的居民粮食凭券。1942 年 1 月 27 日，澳葡政府公布本年度 2 月份购买粮食凭券及分配办法，按区域划分，在大堂坊、花王堂坊及进教围坊、风顺堂坊分别设置购买粮食凭票地点，公布固定工作时间，海上船户及船上居民报购粮食凭券则由港务局负责。③ 1942 年 3 月 21 日，澳门市行政局又发布按季度领取购买粮食凭券办法，规定自该月 25、26、27、28 等日上午 9 时半起，在各凭券分派所开始领换 4—6 月份一季通用的购买粮食凭券，该项凭券由关系人于以上所定日内领取，对于凭券如有作弊等情形，除将该凭券取消外，并依法从严处罚。如有凭券丢失或被窃等情形，可到议事公局二楼领回新券，但必须有正当人或机构证明，并须缴

①《澳门宪报》，1941 年 12 月 20 日。

②《澳门宪报》，1942 年 1 月 17 日。

③《澳门宪报》，1942 年 1 月 31 日。

纳 5 元费用。由 4 月 1 日起,凡欲由本澳离境者,在启行时应将购粮凭券交与在码头或关闸的特务职员,如有特别事情时可不交出该凭券,其人可自由离境,但应声明本人姓名、住址、凭券号数,如果凭券上没有书明本人姓名的则应将该券上的人名指出。① 此举意在规范凭票的使用,以免滥用。 当时澳门共设有 10 个凭券分派所,负责各区居民派领粮食凭券,各分派所地址如下:

第一号凭券分派所:国民协会;

第二号凭券分派所:岗顶庙;

第三号凭券分派所:河边新街访问所;

第四号凭券分派所:议事公局二楼;

第五号凭券分派所:板樟庙;

第六号凭券分派所:亚丰素雅布基街警察第三分局;

第七号凭券分派所:望德堂;

第八号凭券分派所:花王堂;

第九号凭券分派所:三盏灯民主学校;

第十号凭券分派所:新运动场门口。②

虽然领取粮食购买凭券的分派所多达十处,但是政府公售的米站却不多。1942 年 4 月,澳葡政府在澳门半岛又增设 2 处公米站出售公米:一处在海镜戏院,一处在河边新街 275 号。③ 同月,在凼仔又设立 6 处公米站,地点设在 6 家店号内,分别是木铎街轩记杂货店、同和街茂泰什货店、同和街达昌杂货店、同和街永和香什

---

① ②《澳门宪报》,1942 年 3 月 28 日。

③《下环街增设一米站》,《华侨报》,1942 年 4 月 25 日,第 3 版。

货店、宦边街公兴隆什货店以及施督宪街什货店。① 除增设公米站外，政府还宣布由于生活指数的暴涨及蔓延已及远东的战事带来的其他影响，暂时允许将城内土地作农业用途②，希望能最大限度增加耕地，扩大内部的自产能力，在一定程度上缓解粮食短缺的危机。

澳葡政府对内极力稳定局面，对外继续筹购粮食。1942 年 5 月 15 日，澳葡政府组织力量从泰国购回白米 2 万余包，够澳门两个月食用。③ 1942 年 8 月 21 日，澳葡政府又从泰国购回公米 1.2 万余包。④ 为了保证澳门的粮食供应，澳葡政府也积极与汪伪势力接触，并达成合作。1942 年 9 月 15 日，汪精卫的夫人陈璧君与汪伪广东省省长陈耀祖访问澳门，澳督戴思乐热情款待，其间与陈耀祖积极讨论食米供应问题，陈耀祖强调广东方面会保证澳门食米的供应。⑤ 随后，澳葡政府与伪广东省政府签订长期供粮协议，米粮危机暂时得以缓解。

从 1940 年 12 月澳葡政府设立公米站出售平价粮食至 1942 年 10 月，一年多的时间里，澳葡政府仅米粮公卖一项的亏损即达 500 万元——当时所售出的公米，每担亏蚀 15 元，这对战时的澳葡政府而言是个极重的负担。其时澳葡政府一年的税收收入仅为 681 万元，而正常支出亦在 520 万元，⑥所以，不可能保证所有人在战时

---

① 《到氹仔去全市共设米站六所成人每天领足一斤》，《华侨报》，1942 年 4 月 29 日，第 3 版。

② [葡]施白蒂著，金国平译：《澳门编年史·二十世纪(1900—1949)》，第 290 页。

③ 《民众额手称庆，白米二万余包昨到澳》，《华侨报》，1942 年 5 月 16 日，第 3 版。

④ 《"谣言"乎？公米万余包今日可到，望厦米站金神父亦经证实》，《华侨报》，1942 年 8 月 21 日，第 5 版；《公米万包昨已抵澳》，《华侨报》，1942 年 8 月 22 日，第 5 版。

⑤ 《岐澳间运输问题未解决，影响市民粮食》，《华侨报》，1942 年 9 月 15 日，第 3 版。

⑥ 《政府公米廉价出售，一年内亏本五百万元》，《华侨报》，1942 年 10 月 24 日，第 3 版。

的生存食粮需求,饿死之人不在少数。至 1942 年 10 月,澳门每月饿死者虽有所遏制,但仍为 600 人左右;直至 1943 年时,每月饿毙街头者人数仍在 300 以上,街街黄面瘦骨,处处呻吟呼号,其惨状触目惊心。粮食短缺始终是抗日战争时期困扰澳门最严重之"恶疾"。

（二）第二次米粮风潮

1943 年,澳门对外交通再次中断,日军怀疑澳葡政府暗中协助国民政府,因而减少对澳门的粮食输入。是时,澳门的人口却增长至历年来的最高峰,总数达 45 万。物资补给困难,等待救济的难民数量巨大,澳门许多平民家庭亦呈现赤贫化。1943 年 7 月始,澳门出现第二次米粮风潮。

1943 年 7 月 1 日,澳门市行政局布告让各业主将各自住户情况、粮食证情况,以及新租或停租住户的变动情况等及时呈报察核以便有效管理,其布告如下:

> 由本月 1 日起至 15 日止,所有业主应将其自有屋宇列明报单呈交南湾花园上部屋仔即管理粮食证事务处察核。该报单应由业主签名,单内缮写每间住客姓名、住客家庭人数,分别成年人数及小童人数（16 岁以上作成年人计）。住客住址列明街名门牌号数（如系分赁多伙者应注明某楼某房）、粮食证领证人名。如屋宇属于转租者,该业主亦应负责呈交以上所指之报单。又将来关于屋宇之全间或一部份（按:分）租出或停租,该屋业主应由租出或停租之日起限五日内分别报知管理粮食证事务处,以凭核办。倘逾期不将报单呈交或不报知或报单内有伪报情事等等,概依 1941 年 12 月 20 日第 732 号立法证书第 5 款之规定,由统制物品输进委员会执行处罚。①

---

① 《澳门宪报》,1943 年 7 月 3 日。

随后,澳葡政府为防止商人及一般市民非法囤积粮食,又于 1943
年 7 月 27 日发出通告,对米粮的购卖与存储作出严格规定:

　　一、由本日起所有商店及杂货店零沽白米或谷米严禁售
出与每一购买者超过 20 斤以上;

　　二、若购买者经已领有特别许可证,谷米白米仓东主及司
理即可任其自由购买,但特别许可证必须有购买者之姓名及
其存储谷米白米之地点;

　　三、私人照其家口计,每人及每一佣工,最高限度每人得
存白米或谷米 100 斤,但必须呈报并将粮食证橄销;

　　四、酒店旅店中西菜馆茶楼饭店等必须将今日所存之谷
米白米额数由本日起限三日内呈报;

　　五、白米谷米仓什货店及零沽店由本布告之日起限三日
内将今日所存之谷米白米数量呈报。①

上述呈报暨领取特别许可证、缴销粮食证等事宜按要求在警察局
督察处办理。布告一再强调商店、什货店必须用中葡文将各项粮
食等价格表粘贴在店内显眼地方,这些货物包括白米、谷米、生油、
糖、猪油、豆类、面粉、片糖、盐、猪肉等生活必需物资。不仅如此,8
月 2 日,澳门市行政局兼警察局局长布英沙宣告,从 8 月 3 日起所
有谷和米输入必须预先报告澳门统制物品输进管理委员会(亦称
"输进管理委员会")申请许可证,擅自进口者除没收全部货物外并
罚款 8 千元,②以防止有人趁米价上涨时期走私谷米入境,牟取暴
利,同时也可以减少政府补贴的损失。

　　8 月 9 日,澳督戴思乐邀请全澳绅商名流商讨解决澳门食米供

---

① 《澳门宪报》,1943 年 7 月 31 日。
② 《澳门宪报》,1943 年 8 月 14 日。

应问题,并即席成立澳门居民粮食互助委员会。由寓居澳门的前广东省财政厅厅长冯祝万担任主席,刘叙堂担任副主席,澳督担任名誉主席,经济局局长罗保担任名誉顾问,林子丰、高可宁、高福耀及钟子光等殷商则担任常务委员。该会以官民合作的方式运作,运转资金采取借款方式,由政府集资 300 万元,其中政府垫支 50 万元,其余 250 万元由各殷商分别认领垫付,再以所集资金向内地购买谷米。支付欠费后,所购谷米以最廉价格交由米店零售。该会在数日内购回谷米数千担,一时有效缓解了澳门食米的不足。①

同一时期,澳门统制物品输进管理委员会还公布了白米公价,头等白米定为每担葡币 170 元,每斤 1.7 元;二等白米每担为 150 元,每斤 1.5 元。② 澳葡政府限令市民购米超过 20 斤以上须赴警察厅督察处报领许可纸(按:证)方可持米过路,否则一经查出即将其拘控。

限购米粮的措施,只是扬汤止沸,无法解决米食供应来源问题,反而引起民间恐慌。根据《华侨报》的报道,当时居民因多购或偷偷携带米粮而被拘控的事件频频发生,一天之内 10 余起。③ 粮食限购还导致杂粮价格上涨,如眉豆每斤 2.5 元,茨粉每斤 2.1 元,都比政府公价米要贵得多,一般贫民多只购米糠、麻薯及蕉皮等物

---

① 《澳督戴思乐邀集绅商多人讨论米粮供应问题,即席组成全澳居民粮食互助会》,《华侨报》,1943 年 8 月 10 日,第 3 版;《粮助会之负责人及其使命》《粮食互助会正副主席接见本报记者》,《华侨报》,1943 年 8 月 11 日,第 3 版;《官民协力下之粮食互助会组织成立展开工作》,《华侨报》,1943 年 8 月 12 日,第 3 版;另参见李俊《抗战时期澳门米荒问题研究》(未刊稿),暨南大学中国近现代史专业硕士学位论文,2009 年,第 36 页。

② 《澳门宪报》,1943 年 8 月 14 日。

③ 《购米过廿斤未领许可证被控者十余家》,《华侨报》,1943 年 8 月 11 日,第 3 版。

充饥。① 为维持社会秩序,消除恐慌情绪,澳葡政府随即于 8 月 19
日宣告取消 7 月 27 日布告中每人限购米 20 斤;限每人或工人可存
米一担,酒店、粮店、中西菜馆、米仓、什货店、零沽米店将所存谷米
呈报,以及 8 月 3 日布告定下的一等米价 175 元,二等米价 150
元②的规定,并通知在市内谷米可自由运输,不需再领许可证。

　　1943 年 9 月至 12 月间,经澳门居民粮食互助委员会的运筹,
澳葡政府从伪广东省政府方面购入中山米 300 万斤。③ 中山米的
输入犹如雪中送炭,粮食危机再次得到缓解,谷米销售政策亦得以
放松。但是伪广东省方面的情况易有变迁,为长久计划,澳葡政府
依然延续颁布政令,继续限制市民购米及存米数量,而且这一禁令
一直维持到战事结束。

　　(三) 第三次米粮风潮

　　据统计,战时澳门市民生活必需物资,每月消费大宗据统计包
括米 3 万担,煤炭只供于电灯公司需 600 吨,木柴 3 万担,猪 450
头,鸡 2 万只,鱼类 3 000 担,蔬菜 2 500 担等,④所有这些都必须依
靠外地运来。以谷米而论,澳门的谷米进口大部分依赖中国腹地,
主要来源地为海南及广东,为此澳葡政府特派出督府秘书长高士
德及军需处处长赴广州与伪广东省政府商讨运粮供澳事宜,最终
达成输米协定,但须每三个月或半年签一次。然而,当时广东米粮
依靠外省供应,加上战争影响以及自然灾害,澳门的米粮供应还是
时断时续,处境被动。如,1944 年 7 月,高士德赴广州商谈谷米供

---

①《杂粮价格上涨,贫民生活苦上加苦》,《华侨报》,1943 年 8 月 9 日,第 3 版。

②《澳门宪报》,1943 年 8 月 28 日。

③ 张海鹏主编:《中葡关系史资料集》下册,成都:四川人民出版社 1999 年版,第
　　2097 页。

④ 张海鹏主编:《中葡关系史资料集》下册,第 2099 页。

应量,原本要求每月供应 2 万担,但广州方面只允每月供应 1.5 万担,且只供应 3 个月。① 虽然供不应求,但这样大宗谷米运入仍能暂时缓解澳门的粮荒,澳葡政府也只能接受。

1944 年 9 月,高士德再次访问广州,就谷米问题达成协议,每月粤方供应 2 万担大米,以半年为期,共进口 15 万吨大米到澳门。② 若依如此进度,澳门可以安然渡过粮荒,但当时澳门粮食问题仍然非常严重,恐怕更多来自不良米商的操纵,这种情形在 1945 年 5 月澳门的第三次米粮风潮中充分显现。

1944 年 9—10 月,广州、香港两地战火连连,3 个星期间约有 8 万难民抵达澳门,③使得澳门社会生存境况告急,尤其是住房再次陷入紧张状态,米粮等各项物资随之呈"洛阳纸贵"的状态。另外,1945 年 2 月 2 日,日本驻澳门领事福井保光及书记官朝比奈泰晖被刺杀,事件发生后日军对澳门实行了惩罚性封锁,澳门市面粮食更加紧张,以致街有饿殍。④ 而且,随后 1945 年 4 月份,往澳门运送货物的多艘货轮又遭到美机轰炸,增加了物资运输到澳门的困难。抗日战争结束前夕,1945 年 5 月始,澳门又经历了一次粮食危机。

在这次危机中,澳门的米价已经上涨到市民无法承受的地步,无良米商却大量囤积不售,加上日军封锁澳门的谣言四起,米价疯

---

① 吴志良、汤开建、金国平主编:《澳门编年史》第五卷"民国时期(1912—1949)",第 2672 页。

② [澳]杰弗里·C.冈恩著,秦传安译:《澳门史:1557~1999》,第 179 页。

③ [澳]杰弗里·C.冈恩著,秦传安译:《澳门史:1557~1999》,第 181 页。

④ 吴志良、汤开建、金国平主编:《澳门编年史》第五卷"民国时期(1912—1949)",第 2678—2679 页。

涨,5 月 20 日米价一度上涨到每担 280 元。① 当时,由澳门商会主席高可宁、新闻协会主席赵斑斓、同善堂主席蔡文轩等开会发起组织"澳门华侨联合会",由梁后源担任主席,高可宁担任副主席。该会成立后又组织"澳门居民粮食救济会",办理一切救济事宜,并设法运粮来澳。② 不久,又有"热心人士"甘志远、黄森、黄球、黄祥等组成"平抑米价委员会",并在相关会议上指责政府将食米定价过高。两会干预之下,米价在 24 日急跌至每担 60.7 元。③ 只是甘志远乃伪海军司令,"三黄"亦是澳门有名的"汉奸",对于米粮危机的干预是否另有隐情,则有待考证。

澳门的公米在政府指定的 9 家特约米店出售,并且规定米店在出售公米时严禁兼售私米。政府供给这些米店一定数量公米,限于 1 天内售清,市民每人限购 1 斤,以每元 10 两的价格出售。但出售公米的米店却隔日发售,如单日为昌隆、兆元、利丰,双日为万生祥、祐兴祥。④ 并且还有特约米店店主与稽查人员勾结,原来供应 1 天发售的公米不到半小时便告售罄,市民们为着能购到 1 斤白米,每日早早排队等候购买,但许多人还是空手而归。⑤ 不仅如此,"不肖之徒"以每元 9 两收购,随后转入黑市,以每元 7 两的价格出

① 《维持本澳民食,市民贡献意见》《商情》,《华侨报》,1945 年 5 月 20 日,第 3 版。

② 《旅澳侨团领袖谋社会福利,组"澳门华侨联合会"》,《华侨报》,1945 年 5 月 12 日,第 3 版;《华侨领袖发起组织"澳门华侨联合会"》,《西南日报》,1945 年 5 月 12 日,第 4 版;《华侨联合会集资五十万元采购平米救济米荒》,《华侨报》,1945 年 5 月 18 日,第 3 版。

③ 《平抑米价委员会实施有效制裁运米出口》《淡风笼罩米市续跌》,《华侨报》,1945 年 5 月 25 日,第 3 版。

④ 《米价须要标明,米店输值服务》,《华侨报》,1945 年 5 月 11 日,第 3 版。

⑤ 陈锡豪:《抗日战争时期的澳门》(未刊稿),华南师范大学中国近现代史专业硕士学位论文,1998 年,第 53 页。

售,当时 1 斤为 16 两,也就是每元钱购不到半斤米。面对这种情形,澳葡政府于 5 月 24 日颁布关于商户及居民存储谷米的暂行规定:

一、非有统制委员会之许可证不得将谷米在本澳内迁移,如违犯本规定者将谷米没收充公。

二、未得统制委员会之许可,各米机不得碾磨谷米。

三、各米机须设部册用以记载每日之碾磨工作情况,该部分记下列各款:(甲)详细列明每批谷米之重量;(乙)列明上开第二条所载许可证之编号;(丙)米机收到代报之谷米日期及交回来之日期;(丁)每批谷米成米若干数量。

四、所有存谷米行店及居户如存谷米数逾五担者,限由本布告日起三日内,据实报告输进管理委员会:(甲)存谷米者之姓名住址,若系自用者须报明家属若干人;(乙)若谷米由外地运入本澳者须将运到之日期具报,若在本澳购得者,亦须列明由何店购入并列明日期。

五、报单须具正副两张,由统制委员会编列号码及签署盖章,将副单交回报者,以证明经已遵照布告办理。

六、倘存谷米而不具报或具报之数额不实,按照犯有囤积垄断之条例予以处罚,即将谷米没收及罚款,罚金最高不逾8 000元。

七、谷米所呈报实数可以用证据证明,且统制委员会可以赴其存仓或存户搜查是否属实。①

限制商户、居民囤积谷米数量以及转移谷米的政策出台的同时,政

---

① 《澳门政府公报》,1945 年 5 月 26 日。

府也认真调查市内存米情况,发现全澳米商存米达 5.7 万斤,存谷则多达 69.4 万多斤,[①]谷米存贮数目庞大,与米荒形成鲜明对比。经舆论的一再指责,市场出现米价一日三跌的现象,可见,此次米粮危机实属人为操纵。对于此次米粮风潮,高福耀在回忆其父高可宁时曾有描述:

> 1945 年孟夏,乃青黄不接之际,更值太平洋战事最烈之时,澳门米价涨至每担白银 250 元,民不聊生,当局诸公决议统制全埠所存谷米,限令米商每担沽价 150 元,家严则独排众议以为不可,盖以澳门非产米之区,只靠中山及内地运来,价高尚能招远客也。当局者不察,米价果减,人争抢购,额手称庆,然果不出家严所料,贩谷者以价贱不合化算,不肯运来,不旬日米价黑市涨至 300 元,而所存谷米渐尽,始服家严之先知卓见,迨弛其禁,始渐平息。[②]

由上述来看,高可宁对于澳葡政府当时将全澳谷米进行统制,限定低价售米,是不赞同的,虽然他积极从事米粮的运入及救济,但是对米荒发生的原因有不一样的见解,这或许与高可宁战时从事米粮生意有一定的关联。

为解决粮食供应问题,7 月份澳葡政府特遣时任军需处处长贾拉度(Gallardo)赴广州谈判,最终伪广东省政府方面同意续约,每月运给澳门的谷米数增加到 4 万担,比以前多出一倍。不久之后,8 月 14 日,大量谷米运到澳门,米价顿时下跌,最低跌到 109 元每

---

① 赵斑斓:《关于"米潮"的几句话》《本澳存谷尚丰》《平抑米价,三黄挺身出肩重任》,《华侨报》,1945 年 5 月 22 日,第 3 版。

② 高福耀等编印:《高可宁先生言行录》,1956 年,第 22 页,广东省立中山图书馆特藏室藏,编号:K/K828.49/G24。

担。随后,日本宣布投降,战争结束,不少难民开始返乡,澳门人口锐减,澳门社会压力减轻,粮食等物资的供给问题也随着战事的结束、交通以及贸易的恢复而得到解决。

二、公价与统制:澳葡政府的伙食政策

伙食类物品在当时是最重要的生活物资,亦是引发各种社会危机的源头所在。澳葡政府因此对粮食、煤炭等生活物资率先施行统制政策,由政府统一调配并实行公价售卖,以期保障一般民众的生存,安定社会秩序。

（一）调整、控制埠内米粮情况

澳门的各项物资都依赖外界输入,由于日军的封锁监视,澳门无法从周边获取足够的生活物资,加上非法商人的囤积居奇,是时走私泛滥,黑市猖獗。香港沦陷后,澳门进入动荡时期,米荒频发,普通民众困境求存异常艰难,避难来澳的难民则更是直接面临死亡威胁。

香港沦陷前,澳门的食米主要从泰国、越南进口,其次则从广西、海南等地输入。为了解决战时市内的食米问题,1940 年底澳葡政府设立 7 处米站出售公价米,分别位于赛狗场、白鸽巢花园内官印局、米街福莱米店、海傍协成昌米店、新桥街米市对面振兴米店、望厦观音堂侧庆礼园、白鸽巢花园内。[①] 1941 年 5 月,日军突然封锁澳门将近一个月,澳门食米黑市风潮迭起,出现抢购潮,经政府几次严厉取缔米商操作,始告平息。然,埠内存谷日减,米荒出现已是不争的事实。为了稳定米粮价格,1941 年 5 月 14 日,澳门市行政局普发布告,强制规定各大宗食米的价格,如下:

---

①《政府设立七处公米站》,《华侨报》,1940 年 12 月 16 日,第 4 版。

一等暹罗米每担西纸 17 元 5 毫；二等暹罗米每担西纸 16 元 3 毫 5 仙；

三等暹罗米每担西纸 15 元 5 毫；四等暹罗米每担西纸 13 元 8 毫；

一等西贡米每担西纸 15 元 6 毫；二等西贡米每担西纸 14 元 6 毫；

一等东京米每担西纸 13 元 8 毫；二等东京米每担西纸 13 元 3 毫；

三等东京米每担西纸 12 元 7 毫；仰光白米每担西纸 14 元 3 毫。①

以上各等米如果散卖，每担只准加价不得超过银毫 2 毫，如有违犯该布告规定，则将按照其所售卖价格处以加 10 倍罚金。米价公定后，澳葡政府进一步调整、控制埠内的米粮情况，希图杜绝米商的操纵以及米粮的外运。1941 年 5 月下旬，澳葡政府又陆续公布了三项控制米石的法规：

一、所有米商须在米包或载米器具上以中葡文标明食米种类、重量和价格；

二、食米批发商（拆家）与零售商每担米价差距不能逾出银毫 2 毫；

三、食米除经批准运往离澳路环、氹仔之指定商店外，不得在市面自行运输，违者予以充公。②

1941 年 6 月 4 日，在调控米粮价格及运输的基础上，澳门市行

①《澳门宪报》，1941 年 5 月 17 日。
②《澳门宪报》，1941 年 5 月 31 日。

政局再次发出布告,进一步规定生菜油、白糖、青豆、番茄、罐头鱼、白豆等几十种相关伙食货物的价格。[①] 6月20日,澳门市行政局又规定了与市民伙食相关货物的标准价格,并且一再对谷米价格及其输出入进行严格的管制,屡发布告晓谕社会,希望制止物价的狂涨,打击黑市。然而,从1941年8月26日澳门市行政局再次布告的白米价格来看,米价不但没有降下去,反而增长不少,一等白米每担20元零5毫;二等白米每担17元4毫;三等白米每担16元。[②] 以规定公价和控制外运的手段对伙食物资进行调控的措施并未奏效,为应对严峻的局势,澳葡政府决定对战时澳门的一切进出口物资进行统制管理。

（二）设立澳门统制物品输进管理委员会

1941年9月27日,澳葡政府颁行第723号训令,设立澳门统制物品输进管理委员会,对战时进出口物资进行统一管制。该委员会由会长1名、副会长1名、委派委员1名、政务会议"华人代表"1名、当地商会主席1名组成,当时的华人代表梁后源、澳门商会主席高可宁成为该会的当然成员。会长由总督选定呈报,属务部长审核委任,副会长及委派委员则由澳葡总督委任。

统制物品输进管理委员会有公务上执行与独立颁布执行各相关事务的权力,为公法人,有独自的收入,其来源为法律所规定资金以及执行的罚款。委员会负责调整本地商业动态并制定营业指导方针以及稽核、督察工作,使得澳门地方供给有所保障,寻求公正的平准方法来调剂供求两方。为实现此目的,委员会建立货仓

---

① 《澳门宪报》,1941年6月11日。

② 《澳门宪报》,1941年9月6日;另见《澳门市行政局布告》,《西南日报》,1941年8月30日,第4版。

以便确定各项物品的价值,以及获得专运所指定的物品数项。所有统制物品输进后售予零沽者的价格,以及零沽者售予消用者(按:消费者)的价格统由该委员会确定;并且用纪律责罚各商店的不法活动也属于该会的统制范围。

委员会必须将一切经理数目照行政年度计算,于每年度终结时呈报审计兼平政院。同时,澳门各机构公务员,尤其是行政警察员必须切实协助该会的各项工作进行。委员会的诸多行动必须获得澳督判定,或者颁行札谕、布告来最终实行。凡私人或公司输进或输出物品其范围如果属于该委员会所统制,必须前往该会登记;至于哪种物品应归该会统制,澳督将预先颁布札谕明定;委员会欲进行建设货仓以及专运物品等行动必须预先将理由提出,报由澳督特颁札谕核准才能生效;委员会所执行的纪律责罚,包括劝谕、警告、罚款(由 50 元起至 8 000 元止)、勒令暂停营业、勒令实行停业五种,受责罚者有权随时上控到澳督作为最后的判定。[1] 抗日战争时期由中葡人士组成的统制物品输进管理委员会为澳葡政府战时的全面管制而设,该会成立后,经有关进出口物资实行统一的管理和支配,对澳门的经济生活产生了非常重要的影响。

(三)统制物品与价格公定

1941 年 11 月 3 日,澳门市行政局发出布告,要求经营相关统制范围内物品的个人或团体需及时向统制物品输进管理委员会登记,布告如下:

> 为布告事,按照 1941 年 9 月 27 日第 723 号立法证书第 5 款之规定,仰 1941 年 10 月 4 日第 3173 号札谕第 5 款所指定

---

[1]《澳门宪报》,1941 年 9 月 27 日。

资格之个人或团体之欲在本澳继续经营下列货物出入口业务者,限于本月 15 日下午 1 时止,前赴澳门统制物品输进管理委员会具呈呈请登记.该会暂设在大西洋海外汇理银行内,至登记格式纸由该会或澳门华商总会供给。又,登记时关系人并应呈缴 3 元正,更仰经营该项业务之个人或团体务将存有下列货物为登记时所存有者呈报清楚,至登记时间,大西洋银行内该会每日由下午四时起至五时止。合行布告,希各知照,此布。①

布告还列明了统制物品输进管理委员会所监督的物品,包括食料用油、本国酒、面粉、糖类、煤、炭、电油、火水、柴、燃料及滑机用油、冷纱、棉纱 12 种。11 月,该委员会设立货舱,以便管辖市面发售的米粮,同时发布以上所布告的 12 种粮食、燃料等均接受管制。②1942 年 3 月 26 日,澳葡政府发出布告,要求各项统制范围内物品必须及时上报,凡有电油、火水、燃料及输进管理委员会所管理的各种物品,应由该日起 3 日内前赴经济总局报名,如有藏匿不报的,一经查出,除依法处罚外并将该货全数充公。③

　　物品统制的同时,各类伙食物资的价格仍由澳葡政府规定公价。早在 1941 年 11 月 28 日,澳门市行政局刊出布告规定了粮、油、米、豆、肉、奶、糖等各种伙食相关物资的价格,其中部分物品价格如下:

　　　　白糖 5 磅庄每包 7 毫,10 磅庄每包 1 元 3 毫 2 仙,一号白糖每磅 1 毫 4 仙;

　　　　一号生油每斤 6 毫 5 仙,二号生油每斤 5 毫,三号生油每斤 4 毫;

---

①②《澳门宪报》,1941 年 11 月 8 日。
③《澳门宪报》,1942 年 3 月 28 日。

生菜油每列度路 3 元，马架列打噻生菜油每列度路 3 元；

野罗利母马丁氏公司生菜油每罐 15 列度路 50 元 2 毫 5 仙，每列度路 3 元 3 毫半；

戴亚文油小瓶 1 列度路四份一每瓶 7 毫半，大瓶半列度路庄 1 元 3 毫；

G 噻沙律油一磅庄每瓶 1 元 6 毫，半磅庄 9 毫；

黑水榄每罐 1 元，青水榄每罐 1 元 4 毫，马士葛地噻亚东鱼每罐 5 毫；

卜架亚东鱼每罐 5 毫 8 仙，马介修鱼每基卢 1 元 6 毫 5 仙；

布利古猪油 30 磅庄每罐 9 元 3 毫，一号马铃茨“过挑者”每基卢 2 毫 2 仙；

二号马铃茨每基卢 2 毫，三号马铃茨每基卢 1 毫 7 仙……①

除上述所列外，是期还布告了茶、腊肠、广州湾坚炭、煤、青豆、眉豆、三角豆、牛肉、奶粉、炼奶、牛油、番茄酱、沙甸鱼、西洋醋、鸡蛋、面包、咖喱、黄豆、粉丝等几十种与日常生活相关食品的公价。

（四）粮食统制：存粮登记与伙食凭券

澳葡政府企望通过统制物品及制定公价来调节供需，控制物价的无节制上涨，对粮食的监控与管制更是列为首要。1941 年 12 月 10 日，澳门市行政局署理局长布英沙发出管理所存粮食及登记存谷的布告：

为布告事，现奉宪命，着即通告阖市市民知悉，限自本布

---

① 《澳门宪报》，1941 年 11 月 29 日。

告公布之日起 48 小时内,前赴大西洋银行统制物品输进委员会,报明其屋内存有米石若干及是何种类以凭核办。倘藏匿米石有破坏平常公正均调之行为者,一经举报,政府有搜查其屋宇之权。至于主要物品,政府自必按口授额,各户户主由本日正午 12 时起,务须前赴所属各区坊即警察分局以及下列各地点领取凭券,以备购取应用伙食额数,倘无凭券则不能购取矣。领取凭票地点列下:

澳门议事公局;

公共救护队总队部;

澳门赛犬场;

无原罪工艺学校;

望德圣堂;

至于购取各物地点当另公布,倘市民有伪报情事,即为违犯本条款,自应按律惩处,兹将本布告译汉,在宪报公布以及标贴常贴布告处所,俾众周知此布。①

澳葡当局决意对全澳各户的谷米存量进行统计,并严厉取缔私自囤积谷米的行为,登记谷米存量,其目的在于对生存所需主要物品实行按口授额,如上述布告所提到的,澳门市内按区坊街道范围划分为 10 个区域,每个区域都设定了领取伙食凭券的地点,具体如下表所示:

---

① 《澳门宪报》,1941 年 12 月 13 日。1939 年 8 月至 1946 年 7 月间,虽然几次短暂离职,但布英沙(Eduardo Madureira Proença)长期担任澳葡政府治安警察厅厅长一职,并兼任澳门市行政局、警察局局长等职务,因而报道中对其职务"厅长""局长"皆有称之。

表 1-2　澳门市行政局公布按街区领取伙食凭券表①

领取凭券地点	所属本市区坊街道
警察第四分局	青洲、巴波沙坊、黑沙环、关闸
澳门赛犬场	快子基、望厦至柯高马路止，罅些喇提督路及林茂船厂
警察第三分局	由柯高马路起至东望洋斜巷止，水坑尾街、亚风素雅布基街、雀仔园一带
望德圣堂	由水坑尾至白鸽巢止，花王堂坊、卖草地、白马行街
公共救护队总队部	由连胜路至罅些喇提督路一带，沙梨头至花王堂斜巷一带
澳门议事公局	花王堂斜巷、海傍、板樟堂至亚美打利卑卢马路一带
无原罪工艺学校	龙嵩街、南湾至烧灰炉口一带，下环街、河边新街至鹅眉街一带
警察第二分局	妈阁街、三巴仔横街、天通街、麻雀仔、海傍街至港务局一带
警察第二守望所	港务局海傍至烧灰炉口一带，西望洋坊
警察总局	大堂坊、东望洋新街、得胜街及得胜马路

各区坊居民按照以上划分领取凭票，以购买伙食物资等，政府实缺职员及雇员则由主管机构报明，代其领取。

同年 12 月 11 日，澳葡市政府发布公告，从即日起，除另行公布指明可携券到购伙食物品的商店外，其余所有杂货商店一律关闭。这一布告谕示澳葡政府将所有与维持伙食相关的各类物品归于统制之下，至于伙食物品的分配，具体如下：

米　　　　每日　　　　成年人 1 斤　　小童半斤

白糖　　　每星期　　　成年人 5 两　　小童 5 两

油　　　　每星期　　　成年人 5 两　　小童 5 两

① 《澳门宪报》，1941 年 12 月 13 日。

面包	每日	成年人1个	小童1个(单独1种)
面	每星期	成年人3两	小童2两
牛肉	每日	成年人2两	小童1两
火水	每星期	成年人或小童2斤	
煤炭	每星期	成年人或小童8斤	
番枧	每星期	成年人或小童5两	

至于所有伙食未经列明分配者,每一购取之人得购买一两一磅或一斤及一罐。又凡持券到店购取时,在该凭券叙明购取该项物品栏内所取每日或每一星期之货额,由特派在该店之警察批明所取货物数量至售价应悉照价目表计算,如遇价目变更时,该新价目表亦必标贴于该店内。又所有业经关闭之杂货店、所有货物完全作为政府购存,其店东主由是日起作为所有该店物品之保管人,凡有碍疑本布告规定之行为者,定当按律严行惩处。兹将本布告译汉,在宪报公布并贴于常贴布告处所,俾众周知此布。①

当时澳葡政府不仅对各物资的配给量作出明确规定,而且还对面包、火水、煤炭、坚炭等的发售作出详细的规定。比如,当时规定只制作一种面包用来销售,重量在 10 两,制作成份中坎拿大(按:加拿大)面粉占二成四,澳洲面粉占五成六,水占二成,每个面包的售价为西纸 2 毫,并规定必须在顾客面前称明。②市面上所有各种面粉都由统制物品输进管理委员会悉数购入,以便供给面包店制作面包发售。除此之外,同日公布的还有关于限制电力消耗的公告,全澳用电各户包括居民、商店、酒店、工场和娱乐场所,均

①②《澳门宪报》,1941 年 12 月 13 日。

须在原来用电量基础上减少消耗 20％—80％不等。① 可见当时澳门各项生活物资的匮乏程度。

从 1941 年 12 月 12 日起,澳葡政府实行按额分售本市居民伙食,并将售卖各项伙食物品的商号刊文布告,计有:

　　发卖什货店:和兴(水坑尾街)、瑞昌(新马路)、大生利(米糙巷)、广和泰(板樟堂街)、元泰(米糙巷);

　　发卖花生油店:广盛和(十月初五街)、广裕隆(大街)、均二益(下环街)、谭显记(十月初五街)、大丰(大街);

　　发卖火水店:源泰昌(巴素打尔古街)、东兴(先拿地马路);

　　发卖炭店:溢隆(通商新街)、四维(河边新街)。②

又如,1942 年 1 月 21 日,澳门市行政局布告煤炭统一由政府指定商行办理,由通商新街 7 号溢隆号、河边新街 9 号四维煤炭公司、河边新街 85 号平安行三家发售家用无烟煤、海防及鸿基煤炭、煤炭丸等,按质量等级规定价格,其购买条款,如下所示:

　　煤炭丸必须持有粮食证者方可购买,最多每星期买 100斤。其价值,经筛者每斤 5 仙半、煤炭丸每斤 5 仙、煤炭碎每斤4 仙。凡有 13 人或多过 13 人以上之粮食证者及兵房、酒店、酒家、学校等只可买 1/4 吨、半吨、1 吨或多过 1 吨即足其 1 月用者,其手续应向经济局除休息日外,每日于办公时间内前赴询问备购。每吨等于 1 014 基卢或 2 240 磅或 1 680 斤,其价值,每吨煤炭碎定实 60 元,未筛过或煤炭丸定实 70 元,筛过者定实 80 元。兹将本布告译出华文,颁行宪报及本埠报纸外并

––––––––––––––––––

①②《澳门宪报》,1941 年 12 月 13 日。

标贴在常贴告示处所,俾众周知此布。①

除居民日常生活必需物资外,澳葡政府还对其他物资也进行严格管控。例如,奶由卫生专理局内的药房统一计口发售,销售时间为除休息日外的每日下午2时半至4时,且卖予对象只限于小童、病人及老人等,必须呈缴医生证明纸方能购买。虽然统一了价格,但各项物品的市场价格仍在上涨,如上述所列煤的价格,到1942年3月时,较之以前上涨将近50%:经筛过的煤每吨售价110元,每斤7仙;未筛过的每吨售价100元,每斤6仙;炭碎每吨售价90元,每斤5仙半。② 统制物品与公价售卖是保障居民生存的底线,却不可能制衡供不应求所带来的物价高涨。

综上而论,抗日战争时期澳门各市民购买生活物资等必须按照上述规定进行,这种将全社会所有物资集中分配的办法,对当时的物价飞涨有一定的遏制作用,但并不是彻底解决之法,因为澳门社会危机的根源在于供给物资的来源短缺。

战时澳门的三次米粮风潮是引发一系列社会动荡的主要原因,当然其他物资如柴薪、鲜鱼、蔬果等的供应亦是影响澳门社会生活稳定的重要因素。以柴薪为例,1941年6月,中山来澳门水陆交通被封锁后,柴薪来源十分短缺,价格飞涨,一星期间市面什柴由每元银毫购买20斤,上涨至每元银毫连湿柴都只能买到17或18斤,干柴则只能买到15斤左右。③ 澳葡政府急从香港等地采购柴薪,在莲峰球场售卖公柴,定价每元30斤,每日的成交量约达1 600元,即一天售卖柴薪达4.8万斤。购买公柴的多数为贫苦市

---

① 《澳门宪报》,1942年1月31日。

② 《澳门宪报》,1943年3月28日。

③ 《柴薪价涨》,《华侨报》,1941年6月25日,第4版。

民,为了购到柴薪,许多市民在前一天晚上便已经在公柴发售站露宿排队。[1] 柴薪是生存必需品,尚有政府提供公柴,牛肉、鲜鱼、鸡鸭肉、蛋类、蔬果等高档伙食物资在战时则经常处于无处可购或者极其昂贵状态。如1942年6月,澳门市面上普通鸡肉每斤售价大洋20元,中上等货每斤售价大洋25—30元;鸭肉每斤售价大洋18—23元;鸡蛋每百售价毫银20余元;鸭蛋每百毫银10余元。[2]当时整个澳门生活物资极度匮乏,进而引发物价飞涨,随之走私泛滥,黑市猖獗,而投机倒把、囤积居奇的现象亦屡见不鲜。

根据郑思尧的研究,如果将澳门1939年生活必需品价格指数定为100的话,那么到1944年时,其指数已暴涨到971,其中肉制品指数为820,植物制品指数为1 592,家用燃料指数为501,5年内澳门物价的平均涨幅为9倍多,[3]植物制品中以粮食为大宗,其涨幅最大,因为都是关乎生存的最紧要物资。就粮食而言,1939年9月澳葡政府公布的价格平均每担17元,到1943年8月政府公布的米价已涨到每担约165元,4年间粮食公价上涨约9倍;市场价格则上涨更为疯狂,1939年时每斤白米价格约为0.08元,到1942年每斤已涨至1.2元,上涨14倍,到1945年时每斤白米的售价更高达2.7元,比1939年的米价上涨30余倍;[4]黑市米价在日伪势力及不良商人的操纵下,则更为离奇,曾一度达到每斤白米售价8元以上,每担达800元,这在战时无疑是天价。

---

① 《市民购公柴竟有在莲峰场露宿者》,《西南日报》,1941年8月18日,第4版;《首批公柴将售罄,决继续采办接济》,《西南日报》,1941年8月30日,第4版。

② 《本澳物价调查,蛋类来货短绌趋涨》,《西南日报》,1942年7月1日,第4版。

③ 郑思尧:《澳门经济的发展与前景展望》,李鹏翥主编《澳门手册》(《澳门日报创刊25周年纪念特刊》),1983年版,第18页。

④ 查灿长:《转型、变项与传播:澳门早期现代化研究(鸦片战争至1945年)》,第194页。

抗日战争时期,特别是后期,澳葡政府为平抑米价,频频出台法规、劝谕等谕示米商公平售米,并多次声明严厉取缔囤积居奇,严禁哄抬米价,然而效果有限,一波未平一波又起,米荒迭次出现。在米珠薪桂的情况下,中等人家也只能吃杂粮,如豆类、番茨、芋头等充饥,贫苦人家则吃野菜、薯藤、木瓜茎,甚至连榕树子也捡起来充饥。① 而葡萄牙人中则基本没有出现这样的情形,政府对他们实行计口售粮的政策,他们从来不必为食物而过分担忧,并且澳葡政府财政批出专款,供给葡籍难民。因此,米荒的主要受害者是数以万计的居澳华人,相对困难的粮食供应、不良米商的非法操作等,导致许多人接连饿毙,就连原来经济收入尚可的一般平民都陆续赤贫化,只得依靠慈善救济,勉强维持生存。

---

① 吕志鹏:《抗战时期澳门经济发展与社会救亡运动》,暨南大学中国近现代史专业硕士学位论文,2004 年,第 42 页。

第二章　赈难埠:爱国浪潮与华人赈难运动

从"九一八"事变到卢沟桥事变,随着日军侵略的深入,中国的抗日战争由局部抗战向全民族抗战演变。国内掀起的爱国救亡浪潮一浪高过一浪,澳门华人感受到祖国存亡的危机,爱国热情高涨,各界以"赈难""救灾"等慈善性质的口号发起支援祖国、筹赈兵灾的抗战赈难活动。

第一节　爱国浪潮高涨与赈难运动兴起

澳门华人虽处"中立区",但是在情感和行动上却从未"中立",自"九一八"事变之始,便与全国同胞一起掀起抗日救国运动,在澳门为祖国抗战事业贡献一份力量。

一、"九一八"事变后澳门华人对祖国抗战的呼应

"九一八"事变震惊中外,澳门华文报纸《新声报》《平民报》《民生报》《澳门时报》《朝阳日报》等均对这一事件作了及时的报道,将日军的侵略行径述诸报端,号召澳门华人群起支持并参加祖国的抗日运动。

　　澳门十余所华侨学校，如澳华中学、崇实中学、汉文小学、宏汉学校、镜湖义学等等率先在当地开展抗日活动。学生成为爱国运动的急先锋，他们以召开周会、时事报告会、唱抗战歌曲等各种形式，开展抗日救亡宣传活动。很多学校在课堂上张贴"毋忘国耻"条幅，《松花江上》《大刀歌》等抗日歌曲响彻校园，以期唤醒学子的爱国情怀。宏汉学校全体学生曾发表《致义军书》①，如下：

> 誓不与倭贼共生，定有非常伟划，务望力排艰险，互相激励，驱逐丑虏，还我河山！与其为奴隶于木屐儿，不如作鬼雄于沙场上，凡有血气应抱此心。同人远处天南，愧未能出身相助，惟对于有裨战务者，如募捐宣传之事，自当尽力服务，以尽微劳。②

宏汉学校师生不仅以此书表达支援抗战的决心，该校校长郑谷诒还要求五六年级同学人人背诵该书，并曾将其寄往东北前线。该书可谓是全澳华人的抗战告白，表明其虽不能前赴战场，却愿尽力服务其他，如募捐、宣传等事宜，根据自身所处现状与环境为祖国抗战尽一份绵力的愿望。

　　虽然受到政治环境及社会管治等因素制约，华人社群筹赈支援祖国的活动仍接连举办。1931 年"九一八"事变后不久，由澳门商会、同善堂、镜湖医院、中华教育会四大华人社团发起成立"赈济兵灾委员会"，采用多种形式募捐筹款，赈济受难同胞。③ 11 月 27

---

① 张量：《澳门同胞支援祖国抗战初探——兼谈抗战时期中国共产党在澳门的活动》，《抗日战争研究》2003 年第 1 期，第 104 页。

②《澳门纪念"九·一八"六十周年》，《澳门日报》，1991 年 9 月 19 日。

③ 吴志良、汤开建、金国平主编：《澳门编年史》第五卷"民国时期（1912—1949）"，第 2500 页。

日,由澳门商人范洁朋、李际唐、高可宁、毕侣俭以及梁彦明等发起
成立"澳门筹赈兵灾慈善会"(以下简称"筹赈兵灾慈善会"),以"筹
募捐款,赈济国内陷于水深火热的同胞"①为宗旨。该慈善会成立
后,迅速召集澳门各行业,如银业行、正头行、理发行、番摊行、鲜鱼
行、火柴业,以及戏剧界、花界等商讨向祖国内地长期输捐事宜,并
且编辑会务报告书及时报道各项工作进展。该会 1932 年工作报
告声称:

> 本会成立,深荷各界代表,勇于任事,鼎力赞助。而举澳
> 同胞,又复深明大义,踊跃捐输,致有此莘莘工作。缕述成帙,
> 在诸君子热忱爱国,固有足多。而敝同人服务初衷,不无引
> 慰。迩者沪战虽停,和约暂署,各方捐款似可结束,惟是撤兵
> 弭祸,奚异止渴饮鸩? 强寇方张,鲁难未已,况东北将士,恢复
> 失地,奋斗尤烈,牺牲至多,告急呼援,势难坐视。故各地募捐
> 工作,仍前进行,未尝中辍。本会不容独异,伏望我侨澳同胞、
> 各界领袖,一本精诚团结之心,贯澈(按:彻)长期抵抗之志,合
> 作到底,始终弗渝,有厚望焉。②

筹赈兵灾慈善会的成立及其工作,为后继而起的华人筹赈社团起
到了唤起澳门华人爱国精神,团结一致支持祖国、救济国难的表率
作用。1932 年 1 月,日军武装入侵上海,制造震惊中外的"一·二
八"事变,2 月中旬,筹赈兵灾慈善会发出告同胞书,文曰:

> 慨自倭奴寇边,侵略靡已。东三省以无抵抗相继沦陷,举
> 国悲愤。迨马占山将军孤军却敌,士气为之振奋。最近敌军

---

① 查灿长:《转型、变项与传播:澳门早期近现代化研究(鸦片战争至 1945 年)》,第
357 页。
② 傅玉兰主编:《抗战时期的澳门》,第 100—101 页。

复猛攻上海,以飞机投掷炸弹,以巨炮轰击市场,惨杀同胞,焚毁庐舍,损失数量,不可胜计,其凶横残暴,灭绝人道,破坏世界和平,违反非战公约。不特目无我国,且目无世界国际矣。兹幸赖我十九路军全体将士勠力同心,守土御侮,连战皆捷,杀敌致果,忠勇勋劳,超今迈古,中外同钦。然而国难未已,外患尤丞,厚集援师,接济饷械,救伤恤死,效力输财,凡有血气,义不容后。本会同人等,不揣棉薄,日前发起募捐,深蒙湾澳各界人士及各行商代表踊跃赞助。计自成立以来,援黑,援沪,先后汇款二万余元,通电犒师慰劳、会议劝捐筹款,已往工作,叠纪各报,谅邀察及,惟是本会现存款项无多,拨数续汇,杯水车薪,涓埃莫补,故特再行召集公民大会,解决救济方法,伏望热心爱国士女,本舍己拯群之旨,慷慨输将,当仁不让。在昔子文毁冡抒难,卜式输财助边,青史流芳,传誉万载。最近广州、香港各地商会筹集款项以数十万计者,不胜枚举。我湾澳地虽偏小,然烟户栉比,倘能通力合作,竭诚拥护救国主张,集中数量,定有可观。马负千钧,蚁驼一粟,各尽其能,施与勿吝。中华民族之生存,庶有豸乎。仅布区区,希维亮察,临书不胜翘企待命之至。①

该会以国难相告,以广州、香港各地筹款为倡率,呼吁澳门华人各界积极捐输国难。

告同胞书一经刊布,殷商毕侣俭、许祥等各捐 3 000 元以为响应,随即有镜湖医院职工捐当月四成工资,岐关车路公司职工捐一个月薪水助赈。

---

① 《筹赈兵灾慈善会告同胞书》,陈树荣编著:《筹赈兵灾》,澳门:君亮堂出版社 2012 年版,第 62 页。

　　其他慈善团体亦纷纷发起筹赈活动。当时,正值寒冬,镜湖医院值理等"劝各商捐棉衣食品,还带头捐 5 000 元,并捐助棉衣、食品、药物等件,寄沪散赈"。① 澳门商会、镜湖医院、同善堂等还联合组成残废军人教养院,开展慈善抚恤工作。② 1932 年 1 月 30 日,澳门筹赈兵灾慈善会向上海警备司令部拍发电报,慰劳十九路军。函称:

　　　　上海市总商会十九路军警备司令部蒋光鼐、总指挥蔡廷楷(按:锴)、张发奎、戴戟、黄淇翔各司令各军长暨全体将士钧鉴,倭奴寇沪,举国悲愤,公等杀敌致果,忠勇奋发,捷讯传来,群情引慰,洁朋等侨居海外,愧未参加战斗,谨先电汇大洋一万元犒军,俾士饱马腾,保土卫国,后当联络各地华侨,一致援助,伏望继续努力,临电不胜翘盼之至,澳门筹赈兵灾慈善会主席范洁朋、李际唐叩世。③

该会支援十九路军,先后三次分别汇款大洋一万元、一万五千元、两万元,后得蒋光鼐、蔡廷锴复函致谢。不仅如此,1933 年 6 月 15 日,东北国民救国军总司令王德林、副司令孔宪荣等一行 16 人专程从广州到澳门,亲自感谢居澳华人在抗战期间为该部队提供的大量财力支援。④ 为表示欢迎,17 日,南华体育会在新海岸自设泳场举行欢迎大会,在澳华人名流、一般民众均积极参加。可见,澳门华人社群对祖国罹难感同身受,关切至深。

---

① 张量:《澳门同胞支援祖国抗战初探——兼谈抗战时期中国共产党在澳门的活动》,《抗日战争研究》2003 年第 1 期,第 108 页。

② 周秋光、曾桂林:《中国慈善简史》,北京:人民出版社 2006 年版,第 424 页。

③《拍发上海警备司令部慰劳十九路军电》,陈树荣编著:《筹赈兵灾》,第 63 页。

④ 吴志良、汤开建、金国平主编:《澳门编年史》第五卷"民国时期(1912—1949)",第 2518 页。

二、抗日宣传与澳门华人赈难运动的兴起

1935年12月，北平大中学生联合数千人发动"一二·九"运动，爱国热潮迅速席卷全国，澳门华人随即成立文化协会、妇女协会、剧社、音乐社和歌咏社等社团，并以它们为载体，并展各种形式的抗日救亡运动。爱国青年成立"呐喊""起来""前哨""炎青""晓社"等读书会，阅读及赠发各种进步书刊；组建"绿光""晓钟""前锋"等话剧社，公开上演抗战剧目，宣传抗日。① 这些爱国青年及其组建的进步团体成为澳门爱国运动的中坚力量。

1936年底，澳门岐关车路公司员工、进步青年廖锦涛②与进步书店"小小书店"老板陈少陵③等组织成立"澳门文化界救国会"，派出人

① 郭昉凌：《试论澳门在广东抗战中的地位和作用》，《湛江师范学院学报》1999年第4期，第99页。

② 廖锦涛：广东南海人，1936年入岐关车路公司统计科当办事员。任职期间，廖氏即以岐关车路公司为基地，先后推动组织读书小组、中国青年救护团、前锋剧社等多个进步团体，以公开或半公开方式进行抗日救亡宣传。1937年8月四界救灾会成立后当选为理事会理事兼宣传部副主任。1938年10月，四界救灾会回国服务团成立，由其担任团长，做了大量的抗日救亡工作。1941年6月，因在军中谈论新四军问题而被以"企图颠覆政府"的莫须有罪名扣押于第十二集团军总司令部宪兵营，后牺牲于此。（陈乔之主编：《港澳大百科全书》，广州：花城出版社1993年版，第800页。）他的另一身份是中国共产党在澳门活动的主要人物之一。1938年底，澳门正式成立工委时其任书记，吴有恒称早期澳门共产党组织的发展主要靠他。（《吴有恒关于粤东南特委工作的谈话记录——环境和党的组织工作情况》（1941年4月2日），中央档案馆、广东省档案馆编：《广东革命历史文件汇集：1937—1944》甲41，广东省内部刊物1987年版，第144—145页。）

③ 陈少陵：原名陈长游，汶村北拱东巷人，1928年侨居马来西亚，从事橡胶园、香蕉园、淘金沙等业。1934年回澳门，在板樟堂街设"小小书店"，此店后来成为从事抗日活动的据点。1937年，他与从日本回国的杨岭梅等爱国人士组织"抗日救国会""抗日小组""救亡歌咏社"，并团结《朝阳日报》等各界成立"澳门各界救灾会"，组织"旅澳中国青年乡村服务团"，任团长，是澳门文化界的活跃分子，与共产党组织联系密切。（广东省台山县政协文史委员会编印：《台山文史》第5辑，1986年，第51页。）

员进入澳门各工厂、学校,在工人与学生中进行抗日宣传工作。[1] 当时廖为中共方面在澳门活动的主要人物之一,陈为澳门文化界活跃分子,在两人指导下,该会在抗日工作上坚持以学生、工人为主体展开在澳门的抗日宣传与动员。

抗日战争全面爆发后,澳门即有共产党组织以"澳门工委"名义秘密展开工作。1938 年 5 月,由中共广东省委交给中共香港市委管理时只有党员两人,一为廖锦涛,一为杜岚。[2] 廖锦涛战时是澳门六个团体的常务理事,杜岚为濠江中学教师,其夫黄健任濠江中学校长,三位为中国共产党在澳门的抗日工作以及组织发展做了很多工作。杜岚、黄健夫妇以濠江中学为阵地,开展抗日宣传与爱国教育。据一位曾在濠江中学任教的老师忆述:

> 当时,日本帝国主义正在对中国磨刀霍霍,准备全面侵华,民族危机空前严重。那时候我们教学生,主要是教他们认识当前的形势,国难的深重,向他们灌输抗日救亡的大道理,激发他们的民族自豪感和爱国精神,引导他们热爱中华民族,仇恨日本帝国主义。

> 不少进步的和抗日的歌曲,如《开路先锋》、《大路歌》、《义勇进行曲》、《五月的鲜花》……都是那时音乐课的绝好教材。这些当时风靡澳门青年一代的激越歌声,对引导同学们精神

---

[1] 曹军:《廖锦涛烈士传略》,《广东党史资料》第 27 辑,广州:广东人民出版社 1995 年版,第 338 页。

[2] 杜岚,女,当时约 20 岁,澳门小学教师,1939 年初没有通知就开除了她。她的丈夫是开洋行的,中国共产党老党员,1939 年初因为消极也被开除,广州市委时代恢复党籍。《吴有恒关于粤东南特委工作的谈话记录——环境和党的组织工作情况》(1941 年 4 月 2 日),中央档案馆、广东省档案馆编:《广东革命历史文件汇集:1937—1944》甲 41,第 144—145 页。

向上,热爱祖国,收到了十分显著的效果。[1]

濠江中学老师利用歌曲宣传抗日,注重培养学生的爱国情怀,引导学生对祖国抗战的深刻认知和坚持抗战的思想。如 1939 年入学濠江中学的一位校友回忆,该校杜君恕老师还用通俗易懂的语言给高小以上的同学分析讲解《论持久战》,[2]在青年学生中传播“救亡图存、勿忘国耻”等爱国思想。

　　与青年学生爱国运动相呼应的是澳门各行业掀起筹款、筹物,赈济国难的赈难运动。当时,港澳成为国民政府及各种民间社团等筹措抗日经费的场所,内地赴澳门筹赈,向澳门各界求助者不少。澳门筹赈兵灾慈善会最初即是为援助黑龙江省主席马占山抗日而推动设立的。此后,广州培正学校、海外华侨义勇队、广州空军第一中队、上海市商会、广州市商会、广州市学生抗日联合会等都曾向澳门筹赈兵灾慈善会发函,请求代为筹募抗战经费。还有以个人名义向澳门同胞寻求协助者,如陈铭枢曾致函澳门筹赈兵灾慈善会主席范洁朋请求相助。函称:

　　　　洁朋先生大鉴:敬启者,暴日侵略,素抱野心,陷东省后,继而犯沪,敝军袍泽守土有责,乃奋起抵抗,节节胜利,而强敌连日增队猛攻,仍不得逞,差堪告慰,惟彼虽挫败,野心未已,势必倾师而来,我将士固抱决死之心,而饷粮缺乏,颇难为继,如非全国奋起协助,不易支持。素仰,执事热心国事,愤此暴敌,必赋同仇,尚乞鼎力援助,俾资持久,枢当统率将士,誓死杀敌,保我领土也。专此布臆,敬颂义祈,陈铭枢　拜启[3]

---

① 郑润培:《杜岚校长与澳门教育》,北京:中国社会科学出版社 2018 年版,第 39 页。

② 郑润培:《杜岚校长与澳门教育》,第 40 页。

③《南京陈铭枢来函》,陈树荣编著:《筹赈兵灾》,第 65 页。

在筹赈兵灾慈善会的组织号召下，自 1931 年 9 月底开始掀起大规模的募捐活动，澳门华人纷纷响应，个人捐款有的多达五千，如范洁朋、黄叔平、李汉池、叶作朋、陈燕庭等在该会成立之日即席捐出西纸（按：葡币）五千，少则一元、二元，或者更少，但亦是普通民众的一份心意。

1932 年 1 月，"一·二八"事变爆发，上海罹难后，澳门华人的募捐由个人捐献发展到全行业公献，如，2 月 19 日，澳门番摊行经公决达成长期赈济沪难（按：指"一·二八"事变）办法五条，指定本地大小番摊馆捐款如下：

（一）大馆每馆一次过，报效捐银三百元；

（二）中馆每馆捐银二百元；

（三）小馆每馆捐银一百元；

（四）由二月一日起，全行东西家每月薪水二十元以上者，每月拨出一成；

（五）每月薪水十元以上者，每月拨出五厘，汇交本会汇沪以救灾民，办至沪战停息为止。[1]

番摊行计共有大馆 6 间、中馆 5 间、小馆 5 间，16 间番摊馆依上述条例总共捐银可达 3 300 元，另外还有从每月薪金中抽拨的捐款。番摊行的义举很快便得到其他行业公会的响应，理发行、鲜鱼行、南北行、火柴行、茶楼行、中药行、粥晏行、纸业行、金饰行、牛栏行、西菜行、洋务行、洗西衣行等，不管收入多寡，均量力议定执行捐助办法。如 1932 年 3 月 3 日，澳门洗西衣行全行 38 间召集会议，公决长期捐助沪难办法四条，如下：

---

① 王熹、林发钦编著：《抗战时期澳门日志——中文报刊视野下的战时澳门社会》上，澳门：澳门理工学院 2018 年版，第 15 页。

（一）东家方面如该店有司熨斗伴一人者，每月捐银二元余，多少类推。

（二）西家方面每伴每月薪水一元者，捐三分六厘，多少类推。

（三）公推负责征收员四人，按月由东家将捐款扣出，连同汇交征收员，凑送本会，汇沪赈灾。

（四）由三月七日，即夏历二月初一日起，照案执行。①

即便是上述相对收入较低的洗西衣行职员都从微薄的收入中拨出部分赈济难民，足见澳门华人各行业响应筹赈兵灾之积极。澳门华人的筹赈由个人捐助发展到各行业的响应，加之花界、禅院、佛堂、善堂，以及各公司、学校均参与其中，声势日益壮大。因此澳门华人的赈难活动随着祖国抗战的深入，逐渐演变为一场全社会普遍动员的赈难运动。

澳葡政府为维持中立，不得罪中日两国政府，一方面对埠中华人各种爱国救亡、筹募抗战经费或赈难经费的活动采取默认及观望的态度，另一方面则发出管治命令，对社团组织的冠名、活动内容及方式都做出政策性限制，尤其不准以"抗敌""抗日"等带有明显政治倾向的字眼出现在公开场合，以免激化与日方关系。澳葡政府在政策上对华人社团及组织等做出的预防性限制，根据娄胜华的研究具体表现为三个方面：

一是限制社团自主冠名。禁止以"抗日""抗敌"命名社团组织，华人只能以"救灾""慰劳"等名义组织相关筹赈活动。如中国国民党澳门直属支部在卢沟桥事变后组织发起"澳门各界抗敌后

① 王熹、林发钦编著：《抗战时期澳门日志——中文报刊视野下的战时澳门社会》上，第19页。

援会",因该团体名称涉忌而遭澳葡政府禁止在澳门设立和活动,之后被迫移设于澳门半岛对岸的中山县湾仔乡。[①]

二是限制社团活动内容。允许救亡赈难团体进行筹募活动,但规定以人道主义为限,如金钱、衣物、医药、粮食、物品等,禁止筹款购置武器与军械,因此澳门华人对祖国的支援主要限于慈善救济的范围。当然华人社群亦有组织各种回国慰劳队、服务团参与澳葡政府权力无法企及的广东省内的抗战宣传、战地救护等工作。

三是限制社团活动方式。澳葡政府规定,所有筹募活动必须事先向政府申报,到警察厅领取"人情纸"(按:许可证),获得批准后才能进行。并且为了避免刺激日军,澳门华人的各种筹募活动一度被强制由户外转向户内。[②]

总而言之,抗日战争时期澳门华人社群的捐输支援救亡活动等都是在"赈难""救灾"等慈善救济的名义下进行,各社团组织的命名亦是如此,而且各项活动均在澳葡政府的严密监督下运作或开展。虽然如此,面对民族危难,澳门华人仍心系祖国,继而掀起声势浩大的赈难运动。

第二节　全国抗战爆发与赈难运动高潮

1937年7月卢沟桥事变后,中国进入全国抗战时期。全国人民同仇敌忾,澳门华人亦相继成立各种赈难组织,包括澳门各界救灾会、澳门四界救灾会、旅澳中国青年乡村服务团、妇女慰劳会,以及一

---

① 陈大白:《天明斋文集》,第154—155页。

② 娄胜华:《1931—1945年澳门救亡赈难社团的兴盛与转折》,《民国档案》2007年第1期,第69页。

些临时成立的救灾会、读书会、互助社、剧团等。它们的出现及其活动，将澳门华人社会的救亡赈难运动推向了高潮。

一、运动组织及其形式

澳门社会各行各业华人均曾组织起"救灾""赈难"社团。赈难运动盛极一时，以筹款捐输、物资赈济、劳军宣传等形式为主，尤以筹款赈济为多，参与其中的各个组织，既有以国民政府或广东地方政府为背景的机构，亦有毫无背景的民间华人社团，还有一时涌现出的临时性抗战救国团体，以及澳门本土传统的民间慈善机构和宗教团体等。可以说，无论是澳门本地的，还是来澳门活动的各个华人团体或民众都曾参与或支持赈难运动。

各赈难团体或组织按活动形式来看分为筹募和慰劳两种。第一种是以筹募金钱及物资（包括捐款及购买国债，抑或是卖物筹款等）为主的社团，数目众多，按其性质大致可分为五类：第一类是国民政府或广东省政府在澳门之机构或具其背景者，如国民党驻澳门直属支部、澳门华侨新生活运动促进委员会、救国公债劝募委员会澳门分会、广东国防公债总会澳门分会、中国妇女慰劳会澳门分会（在澳门亦称"澳门中国妇女慰劳会"）、中国青年救国团、中华救护青年团、革命同志抗敌后援会澳门分会、救护桑梓筹募委员会等；第二类是传统民间社团、慈善机构及其组成的救灾社团，如澳门商会、同善堂、镜湖医院、澳门洋务工友赈灾会、澳门洋服行工友救灾会、澳门花界救灾会、各行业（如香烛业、捕鱼业、爆竹业、酿酒业、银行业）组成的救灾社团等；第三类是这一时期新成立的民间救难社团，如澳门各界救灾会、澳门四界救灾会、澳门妇女后援服务团、澳湾各界抗敌后援会、澳湾救护队等；第四类是宗教组织，如中华天主教救护总会澳门支会、基督教澳门志道堂、澳门公教进行会等；第五类是各种学校，如粤华中学、望德女子中学、崇实中学、培英中学、培正中学、无原罪工艺学校等。① 第二种是由澳门本地组织奔赴内地，以劳军宣传为主要活动内容的社团，如下表所示：

表 2 - 1　劳军宣传的赈难组织一览表②

名称	概况
澳门中国青年救护团③	招收义务人员，教以防避弹击术、防空、军用毒气防御和急救法等常识，然后分批送往内地教授民众。
旅澳中国青年乡村服务团④	以回内地宣传救国为主。
澳湾各界后援会	以回内地宣传救国为主。
澳湾后援会救护团	教授内地民众战时救护常识。
旅澳青年救亡移动剧队	到中山县属各乡以话剧形式向乡民宣传抗日救亡。
澳门公教进行会	往唐家湾及香洲一带农村宣传抗战和慰问避难同胞。

① 根据《华侨报》等报道以及陈锡豪的《抗日战争时期的澳门》（未刊稿）、傅玉兰主编的《抗战时期的澳门》等相关内容整理而成。

② 陈锡豪：《抗日战争时期的澳门》（未刊稿），华南师范大学中国近现代史专业硕士学位论文，1998 年，第 11 页。

③ 该团成立于 1938 年 9 月，有柯麟、高伯英、郭尚贤等名医师为教授，由各社团领袖徐伟卿、崔诺枝、毕侣俭等热忱赞助。救护团曾先后训练两期救护人员，共约 80 余人。（《澳门中国青年救护团第一期学员毕业纪念刊》，广州市档案馆藏档案，资—杂—905）

④ 1937 年 8 月，以廖锦涛、陈少陵等为首组织了"旅澳中国青年乡村服务团"。陈少陵任团长。该团旨在到内地农村去动员群众起来抗日。陈少陵领导的队伍与当地抗日武装团体并肩作战，组织"抗日自卫队""秘密锄奸小组"，当时广州《救亡日报》曾大做文章宣传，并赞称这支队伍为"宝贵的中国青年"。该团后因广州失守，与港澳联系困难，党组织决定委派陈少陵到三水县任中共特支书记，而致服务团停止工作。（广东省台山县政协文史委员会编印：《台山文史》第 5 辑，第 52 页。）

名称	概况
岐关车路公司	对入内地宣传及救护各团提供义载服务，对救灾物品免费运输。
澳门四界救灾会回国服务团	以回内地参加战地服务及救援，宣传抗战精神为主。

诚然，各个赈难社团的活动，并非以上所列一般性质的划分可以充分说明，许多社团的筹赈活动是综合性的。如澳门中国妇女慰劳会既在澳门华人中积极宣传抗日筹赈，又多次参与各类慰劳活动；又如各赴内地服务团在成立之初亦多开展筹募经费的活动，以利于工作的开展。除以上澳门本地的筹赈慰劳社团外，这一时期内地尚有一些组织或社团在澳门设立临时筹赈组织，以不定期的方式来澳门进行募捐等活动，如中山民众御侮救亡分会、广东辛亥革命救护院、华侨品物筹募赈灾会、中山中医救护队、广州中山大学北上服务团等。

华人赈难社团的活动，主要以筹募捐款、捐输物资、慰劳服务等为主。捐赠钱物是澳门华人对祖国最直接、最主要的支援方式，而其募捐形式则多种多样。例如：1937 年 11 月下旬，澳门中国妇女慰劳会邀请粤剧名伶薛觉先在清平戏院义演《危城弄虎威》，以筹款购置棉衣为前方将士御寒；1937 年 12 月 8—9 日，澳门妇女后援会服务团筹款捐米，得到澳门各米商积极捐助，两天共计筹得白米 200 余斤，现金 700 余元；1937 年 12 月间，澳门洋务工友赈灾会亦举办了一场女伶唱曲筹款会，募得款项 800 余元；1937 年 12 月中旬，粤华中学学生会举办卖物会，筹款赈难，成绩尚佳，得款近 700 余元；①1937 年 12 月下旬，澳门各界救灾会在港澳及省澳各线

---

① 陈锡豪：《抗日战争时期的澳门》（未刊稿），华南师范大学中国近现代史专业硕士学位论文，1998 年，第 12—15 页。

轮船上设立救灾捐款箱,此举得到各船务公司积极协助,议定定期由救灾会派员上船收集捐款;①1938 年 1 月 2—3 日,又有中国青年救护团连续两日卖花筹款,得社会积极响应,筹到款项 1 400 多元;②1938 年 2 月 5 日,新近成立的澳门联青社在国华戏院举行戏剧音乐大会,演出英国名剧《月亮上升》及法国名喜剧《迷眼的沙子》两剧后,将收入尽数拨作救灾之用;③1938 年 6 月 5—6 日,澳门华人举行最大规模的卖花筹款活动,参加队伍达 40 余队,是日所筹得捐款亦是历次义卖以来最多的,共计募得国币 22 万元、双毫 1042 元、毫券 295 元、葡币 207 元;④1938 年 6 月 10—12 日,澳门白马行复旦中学举行义展,展出精品字画千余帧,齐白石、张大千、刘海粟等大家的作品亦位列其中。⑤ 赈难活动频繁举办,接连推出,一时成为舆论重点。

当时澳门各种义卖救国的广告比比皆是,学者张量征集到一张 1938 年的电影海报,其背面即印有澳门腊味行同人义卖的消息:

> 自"九一八"国难迄今,举国同胞茹辛尝胆,莫不水深火热急若燃眉,而卢沟桥抗战年余,我国同胞东走西奔,到处皆惨罹烟弹,死者已矣。而生者方待救倒悬,是以侨海同胞深忧国难,发起义卖……⑥

①《各界救灾会设捐款箱》,《华侨报》,1937 年 12 月 21 日,第 2 版。

②《中国青年救护团卖花筹募经费》,《华侨报》,1938 年 1 月 4 日,第 2 版。

③《青联社义演明晚举行》,《华侨报》,1938 年 2 月 4 日,第 2 版。

④《义卖筹款成绩斐然》,《华侨报》,1938 年 6 月 8 日,第 2 版。

⑤《白马行义展筹划进行中》,《华侨报》,1938 年 6 月 9 日,第 2 版。

⑥ 张量:《澳门同胞支援祖国抗战初探——兼谈抗战时期中国共产党在澳门的活动》,《抗日战争研究》2003 年第 1 期,第 109 页。

各行业的义卖也汇集到筹赈国难的浪潮中。战时澳门的酒瓶上都以"振兴土货""勿忘国耻"等为标语举行义卖。①

　　由以上所列各类筹赈活动来看,澳门华人通过粤剧义演、歌剧义演、名伶义唱、慈善舞会、捐募米粮、缝捐衣物、征集药品、义卖筹款、设立捐箱、卖花献金、义展书画、捐薪助赈、购买救国公债等多种方式来筹措钱物赈济国难,协助抗日事业,可谓一片赤诚。除以上各类社会普遍的筹赈外,以行业为主体的募捐也有不少。根据国民政府捐献档案记载,澳门猪、鸡、鸭栏行分别于1938年9月26日汇到捐款国币5 000元;1938年10月19汇到捐款国币500元;1939年2月13日汇到捐款国币8 000元;1939年5月4日汇到捐款国币3 657.64元。② 这种捐献汇款在澳门其他行业中亦有不少,如下表所示:

表 2-2　澳门各界侨胞零散户头捐款表(1938. 9. 3—1941. 7. 25)③

捐款日期(年. 月. 日)	捐款户名	金额(国币)	经汇,收者
1938.9.3	鲜鱼行,陈六根等	5 000.00	中央银行,文官处
1938.9.24	平安茶楼、太白酒楼	1 440.85	中央银行,文官处
1938.9.27	远来茶楼	1 728.05	中央银行,文官处
1938.10.10	澳门瓜菜行	3 500.00	中央银行,文官处
1938.10.15	爆竹商业行	796.15	中央银行,文官处
1938.10.20	慎诚纸壳同业	595.03	中央银行,文官处
1938.10.27	中央跳舞场	2 914.16	中央银行,文官处
1938.10.27	陶声音乐社	1 122.30	中央银行,文官处

---

① 傅玉兰主编:《抗战时期的澳门》,第 44 页。

② 姜明清编:《捐献史料》下,台北:"国史馆"1993 年版,第 665 页。

③ 姜明清编:《捐献史料》下,第 662—665 页。

捐款日期(年.月.日)	捐款户名	金额(国币)	经汇,收者
1938.10.27	澳门油漆行	183.72	中央银行,文官处
1938.10.27	澳门岭南分校	723.54	中央银行,文官处
1939.7.13	东兴枝皮厂	40.00	中央银行,文官处
1939.7.20	东兴枝皮厂	100.00	中央银行,文官处
1939.7.20	东兴厂职工	220.00	中央银行,文官处
1939.7.20	中国孩子剧团	45.12	中央银行,文官处
1939.7.20	行易小学	100.00	中央银行,文官处
1939.7.20	银行业	3 157.52	中央银行,文官处
1939.7.25	酒业行黄仲良	2 306.00	广东银行,国民政府
1939.7.27	得来茶楼	160.00	广东银行,国民政府
1939.7.27	翠微乡纪念五月三十日工作委员会	294.20	广东银行,国民政府
1939.7.27	添马茶楼	166.70	广东银行,国民政府
1939.8.16	洋货行陈直生	1 150.00	广东银行,国民政府
1940.5.11	东兴枝皮厂	3 663.27	中央银行,文官处
1940.5.11	得来茶楼	1 770.90	中央银行,文官处
1940.11.21	银行业代表杨白云	10 000.00	中国银行,文官处
1940.11.21	周雍能等	42 425.45	中国银行,文官处
1 941.7.25	爆竹行工友	1 556.57	广东银行,财政部

从 1938 年 9 月到 1941 年 7 月,将近 3 年的时间里,澳门华人对国民政府赈难汇款的零散户头捐款就达 26 笔。而根据相关资料及报章的报道来看,这些捐款只是澳门华人筹赈国难的"冰山一角",从 1937 年 7 月到 1941 年底,澳门华人对祖国的各种捐款活动应不下 100 次,可见澳门华人对祖国抗战的支持力度与赈济活动的规模之大。

二、主要赈难活动

抗日战争前期,澳门华人开展的筹赈国难活动为祖国的抗战事业汇注了力量,展示了澳门华人对于祖国命运的密切关注,以及强烈的民族责任感。这些活动形式各异,影响较大的主要有下文所述筹募救国公债、节日献金两类。

(一)筹募救国公债

赈济国难最直接的方式之一是购买国民政府推行的救国公债。全国抗战开启后,国民政府为筹募军费,以抗日救国名义发行五亿元救国公债①,并分配各省市推销,时任广东省财政厅厅长曾养甫②为此分电海外华侨慷慨捐输,并分函各华侨领袖恳切阐明救

---

① 国民政府救国公债于 1937 年 9 月正式发行,总额为 5 亿元,年息 4 厘,自 1941 年起还本,分 30 年还清,公债债票分 5 元、10 元、50 元、100 元、1 000 元、10 000 元 6 种。(王荫乔等编:《金融辞典》,天津:天津财经学院 1981 年版,第 376 页。)

② 曾养甫(1898—1969),原名宪浩,广东平原东石镇双石村人。1923 年天津北洋大学(现天津大学)矿冶系毕业,赴美留学深造,入匹兹堡大学研究院,获矿冶工程学位。1925 年初回国参加国民革命,任国民革命军总司令部后方总政治部主任。1927 年后任南京国民政府建设委员会副委员长。1929 年 3 月当选为中国国民党第三届中央执行委员,任浙江省建设厅厅长。后任国民党海外党务委员会委员、侨务委员会常务委员、管理中英庚款委员会董事、国民政府委员会委员长行营公路处处长、国民党中央党务学校副主任。1931 年 12 月当选为国民党第四届中央执行委员。1934 年发起兴建钱塘江大桥。1935 年任铁道部政务处处长兼新路建设委员会委员长。是年 11 月秘密委派部属谌小岑寻找同共产党接触的渠道。12 月当选为国民党第五届中央执行委员、国民党中央国家经济建设委员会委员。翌年夏以国民党方面代表在南京相继同中共代表周小舟、张子华进行初步会谈。1936 年秋两广归政中央,调任广州特别市市长,兼黄埔开埠督办公署督办。1937 年,任广东省政府委员兼财政厅厅长,后又兼任军事委员会西南进出口物资总运输处主任。1939 年,日军深入华南,欲图绝断我国后方运输命脉,国民政府为另辟国际救援通路,特派其任滇缅铁路督办公署督办。1942 年任军委会工程委员会主任委员、行政院交通部部长。1945 年后,历任国民党第六届中央执行委员、国民党政府立法委员。1949 年后寓居香港,直到 1969 年 8 月 28 日在香港病逝。学界称其为"中国土木水利(交通)建设之父""孙中山建国方略实践第一人"。(刘继增、张葆华主编:《中国国民党名人录》,武汉:湖北人民出版社 1991 年版;张予一等主编:《中国科学技术人物词典》,北京:科学技术文献出版社 1992 年版。)

国办法,称:

　　□□先生,并转□□全体侨胞公鉴,邦家不造,强敌凭陵(凌),二十一条之屈辱,东四省之沦亡,遇悯既多,受悔滋甚,我国民痛心疾首,自力更生,祇以生聚教训之待时,不惜隐忍委曲而迁就,乃日人野心弗戢,益肆披猖,既陷平津,更袭淞沪,且复北侵边塞,南窥中原,寇氛已深,祸至无日,养甫前以我侨胞,身栖异国,心向宗邦,专电陈词,重洋告难,言简意挚,谅荷同情,兹者举国同仇,共申天时,淞沪残敌,行将肃清,绥察名城,次第克复,栖音迭奏,敌胆已寒,顾暴日偏狭成性,自诩天骄,既挫方张之焰,必倾举国之师,固知两军交绥,哀者必胜,然现代战争,消耗最甚,将来军事之胜负,决于经济之虚盈,吾国建设肇端,资源未裕,且频年国防准备,库帑不充,水旱洊臻,民力已殚,此后克敌致果,固赖前方将士之效忠,而□粟飞刍,尤藉全体民众之努力,养甫襄年负笈海外,稔悉侨情,坚苦卓绝,载誉寰区,率因祖国积弱,处境多艰,每受刺激,辄念家山爱护之情最殷,期望之心弥切,是以革命御侮,莫不踊跃声援,赤忱义举,中外同钦,今日之事,严重过于襄时,与日人四十年来最后清算,亦华胄五千年来最后关头,楚民三户,孑遗犹存,春秋世识,大义必报,我侨胞含愤已深,当仁不让,养甫不敏,再陈三事,聊贡征忱。

　　此次战争情势各殊,彼利在重兵突击,劫我要盟,我利在长期抗争,耗彼兵力,盖倭人年来东亚称霸,与世为仇,倘能旷日相持,正如"螳螂捕蝉,黄雀在后",知必有乘隙窥伺者,三岛孤悬,亡可立待,然我则军事固指挥若定,经济则顾虑尚多,所望我侨胞共纾急难,钜量捐输,能有不竭之源泉,方获最后之胜利,此其一。

百年以来,我侨胞重洋远涉,辛苦经营,囊有余必寄祖国,所望我侨胞将海外之余资,汇储桑梓,外以杜塞漏卮,内以创造实业,为社会增一分富力,即为战事厚一分资源,既益家资,且裨国计,此其二。

我国民耐劳守约,举世啧声,各地侨胞最善居积,盈铢累寸,蔚为国民经济中坚,当国家危急之秋,正国民含茹之日,所望节衣缩食,尽屏奢乐,葆此有用之金钱,皆是杀敌之后盾,此其三。

凡此三事,悉属庸行,会当时艰,尤宜体念,养甫备员枢府,服官乡邦,知度支之竭蹶,怀前路之修长,不辞瘝口,将伯时乎,我侨胞祖宗丘基,尽在国中,锦绣河山,时萦心曲,知必休戚相关,闻风兴起者也,台端领袖侨商,素孚众望,切望鼎力倡导,共拯危亡,昔子文毁家纾难,卜式输财助边,缅难前修,相期共劝,海天翘首,无限瞻依,敬颂勋绥,伫候明教。①

澳门华人群起响应号召,以澳门商会为会址,成立了救国公债劝募委员会澳门分会。该会当即选出主任委员 1 人,副主任委员 2 人,继任委员 11 人,并于 9 月 27 日就职开始工作,聘请澳门社会各界华人名流为劝募队长,积极劝募救国公债款项。至 1937 年"双十节"日止,该会已共募得国债认购款 18.35 万元,其中殷商毕侣俭个人认购 5 万元,为个人认购最多者。② 毕侣俭为救国公债劝募委员会澳门分会主任,1937 年 12 月 13 日,其致函劝募分队长曾荣称:

---

① 《曾厅长函侨胞捐输救国》,《中山日报》(蒋系),1937 年 8 月 25 日,第 5 版。

② 《澳门侨胞踊跃捐输救国公债已募得十八万余元》,《中山日报》(蒋系),1937 年 10 月 13 日,第 4 版。

关于救国公债劝募事宜,原定募劝时间为 2 个月,分 3 期结算,每 20 日为一期计,第一第二两期早经结算统计成绩亦达 25 元余元足征。各队长及各队员之努力,同时亦表示我侨澳各界热诚爱国之一斑,殊堪告慰,现查本 15 日即为第三期总结束为日已近,相应函达。

贵队长查照务希于此一二日内将所有募得之债额尽数报告本会,俾便统计。至此次之所谓总结束系只为一种手续上之名词,非属停止进行之谓,仍希于结束期后再继续努力劝募,俾国家多一分财力,则抗敌多一分助力,国家幸甚,本会幸甚。[1]

此次劝募救国公债时间为期两个月,以 12 月 15 日为结束日期,分三期结算,每 20 日为一期,至第二期时已筹得 25 万余元。而另据《华侨报》的报道,澳门华人第一期救国公债购买了 33 万余元,第二期亦购买了 14 万余元。[2] 由此可知,上述 1937 年 12 月 15 日所办理结束者乃是第一期,救国公债在澳门应该至少推行了两期。

在劝募救国公债的活动中,澳门各界救灾会、澳门四界救灾会、澳门中国妇女慰劳会以及各种救灾社团、各行各业亦以多种不同形式协助劝募,抑或筹款购买。例如:1937 年 11 月 11 日晚,各界救灾会在舞厅爱国舞女的支持下,于新马路中央舞厅举行义舞筹款,并有名流捐出银鼎三座,奖励劝捐成绩最佳的三位舞女。当晚全部舞票收入悉数用来购买救国公债,此举开创了港澳地区以

---

① 傅玉兰主编:《抗战时期的澳门》,第105页。
②《救国公债成绩甚佳》,《华侨报》,1937 年 11 月 27 日,第 2 版。

义舞的方式进行筹募的先河。① 1937 年 12 月,望德女子中学学生
节省各自开支,举行"一人一仙"运动,将捐款用以购买救国公债。②
1937 年 12 月,濠河华工以长期捐薪的形式,购买救国公债。③
1938 年 3 月,全澳妇女纪念"三八"节会议上,刘耀真女士即将劝募
救国公债列为妇女应该做的后方工作之一。④ 此外,广东省政府为
筹凑款项购买飞机保卫广东地方发行广东省国防公债,在广东各
地成立了 16 个分会。1938 年 4 月,澳门亦设立广东国防公债总会
澳门分会,仍以澳门商会为会址,毕侣俭为主任委员,高可宁、李际
唐为副主任委员。⑤ 广东国防公债也得到澳门华人的支持,如
1938 年 6 月,澳门酒业工人便将第四期"每月长捐"国币 300 多元
拨汇广东省政府,同月又筹得国币 950 余元购买广东国防公债。⑥
由上述事例诚见澳门华人各界筹赈国难的热情。

(二)"八一三"献金运动

"八一三"献金运动是澳门华人又一影响至大的救亡赈难活
动,在"八一三"周年纪念时举行,以示不忘国耻,筹募所得经费,则
汇济国内。1938 年 7 月,国民政府在武汉发起"七七"献金运动,成
绩达百余万元,全国遂群起响应。华南地区因筹措不及加之当时
全国掀起"八一三"献金救国运动,多改在 8 月举办"八一三"献金
运动,广东、香港、澳门等地都举行各种募捐、献金活动以为响应。

---

① 陈晓彬:《澳门今昔》,北京:中国书籍出版社 1999 年版,第 124 页。

② 《望德中学踊跃购买公债》,《华侨报》,1937 年 12 月 13 日,第 2 版。爱国公债即上义
　所指救国公债。

③ 《爱国公债各界认购积极》,《华侨报》,1937 年 12 月 14 日,第 2 版。

④ 《全澳妇女界热烈纪念三八节,廖刘两女士讲妇女问题》,《华侨报》,1938 年 3 月 9 日,
　第 2 版。

⑤ 《推销国防公债设港澳劝募会》,《中山日报》(蒋系),1938 年 4 月 27 日,第 4 版。

⑥ 《酒业行同人捐薪购买国防公债》,《华侨报》,1938 年 6 月 11 日,第 2 版。

澳门华人在各界救灾会和四界救灾会的组织推动下,1938年、1939年连续两年举行献金运动,支援祖国抗战事业。

1938年8月,省港(指广东和香港)方面积极筹办献金运动,澳门华人亦积极举办,由四界救灾会拟具献金办法如下:

一、定"八·一三"为澳门各界献金日;

二、设立献金台发动献金运动;

三、为加强献金力量,另组流动献金台八个,沿门向各界劝募;

四、印发"八·一三"献金封筒一万份,并发表献金运动宣言;

五、组织"八·一三"献金运动筹备委员会。①

这些建议交各界救灾会讨论推行,在后来的运动中大部分被采用。各界救灾会在接到四界救灾会的建议后,商讨决定在澳门发起"八一三"献金运动,由各界救灾会主办,四界救灾会全力协助。

初时,根据商议,澳门商会值理等拟在商会办事处前设立献金台一座,届时抬着献金箱游行市面,劝民众捐献。但是,这一举动最初并未得到澳督的批准,几经申请并对诸事详加考虑,直至捐献日期将近,亦只批准在室内进行,不得在户外举行献金活动,因此,商会只好在其会址二楼修筑小型献金台,登报呼吁民众于13日、14日两日前往踊跃献金。② 虽然无法举行室外的献金游行,但在各界的努力下,献金运动亦顺利开展。

同时,各界救灾会和四界救灾会为增加效果起见,除设立献金

---

① 黄慰慈、陈立平主编:《濠江风云儿女——澳门四界救灾会抗日救国事迹》,第151页。

② 陈锡豪:《抗日战争时期的澳门》(未刊稿),华南师范大学中国近现代史专业硕士学位论文,1998年,第110页。

台外,还制作"献金封筒"1 万个,派人员分别送达各界同胞。各界救灾会派出 3 队,四界救灾会派出 2 队,组成 5 个劝导献金队,于 8 月 11 日始一连两天挨家逐户分派献金封筒,并为献金运动做宣传。他们不畏路远,还特别到台山、沙岗、新桥和离岛氹仔一带当年澳门主要的工厂区,深入各工场,发动神香、火柴、炮竹、蚊香、制烟、织造等行业工友参加献金,得到工友们的热烈响应。[1] 此外,本澳各侨团、学校、商号均举行献金活动,充实献金力量。据报道,各机关或社团献金积极者如下:

拱北关:拱北海关同人对于爱国工作向不后人,过去经有棉衣、救伤药品等等运动,每次捐输,均有慷慨之表现,现届"八·一三"周年纪念,该关同人为表示不愿作亡国奴,团结一致,拥护抗战到底,发起集体献金运动,上自全体华员,下至税警工役,均踊跃供献,闻总数将达国币约 2 000 元。

首饰行:该行对于献金,亦甚踊跃,业经募集完竣,于该日投交商会献金台,各号献金列下:谢利源大洋 60 元,职工 20 元;天盛、福兴各 30 元;正南 28 元;东兴 24 元;裕兴隆 19 元;新新、隆盛、天宝、天福各 17 元;大成大洋 17 元;周志源 8 元;裕昌 11 元;宝来、宝兴各 8 元;华盛、天元各 6 元;大生 5 元;丽兴、广隆、昌盛各 2.5 元。

酒业行:该行亦经发动献金,连日派员向各同业劝献,成绩亦不弱,现已集得数百元,今日汇收完竣,交献金台。

粤华校:该校本届毕业生以"八·一三"纪念日意义重大,特定于是日晨 11 时举行结业典礼,至关于一切费用,均极力省节,将一切筹备费、开支费献出,交献金台,莘莘学子,热心

---

[1] 陈大白:《天明斋文集》,第 148 页。

爱国诚可嘉也。

　　葡文校：葡文学校五年级葡文生，约 20 余名，由学生周景生发起每名须捐出 1 元，一俟献金运动开始时，便将全数交往献金台。[①]

不仅如此，崇实学校、自来水公司华人职工、炮竹行工友等均筹划献金。8 月 13 日正午 12 时各界救灾会召集全澳各界社团在商会二楼召开大会郑重纪念，并开启献金。当天，献金者从澳门各处涌向澳门商会献金台，场面异常热闹，许多女士甚至将自己的金饰当场捐献。随后 14 日至 16 日仍有人陆续捐献，参加此次献金活动的包括澳门各行各业，但凡有华人之处，几乎都有参与。后经统计，这次献金共达 3 万余元，各界所献金饰 70 余件，拍卖后另得 2 100 余元。

　　1939 年 8 月，"八一三"淞沪会战纪念两周年时，由各界救灾会主办，在四界救灾会大力支持下，两会再次携手发动献金运动。四界救灾会负责制做 2 万个献金封筒，并组织了近百人的征求献金队，"将全澳包括离岛分成 7 个区，另设学校、工厂和行业三个特别区"[②]，组成 10 个工作队，由李桂森、谭汉光、陈国杰、冯蔚丛、陈文略、陈耀枢、陈大白等富有宣传经验的报界骨干担任队长，每队负责一个区，进行宣传并派发献金封筒。

　　在 3 天的时间里，这些劝献队员走遍了澳门半岛及离岛地区的每一处，将 2 万个献金封筒分发出去，并进行各种爱国献金宣传。为了达到更好的效果，他们拜访了各行业的负责人，希望得其推动献金；还安排部分队员夜间向"花街"、舞厅和各个公共娱乐场

---

① 《明日"八·一三"各界踊跃献金，各界救灾会举行纪念大会》，《华侨报》，1938 年 8 月 12 日，第 3 版。

② 陈大白：《天明斋文集》，第 149 页。

所进行宣传。各界救灾会的主要负责人高可宁、徐伟卿等为感谢队员们的辛苦工作,在工作期间送出 3 天的茶水费,但各队员不仅建议将这笔茶水费全数捐献,而且首先响应合共捐出国币 300 元,以为倡率。这些队员在献金运动中不辞劳苦,出钱出力,在当时备受赞誉。[①] 在两会的努力以及各劝献队员的宣传下,银业行、首饰行、洋货行等各行商人积极参与,各行业工人中亦有不少人倾囊献金。

为响应此次献金,澳门各界人士还相继开展了其他形式的献金活动,如茶楼义唱、粤剧义演、戏院义映、泳场义泳、歌姬义唱、球类义赛、义捐薪金等,全澳华人无论贫富,都积极奉献。在连续 3 天的献金运动中,澳门华人献金达国币近 10 万元。[②] 据陈大白所述,1938 年、1939 年两次"八一三"献金运动"都创出国币近十万元的纪录,是当年澳门历史上筹募数字的最高纪录"。[③]

（三）各行业工人的捐薪运动与学界的爱国捐输

澳门各行业工人积极响应赈济国难,开展长期的捐薪运动,从每月薪金中拿取部分用于捐款或购买救国公债、国防公债等。1937 年 10 月,澳门香烛业工人首先发起捐薪运动,每月捐薪一次为一期,每期约捐薪双毫 115 余元,至 12 月共捐薪 3 期,累积得双毫 350 余元。随后捐薪数额逐期增加,迨至 1938 年 6 月第九期时一月捐薪达双毫 207 元,比初期增加近 1 倍。东兴火柴厂职工、鲜鱼行工友在香烛业工友之后也开始长期捐薪,当时鲜鱼行一月捐薪可达双毫 900 余元。1938 年,车衣行工人成立车衣行救灾会,每月捐款救灾。当年 5 月是为第 4 期捐款,该行工人从月薪中募捐,筹得双毫 60 元交澳门广东省银行寄汇国民政府。同年 6 月,澳门

---

①③ 陈大白:《天明斋文集》,第 150 页。

② 陈晓彬:《澳门今昔》,第 124 页。

酒业行工人亦将其第四期每月长期捐款国币 300 余元,拨交广东省政府。[1] 此外,还有濠河华工、岐关车路公司职员等亦参与长期捐薪。这些香烛业、火柴业、鲜鱼行、车衣行、酒业行等行业工人均属澳门一般薪金阶级,澳门社会中下层民众,但他们仍每月从微薄收入中抽扣部分,直接捐助国难或是购买救国公债,此种精神诚为可嘉。

在澳门华人社群赈济国难的运动中,各校学生亦是赈难活动的积极参与者。他们虽然不是社会工薪阶层,但他们仍竭心尽力支援祖国。如:望德女子中学学生举行"一人一仙"运动;崇实中学学生实行节食运动,将每日午餐费用省下以为捐献;佩文学校的学生将庆祝儿童节的全部款项 41 元捐出,购买前方战士所需雨具;粤华中学的学生自行缝制棉背心,赈济前方战士;知用中学师生捐募棉衣,并举行春礼劳军捐款;培正中学师生先后举行过"每日一分救国献金""'九一八'一角献金"等,凡此种种募捐活动,可谓数不胜数。从培正中学基督教青年会所倡办的"'九一八'一角献金"活动,可窥见其成效如下:

> 本会为振奋会员爱国热忱,及增加会员效力祖国机会起见,爰于"九一八事变"八周年纪念日,推销"一角献金运动"。是即行核算完妥,捐款共审得银毫 78 元 2 角 3 分[2]。献金总数,以高二甲为最多,以人数平均计,则以高一丁成绩为最佳,所得款项,以全数存入银行,将于日间汇送前方。各班成绩列下:

---

[1] 陈锡豪:《抗日战争时期的澳门》(未刊稿),华南师范大学中国近现代史专业硕士学位论文,1998 年,第 107—109 页。

[2] 在澳门类似"角""分"的货币单位还有"毫""仙",而且多数时候采用后一种表述,角＝毫,分＝仙。

　　高三甲：4.64 元，高三乙：3.30 元，高二甲：6.75 元，高二乙：1.72 元；

　　高二丙：4.25 元，高一甲：5.68 元，高一乙：98 元，高一丙：3.82 元；

　　高一丁：5.19 元，初三甲：4.56 元，初三乙：2.93 元，初二甲：5.42 元；

　　初二乙：4.01 元，初二丙：3.97 元，初一甲：4.13 元，初一乙：3.58 元；

　　初一丙：2.84 元，初一丁：3.74 元，初一戊：2.69 元。[①]

　　学校的筹募活动筹得金额虽然不多，但组织性强，而且参与广泛，各校学生在学校青年团体的组织下，一般以班级为募集单位，每个学生都融入这种爱国救难的活动中。有的学校还长期向内地汇寄捐款。如澳门私立崇德小学先后三次由该校校长陈锦波向国民政府汇寄捐款。根据国民政府文官处记录，1938 年 10 月 12 日，汇捐国币 205.5 元；1939 年 7 月 10 日，汇捐国币 38.85 元；1940 年 1 月 11 日，汇捐国币 214.5 元。[②] 培正中学校长李孟标曾先后五次向国民政府汇寄学生捐款，每次捐款详情如下表所示：

表 2-3　培正中学校长李孟标向国民政府汇寄捐款表[③]

（单位：国币/元）

汇捐日期	1938.10.12	1939.10.10	1940.1.4	1940.2.17	1940.3.23	1940.3.26
金额	1 153.00	1 000.00	253.35	4 000.00	1 000.00	3 000.00

---

① 《"九一八"一角献金运动》，培正中学学生基督教青年会主编：《青年会月刊》，1939 年 10 月，第 2 期。

②③ 姜明清编：《捐献史料》下，第 666 页。

　　学生是筹赈中的主要参与者,除以上所举外,孔教、崇实、公进、圣罗撒、望德、求知、启智、濠江、陶英、树人、宝觉、兰室、纪中、德常、复旦、翰华、育德、平民等学校的学生也积极参与各种形式的筹赈活动。① 他们活跃于集会、游行,上街义卖花朵、国旗,举办义演等筹款活动,各校童军还为各种义卖筹款活动维持秩序。学生们在运动中表达自己的爱国之情和对同胞的怜悯之心,同时也是担当民族大义,提升自我的锻炼。

三、主要赈难社团

　　在澳门华人赈难运动中,参与组织的社团主要为两种:一种是已有的民间社团,如澳门商会、镜湖医院、同善堂、中华教育会等;一种是新成立的赈难社团,如澳门各界救灾会、澳门四界救灾会、澳门中国妇女慰劳会以及按行业组织的各种救灾会,如澳门洋服行工友救灾会、花界救灾会等。② 这些社团组织不仅是凝聚人心的纽带,亦是战时赈难运动的主导者。

　　澳门商会、同善堂、镜湖医院是当时澳门社会的三大华人社团,是华人社会组织核心所在,也是华人慈善救济的主要组织者及领导者,在本地社会久负盛名。抗战前期的赈济国难运动中,澳门商会始终是统筹运动的核心,是国内各机构部门联络澳门华人开展赈济的主要机构,亦是许多临时机构的办事处。澳门商会的值理等亦是各赈难救灾社团的领导者,商会大楼则是各项筹款、纪念活动的首选活动场所。这些传统侨团在具体的活动中,主要以倡

---

① 刘羡冰:《祖国抗日战争期间的澳门教育》,《纪念〈教育史研究〉创刊二十周年论文集》(14)"中国地方教育史研究(含民族教育等)",第988页。
② 娄胜华:《转型时期澳门社团研究——多元社会中法团主义体制解析》,广州:广东人民出版社2004年版,第188页。

导者、组织者的身份服务于当时新成立的各种赈难组织,所以在运动中我们似乎只看到新成立的赈难组织的身影,殊不知许多新兴社团是在传统社团倡导组织下的临时性赈难机构。

从当时的社会影响及运动活跃度而言,各界救灾会、四界救灾会、澳门中国妇女慰劳会是当时澳门赈难社团的典型代表,在本澳华人社会及内地都产生了一定影响,成为澳门华人爱国赈难运动的重要代表。

(一)各界救灾会

1937年7月卢沟桥事变后,澳门华人有感国难严重,亟须长期捐款以资接济,经过华人工商界及上层人士集议,随后在8月8日成立澳门各界救灾会,组织实施筹款捐输等各项赈济国难事宜。该会一经成立,常委崔诺枝、徐伟卿、李际唐等即向广东省政府发去快邮代电,告知澳门华人全力支援祖国、救灾赈难的心意及该会成立后的工作情形:

> 窃澳门各界法团华侨等,现以国难严重,华北丘墟兵灾,惨遭生灵涂炭,爰不揣棉(绵)薄,特组织澳门各界救灾会,联合全澳华侨按月各捐薪储一天,汇寄中枢散赈,聊尽国民天职。经于八日成立,公推诺枝等十五人任常务委员,积极推行长期筹募,张吾正气,戢彼妖气。呜呼!寇及心腹,犹讳御辱救亡,词见肺肝,忍说救灾衅难,苦衷各喻,积弱同悲,敢云慈善为怀,实本天良骥使,伏望南针时锡,示我周行,庶几伟教猥承,匡其不逮,将见输财卜,志遂助边,守土睢阳,义申捍患,国难其赴,何惜物质牺牲,敌忾同仇,相助精神振奋。临电不胜悚惶,待命之至。①

澳门各界救灾会以联合全澳华人之力赈济国难为目的,组织规模较大,会内设主席1人,由高可宁担任;设常务委员15人,由蔡文

---

①《澳门全体华侨按月捐薪》,《中山日报》(蒋系),1937年8月25日,第5版。

轩、崔诺枝、梁后源、梁彦明、郑雨芬等担任;另设执行委员 17 人。初设时会员就有 500 余人,均为各界人士主动参加,为以后会务的开展打下广泛的群众基础。成立后,该会派出队伍沿门劝捐救国公债,与随后成立的四界救灾会组织了 1938 年、1939 年全澳华人"八一三"献金运动,而且还组织了多次规模甚大的筹款赈济活动。

1938 年 9 月,澳门各界救灾会发动全澳门的茶楼、酒家、饭店、冰室、咖啡室、理发店、报摊等行业举行义卖,前后持续了 40 多天,声势至大。参与义卖的商号及所捐款项具体如下表所示:

表 2-4　各界救灾会发动各行商号义卖汇总表①

(单位:国币/元)

捐款户名	捐款金额	捐款户名	捐款金额
新华酒店	571.13	面饱头	36.43
裕记粥店	116.88	会行汽车	212.70
皇宫理发店	235.03	美芳园	554.09
尹垣森	1.63	桃苑	165.72
李德丰	2.46	新纽约	147.04
黄九仔	2.36	得来茶楼工友	164.30
得来茶楼	612.57	太子餐室	1 298.34
颐园餐室	2 586.65	福记	123.31
马骝王	46.83	恭华报贩	26.96
邓炳记	30.85	泉记冰室	52.85
民生药行	88.90	家庭食堂	76.05
耀记	162.11	泗记饭店	495.00
杨新记	257.83	梁堂记	31.66
显记饼家	1 000.00	添男茶楼	710.97
百花魁/生益/和昌	1 410.00	英记饼家	650.41
总计:32 家,筹得 11 871.06 元			

---

① 姜明清编:《捐献史料》下,第 669—672 页。

　　1938 年 10 月,澳门各界救灾会又倡导各酒楼旅业行捐款,响应认捐的酒楼、旅店、酒店等多达 43 家,筹得款项共计国币 15 965 余元。具体情况如下表所示:

表 2-5　各界救灾会发动酒楼旅业行捐款汇总表①

（单位:国币/元）

户名/店名	捐款金额	户名/店名	捐款金额
大同	16.38	亚洲	182.35
源源	25.88	名利栈	12.93
环球酒店	254.73	冈州	21.38
东亚	1 661.96	鸿泰	25.16
东亚报贩李基	9.05	万香	231.45
南国	366.35	三元	17.97
上海	65.04	大华	118.73
新豪	561.39	新嘉宾	219.68
皇宫	45.76	安泰	20.89
恒安	16.40	同安	42.63
大中华	30.51	万国	50.11
皇后旅店	107.21	广州	77.91
珍馨楼	184.00	金陵	51.77
交通	49.91	一品陞	1 685.64
永安	34.59	中央	5 316.08
广东	8.77	新华	45.23
华侨	31.90	陆海通	122.42
中亚	31.14	华人	1 782.24

---

① 姜明清编:《捐献史料》下,第 673—676 页。

续表

户名/店名	捐款金额	户名/店名	捐款金额
人和栈	84.90	五洲	1 413.87
广发	23.80	新中国	11.50
新亚	26.48	文园	759.38
泰安栈	119.64	总计:43家,筹得15 965.11元	

当月,继酒楼旅业行捐款之后,各界救灾会继而倡导各行业商号捐款赈济国难,有面包店、餐厅、冰室、理发店、腊味行、车馆、茶楼、音乐社、报社等各行各业53家商号响应,一共筹得金额约国币16 117元。具体如下表所示:

表2-6　各界救灾会发动各行业捐款汇总表①

(单位:国币/元)

单位名称/人名	捐款金额	单位名称/人名	捐款金额
中国面包店	450.42	黎有记饭店	56.95
腊味行	172.35	大声公凉茶	17.34
余照记	29.22	馥香馆	82.05
锦记冰室	26.64	同兴油器	206.40
旧料摊行	571.19	华业	183.09
泗合	224.82	李九记	42.66
微中利	112.34	庐山相馆	420.00
牲口行宏发堂东西家	1 763.17	式式餐室	19.80
摆街李全记理发店	30.79	新声报	1 382.81
梁贤	150.88	黄成记	42.37
大中华理发店	35.43	曹生记	33.24
牲口行宏发堂	434.01	惠然冰室	67.26
中央餐室	664.45	何秋记	20.06

---

① 姜明清编:《捐献史料》下,第677—679页。

单位名称/人名	捐款金额	单位名称/人名	捐款金额
补鞋行	375.37	友栈	8.51
鸡什菜脚行	167.12	车仔行	239.66
札作行	682.53	义栈	31.66
佛有缘	526.88	梁炳记	82.51
广结锯木行	114.94	车仔梁	133.75
红梅冰室	205.48	花卉行	1 600.00
华伶堂音乐社	710.39	运利	99.92
黎有记皮鞋店	110.98	平安堂	16.34
陈金	13.35	同心车馆东家	38.15
一定好茶楼	189.06	同心车馆西家	70.92
统一	547.10	文园酒家	63.74
陈添记	95.48	羹蒙学校画展	163.45
长荣冰室	48.60	信记	60.74
域多利戏院	2 000.00	俄国面包	480.55
总计:53 家(牲口行宏发堂有 2 笔汇款);筹得 16 116.92 元			

据以上各表可知,历次由各界救灾会组织的筹款活动,参加的行业十分广泛,捐输成绩甚属可观。不过以上所举并非各界救灾会所组织或主办的全部筹赈活动,另据下表所示:

表 2-7　1938.9—1939.8 各界救灾会捐款专户汇总表①

(单位:国币/元)

捐款日期(年.月.日)	捐款专户	金额
1938.9.3	澳门各界救灾会	28 143.00
1938.9.19	澳门各界救灾会	7 827.91
1938.9.22	澳门各界救灾会	737.85

① 姜明清编:《捐献史料》下,第 667—669 页。

捐款日期(年.月.日)	捐款专户	金额
1938.9.28	澳门各界救灾会(商号义卖)	11 871.06
1938.10.4	澳门各界救灾会(国货小贩义卖)	5 324.06
1938.10.4	澳门各界救灾会(酒业行)	5 000.00
1938.10.6	澳门各界救灾会(酒楼旅业行)	15 965.10
1938.10.7	澳门各界救灾会(各行业商)	9 227.68
1938.10.15	澳门各界救灾会	5 000.00
1938.10.17	澳门各界救灾会(各行业商)	8 897.12
1938.12.5	澳门各界救灾会(猪肉行)	8 000.00
1938.12.22	澳门各界救灾会(酒业行)	5 078.41
1938 年总计	捐款 12 次	111 072.19
1939.1.6	澳门各界救灾会(鲜果行)	8 866.49
1939.2.16	澳门各界救灾会(酱料行·理发店)	1 702.65
1939.5.7	澳门各界救灾会	1 386.75
1939.7.13	澳门各界救灾会	2 000.00
1939.7.27	澳门各界救灾会	3 386.75
1939.8.12	澳门各界救灾会	2 000.00
1939.8.31	澳门各界救灾会	2 000.00
1939 年总计	捐款 7 次	21 342.64
全部总计	捐款 19 次	132 414.83

由上表可知,从 1938 年 9 月至 1939 年 8 月将近 1 年的时间里,澳门各界救灾会向国民政府汇送捐款达 19 次之多,包括其领导的各商号义卖、国货小贩义卖等义卖活动,以及酒业行、酒楼旅业行、猪肉行、鲜果行、酱料行、理发行等各行业捐款,总数达国币

13万余元。可见澳门各界救灾会当时在澳门华人社群中号召有力、响应广泛,同时也反映出华人各界赈济国难非常踊跃,体现出澳门华人的赤子报国之心。

总而言之,澳门各界救灾会在抗战前期,是十分具有影响力的华人赈难社团。从上述捐款汇总情况来看,赈济成绩斐然,当时的其他社团恐怕难以企及。由于战事剧变对澳门社会的影响,1940年春之后,澳门各界救灾会基本停止运作,澳门华人赈难救亡运动也随之逐渐沉寂。

（二）四界救灾会

四界救灾会是抗日战争前期澳门比较有影响力的赈难救亡团体之一。继各界救灾会成立之后,澳门《朝阳日报》及《大众报》同人联合发起成立"澳门学界体育界音乐界戏剧界救灾会",简称"澳门四界救灾会"。当时虽称为"四界",但参与者还有教育界、学术界人士,并且由推动澳门爱国运动的青年担任骨干职务,所以可以说"四界"汇集了当时整个澳门文化界以及澳门爱国青年的力量。

1937年8月12日,"四界"代表在澳门柿山孔教学校举行成立大会。出席者有各中小学校、报社、学术研究社、音乐社、体育会、戏剧社等50多个社团及单位的代表100余人。大会通过组织章程,确定以多种方式组织筹款赈灾为主旨,并发表该会成立宣言,内容如下:

> 自卢沟桥事件发生以还,暴敌乘其余焰,陷我平津,更进而向我全国各地侵犯,藉遂其整个并吞之野心。烽烟四起,炮火连天,村社为坵,灾黎盈野,尸横遍地,血染通衢,其不死于枪林弹雨间者,亦流离失所,无家可归。夫恻隐之心,人皆有之。救灾恤难,凡属人类,皆表同情。矧被难者,皆我炎黄裔胄,伤残者,悉我徒手民众。痌瘝在抱,息息攸关。覆巢无完

卵,唇亡齿亦寒。国人救援之声,风起云涌,吾侨侨居海外,岂容袖手旁观。本埠侨胞业有"澳门各界救灾会"之设,倾囊发箧,共致爱国之诚。顾兹事大,端赖群力,众擎易举,独力难支。为集中实力起见,爰合全澳学界、音乐界、体育界、戏剧界,组织"澳门学界体育界音乐界戏剧界救灾会",以游艺及表演方式劝捐,各尽所能,各出所愿,分门别类,殊途同归,集腋成裘,共拯我被难同胞于水深火热之中。望我侨胞,全体注意,吾人虽不能飞身拯难,亦当尽力输财,将来游艺表演,慨解义囊,踊跃购券。本己饥己溺之襟怀,活盈万盈千之生命。举目望祖国,倾耳听哀音。行见义声一起,全侨响应,是则难民沾惠靡涯矣。谨此宣言,诸希亮察。①

宣言交代了该会成立的缘由、目的,表达了澳门华人各界对祖国抗战事业的一份责任与担当。四界救灾会实行理事制,朝阳日报社社长陈少伟被推举为该会理事会主席。机构设置上,理事会下设总务、财务、宣传、游艺、体育五个部门,各部正副主任由理事兼任;各部之下又分设文书、庶务、交际、招待、纠察、票务、出纳、稽核、出版、劝销、标贴、音乐、话剧、粤剧、排球、篮球、足球、游泳、场务、国术等 23 股,各司其职,各股正副主任共有 69 人,任事者都是各行业精英。同时,为便于开展工作,扩大影响起见,该会还聘请澳门本地 28 位绅商名流担任名誉顾问,具体名单如下:

    徐佩之   何仲恭   施基喇   曾仲衡   卢光功   严绍渔
颜俨若

    黄 槐   陈作基   黄 照   冯顺遇   刘玉麟   叶伯蘅
柯 麟

---

① 黄慰慈、陈立平主编:《濠江风云儿女——澳门四界救灾会抗日救国事迹》,第 116 页。

　　梁鸿勋　　杨子毅　　高可宁　　崔诺枝　　梁彦明　　范洁朋
梁后源

　　李际唐　　徐伟卿　　刘叙堂　　陆电明　　毕侣俭　　卢煊仲
陈声始①

当时四界救灾会所联络的主要是华人社会的中下层,该会所聘以
上各位名誉顾问,均为澳门华人社会的精英、各侨团核心人物及富
商巨贾,是澳门华人社会的中流砥柱,如此安排有利于广泛联络各
阶层参与筹赈,并且可以借助各名誉顾问在澳门社会的名望和财
力等,推动各项工作顺利开展。

　　1937 年 8 月至 1939 年 10 月,该会的工作重心主要是进行各
项筹款捐献以及劳军慰问工作;1938 年 10 月广州沦陷后,则进一
步组织回国服务团,在广东各地协助抗日活动及战地服务等。总
体而言,四界救灾会的活动分为两大类:一类是以筹募捐款为主的
经济支援活动,一类是以慰劳将士以及回国服务为主的人力支援
活动。

　　1. 筹募捐输等活动

　　四界救灾会先后组织及参与的各种规模的筹募活动达几十
场。创立伊始,1937 年 9 月初,四界救灾会以举办游艺会及乒乓球
赛的形式开启第一期筹款活动。及至 11 月,该会相继组织 5 期筹
款活动,在澳门华人社会产生了一定影响。

　　第一期筹募活动包括游艺大会及乒乓球比赛两项。游艺大会
于 9 月 4 日晚在清平戏院举行,演出节目包括歌咏、中乐演奏、话
剧、杂技、舞蹈、国技等。由前锋剧社演出抗日话剧《烙痕》,晓钟剧
社演出话剧《布袋队》以及反封建主题的话剧《兰芝与仲卿》,三部

_____

① 黄慰慈、陈立平主编:《濠江风云儿女——澳门四界救灾会抗日救国事迹》,第 243 页。

剧获得一定好评,同时也宣传了抗日精神。9月4日至6日一连三晚,该会在澳门域多利总会旧址主办了一场港澳埠际乒乓球赛。由港澳两埠男女乒乓球好手比赛争锋,三场比赛颇为精彩。澳门华人积极响应是次筹款活动,除购买票券外,另有殷商傅渔冰、陈章唐、苏无逸等六位各捐出婚戒一枚,高可宁、黄豫樵、陈声始等各界知名人士积极认购名誉券,以为倡率。

第二期筹募活动于9月28日展开,四界救灾会在添男茶楼一连两晚举办女伶唱曲大会。有女伶丽仙、惠兰、寄尘、杜鹃儿、红玲、彩云女、赛玉莲、彩兰花、紫鹃红、花素莲、梦觉等参加义唱,还有当时澳门著名音乐家陈鉴波、区才成、樊巨卿等响应筹款而义务担任演出拍和,两晚到场听曲者甚众,共筹得现款370余元。

第三期筹款活动于是年"双十"节期间展开,从10月8日开始,该会组织了8队一共80余人,连续3日在澳门及邻近的中山县劝销国旗、国花,进行筹款。这8队劝募人员全由女青年组成,除该会会员外,还有民声音乐社、绿光剧社等剧团的女会员,孔教学校、求知学校的女学生,以及全新织造厂的女工和澳门女乒乓球选手等积极参加。3天的奔波,队员们共筹得现款1 600余元,成绩颇佳。

第四期筹款活动于10月下旬开始,10月25日、26日两晚,四界救灾会在得来茶楼举行第二次女伶唱曲大会,共筹得现款540余元。以上四期所得现款4 000余元,该会迅速分3次交广东银行转汇内地政府,以备抗战赈灾之需。

第五期筹款活动主要为响应购买国民政府的"救国公债",在中央舞厅舞女们支持下,于11月11日晚与该舞厅联合举办"义舞"筹款大会。舞女们积极投入筹募工作,并评出销券冠亚季军。是次筹款共募得900余元,悉数购买"救国公债",并将该公债捐与镜湖医院作为慈善基金。[1]

澳门四界救灾会成立初期所发起的 5 期筹募活动,为日后更大规模的筹募活动积累了经验,也扩大了该会的影响力。1938 年 3 月,该会响应为国民革命第五路军捐助雨具,于黄花岗起义纪念日(3 月 29 日)组织 14 队 80 余人在澳门、湾仔等地劝售黄花,筹得国币 910 余元,汇交第五路军。此事后得李宗仁、白崇禧及广西省主席黄旭初三人联名致函表示感谢,谢函内容如下:

敬启者:

此次募集雨衣胶鞋渥承慷慨捐赠,所有款物均由香港广西银行转到,诸先生远隔一方,关怀国难,悯转战长征之苦,为资粮扉屡之供,大惠遥颂,莫名感奋同胞被泽,挟纩腾欢,金展铁衣冒风霜而踣敌,皮冠豹舄忘雨雪之载途,宗仁等更当激厉士气,宣扬德意,逐鲸鲵于外域,还我河山,摧蛇豕之凶锋,卫吾邦族,冀慰云霓之望,籍答推解之□,肃此鸣谢敬请

台安

白崇禧、李宗仁、黄旭初敬启[2]

此外,四界救灾会还积极参与筹划全澳"七七"纪念捐输运动、"八一三"献金运动、双十节筹募活动等,在历次筹募活动中,工作勤勉,受到各界赞誉不少。

2. 慰劳将士及回国服务活动

四界救灾会在积极筹款赈济国难的同时,也开展了一些抗日

[1] 以上内容依据黄慰慈、陈立平主编:《濠江风云儿女——澳门四界救灾会抗日救国事迹》,第 11—16 页。
[2] 蔡佩玲编:《澳门历史的见证:陈大白大半个世纪的回忆》,第 58—59 页。

救国宣传以及慰劳抗日将士的工作，到后期进一步组织了颇具规模的回国服务团，积极参与广东省内的各项抗战工作。

1937年8月，该会即派出一支宣传队，到中山五区、前山等地开展抗日宣传活动。队员们入乡张贴壁报、漫画、抗日标语，以演出街头剧、唱抗日歌曲等形式，鼓舞和动员民众参与拯救国难，支援抗战。9月份，该会扩大规模，派出农村服务团30余人，前往中山县前山、白石、香洲、吉大等乡村，进行为期一周的抗日救国宣传。1938年5月，日军展开华南攻势，广东逐渐沦于战火之中，四界救灾会先后几次组织慰劳团，携带募集的食物、药品等历险奔赴洪湾、湾仔等多处驻军阵地慰劳各军将士。不仅如此，该会还响应武汉各界慰劳会所发起的征集慰劳信运动，在本澳发动征集千封慰劳信，以示澳门同胞对于祖国抗战的时刻关注和鼎力支持。

1938年10月12日，日军登陆大亚湾，直逼广州，华南局势顿时严峻，特别是粤省与澳门毗连，情势更有殃及池鱼之感。短暂的慰劳举动，毕竟效果及影响有限，为有力宣传抗战事业、扩大回国服务规模，四界救灾会于15日召开全澳青年联席会议，成立"澳门四届救灾会回国服务团工作委员会"，决议招收爱国青年，进行专项集训，然后分批赴国内进行伤兵难民救护、战地慰问与补给、抗日宣传与动员等相关工作。

1938年10月21日，广州沦陷，"澳门四界救灾会回国服务团"（以下简称"回国服务团"）当日正式成立，廖锦涛担任团长，沈文略（又名沈耀文、沈章平）为副团长。随后，该团在港澳各报刊登征求团员启事，10月下旬复成立训练委员会，在澳门对岸中山湾仔乡设立训练营，对回内地服务的团员进行为期一周或10天左右的培训。为使服务团更好达成任务，四界救灾会于10月31日举行"为回国服务团卖花筹款"活动,此举得到港澳两地华人及其社团的大力支持,筹集不少现款、药品和日常生活用品等,为该团工作提供了支援与保障。①

1938 年 11 月 7 日,回国服务团第一队 14 人在团长廖锦涛、队长李云峰的带领下出发往西江流域的高明县城、普安、范州、塘肚一带服务,至此回国服务团正式回内地开展工作。随后,12 月 4 日,第二队出发;1939 年 4 月底,第三队也投入服务。据记载,抗日战争前期,该团陆续派出服务队达 11 队,各队具体情况,如下表所示:

表 2 - 8　四界救灾会回国服务团各队情况汇总表②

队序	出发时间	队长	队员人数	活动范围
第一队	1938.11.7	李云峰	14 人	初时,第一队在高明县城、普安、范州、塘肚、杨梅村一带,第二队在开平县赤坎五龙市、鹤山县谷埠水口乡一带;1939 年 2 月,第一、二队奉命曲江集中,加入第十二集团军补训班,后被分配到各师、团担任军队政治工作。
第二队	1938.12.4	张钊	15 人	
第三队	1939.4.30	李宗强	15 人	东江游击区、东莞、宝安一带
第四队	1939.7.7	梁铁	8 人	顺德沦陷区、龙眼乡一带

---

① 陈立平、黄慰慈:《澳门四届救灾会的抗日救国活动》,陈立平:《广东革命史选论》,北京:中共党史出版社 2009 年版,第 234—256 页。

② 根据黄慰慈、陈立平主编《濠江风云儿女——澳门四界救灾会抗日救国事迹》(第19—31、249—267 页),李信《澳门四界救灾会回国服务团第一队简史》,张剑《澳门四届救灾会回国服务团第二队简史》,叶惠斌《澳门四界救灾会回国服务团第三队在东江活动的一些情况》,梁铁《澳门四界救灾会回国服务团第四队在顺德沦陷区的活动》,曾以《澳门四界救灾会回国服务团第五队在顺德的一些情况》,沈章平、刘安毅等《澳门四界救灾会回国服务团第十一队的活动》等资料整理而成。

队序	出发时间	队长	队员人数	活动范围
第五队	1939.8.30	曾宪猷	13 人	同第四队,两队转移到西海一带,后各分散入游击队或地方工作
第六队	1939.9.3	陆无涯	共 29 人	北江翁源,加入第十二集团军政工人员补训班,后被派至该军政治大队及补充第五团工作
第七队	1939.9.3	李唯行		
第八队	1940.6.20	黎景尹	18 人	此四队集中出发,到北江的始兴县东湖坪,加入第十二集团军政工人员补训班,除机工队派到集团军总部外,其余各队被分配到政工大队及各师、团工作。
第九队	1940.6.20	黄文敬	17 人	
第十队	1940.6.20	卢学诗	18 人	
第十一队（机工队）	1940.6.20	梁满	13 人	

从 1938 年 10 月回国服务团成立,直至 1941 年香港沦陷,团务陷入停顿,四界救灾会共派出 11 队 160 余名爱国青年奔赴珠江三角洲地带及西江、东江各流域地区,接受政府军队及中共党组织的领导,参与各项战地服务、文化宣传、救助伤残等工作。概括而论各队队员参与的工作包括如下:

一、采取歌咏、戏剧、漫画、说书、音乐表演、联欢会以及办妇女识字班、青年训练班、儿童教育班以及家庭访问等多种形式,宣传及动员民众支援抗战;

二、参加战地救护,动员民众,组织担架,救护受难民众及部队伤员;

三、担任军队政治工作,服务团其中 8 个队 120 余人先后加入第 12 集团军政工总队;

四、发动民众对铁路、公路、桥梁等进行破坏,以延缓日军机械部队、骑兵攻势;

五、组织军民合作站，协助军队作战；

六、奔赴各战区慰劳将士、慰问伤员；

七、参与战斗，发动民众武装参与抗战，坚壁清野，支援甚至亲赴前线抗战。①

同时，大量史料表明，当年澳门的共产党组织对服务团的组建及活动起了决定性作用。服务团的负责人廖锦涛、沈文略及大部分骨干为共产党员，在服务团中起了中坚作用。11 个服务队中，有 8 队是经中共广东省委青委安排，加入第十二集团军政工总队的。② 尽管服务团的工作后来也因廖锦涛的牺牲而受到重创，但是，回国服务团的爱国青年男女，以他们的实际行动参与祖国抗战事业，甚至抱必死之决心奔赴火线的事迹一直是澳门华人抗战的典范。

四界救灾会自 1937 年 8 月成立至 1941 年冬停止会务，存续 4 年有余。该会积极参与并组织了为数众多的筹赈活动，各会员更是抱以极大热情投入筹募、宣传、动员和慰劳等各项工作，而且还组织发动爱国青年回内地服务，直接参与广东等地的抗战。

澳门四界救灾会及其回国服务团在财力、人力、物力等方面对祖国的抗战事业竭尽全力，展示了澳门华人拳拳爱国之心。因此，学者陈立平认为澳门四界救灾会是抗日战争初期澳门最大的进步

---

① 陈立平、黄慰慈：《澳门四届救灾会的抗日救国活动》，陈立平：《广东革命史选论》，第 249—254 页。

② 中共肇庆市委党史办公室编印：《"澳门四界救灾会回国服务团"专题史料征集编写工作报告》，1989 年，第 5—6 页。

群众团体。① 澳门四界救灾会虽以澳门中下层民众为运动主体,未必是澳门华人社团中捐献最多、最具权威者,但其将当时澳门的学生运动、青年运动、爱国运动、筹款运动等融入抗战,影响至深至远。

(三)澳门中国妇女慰劳会(澳门中华妇女会)

澳门中国妇女慰劳会由邹鲁夫人梁定慧倡议,于 1937 年 9 月 11 日正式成立,是抗日战争时期澳门华人妇女参与社会活动的核心组织,后改名为"澳门中华妇女会"。主要参与者有毕侣俭夫人莫翰声、徐伟卿夫人张瑞英、陈声始夫人杨惠馨、崔诺枝女儿崔瑞琛、协和女中校长廖奉灵、澳门著名女西医徐焕容,以及陈桂清、高辉德、麦慧芳、梁泳裳、梁瀛等,均为澳门著名绅商夫人、名媛以及各领域影响突出的女性。此会以国民政府为后盾,在其向广东省侨务处汇报组织设立情形的函件中称:

> 窃本会组织始于二十六年九月,维时,全面抗战经已开展,争持正剧。同人等虽身居海隅,而心怀祖国,爱本国民应尽之义,聊申党国效忠之诚,用集同志在中国妇女慰劳会训导下,组织澳门中国妇女慰劳会。成立之初,即首先展开工作,一方既欲于抗战之精神有所策励,一方面又欲于急需之物质聊尽其勤,立志自谓甚诚,棉(绵)力却有未逮,然剑及履及,初未尝敢有稍懈,故最初三年之间,颇有所效。然检讨成绩弥感郝惭,方期日就月将,增高继长,以符吾人之凤愿。竟不料自中山沦陷,澳门毗连斯地,情势备极紧张。本会预期之工作,非惟有遭暴敌之仇视,抑亦为当地政府所不许,形格势禁,推

---

① 陈立平执笔,中共肇庆市委党史办公室编:《抗战初期的"澳门四界救灾会回国服务团"》,澳门:澳门星光书店 1989 年版,第 2 页。

动无从。然同人效力抗战之初衷,未尝稍减,乃为适应环境,
利便工作计,勉改会名为中华妇女会,即一切工作亦托诸慈善
名义,以为形式虽更,而同人筹爱国抗战之心初无异致。此本
会设立以来所经过之情形也……①

由上可知,该会以宣传抗战精神及筹募抗战急需物资为设立目的,
初期主要进行筹赈慰劳的工作,如由会员缝制棉衣、棉裤等御寒用
品,筹集药品、雨具、蚊帐等军需物品送往内地,支援前线。

　　澳门中国妇女慰劳会成立后,积极投身各种慰劳筹募工作。
成立之初,该会全体委员便向澳门各住户及商号沿门劝捐 6 天,筹
得不少经费及战地药品。10 月,全体会员又发动缝制棉衣运动,为
期 1 个月,至 11 月份共制成棉衣 111 件、棉裤 102 条、棉背心 501
件,同时裁制药棉纱布 285 包、绷带 1 185 卷、三角救伤布 530 条,
还筹得旧衣物 80 包,迅即托请香港妇女慰劳会一起转寄国内分配
给前方将士。② 此后,该会又举办多次筹款活动,如 11 月份邀请名
伶薛觉先在清平戏院义演粤剧,筹措棉衣款项;12 月复举行抽奖
会,由商人捐助古玩和饰物进行抽奖筹款。至 1937 年年底,该会
举行卖花筹款活动就有 3 次,还举行了义唱、义舞、午夜茶舞会等
筹募活动,可见该会对待筹赈工作之积极认真。

　　救国会领袖、"七君子"之一史良亦曾到澳门指导慰劳会工
作。③ 会务运作成熟后,该会开展活动更加勤勉,从 1938 年至 1940
年其所进行的慰劳、筹募等赈难工作情况如下表所示:

---

① 《澳门中华妇女会工作情况报告》,林水先主编:《广东澳门档案史料选编》,北京:中国
　　档案出版社 1999 年版,第 384—385 页。
② 《澳门中华妇女会工作情况报告》,林水先主编:《广东澳门档案史料选编》,第 385—
　　386 页。
③ 傅玉兰主编:《抗战时期的澳门》,第 106 页。

表 2‐9　1938—1940 年澳门中国妇女慰劳会工作汇总表①

年份	慰劳工作	筹募工作
1938 年	（1）交拱北海关代运广州第四路军慰劳品两批,共计棉背心 405 件、棉衣 480 件、棉裤 362 条、棉被 43 张,救伤品共 1 047 磅,价值 2 500 元; （2）捐献第五路军雨具 500 套; （3）捐献中国青年救护团棉纱布绑带共 8 大麻包,另药品 6 种; （4）交广州中大战地服务团转运前方医用救伤品共 33 大包; （5）捐献第四路军伤兵蚊帐款毫券 400 元; （6）捐献旅澳中国乡村服务团救伤包 115 个、三角巾 20 打; （7）捐助广州华强体育会救伤用具款毫券 1 000 元; （8）运寄第八路军棉衣棉裤等共 500 件; （9）捐送中山视察指导团棉衣 60 件; （10）捐献广东省游击司令部棉衣 400 件。	足球筹款 1 次; 演剧筹款 3 次; 水上游艺筹赈会 1 次; 卖花筹款 1 次。
1939 年	（1）捐献第四路军棉衣 400 件,汇毫银 1 000 元; （2）捐助东江别动队棉衣 60 件、救伤包 600 个、金鸡纳 6 瓶、万金油 16 打、保济丸 20 盒; （3）捐献中山第三游击区第六支队棉衣 60 件; （4）捐赠中国红十字会广州分会前线服务队药棉纱布救伤包等 13 麻包; （5）捐赠中山县第四区战时服务团药品 2 批,药棉纱布 4 麻包; （6）捐助古鼎华部将士棉纱布等救伤用品共 18 麻包; （7）汇重庆妇女慰劳总会慰劳款国币 1 666.8 元; （8）捐赠广东第六游击区纵队司令部蓑衣 300 件、草鞋 300 双、救伤用品 1 批; （9）派员前赴中山前线慰劳将士,分赠线衫 200 打、毛巾 100 打。	"三八"节献章筹款 1 次; 本会职员 "七·七"节食捐款 1 次; 卖花筹款 1 次; 演剧筹款 1 次; 劝助棉衣筹款 2 次。

_____

① 根据林水先主编《广东澳门档案史料选编》、陈锡豪《抗日战争时期的澳门》(未刊稿)、吴志良等主编《澳门编年史》第五卷"民国时期(1912—1949)"等相关内容整理而成。

年份	慰劳工作	筹募工作
1940 年	（1）由香港侨务处转寄前线棉衣 1 500 件； （2）捐献万国红十字会我国前线将士救伤用品费约国币 1 000 元。	筹募棉衣运动 2 次； 响 应 捐 款 1 次。

据上表所列,1938 年、1939 年是该会工作开展的活跃时期,开展的工作主要有募制棉衣、棉裤、棉背心、棉被等御寒用品;筹募各类药品及棉纱布、绑带、救伤包、三角巾等救伤用品;筹集捐款赈济前方等。从其捐赠的范围来看,除捐献给国民政府各军队外,还包括地方武装、中共力量,其他各种慈善救济组织或回国服务团等亦曾得到该会的捐赠与协助。此外,该会还积极参与其他组织的赈难活动,如上文所述各界救灾会、四界救灾会等组织的"八一三"献金运动、劝募救国公债等,澳门中国妇女慰劳会都曾积极参与,协助各项工作进行。

澳门中国妇女慰劳会是战时澳门妇女运动的中坚,凸显了澳门华人妇女在抗战中的力量与作用。1940 年 3 月,中山沦陷后,该会工作面临极大困境,慰劳工作陷于停顿。为适应环境、保存力量,该会更名为澳门中华妇女会,并以慈善救济为主旨,在抗日战争时期澳门的难民救济事业中进一步发挥作用。

第三节　周边的沦陷与赈难运动走向沉寂

1939 年下半年开始,日军逐渐吞噬澳门周边地区,控制澳门进出口通道。周边局势日趋严峻,本地又有日方势力渗入活动,对各个方面步步紧逼,澳葡政府开始严控华人言行,并逐步取缔赈难活动。

一、周边沦陷:澳葡严控华人活动

1939 年下半年始,澳葡政府迫于形势,开始在澳门严格克制,取缔各类有关抗日的活动、组织,规训华人的言行,以免与日伪势力产生冲突。1939 年 9 月,澳葡政府接连收到密报,称国民党澳门支部设在妈阁街 15 号中德中学内,并纠集抗日分子做种种抗日活动,危害澳门治安。日本驻华南海军司令提出抗议,海军武官也要求警察厅严办。9 月 16 日,葡警突然搜查国民党驻澳机构负责人周雍能在妈阁街 15 号中德中学楼上的私人寓所,其时国民党澳门支部秘密设于该室邻舍,葡警误入其书房,只搜走了一些私人信件及公章等。[①] 这一举动使得中葡之间的友好关系开始转变,也显示出澳葡政府对与中、日政府合作的轻重取舍。

不仅如此,澳门华务局长施多尼亦秉承澳督巴波沙意旨,分别召见澳门商会主席徐伟卿、国民会议澳门区国民代表卢煊仲、中华教育会主席梁彦明等,嘱其安分守己,各司其业,勿要参与抗日运动。其还通过卢煊仲、梁彦明与周雍能谈话,对国民党提出两点要求:一是澳门以环境关系恪守中立,在澳不能座令国民党有抗日举动,并申言澳政府对蒋介石、对汪精卫以及对日本人均一体看待。二是湾仔与澳门一衣带水,湾仔如受空袭足以影响澳门安全。闻湾仔设有广播电台,秉承重庆意旨发布抗日言论,日本方面申言将施以轰炸,因此请撤销该电台。[②] 澳葡政府由于没有搜到任何证据,最后只能将没收的文件等归还。周雍能就此事及相关问题答

---

① 黄鸿钊主编:《中葡澳门交涉史料》第 2 辑,澳门:澳门基金会 1998 年版,第 321 页。
② 国民政府行政院档案,(22)第 417 号,黄鸿钊主编:《中葡澳门交涉史料》第 2 辑,第
　 321—323 页。

复施多尼称:

一、迁移湾仔电台正在办理中;

二、国民党在澳设立支部多年,从未受澳葡政府下来干涉,此次之行为,有违中葡敦睦之邦交;

三、澳门华人之爱国举动是华人应有之行为,应得葡政府之帮助,即使不作友谊之帮助,亦应对驻澳日人活动加以严格之取缔,方符合澳门政府之中立态度。①

周雍能表达了对澳葡政府行为的不满,以及澳葡政府此举对中葡邦交的消极影响,严正声明澳门华人爱国举动的合理合法性。然而,后来的情况愈发不利。日本政府对澳门步步紧逼,无法容忍中国政府势力在澳门的存在,其对澳门的把控与监督势在必行。

二、日方渗入:沉重打击抗日活动

1939 年 9 月 16 日,日本驻广州总领事冈崎致电外务省称:"考虑到今后澳门有被中国方面各机构各团体利用作为抗日反汪策动的倾向"②,建议在澳门设置驻在员。1940 年 9 月 23 日,冈崎又发电文称:"在澳门发生任何问题都与我军的军事行动有密切关系。"③冈崎的建议被日本外务省接受,1940 年 10 月 1 日,日本在澳门设立领事馆,第一任领事为福井保光。随后,日本特务机构也在澳门设立。1941 年 4 月 25 日,台湾人刘传能创刊华文报纸《西

---

① 国民政府行政院档案,(22)第 417 号,黄鸿钊主编:《中葡澳门交涉史料》第 2 辑,第 323—324 页。

②③ 日本外务省外交史料馆记录:《在外帝国公馆关系杂件设置关系葡国部》,转引自宜野座伸治:《太平洋战争时期的澳日关系:关于日军不占领澳门的初步考察》,《澳门研究》1997 年第 5 期,第 78 页。

南日报》，作为日本政府在澳门的舆论喉舌。① 凭借日本势力，刘传能在新成立的澳门新闻协会得势，意图掌控华文舆论。不仅如此，日本政府还在澳门开设日语学校，开办日本同盟社澳门分社，经营运输业，又组织新亚运输公司获利，逐渐深入澳门的各个领域。

日本势力渗入澳门后即开始对国民党驻澳机构、澳门华人社会的抗日活动及各赈难救亡团体进行清除。1941 年 8 月 27 日，日本驻澳门领事照会澳督戴思乐特别注意三点：一是协助重庆政权的本地社团向重庆政权控制下的地区走私军事物资及交通器材；二是重庆政权所属组织在本地秘密活动；三是各种反日宣传。② 福井保光进一步要求澳葡政府关闭重庆的机构并遣返日本当局指控的敌对人士，全面取缔任何国籍人士和组织的抗日宣传及其活动，对舆论进行严格控制。这给当时澳门华人的赈难救亡运动带来了灭顶之灾。

三、中山沦陷：赈难运动走向沉寂

1940 年 3 月，日军攻占中山县，澳门受到战争波及，各行业均受到打击，经济开始出现衰退，本地社会因难民大量涌入而自顾不暇。1940 年 5 月，澳葡政府颁布法规，禁止进行一切户外筹集和宣传活动，只准户内非公开筹集。③ 此后，各界救灾会停止募捐，结束工作；1941 年冬，四界救灾会亦将会务停顿；有重庆政府背景的社

---

① 吴志良、汤开建、金国平主编：《澳门编年史》第五卷"民国时期（1912—1949）"，第 2620 页。
② 葡萄牙外交部历史—外交档案馆，2。PA48，M212，proc33.2，澳门总督戴思乐 1941 年 9 月 3 日致殖民部长公函，转引自金国平、吴志良：《抗战时期澳门未沦陷之谜》，《复印报刊资料·港澳特区行政与社会》2001 年第 7 期，第 31 页。
③ 陈大白：《天明斋文集》，第 144—147 页。

团组织被迫迁出澳门或改头换面以慈善组织名义存在，华人团体开始将工作重心转移到眼前的难民安置与救济。

娄胜华在其研究中提出，这一时期澳门救亡赈难社团的演变主要受到两个因素影响：一是内地及澳门周边地区的沦陷所产生的外部冲击，二是澳葡政府中立政策随形势发展而产生的摆动效应。[①] 从以上所述广州沦陷后澳葡与日本政府之间的一系列会晤及战争形势的演变来看，这一观点不无道理。澳门虽属中立区，但本地在生活物资等方面不能自给，依赖于广东省内各地的供给，特别是相邻的中山县。1940年3月中山的沦陷，对澳门打击极大，这一外部局势的变化，迫使澳葡政府出于自保，重新考虑其政策措施；加上日本政府连连施加的压力，澳葡政府不得不改变以往对华人社会活动的宽松管治，代之而起的是严格的社会控制，包括舆论、宣传等各个方面。而这些做法主要是基于下列因素的考虑：

一、畏于日军的军事势力，周边地区的沦陷，澳葡不得不重新考虑与新政权的关系，以获取其生存所需物资；

二、中国在战事上的失利，使其一定程度上怀疑中国抗日能否获胜，而且私底下更在谋划更多渔利之事；

三、出于维系殖民统治的关系，不愿民族主义和爱国主义运动乘反侵略战事在澳发展，最终威胁其统治地位，所以对华人社会保有一定的戒心。[②]

从最现实的自保来考虑，澳门没有足够的军事力量，亦没有获得近距离援助的可能，因其周边都是比自己强大的势力；而且日本势力

---

① 娄胜华：《转型时期澳门社团研究——多元社会中法团主义体制解析》，第68页。

② 陈锡豪：《抗日战争时期的澳门》（未刊稿），华南师范大学中国近现代史专业硕士学位论文，1998年，第18页。

已不可阻挡地深入澳门,其只能灵活运用"中立"这张王牌,确保自身安然,并在力所能及的情况下,做些人道且不致引来日军侵境的事情。

根据《粤东南特委工作综合报告》中关于澳门华人对抗战支持度的一个总结来看,澳门华人支援祖国抗日活动,以民间社团为行动的主要力量,主要是组织队伍入省内一些穷乡僻壤宣传爱国及抗日思想,发放救济品,但收效不大,不似"四大政"等有组织的宣传。报告中认为澳门民间社团抗日宣传存在诸多不足,如下所述:

一、队伍零散,无组织性,尤其无长期组织力;

二、无法进入军中作宣传,仅在小城镇农村主持救亡宣传;

三、队员多未受任何军事训练,未有任何思想教育,无系统的宣传;

四、零散的入内地作宣传;

五、内地抗日宣传行程多为一日完毕;

六、下乡工作 1938 年 10 月 28 日后即中断,为时十分短;

七、广州失陷后中断一切抗日宣传;

八、要避开葡人干预,抗日行动因此不能太过露骨;

九、社团以亲国民党为中心,少有共产党人;

十、抗战工作以救济为主。①

这份报告从华人社会内部来剖析,揭示了澳门民间社团因处境特殊,所组织的各种抗日活动与内地民众的抗日活动截然不同这一现象。报告从一般意义上认为,澳门华人赈难活动匿寂的原

①《粤东南特委工作综合报告》(1939 年 1 月 29 日),陈锡豪:《抗日战争时期的澳门》(未刊稿),华南师范大学中国近现代史专业硕士学位论文,1998 年,第 17 页。

因在于其本身的缺陷,如组织涣散、规模小、未受过专门训练、意识不够强烈等,所列各条在一定程度上的确属实。若从当时澳门华人所处客观环境来看,身处葡人殖民管治及各种势力夹缝中,在自己并无军事势力可以自保的前提下,澳门华人特别是一众华商及华人社会的领袖,还是顶住澳葡政府的压力,举行了一系列献金、筹募活动,各行商号、工人、学生等都没有因自身的困境而退缩,凡事仍尽力为之——这对相对势弱的澳门而言,诚属难得。

　　娄胜华研究这一时期澳门救亡赈难社团时认为,这些社团具有"骤兴骤落,存续时间短促;服务对象、活动内容与功能集中单一;上层工商界人士主导,各阶层全面动员参与;以民族主义与人道主义为文化价值认同"①四大特征。娄氏所指前两点与上文所列澳门华人社团抗日活动的不足不谋而合。这些缺陷在一定范畴内确是实情,特别是将其对祖国的筹赈、救济、献金等运动与祖国十四年的长期抗战而论,确是短暂。但若依社团的兴衰而论,似有点以偏概全。当时新成立的临时性组织,如各界救灾会、四界救灾会、救国公债劝募委员会及其各救护团、服务团等,就其性质而言,本属应激性组织,其成立目的及运作方式单一。这些组织存续时间短促,并非因在澳门而如此,而是其本身性质即是如此,即便是在内地,类似的组织也会因环境的变化以及自身任务的完成而结束。另一个导致在澳华人社团抗日活动短暂性的因素则在于澳门处境尴尬。广州沦陷后,广东省国民政府迁往粤北,与澳门之间联络隔断,澳葡政府因自身势弱,不得不顺势而为,与日军保持密切关系,打压一切明显的抗日活动及过激行为。再者,随着战事的推

① 娄胜华:《1931—1945 年澳门救亡赈难社团的兴盛与转折》,《民国档案》2007 年第 1 期,第 72—73 页。

进,澳门一隅之地却要承载数倍于己的难民,海外交通中断、物资匮乏,一般百姓贫穷化,这些自身的困难,已使这个小埠挣扎于存亡的边缘。

总而言之,澳门华人在抗战前期,给予祖国抗战事业密切关注和相当的援助。澳门华人秉持民族大义,尽心尽力履行了国民本分,祖国政府也对澳门同胞的贡献予以肯定。随着战事变化,澳门的赈难救亡运动走向沉寂,而内地抗战则刚开始进入最严峻时期,如此看来,确实存有遗憾。但从另一个侧面来看,随着战事而来的,还有涌入澳门的诸多人口,在这些内地难民极度困难的时期,澳门华人并未袖手旁观,而是展开大规模的救助行动。此后直至抗战胜利,澳门华人社群为着数以万计的华人难民、贫民的生存展开更为广泛、深入、持久的慈善救济运动,这何尝不是对祖国抗战的一种支持、对民族存亡大义的一种宣扬、对侵略者的一种无声抗争!

第三章　避难所:战争难民与慈善救济

战火中的澳门成为各国民众避难的绿洲,特别是在太平洋战争爆发后,澳门成为远东地区唯一的"中立区"与"自由港",难民纷至沓来。小小的澳门在内忧外患中,不得不设法解决各国难民问题,其中数量庞大且处境堪忧的华人难民生存问题,成为整个澳门最急切的事情。澳门最为活跃的社会活动此时非慈善救济莫属,这些旷日持久的慈善救济活动在黑暗时刻绽放着人性的光芒,成为战时澳门最为百姓乐道的事情。

第一节　难民潮与慈善救济的初兴

七七事变前后,内地富有者纷纷携其眷属避难港澳,澳门周边地区乡人亦开始有往澳门避难者。1936 年澳门人口为 12 万人,1937 年增加到 164 528 人,一年之间人口增加了 44 528 人。[①] 在国民政府宣布全国抗战后,澳门人口 3 个月内突增 3.8 万。随着日军对珠江三角洲地带战事的开展,1937 年 11 月,受日军空袭影响,粤

---

① 陈栋康:《澳门人口的增长、分布与构成》,《人口与经济》1986 年第 1 期,第 55 页。

省民众逐渐涌向澳门。据当时澳门的官方统计,12 月 28—30 日这 3 天里,进入澳门的难民就达 1.14 万人。1938 年 1 月,日军攻占中山县三灶岛,众多岛民举家逃难来澳门,露宿街头,情状凄苦。根据《华侨报》的报道,在不足半年的时间,澳门的人口增加了 1/3,最多时达到 20 万人之数。① 另外,根据一项人口数据的记载,1938 年澳门人口为141 945人,1939 年增加到 231 953 人。② 虽然各项史料对同一年度澳门人口数量的记载存在一定差异,但是都一致呈现出澳门人口陡然增长的史实。

一、抗日战争前期难民潮来临

1937 年 8 月,日军开始对广东一带进行猛烈轰炸,迨至 1938 年 10 月广州沦陷,日军对广州的持续轰炸长达 14 个月,投掷炸弹 2 630 枚,炸死 1 453 人,炸伤 2 926 人,炸毁房屋 2 926 间。③ 广州城里人心惶惶,大量民众开始举家迁往港澳避难,不少团体、学校等也开始紧急撤离广州。如浸信会广州暮光瞽目院的负责人即带领数十名师生集体来澳避难,岭南学校、协和女子中学、广中中学、培正中学、执行中学等也将师生迁往澳门,继续办学。从广州往澳门的客轮上,载满了前来避难的老幼妇孺,岐澳陆路人群川流不息。

华南战事爆发,广州沦陷,难民倍增,相率逃奔,成为澳门大规模难民潮的初起。1938 年 6 月,各地逃来澳门的难民已达 4 万余

---

①《近期人口迅速膨胀》,《华侨报》,1938 年 1 月 4 日,第 2 版。

② 陈栋康:《澳门人口的增长、分布与构成》,《人口与经济》1986 年第 1 期,第 55 页。

③《广东省空袭损失统计表》,转引自《广东抗日历史一瞥》,澳门:澳门历史学会 1993 年版,第 68 页。

众,澳门屋宇人满为患。① 澳门与中山水陆相连,既为交通要道,也
是难民逃奔的主要枢纽,故每日自中山方面来澳者有数千人之
众。② 10 月 22 日,日军攻陷广州后,难民潮仍是一波接一波地向
澳门涌来,曾经一天之内有 2 万人齐集在拱北关口,准备进入
澳门。③

　　1940 年 3 月 5 日,日军在中山唐家湾登陆,附近石岐、莲塘、隆
都各乡乡民纷纷赴澳门避难,为数 2 万余众。3 月底日军占领中山
县,对澳门形成包围之势,中山各乡难民成千上万挤入澳门避难。
当时来澳门避难的诗人汪兆镛④,目睹岐关车路逃难的情状而作
《岐关车行》一首,可谓难民境遇的真实写照:

　　　　西法汽轮通嶰岈,濠镜雷转惊飞沙。风声鹤唳尤纷拿,车
　　中黄童白叟兼稚娃。骈首蠕动如穴蛇,蹲伏更苦若井蛙。近
　　自广南乡邑接小艖,远或鄂渚湘水赣江来荒遐,赢骨垢面髮鬖
　　髾。困饿不得食,御寒莫周遮,儿啼妇哭呼娘爷。问胡扰扰奔
　　麏麚,为言达官拥纛牙。战略焦土摧枯楂,积骸成邱流血成川
　　洼。赖兹轨线达海涯,驱使谓他人昆脱网罝。坚壁清野古所

---

① 《组织难民救济委员会》,《华侨报》,1938 年 6 月 16 日,第 2 版。

② 张晓辉:《抗战前期澳门的经济社会(1937.7—1941.12)》,《民国档案》2005 年第
　3 期,第 85 页。

③ [葡]里卡多·平托著,邓耀荣译:《中立区的炮火》,《澳门杂志》1997 年第 2 期,第
　78 页。

④ 汪兆镛(1861—1939):著名诗人。字伯序,号憬吾。祖籍浙江,后移居番禺,系广东书
　香世家。与汪精卫(汪兆铭)为同父异母兄弟。汪兆镛早年入学海堂,师从陈澧,光绪
　六年(1880)补县学生,光绪十一年(1885)以优行成贡士,光绪十五(1889)年中举,后
　入岑春煊幕府,辛亥革命后因反对革命,避居澳门,以清朝遗老自居。其先后避居澳
　门 12 次,1937 年因日军犯粤再次避居澳门直到逝世。1918 年出版有《澳门杂诗》,共
　74 首。

嘉,先自糜烂其民奚为邪? 道旁病翁闻之长咨嗟,大地万物皆空何有家,独怜济人区区岐关车。[1]

1938 年 10 月广州陷落、1940 年 3 月中山县沦陷以及 1941 年 12 月香港沦陷所形成的三股巨大难民潮,是对澳门社会承载量的一次次极限挑战。澳门是战时未被日军占领的"中立区",这是最主要原因所在,不仅如此,澳葡政府亦明确表示对难民提供庇护,1938 年 9 月 17 日第 579 号立法例之引端正式刊明:"凡为政府与人民之职责必须以公共利益为依归,故凡因战事影响避乱来澳而托庇于葡国国旗之下者,莫不竭力以保护之。"[2]因此,"对于宣称'中立'的澳葡政府来说,人道主义可以成为其容忍、接受甚而至于鼓励救亡赈难社团普遍存在与广泛活动的价值底线"。[3] 基于此等考虑,澳葡政府面对汹涌而来的难民并未封锁边境,而是尽量收容。

澳门成了战时各方难民躲避战火的一方绿洲,亦是当时周边地区难民最安全、最便捷的避难场所,各地难民(包括香港的华人及内地的葡人)蜂拥而入,导致人口猛增,如下表所示:

---

① 章文钦笺注:《澳门诗词笺注》民国卷(上),珠海:珠海出版社 2002 年版,第 126—127 页。

②《澳门宪报》,1944 年 10 月 28 日。

③ 娄胜华:《转型时期澳门社团研究——多元社会中法团主义体制解析》,第 76 页。

表 3 - 1 1924—1942 年澳门人口总数比较表①

(单位:人)

年份	1924	1927	1937	1939	1940	1942
人口总数	190 306	157 175	150 000	245 194	374 737	450 000

自日军侵华到 1941 年底香港沦陷,涌入澳门的人口达 30 多万,是原来人口总量的两倍。人口猛增给当地带来了各种冲击,如黄伟伯的诗句所描述的澳门市容的变化:"市廛面目改,路政兴然修。羊石遭兵变,人向此中投。屋宇鲜空隙,烟户为之稠。"②澳门社会不仅要设法解决巨大人口的安置、给养问题,还得应对人口剧增所带来的一系列的社会问题。

二、澳葡政府与民间的初步应对

对于澳葡政府而言,大量各籍难民的涌入给澳门社会造成极大压力,最直接的便是难民安置、给养问题,澳葡政府采取了一些救济措施。葡裔难民的救济,成为澳葡政府战时救济的主要工作;其次则为对英美裔、华裔难民出于人道主义的救助。对于数量庞大的华裔贫难者的救济,主要依赖华人社群内部,而且澳门华人的救济工作贯彻始终,最为显著。

(一)澳葡政府对葡侨的救济

1937 年,侵华日军发动"八一三"事变后,澳葡当局即准备接纳

---

① 该表资料数据根据莫世祥等译《近代拱北海关报告汇编(1887—1946 年)》(澳门:澳门基金会 1998 年版)第 347 页,[葡]古万年、戴敏丽《澳门及其人口演变五百年(一五零零至二零零零年):人口、社会及经济探索》中文版(澳门:澳门统计暨普查司 1998 年版)第 83 页,[葡]施白蒂著,金国平译《澳门编年史·二十世纪(1900—1949)》第 289 页等相关内容资料整理而成。

② 陈业东:《抗日时期澳门诗坛一瞥》,《许昌师专学报》1998 年第 1 期,第 53 页。

因上海非正常局势而赴澳门的葡裔难民,澳门的峰景酒店(Hotel Bela Vista)①暂时关闭,成为从上海避难澳门的葡萄牙难民中心。广州沦陷后,由各港口到澳门避难的葡萄牙人约有 1 000 人。② 抗日战争期间,澳门所有的医院、教堂及天主教教会开办的学校均辟为难民中心及伤员接待处,圣诺瑟修道院也同意众多因战争来澳的难民入居该院。

同年 12 月,澳葡政府宣布,从 1938 年起开始向所有商号征收防务税,每年 12 月为征收期。防务税主要用于 1 000 余名澳门驻军日常开支和军事设备的增添,其他则用于增加政府的日常开支。③ 当年,澳葡政府法规第 571 号规定,将政府部分收入列为专款,成立救济慈善机构帮助灾民,通过资助仁慈堂来赈济难民。④ 同时,政府还将所有的博彩收益用作帮助难民之用。⑤ 可见,对于即将到来的难民及其救济工作,澳葡政府已有初步的对策与规划。

(二)澳葡政府对华人的救济

战时避入澳门的难民中,华人占绝大多数,且多数生计无着,亟待救济。1938 年 6 月,澳门屋宇已人满为患,贫困难民无以为生,流落街头。澳门中西名流、仁慈堂堂主等组织难民救济委员会,定期谒见澳督,商讨救济事宜。⑥ 澳葡政府一方面尽量安抚民

① 峰景酒店(Hotel Bela Vista),原来是 1870 年建成的住宅,曾几度易主,亦曾是海镜酒店(Hotel Boa Vista),1936 年恢复成酒店,取名"峰景酒店"。

② 林发钦、王熹编著:《孤岛影像:澳门与抗日战争图志》,第 130 页。

③ 陈锡豪:《抗日战争时期的澳门》(未刊稿),华南师范大学中国近现代史专业硕士学位论文,1998 年,第 6 页。

④ 傅玉兰主编:《抗战时期的澳门》,第 23 页。

⑤ [葡]古万年、戴敏丽:《澳门及其人口演变五百年(一五零零至二零零零年):人口、社会及经济探索》,第 432 页。

⑥ 《组织难民救济委员会》,《华侨报》,1938 年 6 月 16 日,第 2 版。

众,令大家保持冷静;另一方面尽力推行和平时期的措施。① 但是面对庞大难民群体给养所需,澳葡政府也只能采取应急措施,设法安置。

1938 年 1 月,澳葡政府高层眼见中国内地难民入澳门逃难者日众,有在氹仔及路环设立收容所之意,并通过葡国驻广州总领事向广东省府表达其意。随着华南局势日趋紧张,澳葡政府曾筹划设立澳门救济广东难民慈善会,以备万一。逃遁来澳门且无亲友投奔的难民尽量予以收容,并拨出氹仔、路环地带搭盖棚屋以供居住,而且予以种植畜牧等职业以为谋生。② 最终,澳门救济难民兼管理粮食委员会成立,为中葡官民合组,主席为高固寮,委员包括罗保、蒙德宏(Júlio Montalvão da Silva)、毕侣俭、徐伟卿及陆电明等。该会成立后开始筹备救济事宜,并着手在氹仔及路环搭建难民营。

1. 氹仔难民营

1938 年 11 月,澳门救济难民兼管理粮食委员会在氹仔筑造难民营,时称“氹仔难民营”。该难民营主体住棚形状为长形,约 90 丈,分上下 2 层,横分为 4 列,可容纳难民 1 000 余人。营内设有饭堂,必要时该饭堂建筑内亦可容纳难民 800 余人。离住棚区以外约 10 丈,设有男女浴室及厨房。难民营建成后便将前期镜湖医院、莲峰庙、观音堂三处难民的一部分迁往安置。③

氹仔难民营以小组形式对难民进行管理。难民以 10 人为一

---

① [葡]里卡多·平托著,邓耀荣译:《中立区的炮火》,《澳门杂志》1997 年第 2 期,第78 页。

② 吴志良、汤开建、金国平主编:《澳门编年史》第五卷“民国时期(1912—1949)”,第2572 页。

③ 《在氹仔筑难民营》,《华侨报》,1938 年 11 月 7 日,第 3 版。

小组,每组设组长 1 人;20 人为一大组,设组长 2 人;以 5 大组为一股,设股长 1 人。实行由下向上负责制度,组长对股长负责,股长对纠察员负责。难民营内一切相关事宜,则由纠察员在主任的节制下负责管理。为了更好地维持营内秩序,难民群体被分为三部分,以眷属、孤身男、孤身女各为一部。一切管理注重秩序,连大小便都必须派筹先后。天气寒冷时,管理员晚上 7 时派发被铺,第二天早上 8 时收回。营中有常驻医生以及救护队,维护难民健康。[①]

成立初期,难民营在医疗卫生方面存在许多不足,特别是没有将患病者与健康者隔离,导致传染病频发;再者由于经费不足,药品的数量及品种不敷难民病患所需,所以营内生存甚是艰难。

2. 路环难民营

澳门救济难民兼管理粮食委员会成立后亦在路环设立难民营,由陈肇文任主任。1938 年 12 月,路环难民营部分竣工,澳督前往巡视。不久便将镜湖医院、莲峰庙、观音堂三处剩余的难民移往该处。至 1939 年 4 月间收容难民达 900 余名,内有难童 300 余名。[②] 路环难民营运作不久,当局随即对营中难民进行技术人才登记,以备介绍职业,使各人自立谋生。[③]

岭南大学农学院院长等曾到澳门考察路环难民营,捐赠各种蔬菜、豆种五包,可种田数亩,同时还指导难民在营地附近开垦种植。对没有维生技能的难民则教授简单手工制作,使他们从事爆竹、火柴盒之类的制作,原料由难民营办事处向工厂领取,分发给难民,令难民在营中也能进行生产。澳门救济难民兼管理粮食委

---

① 《难民营》,《华侨报》,1938 年 12 月 30 日,第 4 版。

② 何翼云、黎子云合编:《澳门游览指南》,澳门:澳门文新印务公司 1939 年版,第 35 页。

③ 《技术人才登记》,《华侨报》,1939 年 3 月 28 日,第 6 版。

员会还出资购买原料,由难民中具有一技之长者,如会裁衣、制鞋、制造木器等,制作产品在营内陈列,若有团体到营内参观或散赈,则请其购买,帮助难民维持生计。然而,难民生产所得极少,很难维持庞大的开支,澳葡政府曾向海岛市行政局①赠送 10 588.36 澳元,用于维持路环难民营的运作。②

秋冬季节难民营内盛患疟疾,该地水土气候并不适宜难民居住。为顾全难民健康,1940 年 1 月 18 日,路环难民营迁往湾仔蟹地,实行以工代赈的方式,分配难民进行开筑道路、挖掘水塘等工程,以及从事斩柴、粘火柴盒、制鞋等工作。难民可获得日工资的一半作为日常零用,另一半则用于难民营的伙食开销等。③ 这种做法既减轻了难民营的负担,又可以使难民获得钱资,用作生活补贴或者日后归乡的川资。此外,难民营内还设立义学,教师由澳门救济难民兼管理粮食委员会职员或难民中有学识者担任,以免难童因战事而错失教育机会。

1940 年 7 月 30 日,澳门救济难民兼管理粮食委员会改组,以救济因国难来澳,食宿无依的难民为宗旨,推定葡籍官员罗保为主席,由澳葡政府选出罗保等 5 人为该会委员,华籍绅商徐伟卿、毕侣俭、陆电明、戴恩赛、刘玉麟等为常务委员,所有给养难民及建设办公费用筹措均由中葡委员均担,即双方各筹半数。据记载,该会成立当天收容难民即有 270 人。④

---

① 当时澳门在葡萄牙管治下为葡萄牙的一个海外省,下设两个市。澳门半岛为澳门市,离岛地区(氹仔、路环)为海岛市。

②［葡］施白蒂著,金国平译:《澳门编年史·二十世纪(1900—1949)》,第 285 页。

③《同善堂值理常会》,《华侨报》,1940 年 2 月 16 日,第 4 版。

④《澳门救济难民委员会组织大纲及难民人数表》,澳门历史档案馆馆藏缩微胶卷,全宗号 35J—175/案卷号 116/盘号 909/影像号 214—231。

及至香港沦陷前，澳葡政府与民间华人社团合作设立的两所临时性难民营，对涌进澳门的华裔难民进行一定的安置，同时亦呼请民间各善慈善团体积极收容救济难民。但难民营收容的数量十分有限，而且条件简陋，卫生环境不尽如人意。

（三）澳门华人社会难民救济初起

1938 年 6 月，为推进华南战事，日军狂炸广州，广州民众情况凄惨。澳门华人以同乡情谊，积极筹募款项等赈济广州难胞。6 月 28 日，澳门中国妇女慰劳会将会员月费及筹款所得国币 1 200 元汇寄广东省政府主席吴铁城，以救济广州难民。① 澳门赌商高可宁捐款 1 万元汇广东省政府救济受难同胞。② 澳门银业行同人捐款 2 600 元救济粤省难民。③7 月 5 日，澳门洋务工友赈灾会、花界救灾会、陶声音乐社和蝴蝶音乐社联合举办筹赈广州受难同胞游艺会，一连两天于清平戏院举行，共筹得善款国币 1 590 元寄往广州赈济难民。④

随着广东省内大批难民的到来，澳门华人对同胞的赈济由对外转向对内，镜湖医院、莲峰庙、观音堂、同善堂、澳门商会等华人机构对来澳同胞尽量设法实施收容安置或援助。如 1938 年 11 月，各地难民逃来澳门日形拥挤，镜湖医院尽量收容，两周内收容难民达 2 000 余人，⑤而此时观音堂已容纳难民 166 人，分东西两殿住宿。只是天气渐冷，寒衣不敷应用，时有因病不耐寒冷晕倒者。⑥除安置外，其他团体则积极投入帮助难民的活动，如崇德小学学生将家长给的糖果钱省下来，捐赠棉背心 100 件给难民御寒；崇实学校

①②④ 傅玉兰主编：《抗战时期的澳门》，第189 页。

③《银业行捐助粤省难民》，《华侨报》，1938 年 6 月 13 日，第 2 版。

⑤《镜湖医院接收难民》，《华侨报》，1938 年 11 月 11 日，第 3 版。

⑥ 傅玉兰主编：《抗战时期的澳门》，第 190 页。

的学生则分成 7 队,分赴莲峰庙、镜湖医院、长亭等处慰问难民,并代难民写家书。① 望德女中组织慰问队,事前鼓动学生自由捐输,共计得款 60 余元。此款用来购买了 1 500 余条毛巾,由各年级派代表 6 名共 54 人前往镜湖医院、观音堂、莲峰庙等地分派给难民使用。②

待前述来澳难民分三批迁往凼仔、路环难民营安置后,华籍难民的生存状况亦甚为澳门各界所关注。澳门中国妇女慰劳会在 1939 年元旦举行卖花筹款,将所得款项用于救济上述难民。在 1939 年 3 月 4 日至 5 日,澳门四界救灾会会员 40 余人组织慰问团,前赴路环难民营举办慰问活动,向难民营赠送"国仇家恨"牌匾,举办了戏剧、歌咏、演讲、音乐、化妆表演等游艺节目。该团成员为难民代笔书写家书数百封,还收集到难民亲写家书百余封,最后合计得 400 余封家书,由该团经费项下购置邮票代为寄送。此外,慰问团还对难民营的工作提出几点意见:

一、改进卫生设备,多设浴室,加开窗户,增进难民健康;

二、组织难民征募队,出动劝捐营中应用品物;

三、每早增设"朝会",以期利用时间,宣示营内宗旨,提高难民意识;

四、在营附近另设筑棚,以为隔离患病难民之用;

五、如有难民非因犯过而自愿离营返回家乡者,请由难民营呈请救济委员会酌拨川资;

六、登记在营有技术专门之人才,刊载报章,征求热心各界录用;

---

① 《崇实学生捐助难民棉衣御寒》,《华侨报》,1938 年 11 月 27 日,第 3 版。
② 《望德启智慰问难民》,《华侨报》,1938 年 12 月 11 日,第 3 版。

七、加强教育难民劝勉难民工作等。①

这些意见经登报刊出,被难民营管理层所采纳,同时还引起了诸多热心人士的关注,为难民在营内的生活增添了一丝援助。另外,亦有华商资助澳葡政府救济事业,如 1941 年 4 月 15 日,高可宁捐港币 5 000 元交澳督,拨作慈善机构经费。②

澳葡政府难民营安置数量有限,华人各界便筹划民间救济事宜。1940 年初,国民党港澳总支部在香港成立了港澳赈济会,作为该部的对外联络机构,由该部委员兼任赈济会委员,另聘请港绅为顾问,由中央指拨赈款实施救济作为该部的社会服务事业。③ 1940 年 3 月 5 日,日军派飞机轰炸中山,大批中山难民避入澳门,镜湖医院、澳门商会等都设法收容,3 天之内镜湖医院收容难民即达 1 371 名。难民的不断增多,给养开销甚巨,华人社团迅速开展筹款活动。1940 年 3 月底,华侨赈济会沿门劝捐,全体委员分成两队日间出发,到 4 月 1 日,华侨赈济会收到捐款总数共计双毫 6 000 余元。④ 除筹集救济难民经费外,同善堂等机构开始施粥济贫,先是在该堂门前,后改在镜湖义庄施派,每日贫民 5 000 余人到场领粥,秩序井然。⑤

1941 年 3 月 12 日,阖澳华侨赈济会成立,试图全面统筹澳门华人难民救济事宜,只是由于主导当时澳门华人慈善救济事业的已有运作相当成熟的镜湖医院、同善堂等机构,更有从中协助的澳

---

① 黄慰慈、陈立平主编:《濠江风云儿女——澳门四界救灾会抗日救国事迹》,第 184—186 页。

②⑤ 傅玉兰主编:《抗战时期的澳门》,第 191 页。

③《中国国民党驻港澳总支部工作报告》(1939.07—1940.12),中国第二历史档案馆馆藏,七一一(5)—305.

④《华侨赈济会收到捐款六千余元》,《华侨报》,1940 年 4 月 3 日,第 5 版。

门商会、澳门中华妇女会等,所以,该赈济会仍是以原有慈善机构为依托,领导者也是其他慈善机构或华人团体的领导者,其存在并无十分之必要,于是存在不到三个月即于当年 6 月 10 日前后解散。[①] 此事说明澳门华人社会慈善救济团体的运行机制已相对完善成熟,而以后的历史也证明了这一点:在战时澳门华人社会的慈善救济事业上,澳门已有的慈善救济社团久负名望,发挥了巨大的作用。

第二节　澳门民间救济组织及其活动

1941 年 12 月,随着香港沦陷,澳门成为一座挤满难民的"孤岛",生存危机全面爆发,继之而起的是关乎千万生命生存底线的人道救济。文德泉神父在《战争中的澳门》中描述:"饥饿与瘟疫如同雪上加霜。滚滚而来的难民涌入澳门,但澳门这一缺乏实力的弹丸之地有史以来系传教及慈善之大本营"[②],现在它再次成为各国难民的避难绿洲。澳门容纳着来自中国内地、香港的华、葡、英、美各籍难民,其中任务迫切者当属对华人的救济。

抗日战争时期澳葡政府、西方宗教团体、华人社群都曾从事对在澳华人的慈善救济工作。为使对这一时期华人社会内部以及外部力量对华人的救济有一个较全面的认识,下文将从原有华人社团、新生华人社团、澳葡政府、西方宗教团体四个方面对有关华人难民和贫民的战时救济进行系统性探讨。

---

① 《阖澳华侨济难会成立》,《华侨报》,1941 年 3 月 12 日,第 5 版;《阖澳华侨济难会》,《华侨报》,1941 年 6 月 11 日,第 4 版。

② [葡]施白蒂著,金国平译:《澳门编年史·二十世纪(1900—1949)》,第 277 页。

一、原有华人社团与战时救济

近代以来，澳门华人陆续建立了镜湖医院、同善堂两个综合性的华人社会慈善救济机构，它们在华人各界的关照、扶持下不断发展壮大。抗日战争时期，这两个传统社团成为华人慈善救济工作的中坚力量。除镜湖医院、同善堂这样专门的慈善机构外，澳门还有许多早年建立的其他性质的华人社团也转而兼顾施赈、慈善救济工作，如澳门中华妇女会、佛教无量寿功德林等，它们也曾与同善堂、镜湖医院等慈善机构一起救济同胞。

（一）镜湖医院慈善会

1941年，镜湖医院呈准澳葡当局立案，1942年10月，获得通过并正式改名为"镜湖医院慈善会"，同时成立由35人组成的值理会总理院务，其中正、副主席各1人，值理33人，[1]值理又有常务值理及管尝值理之别，常务值理处理日常事务，管尝值理则负责监督及审查核实。值理会下设总办事处，对医院、学校、义庄、医局等实施全面管理，根据《镜湖医院呈请澳政府补行立案章程》，其办理慈善事务包括：

一、延聘富有学识经验之中西医师多名，每天施赠医药，并轮值常用驻院料理医务；

二、方便妇人留产，施赠贫者接生；

三、赠种洋痘及办理其他临时施赠事项；

四、于关闸外高沙地方及对海湾仔等处置有义地辟为坟场，并为之管理；

---

① 吴润生主编：《澳门镜湖医院慈善会会史（1871—2001）》，澳门：澳门镜湖医院慈善会2001年版，第94、249页。

五、附设护士学校,养成看护人才,为本院及社会服务;

六、附设义务教育小学两间,每年酌收贫苦失学儿童,施以教育并给书籍、纸、笔,概不收费;

七、接收坊众委托管辖莲溪庙、三街会馆、关帝庙等司祝承投、祭礼典礼等项经费及当产权益之收支,并管辖湾仔广善药局财产暨一切事宜;

八、代理各善士家族产业。①

镜湖医院慈善会是澳门最大的华人慈善机构,除医院外,附设有义学、护士学校、义庄、义地、广善药局等。镜湖医院慈善会在战时的慈善救济工作包括赠医施药、施棺殓葬、教养难童等诸多方面,并经常协助其他机构的慈善救济活动,在诸多方面亦是华人社群慈善救济工作方面的领头羊。

1. 赠医施药

镜湖医院是当时澳门唯一的华人医院,赠医施药是其自设立以来一直延续的慈善工作。院内设有中西门诊,每日赠医施药时间由上午8点始至下午1点止,所有治疗所需中西药物均由该院发给,不收分文。此外医院还设有特诊部,随到随诊,每人收诊金1元,其余药费及注射药从廉酌收,以资弥补。当时长期驻院的西医有梁启华、彭伟田、张宠沽,女西医有高懿德、陈茜莹,中医有王浮东、戴耀田、郑仲辉等,为当地社群服务。②

镜湖医院赠诊中西兼施,然随着药材成本的上涨,特别是中药材不仅价昂,且许多药材几乎绝市,不得已于1942年2月暂停施赠

---

① 《镜湖医院呈请澳政府补行立案章程》,《西南日报》,1941年11月14日、15日,第1版。

② 《镜湖医院值理会议决要案》,《华侨报》,1943年4月24日,第4版。

中药,①1944 年 4 月 1 日暂时关停中医门诊,直到 1945 年 1 月 10 日始恢复,由黄序东医生主持办理,但恢复初期仍然只赠诊不施药。②因此,战时镜湖医院的施诊施药主要集中在西医门诊及西药,这样可以利用有限的资源及经费普济更多的贫病难侨。如下表所示:

表 3 - 2 1943—1945 年镜湖医院赠医施药人数统计表③

年度	1943 年	1944 年	1945 年	合计
赠诊人数	89 238	89 645	106 444	285 327
赠药剂数	121 907	126 137	169 791	417 835

镜湖医院战时平均每年赠诊将近 10 万人次,平均每天赠诊达 260 余人次,施赠药剂约 380 余剂。此外,战时由于霍乱盛行,镜湖医院还向澳葡政府卫生局获得赠种洋痘实施许可,春夏之交在本院、分诊所以及同善堂设种痘处,负责华人种痘以预防天花。④镜湖医院不仅施诊规模大,且在特殊时期终年无休,即便春节亦照常赠诊。如 1944 年的报道称:

> 镜湖医院以农历元旦将到……因患病而无从获施医药,至以为苦,年来时值非常,物价飞涨,下层阶级,多因营养不良疾病丛生,天寒地冻,尤为悽苦,特议决本年不休息,照常赠诊。⑤

如此可知,镜湖医院在战时天天赠医施药不曾间断。战时得到镜

---

① 《镜湖医院值理会常会纪》,《华侨报》,1942 年 1 月 31 日,第 2 版。

② 《镜湖医院恢复中医,今日起诊症》,《华侨报》,1945 年 1 月 10 日,第 4 版。

③ 澳门镜湖医院慈善会编印:《镜湖医院概况:1941—1946 年》,1947 年,第 12 页。

④ 《镜湖赠种洋痘》,《华侨报》,1944 年 3 月 25 日,第 4 版。

⑤ 《春节期内镜湖照常赠诊》,《华侨报》,1944 年 1 月 22 日,第 4 版。

湖医院救济的病人数以万计,如下表所示:

表 3 - 3 1943—1945 年镜湖医院留医、死亡、愈好出院人数统计表①

年度	留医人数	死亡人数	痊愈出院人数	12 月底留医人数
1943 年	7 459	3 453	3 791	215
1944 年	4 015	1 165	2 596	254
1945 年	5 931	1 486	4 083	362

战时粤省名医转来澳门就职该院者颇多,其中柯麟医生在院时组织了"西医顾问团",并筹设了手术室,提升了镜湖医院的医疗水平。1943 年 2 月,澳门镜湖医院医药部主任黄德光、黄耀坚、吴鸣、柯麟联名提议呈请澳葡政府,请求准予镜湖医院设立手术室。3 月 2 日,手术室获澳门卫生局复函准予设立,但规定将来割症时,须由葡籍医师到场负责。经过陆续建设,1945 年 5 月 20 日,手术室建成揭幕正式投入使用。② 6 月份施行手术 39 宗,7 月份施行手术 52 宗,③救诊效果十分明显。镜湖医院成为除澳葡政府医院外,澳门第二家能施行手术割症的医院,对华人社会而言又是一个造福社群的利举。

2. 施棺殓葬

收拾遗尸,施棺殓葬是华人慈善机构传统善业之一。由于战乱、米荒、霍乱等的影响,战时华人的死亡率一直居高不下,特别是 1942 年初,可谓是死者枕藉。当时报章记载,1942 年 2 月 12 日一

① 澳门镜湖医院慈善会编印:《澳门镜湖医院慈善会第三届值理会一年来工作报告》,1946 年,第 1 页。

② 澳门镜湖医院慈善会编印:《镜湖医院概况:1941—1946 年》,1947 年,第 11 页;《镜湖手术室开幕,澳督主持礼仪简单隆重》,《华侨报》,1945 年 5 月 21 日,第 3 版。

③ 《镜湖医院去月成绩表》,《华侨报》,1945 年 7 月 3 日,第 3 版;《镜湖医院医务报告》,《华侨报》,1945 年 8 月 9 日,第 2 版。

日间镜湖医院施出方棺收殓倒毙街头者达 40 余具,另外用帆布裹上载返院内殓房待殓者更是多达 80 余宗;①12 日晚至 13 日晚 6 时,该院执获死者连同青洲乞丐营(亦即青洲难民营)在内达 100 多具;2 月 15 日镜湖医院殓葬 97 宗;2 月 16 日殓葬达 106 宗。②

许多流落街头的难民以及澳门的贫苦人家果腹尚且难得,更不用提殓葬亲友。无人收殓的居民,以及街上倒毙的难民,除由山顶医院收殓外,其余均由镜湖医院收拾遗尸殓葬,但山顶医院所收尸者仍交由镜湖医院殓房,一同抬出关闸,或者运送湾仔填埋,因此收拾遗尸、殓葬的工作主要由镜湖医院负责。③

1942 年初,镜湖医院发起施棺运动,敬求各界善士资助施棺。自 1 月 6 日起在各报发布敬求施棺启事:

> 本院昨以中药缺乏,暂改施赠西药,但仍继续施棺,惟经费支绌,非得各界援助,则巧妇难为无米之炊,方今炎黎遍地,正宜为善布施之时。望各界善长,大发慈悲,解囊捐赠,使殁者得占厚惠,则功德无量矣。棺价每具五元,如蒙捐赠,不拘多少。请将款交本院办公厅代办,或迳交永寿长生店,取回收据,自当登报表扬也。本院欢迎各界随时莅院参观,乐意接受指导,此启。④

举办施棺运动以后,社会热心人士对于此举均表示支持,响应捐棺、捐款的华人络绎不绝。至 5 月初,该院共计收到各界施棺捐款

---

① 《露宿贫民饥寒交迫冻毙街头》,《华侨报》,1942 年 2 月 13 日,第 3 版。

② 《天气突趋严寒,昨更凄厉,贫民百人惨遭冻毙》,《华侨报》,1942 年 2 月 14 日,第 3 版;《天气严寒贫民凄苦,两日来冻毙者达二百人以上》,《华侨报》,1942 年 2 月 17 日,第 3 版。

③ 《镜湖医院请求改善运尸》,《华侨报》,1942 年 7 月 3 日,第 3 版。

④ 《镜湖医院敬求各界善士施棺启事》,《华侨报》,1942 年 1 月 19 日,第 3 版。

双毫 3 018 元 9 毫 9 仙、西纸 14 161 元 2 毫 9 仙,其间该院共施出方棺 1 719 副、方箱 508 个、板签 1 500 枝、石碑 965 件,用去西纸6 036 元 6 毫 6 仙、双毫 8 416 元 2 毫 5 仙,对比这一时期的进支尚余西纸 8 124 元 6 毫 3 仙,超支双毫 5 397 元 2 毫 6 仙。据该院统计,实际全部经费已经透支 1 000 余元。[1]

　　为殓葬倒毙澳门街头的苦难同胞,镜湖医院大量购置方箱、方棺、板签、石牌等,如 1942 年 2 月,该院购买永寿木店的方棺方箱等款达西纸 2 338 元 3 毫、双毫 1 307 元 2 毫。[2] 虽然物价上涨,施济数量大增,经费持续紧张,镜湖医院还是尽力维持,施棺不断,从1941 年至 1945 年镜湖医院施出方棺、方箱达 1.4 万余具。如下表所示:

表 3 - 4　1941—1945 年镜湖医院施出方棺、方箱数目统计表[3]

年份	1941 年	1942 年	1943 年	1944 年	1945 年	总计
施出方棺	2 975	3 877	2 209	469	464	9 994
施出方箱	1 623	1 800	941	227	385	4 976

　　施赠方棺、方箱的善举,在战时的特殊环境下,有利于澳门的环境卫生、市容市貌,不致遗尸满地狼藉,减少滋生大规模霍乱的可能。对于华人传统观念而言,这一善举可以救助无力殓葬亲友的华人,使死者入土为安,而且镜湖医院对于殓葬的每一位死者都会尽量落实其身份、姓名等,并订立墓碑以便其后人或戚友寻找、拜祭。

---

[1] 《镜湖医院善款多用于已死之人,十天之内施棺达双毫一千五百元》,《华侨报》,1942年 5 月 9 日,第 3 版。

[2] 《镜湖医院救护车现已暂行停驶》,《华侨报》,1942 年 3 月 14 日,第 3 版。

[3] 澳门镜湖医院慈善会编印:《镜湖医院概况:1941—1946 年》,1947 年,第 26 页。

3. 难童疗养所

镜湖医院收容了不少战时的难童、孤儿。1942 年时该院收容有 60 余人,均为与亲人走散或被遗弃在街上的小童,年龄在 1—3 岁。① 随着收容人数的增加,镜湖医院设立难童疗养所专门负责这些儿童的教养,最多时收容有 380 余人,战争结束后的 1946 年尚有 50 余儿童生活在所内。

难童疗养所的组织大纲由吴鸣拟就,规定该所由医药部管理,所内工作主要分两部分:一为医疗治理,二为教养。大纲从组织、筹募两方面实施,具体内容如下:

组织方面:

一、名称:本所定名为镜湖医院慈善会附设难童疗养所;

二、宗旨:为救济在澳难童疾苦起见,除留医疗养外,并教以儿童教育及各种有益身心游乐;

三、名额:暂定 200 名(如经费不足则酌量裁减);

四、管理:仍由医药部照旧兼理,以资简便;

五、暂定每月经常费 8 000 元(葡币),即每名每月伙食 30 元,以 200 名计,共 6 000 元,其余 2 000 元为药费杂费工食等费;

筹款方面:

一、推举筹款委员 5 人或 7 人以专责成;

二、登报征求捐助;

三、函请各界绅商协力捐助;

四、发送捐册;

---

① 《镜湖医院收容难童》,《西南日报》,1942 年 7 月 11 日,第 2 版;《镜湖医院抚恤孤儿》,《华侨报》,1942 年 7 月 12 日,第 3 版。

　　五、演剧;

　　六、函请报界担任宣传工作;

　　七、在未筹得款时所有一切开支以及经常等费,暂由本会经常费项下支[付],一俟经费有着然后归垫。①

　　难童疗养所设立后,镜湖医院收容的难童也就有了固定的安身之处。迨至 1945 年 6 月,该院抚养的难童计有 54 名,其中男童 41 名,女童 13 名,这些都是已无亲友可依靠的孤苦儿童。为他们将来的发展考虑,镜湖医院值理会决定按性别、年龄安排儿童接受教育,男童在 14 岁以上的拟施以职业教育,在可能范围内尽量送请无原罪工艺学校②收容习艺,若无原罪工艺学校不能全数收容,则由该院商请各工厂商店收作学徒,使其学有专门技能,将来生活上得所凭借。送往各工厂商店收作学徒,但没有完成学级的,该院将商请各工厂商店准其在晚间到镜湖义校继续上课。如果该院难童有品学优良,才堪造就而志愿升学的,则另拟奖学金办法,由该院补助升学。女童年龄在 14 岁以上的,交由院内看护长分配工作,充任该院女工。14 岁以下 8 岁以上的,尽量送入镜湖义校肄业。7 岁以下难童,则另辟地方聘请保姆 1 名,除训导外并负责各难童的管理保育工作,原来管理难童的人员则继续辅助工作。③ 安排难童的养与教,充分体现了镜湖医院“爱泽天下”之博大慈善情怀,以及“教人生利”的实践教育精神。

---

① 《镜湖医院值理会决议附设难童疗养所,暂定经常费用每月八千元,经决定七项办法进行筹款》,《华侨报》,1943 年 6 月 12 日,第 3 版。

② 无原罪工艺学校是澳门历史悠久的天主教慈善机构,抗日战争时期该校做了大量慈善救济工作。

③ 《镜湖医院当局拟就两项新猷:难童教育与职工训育,明日提请值理会通过》,《华侨报》,1945 年 6 月 8 日,第 3 版。

　　镜湖医院慈善会作为华人依仗的规模最大的综合性慈善救济机构,其慈善工作以救济病侨为主,同时兼及其他慈善工作:战时曾与怡兴堂合办粥场施赈难民;曾将镜湖长亭、义学借与其他慈善团体举办善举,如回乡会曾在镜湖义学办理资送难民事宜;澳侨赈饥会、同善堂曾在镜湖长亭、适亭办理施粥,这些都是镜湖医院的善举在战时的延伸,尽其所能救助贫难者。

　　(二)同善堂

　　同善堂创立于清末光绪十八年(1892 年),“是一个以中国内地源远流长的慈善文化为参照模式”[1],由粤港澳地区及海外的华人绅商名流在澳门建立的民间慈善机构,开展救死扶伤,济世助人,诸如赠医、施药、接生、殓葬、供茶、派米、救灾和恤贫等慈善工作。该堂创立时便已打下广泛的华众基础,是继镜湖医院之后,澳门的第二大民间华人慈善组织。

　　开办之初 30 余年间,同善堂会址设在议事亭前地 14 号,后因政府征用土地而迁福隆新街临时办公,1924 年迁至炉石塘街。1925 年 3 月 5 日,澳葡政府发出布告,“给予同善堂 500 元作为帮助有需要的华人之补贴”[2],自此同善堂开始接受澳葡政府的部分补助。抗日战争时期,同善堂的慈善工作从施棺赠药,发展到赠医施药、施粥、施茶、施棉衣以至设立义学,普及贫家子弟的教育等多个领域。

　　随着抗日战争全面爆发,同善堂与澳门其他慈善组织开始了长期、大规模救济华人贫难者的慈善工作。这些慈善救济工作包

---

① 金国平:《葡人眼中的同善堂》,《澳门研究》2012 年总第 67 期,第 28 页。

② Diplomas Legislativos No. 3,Artigo1,5 de Março de 1925,澳门民政厅档案(1925 年 1 月 5 日),澳门历史档案馆馆藏,Processo No. 678,Série S。

括大量收容难民、赠医、施药、施粥、殓葬、难童救济、物资施派等。
据报道:

> 该堂年来所办之善举,计有病者赠医施药,亡者施棺施
> 衾,生产者施果醋柴米,炎天施甘露茶以解烦渴,贫而失学者,
> 设男女义学以栽培,寒无以衣者,施棉纳麻包以御寒,贫无以
> 食者,施粥、施粟、施番薯等,种种善举,力行不倦,足见该堂值
> 理任事认真,故其成绩彰彰,而获得澳中人士,深表同情,不断
> 捐输,现虽艰难困竭,尚能维持善务,未尝减削分毫,其办事精
> 神,殊令人景仰之至也。①

同善堂是战时澳门社会比较有影响力的慈善组织之一,在战时一
直延续其各项善举,且规模不断扩大,特别是施粥济贫,几乎从未
间断,大量的贫侨、难民都得到该堂的救济。

1. 施粥、施粟等援助饥民

难民来澳剧增,觅食无着,同善堂即开始施粥救济,初时每日
在堂前派粥 500 份,后来随着难民的不断增加,施粥的数量亦不断
增加,到 1941 年秋,每日派粥达 180 桶,到场领粥人数达 7 000 余
人,最多时每天领粥人数达 1.5 万之多。② 同善堂自发起施粥善举
以后,各值理、监督等积极工作,不仅得澳门社会各界人士支持及
捐助,而且还得到澳葡政府在行动上的积极支持。1941 年 9 月 2
日,媒体报道了该堂派粥时的情景:

> 监督崔诺枝、蔡文轩、高可宁、叶子如、梁彦明、黄渭霖、李
> 如楷、余达洪、区照记、荣佩之、刘耀墀、陆翼南、黄仲良、郭秉

---

① 《同善堂施济不断》,《华侨报》,1941 年 1 月 29 日,第 5 版。
② 《同善堂施粥警察厅长亲临指导》,《华侨报》,1941 年 9 月 3 日,第 5 版;《同善堂施粥,
德成堂捐款赞助》,《华侨报》,1942 年 3 月 15 日,第 3 版。

(按:炳)琦等,到场指挥工作,支配完备,则有警察厅长布英沙
亲临指导,力赞该堂办事得宜,且以和蔼姿容,慰藉贫者,具见
爱护难侨,临民恺悌,至足可钦。①

派粥时亦有各界人士前来看望,并有感于时艰,当场慨捐赞助同善
堂施粥。如华人代表梁后源夫人、妇女会主席陈桂清女士曾莅临
现场,见贫民讨粥之众,恻焉感动,即时取出手指上价值连城的翡
翠玉戒一支,交该堂值理高可宁,请代为变现拨作施粥经费。②

　　同善堂是当时最早举办施粥的慈善机构之一,且规模很大。
该堂每日煮粥 20 镬,每镬成粥 9 桶,每镬粥需要用白米 45 斤、生油
1 斤、生姜数片、生盐 2 斤、烧煤 25 斤。每日派粥时,领粥人数常在
数千人,为维持现场秩序,劝导讨粥难民勿争先恐后,该堂还粘贴
一些标语:

　　　　食粥嘅③同胞,秩序请你守;步步慢慢行,切勿争先后;如
　　果逼得近,全身湿到透;大众都辛苦,人气又宿臭;欲想众同
　　情,不可乱噉④走;善信多捐助,方能食得久;奉劝众诸君,大家
　　要相就。⑤

　　同善堂除收集善款办理施粥外,还为政府及其他慈善机构、慈
善人士代为施赈。如 1942 年 1 月,该堂承澳督命令将美国红十字
会送来的麦米 800 包,转拨施赈路环难民 400 包、"黑姑娘"老人院
100 包、跑狗场内难民 100 包。该月还有某堂执事人捐同善堂港纸

---

① 《同善堂施粥警察厅长亲临指导》,《华侨报》,1941 年 9 月 3 日,第 5 版。
②⑤《梁后源夫人慨助翡翠戒指一支,望各女同胞继起响应赞助善举》,《华侨报》,1941
　　年 9 月 3 日,第 5 版。
③ "嘅"是粤语中最常用的字词,用作助词、语气词,相当于普通话里的"的"。
④ "噉"是粤语常用词,表示"这样"的意思,在粤语中基本可以与"咁"通用。

3 500 元,请同善堂暂时保存,等施清粟米后,再将该款酌量购买豆姑娘 200 包,以及黑豆、番薯或粟米等继续施派给贫难者。[①] 1942 年 3 月 13 日,又有署名"一二三同人"的善士函送番薯 3 021 斤,托该堂代为煮熟分赠贫者充饥。[②] 1942 年 2 月 15 日至 3 月 14 日为农历壬午新年正月,高可宁捐资举办赈济,初一至初三,一连三天在镜湖医院义庄及青洲难民营施粥,并发毫金施赈。[③] 不仅如此,高氏还敦请亲朋好友等参与施赈,在青洲难民营施粥持续整个正月,施粥事宜则由同善堂代为办理。事后该堂公布数目如下:

高可宁共施 9 天,该双毫 914 元零 1 仙,港纸 1 226 元 1 毫 2 仙;

大福公司共施 5 天,该双毫 507 元 7 毫 9 仙,港纸 681 元 1 毫 8 仙;

蓝李氏施 1 天,该双毫 101 元 5 毫 6 仙,港纸 136 元 2 毫 4 仙;

马万祺施 3 天,该双毫 304 元 6 毫 7 仙,港纸 408 元 7 毫 1 仙;

卢华东施 3 天,该双毫 204 元 6 毫 7 仙,港纸 408 元 7 毫 1 仙;

恒丰裕施 5 天,该双毫 577 元 9 毫,港纸 681 元 1 毫 8 仙;

卢展云施 2 天,该双毫 203 元 1 毫 1 仙,港纸 272 元 4 毫 7 仙;

①《同善堂值理常会纪》,《华侨报》,1942 年 1 月 22 日,第 2 版。

②《"一二三"善士送薯卅担》,《华侨报》,1942 年 3 月 14 日,第 3 版。

③《高可宁助米施粥,托同善堂煮赈》,《西南日报》,1942 年 2 月 13 日,第 3 版;《贫民笑逐颜开,高可宁粥派银》,《西南日报》,1942 年 2 月 18 日,第 3 版;另见《高可宁施粥派银,贫民笑逐颜开》,《华侨报》,1942 年 2 月 18 日,第 3 版。

胡巨施 2 天,该双毫 203 元 1 毫 1 仙,港纸 272 元 4 毫
7 仙,

整个正月 30 天一共支出港纸 4 087 元 1 毫,双毫 3 046 元
7 毫 2 仙。①

同善堂代各善士在正月施派的同时,2 月 18 日又继续在镜湖义庄
施粟米粥,每日达 2 000 份,②2 月 21 日后,并开始在该堂门前施粟
济贫。③ 此时同善堂既要在镜湖医院义庄负责施赈,又要在本堂门
前施派粟米粥济贫,还要代高可宁等在青洲难民营施赈,三者兼顾
实为不易,可见其施赈规模之大。

2. 管理青洲难民营事宜

1942 年初,澳葡政府在青洲建立乞丐收容所(当时社会上一般
称为"青洲难民营"),将市内乞丐、难民收入营中给予饭食,但一概
不许出营。营内施粥事宜则由同善堂代为煮粥施济,尔后,3 月 16
日开始由澳侨赈饥会接棒办理施粥 3 个月,6 月 20 日赈饥会结束
在青洲难民营的施派,继续由同善堂管理青洲难民营施赈事宜。④

再次接管后,同善堂在施粥的基础上还对营内难民做了许多
切实的救济工作。该堂雇用合昌棚厂在所内盖露天棚 8 个,以便
贫民在此集合领粥,同时还给各贫民义务剪发。施粥方面,每日煮

---

① 《同善堂公布代施粥数》,《华侨报》,1942 年 3 月 18 日,第 3 版。

② 《同善堂昨在义庄施粟,大福公司在青州(按:洲)施粥》,《西南日报》,1942 年 2 月 19
日,第 3 版。

③ 《同善堂筹施粟米粥救济贫民,将在该堂门前施派》,《华侨报》,1942 年 2 月 20 日,第
3 版;《同善堂今日在门前施粟,仍代大福公司在青洲施粥》,《华侨报》,1942 年 2 月 21
日,第 3 版。

④ 《同善堂明天青洲营施粥》,《西南日报》,1942 年 6 月 21 日,第 2 版;《澳侨赈饥会第二
施粥场停办》,《西南日报》,1942 年 6 月 22 日,第 2 版。

粥 8 镬,分两餐,每餐煮 4 镬,每人每餐派粥 2 壳,小童每餐则派 1
壳半。每一壳约重 5 两。其时青洲营内贫民、难民等多患脚肿,同
善堂亦效法赈饥会用白心薯煲乌醋,俾患病者服用,用来治疗。①
为了救助患病贫难同胞,该堂函请澳门各大药号捐助药物,获得永
安堂、梁永馨堂、永泰公司、雷天一等药行捐送来一大批药物。如
1942 年 5 月,梁永馨堂送来回春油 400 樽、玉桂油 50 樽;永泰公司
送来十字油 100 瓶、十字丹 60 盒、济众水 60 瓶。② 1942 年 6 月,雷
天一送来六神水 600 瓶,永泰公司送来十字油 100 瓶。③ 青洲营内
贫难者都是席地而睡,赈饥会筹得木板垫在地上为床,同善堂又设
法搭木架使得贫者宿睡免受水湿。④ 该堂值理崔六征得刘少荃、黄
颂平两善士每人捐助港纸 500 元,在宏泰木店购置新床板 500 块给
营内各人使用。⑤

澳葡当局派出警员将市街上衣衫褴褛之乞丐,尽数送交青洲
营,但其中不少是市民,并非真是乞丐,不过因穿着较为残破而被
误拘入难民营。这些人被拘入营,食宿虽有着落,但其中多数有家
人靠其赡养,同善堂副主席蔡文轩与布英沙商定,如遇此等事情时
由同善堂电知青洲营驻营警员将误送的市民放出。⑥

青洲难民营施粥工作繁重,为此该堂专门派出值理叶子如、崔

---

① 《同善堂昨日接办青洲粥场》,《华侨报》,1942 年 6 月 21 日,第 3 版;《青洲难民营睡处
　卑漏》,《西南日报》,1942 年 7 月 6 日,第 2 版。
② 《同善堂值理常会》,《华侨报》,1942 年 5 月 10 日,第 3 版。
③ 《同善堂值理会纪》,《华侨报》,1942 年 6 月 29 日,第 3 版。
④ 《邓贤初捐一万元助同善堂》,《华侨报》,1942 年 7 月 7 日,第 3 版;《青洲难民营睡处
　卑漏》,《西南日报》,1942 年 7 月 6 日,第 2 版。
⑤ 《同善堂昨收捐款》,《华侨报》,1942 年 7 月 21 日,第 3 版。
⑥ 《警察厅长允为同善堂筹款,高可宁亦允代募集经费》,《华侨报》,1942 年 6 月 27 日,
　第 3 版。

六专门负责办理此处事宜。同善堂除代办粥食外,也代各界在营内施赈,如 1942 年 11 月,同善堂代澳督及高可宁派赠青洲贫民现款每人双毫 1 元,由该堂值理叶子如、黄汉兴负责分派,一共派出双毫银 915 元。①

3. 办理难童餐,救济难童

1943 年 4 月,安置难童的托儿所施赈难童餐经费支绌,决定停办,考虑到千数难童的救济问题,托儿所主事人陈基慈神父向同善堂主席崔诺枝商请,希望该堂能够接继办理难童餐。同善堂于 4 月 2 日召开特别谈话会,决议答允接办难童餐,初定在善款内拨出双毫 3 000 元,在该所续办 2 个月,2 个月后如能续办再将施赠地点改迁该堂。会议之后,同善堂值理叶子如、陈茂枝、黄傑源、李如楷等前往托儿所了解施赠情形,有感于儿童救济的必要与急切,最终决定扩大救济。②

同善堂接办后,每日施赠难童餐增加到 1 000 份,分别在托儿所及该堂门前两处施派,原来在托儿所施派的难童餐 500 份,从 4 月 5 日起仍然照常前往同善堂领取,托儿所内的施派工作由所内各女修士协助完成。③ 4 月 11 日,同善堂开始在门前施派难童餐,每日 500 份,值理叶子如、黄渭霖、陈茂枝等亲到现场指挥派餐工作,施派现场秩序井然,得餐贫苦儿童莫不欣然而有喜色。④

---

① 《郭泰善士送棉衣,同善堂代派贫民》,《华侨报》,1942 年 11 月 1 日,第 3 版。

② 《同善堂接办难童餐,日间改在该堂门前施派》,《华侨报》,1943 年 4 月 3 日,第 4 版;《同善堂难童餐扩大办理日施千份》,《华侨报》,1943 年 4 月 4 日,第 4 版。

③ 《同善堂办理难童餐,五百份昨开始在托儿所派赠》,《华侨报》,1943 年 4 月 6 日,第 4 版。

④ 《同善堂难童餐由今日起开始施派》,《华侨报》,1943 年 4 月 11 日,第 4 版;另见《同善堂难童餐昨日开始派难童餐》,《西南日报》,1943 年 4 月 12 日,第 4 版。

同善堂难童餐每一镬粥用水 500 斤、白米 65 斤、眉豆 20 斤、生油斤半、食盐 5 斤、陈皮 2 两、干姜 6 两为原料,①煮粥材料相较难民粥丰富;以老糠为燃料,每一镬需要用糠 120 斤;而且由该堂值理黄渭霖为首倡,捐送猪油渣 10 斤作为星期日煮制难童餐的加料以后,陆续有各值理及善士响应捐送油渣、猪肠、牛什等食料作为难童餐星期日煮粥加料,使这些贫难儿童能够补充一些营养。

同善堂接办难童餐之后,每日施派进行十分顺利,并且得到社会各界关注,同时亦有人希望该堂加赠份数扩大救济。该堂也感到难童餐施派数量仍然不足以救济大多数贫童,于是决定每日再增加 500 份的施赠。此 500 张餐券除 70 余张特别券外,其余 400 多张则分别由各货理职员、善长、记者转派贫童,每人每日负责派 2 张、5 张或 10 张不等,领得粥券的难童从 5 月 5 日起开始领餐。②因此自 5 月份以后同善堂每日施派难童餐达到 1 500 余份。从 1943 年 4 月接办难童餐到 1945 年底结束,同善堂难童餐在经费不时短绌情况下几次面临停办,但其开源节流,呼吁救济,在华人社会各界的支持下,终于坚持到战争结束。

4. 门诊赠医施药

赠医施药是同善堂历来的施济工作之一。战时同善堂面临着药材难求、药价上涨、施济增多的局面,依然坚持扩大赠医施药的数量及范围来救济贫疾,难能可贵。因着战事的影响,水陆交通梗塞,药材来源困难,价格奇昂,中药中以北味子、北杏仁、滑石等价增尤锐,比以前价值增 6 倍多,③有些药材价涨凡数十倍甚至绝

①《同善堂难童餐材料丰富,适合贫童营养》,《华侨报》,1943 年 4 月 15 日,第 4 版。
②《明日加派五百份难童餐,各界继续捐款赞助》,《华侨报》,1943 年 5 月 3 日,第 3 版。
③《同善堂施药经费庞大,望各界捐款勖助》,《华侨报》,1942 年 3 月 19 日,第 3 版。

市。① 以前同善堂堂施药,每剂不过双毫1毫,到1942年2月每副药剂时值达双毫4毫5仙,3月时则涨到5毫多,4月又涨到6毫7仙。② 1944年6月,该堂每日上午8点至11点施出的中药300余剂,每剂价值葡币6毫,每日施药费用将近双毫200元。③ 1945年3月时,每日在堂内求医者达300余人,每剂药价值达葡币1元1角。④

　　即便药材价格持续上涨,同善堂的赠施却并未减少:1942年1月15日—2月14日(农历辛巳年十二月),同善堂赠医共2 978人,施药2 790剂,合银1 193元;⑤1942年2月15日—3月14日(农历壬午年正月),同善堂赠医共3 630人,施药共3 480剂,该双毫1 179元4毫9仙;⑥1943年9月29日—10月28日(农历癸未年九月),同善堂赠医共5 659人,施药共5 508剂,该双毫3 150元7毫;⑦1945年4月12日—5月11日(农历乙酉年三月份),同善堂赠医共5 028人,施药共4 921剂。⑧

　　一年之中夏季是同善堂施济的高峰。岭南地区夏季湿热,加上战时澳门人口密集,各种疾病极易发生。1942年7月13日—8月11日(农历壬午年六月份),同善堂赠医共6 302人,施药共

①《中药日渐短绌,价涨凡数十倍》,《西南日报》,1942年7月14日,第2版。
②《同善堂无款施棺》,《华侨报》,1942年4月26日,第3版。
③《崔诺枝希望各界捐助同善堂》,《华侨报》,1944年6月14日,第4版。
④《同善堂昨收捐款》,《华侨报》,1945年3月18日,第4版。
⑤《同善堂筹施粟米粥救济贫民,将在该堂门前施派》,《华侨报》,1942年2月20日,第3版。
⑥《同善堂将在茶楼设济贫箱》,《华侨报》,1942年4月1日,第3版。
⑦《同善堂值理常会》,《华侨报》,1943年11月13日,第3版。
⑧《同善堂值现常会纪》,《华侨报》,1945年5月17日,第3版。

5 889 人,用费达双毫 3 162 元 8 毫 2 仙;①1945 年 6 月 10 日—7 月 8 日(农历乙酉年五月份),同善堂赠医共 6 494 人,施药共 6 223 剂,费用合计银 6 688 元 8 毫。②

战时由于镜湖医院曾一度停施中药门诊并不再赠施中药,同善堂成为当时向澳门华人提供中药赠诊及施药的唯一慈善机构。该堂赠医施药最多是在 1941 年(农历辛巳年),该堂赠医93 008人,施药 85 825 剂。此外,据统计 1942 年(农历壬午年)该堂赠医59 077人,施药 56 154 剂;1944 年(农历甲申年)该堂赠医63 490 人,施药61 170 剂。③ 平均每天赠医约197 人,施药约186 剂,最多时一日施药达 300 余剂。这样的施济规模一方面反映同善堂的慈善工作量大,也说明当时华人生存环境的艰辛。

5. 寒冬施派棉衣,协助冬赈

每年时届寒冬,同善堂都会施派棉衣为贫难者御寒,如 1942 年 2 月,旧历年关,正是澳门最寒冷的时候,同善堂连日劝捐,并将善款购置大批棉衣、麻包衣、粟米等,甄别分发给街头难民、乞丐等御寒。④ 当时已年逾七十的同善堂主席崔诺枝亲自坐镇,连同各值理一起夜以继日,在寒潮袭澳时,到贫民露宿点派发棉被寒衣。⑤ 1942 年 12 月 6 日、7 日两晚,同善堂在街头施派棉衣,这项工作由值理叶子如担任,其带领职员到街头各处,遇到认为确实需要御寒

---

① 《同善堂值理常会》,《华侨报》,1942 年 9 月 6 日,第 3 版。
② 《同善堂值理常会》,《华侨报》,1945 年 7 月 14 日,第 3 版。
③ 《同善堂值理常会报告收支及施济状况》,《华侨报》,1942 年 3 月 12 日,第 3 版;《同善堂药局获利三万余元》,《华侨报》,1943 年 2 月 15 日,第 4 版;《同善堂值理常会纪》,《华侨报》,1945 年 2 月 18 日,第 4 版。
④ 《高可宁助米施粥,助同善堂煮赈》,《华侨报》,1942 年 2 月 13 日,第 3 版。
⑤ 同善堂值理会编印:《同善堂一百二十周年:今昔简志》,2013 年,第 33 页。

者,便赠予棉衣一件。① 1945 年 2 月,同善堂新值理陈瑞槐派人前往广州购置棉衣一大帮共计 498 件,2 月 5 日运抵澳门,然后陈氏连夜派人四出将棉衣票分赠与露宿道旁的贫难者,领得票者即可凭票到同善堂领取棉衣。②

澳门慈善人士举办各种筹赈棉衣的活动或捐助棉衣时,往往也是委托同善堂施派。如:1942 年 11 月,寒潮来临,郭泰善士送予同善堂棉衣 1 693 件,请该堂代为施派。不久该堂派出值理叶子如、李如楷将棉衣运往青洲难民营施派,共派出男棉衣 555 件、女棉衣 299 件、小童棉衣 107 件。③ 1943 年 1 月,有两善士送到该堂麻包衣 400 件,请其转赠各贫难者。④ 1943 年 11 月 21 日,有两善士从市上搜购棉衣 600 件,交到同善堂,请其代为施派给露宿贫民等。⑤ 1943 年 12 月 7 日,有达成公司、黄三高、张炳章等合送棉衣100 件交同善堂代派,同时取回棉衣券 100 张,自行分送贫者,领有该项棉衣券者则可到同善堂取棉衣。⑥ 1944 年 12 月 2 日,有黎忠义堂送出旧棉衣 320 件,交给同善堂代派贫难者御寒,并取回其中77 张棉衣券自行施派。⑦

除上述善举外,同善堂亦发动热心人士捐出木材或善款,用于施棺拾殓,使蒙难者得以入土为安。1941 年,同善堂施出大六零棺

---

① 《同善堂将派棉衣施赠露宿贫民》,《华侨报》,1942 年 12 月 6 日,第 3 版。

② 《陈瑞槐派棉衣》,《华侨报》,1945 年 2 月 6 日,第 4 版;《陈瑞槐派棉衣可谓雪中送炭》,《华侨报》,1945 年 2 月 9 日,第 4 版。

③ 《天气新寒,同善堂派棉衣》,《华侨报》,1942 年 11 月 19 日,第 3 版。

④ 《歌姬会棉衣千件同善堂代派》,《华侨报》,1943 年 1 月 13 日,第 3 版。

⑤ 《两位好善者捐送棉衣济贫,交由同善堂代为施派》,《华侨报》,1943 年 11 月 22 日,第 3 版。

⑥ 《热心人士捐出棉衣,分送贫者领用御寒》,《华侨报》,1943 年 12 月 8 日,第 3 版。

⑦ 《派送棉衣交同善堂代派》,《市民日报》,1944 年 12 月 3 日,第 1 版。

21 副、六零棺 215 副、大方棺 16 副、方棺 1 768 副、方箱 597 具、仵工 1 656 名。[①] 不仅如此,该堂还附设有同善堂义学救济贫苦失学的有志青年。每年初夏时节至农历八月,气候湿热,同善堂为便利往来行人解渴、防暑,都会制备凉茶施赈过路行人、商贾,施茶地点在该堂门前以及莲峰庙茶亭。[②] 每年中元节,该堂还会援例施放水陆魂幽,并请法师在本堂拜仪,同在海边烧衣,以慰幽魂。[③] 与镜湖医院慈善会相比,同善堂是典型的传统慈善机构,除本身慈善赈济功能外,还是澳门华人之间延续传统求助和施济的中转机构之一。

二、新生华人社团与慈善救济

澳门华人各界人士为救济贫民、难民,在华人领袖的倡导下新组建了怡兴堂、澳侨赈饥会、平粥会、澳侨协助难民回乡委员会等慈善救济组织。这些组织以赈济灾民、护送难侨为目的,因战时澳门社会救济及稳定的需要而产生,也因战时澳门周边环境改变而结束。

(一) 怡兴堂

1942 年初,热心慈善人士刘柏盈、罗晓枫、杨伯南、邱秉衡、梁卓梧、周柏甫 6 位殷商发起成立澳门怡兴堂,随即在镜湖医院义庄施粥,后来又施派难童餐,并且还积极推动组建澳侨赈饥会、回乡会等慈善组织。怡兴堂是澳门热心慈善的华商设立的私人施赈团体,其机构组织、运行机制相对较弱,所以在救济事业上,往往是与其他组织合作或者由其他组织代赈。不过,该堂的慈善活动十分

---

① 《同善堂值理常会》,《华侨报》,1942 年 3 月 12 日,第 3 版。

② 《同善堂施茶》,《华侨报》,1944 年 4 月 26 日,第 4 版。

③ 《同善堂决定烧衣拜忏以慰海陆两魂》,《华侨报》,1943 年 8 月 6 日,第 3 版。

广泛,且经费都由各商人承担,不曾向社会募捐。

1. 怡兴堂平价赈粥会

成立之初,怡兴堂同人见埠中米粮短绌,侨澳同胞多数嗷嗷待哺,意欲捐赠粟米、白米及燃料、配料,并拟具办法,函请镜湖医院代为煮粥施赈。1942 年 1 月 16 日,镜湖医院值理常会复函接纳,决定先将粟米等提返该院贮存,然后详细商讨施济办法。不久怡兴堂将粟米 100 包以及煮粥的材料拨往镜湖医院,赈粥事宜也迅速开展。

1942 年 1 月底,怡兴堂主事人杨伯南、梁卓梧、刘柏盈、邱秉衡等连同镜湖医院值理经过商讨,最终决定组织平价赈粥会。① 经过筹备商议,该会最终定名为“怡兴堂平价赈粥会”,以镜湖医院为办事处;暂定青洲贫民收容所(按:青洲难民营)为沽粥地点;设正副主席各一人,由刘叙堂、梁卓梧分别担任;并设立交际、购料、财政、监制、平沽五部。黄苏为交际部正主任,梁卓梧为副主任;杨家海为财政部正主任,梁鎏为副主任;李容伯为购料部正主任,姚满为副主任;刘耀埠为监制部正主任,伍禧牧为副主任;曹子光为平沽部正主任,谭松灿为副主任。各部分别任事,交际部负责与官厅及各机构交涉事务,并统筹公函文件事宜;购料部担任购置各物,整理及发给煮粥原料;财务部管理进入及支出银两账目,保管购料部买入各物;监制部获取煮粥原料,督饬工人煮粥,煮熟后交到沽粥地点,还负责煮粥地方厨灶等各种器具;平沽部担任沽粥和沽粥前发给、验收各种手续的工作。②

---

① 《怡兴堂捐送粟米百包交镜湖医院煮赈贫民》,《华侨报》,1942 年 1 月 31 日,第 2 版;《怡兴堂平价赈粥会与镜湖医院联合主办》,《华侨报》,1942 年 2 月 3 日,第 2 版。

② 《镜湖医院怡兴堂合办平粥,办法拟定日间开始》,《华侨报》,1942 年 2 月 7 日,第 3 版。

为了便利工作起见,该会聘请名流黄耀坚、杨伯南、邱秉衡、刘柏盈、周柏甫、罗晓枫、徐鹤侪、陈伯苏诸君为顾问。1942 年 2 月 8 日,主席刘叙堂为策进会务,召集各部主任及全体顾问到镜湖医院大堂开第一次会议,推定何永、谢子骥、夏生、麦孔愃、苏宏、秦君秀、谢江之、仇景瑞、梁傑灵、方炎、刘巨等为各部干事,协助会务;议定派员往谒警察厅厅长布英沙,请予以便利购办白米、燃料,并请在青洲拨仓三所作为贮物及工作人员住宿之用,并商请澳督代为请求自来水公司免费供给自来水。① 与此同时,该会开始分发领粥证,粥证上必须粘贴领粥者本人照片,可见该会工作缜密。

"怡兴堂平价赈粥会"是由镜湖医院与怡兴堂合办,煮粥等物资由怡兴堂施出,施赈则主要由镜湖医院负责。1942 年 2 月 17 日,该会即日起在镜湖医院长亭以及青洲万国火柴厂内(即青洲难民营)两处分别派发平价粥。每日售出 1 000 份,每份约重 14 两多,以粟米占 7 成,白米占 3 成,加上生姜、生油等食料煮成。每份售价铜仙 4 枚,以 3 个月为一期。沽粥时间为每日下午 4 点至 6 点,原定 600 份在镜湖长亭施派,400 份在青洲难民营施派。② 由于此一时期青洲有高可宁及同善堂在施粥,随后又有新成立的澳侨赈饥会接办青洲施粥事宜,所以,怡兴堂所施粥米每日 9 时全在镜湖长亭进行,直至 7 月该堂改派难童餐才结束。

施粥时,该会主席刘叙堂、副主席梁卓梧及各顾问等都到场指挥工作,镜湖医院员工、镜湖学校教职员等数十人也到场承担施派工作,崇实、中山、粤华等学校派出童军到场协助工作,警察厅亦派

---

① 《怡兴堂卖平粥快将开办,已加工赶筑炉灶》,《华侨报》,1942 年 2 月 9 日,第 3 版。
② 《镜湖医院怡兴堂合办平粥,办法拟定日间开始》,《华侨报》,1942 年 2 月 7 日,第 3 版;《怡兴堂捐粟煮粥济贫今日起分两处举行》,《华侨报》,1942 年 2 月 18 日,第 3 版。

有警员在场维持秩序。从第一天发售的情况来看,当日领粥人数众多,致使工作结束时间延迟;同时还有已经领过的人,重新混入队伍领粥,导致秩序维持任务加重。①

怡兴堂赈粥原定办理 3 个月,期满时饥民有增无减,于是又续办两月,大约 5 个月内该会共施粥 148 013 份,用柴 3 万余斤,白米 9 千余斤,粟米 1.3 万余斤,白豆、生姜、玉糠、生盐各千余斤,生油 370 余斤。② 饥民中有不少患脚肿病的,该会又施以白心番薯以及乌醋帮助治疗,其间一共施出 1 130 份,③至于所有开销费用全部由怡兴堂同人负担,不曾向社会募捐,可见怡兴堂施赈实力,亦可观怡兴堂各殷商为广济难民所付出的诚意。

2. 教养难童

1942 年 7 月,怡兴堂决定于农历五月底(7 月 12 日)将原来镜湖长亭的平价赈粥会停办。农历六月初一(7 月 13 日)开始由诚修堂接办,在镜湖医院长亭施派难童餐,施济时间初定 6 个月,每日定额 700 份。④ 施派对象全是无依的贫童,这些贫童必须事先办妥摄像登记手续,领取粥证,届时方可凭券到场就食。

诚修堂难童餐由几位盐商举办,主办人仍是怡兴堂人员周柏

---

① 《怡兴堂赈粥会昨日开始施粥,每日施出千份,贫民凭券领取》,《华侨报》,1942 年 2 月 19 日,第 3 版;《怡兴堂赈粥会昨日施粥情况挤拥,崇实中山等校童军到场维持秩序》,《华侨报》,1942 年 2 月 20 日,第 3 版。

② 《有人主张多设难童会食地点》,《华侨报》,1942 年 7 月 6 日,第 3 版;《诚修堂续办施粥》,《华侨报》,1942 年 7 月 9 日,第 3 版;《诚修堂初一派粥》,《华侨报》,1942 年 7 月 10 日,第 3 版。

③ 《怡兴堂施粥会举行茶叙》,《华侨报》,1942 年 7 月 12 日,第 3 版。

④ 《怜恤孤儿,怡兴堂办理难童粥》,《华侨报》,1942 年 7 月 5 日,第 3 版;《诚修堂昨开始施粥》,《华侨报》,1942 年 7 月 14 日,第 3 版;《怡兴堂施粥结束,由诚修堂接办》,《西南日报》,1942 年 7 月 10 日,第 2 版;《怡兴堂停止施粥,诚修堂今日接办》,《西南日报》,1942 年 7 月 13 日,第 2 版。

甫、邱秉衡、罗晓枫等,所以诚修堂是怡兴堂同人为有别于前期与镜湖医院合办的怡兴堂平价赈粥会而设立的堂号。该堂每日 9 点开始施派,每一份难童餐时值约双毫 1 毫 8 仙。及至 1942 年 12 月,难童餐施派 6 个多月用去白米 600 余包。[1] 由于时届寒冬,难童生活更加艰难,原定 6 个月施派期满后,该堂继续施派难童餐一期 3 个月,到 1943 年 3 月中旬期满时又再继续施派一期 3 个月,直到 1943 年 7 月才依形势考虑停续。[2]

虑及儿童必须施以教育,做到教、养两全,怡兴堂同人与澳门南海联合中学商议救济办法,决定于每日上午施粥之后,由该校选派师范生 10 余名到镜湖义学轮流义务教授难童,给以一定的学识教育。[3] 当时有百余男女难童报名参加,多数为学业优秀者,有的甚至已至初中程度,皆因遭逢战乱而流离失学。

由于时局的特殊性,诚修堂后来将每日施派份数增加到 1 000多份,并迁到镜湖义学办理,一直延续到 1944 年 6 月 21 日才宣布停办。[4] 诚修堂救济难童教养兼施,施派难童白饭历时 3 年,给养难童千余名,并对其施以教育,还曾与澳门理发行业联络,对难童实行义剪。一个私人组织的慈善团体救济社会贫苦,有如此规模及恒心,是十分难得的。

怡兴堂是由澳门数位殷实华商组成的私人赈济团体,在战争的特殊时期,他们以自己经商所得反哺社会。该慈善机构成立后,通过怡兴堂平价赈粥会救济贫难者,后又组织诚修堂施派白饭,养教难童,坚持 3 年不曾间断,未向社会劝募经费,诚为可贵,亦可见

---

① 《诚修堂继续救济难童》,《华侨报》,1942 年 12 月 21 日,第 3 版。
② 《诚修堂施粥嘉惠贫童办至本年七月》,《华侨报》,1943 年 3 月 6 日,第 3 版。
③ 《怡兴堂嘉惠难童》,《华侨报》,1942 年 5 月 2 日,第 3 版。
④ 《诚修堂施粥今日停止办理》,《华侨报》,1944 年 6 月 21 日,第 4 版。

各商经济实力雄厚。除直接施济外,该堂还组织发起澳侨赈饥会以及回乡会等大型慈善救济组织,并担任骨干成员,为这些慈善救济组织出钱出力。

怡兴堂的慈善救济活动,展示了澳门华商在华人社群慈善救济、社会公益事业等方面的担当及实力,这些活动使得慈善华商成为华人社会的楷模及领导者。

(二)澳侨赈饥会

太平洋战争爆发以后,澳门物价飞涨,一般平民艰难度日,难民更形凄惨,饿殍载道,赈饥成为社会救济之要。于是由怡兴堂殷商倡导发起,华人社会各名流、绅商决定成立一个专门的赈饥组织。

1. 澳侨赈饥会的设立

1942年2月23日,一众绅商在五洲酒店三楼召集发起澳侨赈饥会第一次筹备会议。到会者有各方热心人士及各报记者等30余人,公推刘柏盈为临时主席,即席选出刘柏盈、钟子光、陈强、杨贵和、余和后、陈植庭、罗晓峰、邱秉衡、梁卓梧、周柏甫、梁钰兴、黄天衢、阮维亮、冯恩棠、姚标、程森、李佩堪、曹少怀等19人为筹备委员,办理会务;推举陈强为筹委会临时财政员,负责收集捐款事宜;委托周柏甫起草施赈办法;并定于25日下午2时在工商酒店三楼召开筹备委员会议。①

筹备会上还决定即席认捐善款以充会费和初期的慈善经费,由刘柏盈向在座各发起人劝捐,所得捐款数目甚大,共计达港币1万余元,其中刘柏盈、陈胜贵等各捐港币1 000元;元善堂(杨伯南、邱秉衡、梁卓梧、周柏甫、罗晓峰)共捐港币5 000元;陈强、刘林良、刘洛川每人捐港币500元;梁盈初捐大洋500元;平安煤行捐港币

①《澳侨赈饥会今日开会讨论救济办法》,《华侨报》,1942年2月23日,第3版。

400 元;荣昌煤业公司捐 300 元;麦瑶光、劳渭佳各捐大洋 300 元;余和俊、福隆公司各捐港币 200 元;同兴煤业公司捐港币 130 元;梁钰兴、曾渭、黄厚成、陈植庭等各捐港币 100 元;曹少怀捐港币 50 元;刘庆春捐港币 20 元。[①] 为了不动用公款,当日开会的茶点等费用由刘柏盈报销。可见,澳侨赈饥会是由澳门的殷实商人及社会名流所筹备组织,经济实力自是强大,而且具有很强的号召力。

筹备委员选定之后,该会如期在工商酒店三楼举行第二次筹备会议,征得各筹备委员意见后,即席宣告赈饥会正式成立,决定暂以巴素打尔古街 57 号永泰盐务公司 2 楼内为办事处。推选职员及各部负责人等是会议的重要议题,经议定该会实行委员制,当即选出核心委员、劝募委员以及干事员负责赈饥会事宜。

核心委员一共 7 人,分别为主席刘柏盈、副主席罗晓枫、周柏甫(总务)、陈伯祥(财政)、梁卓梧(交际)、陈声始(监督)、冯恩棠(购办);劝募委员由蔡文轩、邓汉生、常启康、源晋初、何显堂、冼碧珊、张牛、骆九、杨颂周、程大元、邝伟卿、邓晴隆、杨贵和、黄汉兴、陆电明、李松江、刘耀墀、梁彦明、缪云初、冯鎏如、陈植生、杨振骥、黄结记、姚心铭、钟子光等 39 人担任;主要干事员则有程森、梁钰兴、姚标、苏荣、李志容、黄厚成、陈忠、梁明、马祝坚 9 人。[②] 前期筹备就绪后,澳侨赈饥会施赈地点定在镜湖医院长亭,每日计划派送数量为 1 000 份,并决定将各领粥证书摄影存记,以杜流弊。

1942 年 3 月 6 日,澳侨赈饥会在跑狗场镜湖医院义庄(适亭)

---

① 《澳侨赈饥会昨开筹备会情形热烈,即席募捐成绩优异得善款万余元》,《华侨报》,1942年 2 月 24 日,第 3 版;《本澳伶星界组织义赛游艺大会筹款赞助澳侨赈饥会》,《华侨报》,1942 年 3 月 2 日,第 3 版。

② 《澳侨赈饥会今日二次筹委会议》,《华侨报》,1942 年 2 月 25 日,第 3 版;《澳侨赈饥会积极进行会务,将在镜湖长亭施赈贫民》,《华侨报》,1942 年 2 月 26 日,第 3 版。

开始施粥赈济,而非原定的镜湖医院长亭。因为当时长亭已有怡兴堂与镜湖医院合办的赈粥会每日施派,而澳侨赈饥会的主事者大部分为怡兴堂人员,所以为免重复施派而将地点更改。由此可知,怡兴堂同人实际上主持着澳侨赈饥会和赈粥会两处救济组织的施赈工作。开办初期,澳侨赈饥会每日施粥 1 000 份,[1]每份重 12 两,由米杂以黑豆、肉糠煮成。[2] 由于到场排队等候领粥贫民人数众多,场面甚为拥挤,该会邀请各界热心人士到场参观,并希冀更多有心者资助粥场经费或协助维持施赈秩序。

为筹集慈善经费,维持粥场长期运作,该会决定发行捐册进行募捐,并且聘请华人名流绅商担任名誉委员及名誉顾问协助筹募经费。澳侨赈饥会延聘的名誉委员及名誉顾问多达 151 人,并且都是澳门热心慈善公益事业的华人精英,有高可宁、崔诺枝、蔡文轩、毕侣俭、梁后源、傅德荫、刘叔堂 7 人受聘担任名誉委员,[3]殷理基、刘洛川、李如楷、陈兰芳、黎廷启、高福耀、简坤、毕猗迢、黄涉川、张芬、刘铎、毕卓明、阮维熊、林保、梁鸿勋、何砺石、冯顺遇、李供林、李佩湛、刘荣光等 144 人担任名誉顾问一职。[4] 捐册经警察局核准加盖戳印后,便分送各募捐委员、名誉委员以及名誉顾问等向社会进行善款劝募,一个月后收回。发出捐册不久,至 3 月 13 日,赈饥会已收到捐款港币 14 448 元、大洋 23 945 元、双毫 1 元,[5]

---

① 《澳侨赈饥会明日施粥,地点在镜湖医院义庄》,《华侨报》,1942 年 3 月 5 日,第 3 版。

② 《第二粥场廿一起撤销》,《西南日报》,1942 年 6 月 17 日,第 2 版。

③ 《澳侨赈饥会进行募捐,捐册已由警厅核准》,《华侨报》,1942 年 3 月 7 日,第 3 版。

④ 《澳侨赈饥会聘定名誉顾问,警厅核准捐册日间开始募捐》,《华侨报》,1942 年 3 月 9 日,第 3 版。

⑤ 《澳侨赈饥会施粥办理完善,各界人士热烈捐款赞助》,《华侨报》,1942 年 3 月 10 日,第 3 版;《澳侨赈饥会救济贫民增设青洲粥场》,《华侨报》,1942 年 3 月 17 日,第 3 版。

其中鸿利银号廖继禹所筹得的善款多达万余元。①

2. 会务的发展与扩大

随着经费的增多,澳侨赈饥会施粥数量增加到每日施粥 1 250 份左右。② 各项工作稳定后,该会顺应当时社会需要,扩展赈济规模,增设青洲第二粥场,接替同善堂在青洲难民营(时人亦称"青洲乞丐收容所")的施赈工作。

(1)青洲第二粥场。澳门街市的乞丐以及赤贫者一般由警察厅定期搜寻并集中送入青洲难民营生活,贫民中也有不少安置在青洲贫民屋内,所以澳门难民、贫苦者在青洲为数众多。1942 年 3 月 13 日,警察厅督察长官耶约见赈饥会主席刘柏盈,对该会办理施粥给予赞扬,同时希望该会能够扩大规模,在青洲增设一所粥场。③

按澳葡政府的指示,澳侨赈饥会遂即召开第二次例会,周柏甫、刘柏盈、陈声始、朱荣光、何达聪、周家明、程森、罗晓枫、何志泳、刘国楷、梁华等出席会议。会上主席刘柏盈提出:由于本澳督察长的谕命,打算将本会现办施赈粥场停办,改往青洲施赈。罗晓枫等则认为"本会施赈地点,经办有成绩,一旦停赈,似令贫民失望,已办者仍照办,拟再增加青洲施赈",④此提议得到与会者全体通过,因而在青洲设立第二粥场。

3 月 16 日,同善堂结束代高可宁等在青洲难民营为期 1 月的施赈,由澳侨赈饥会接继办理,增设青洲第二粥场,每日施派 1 200

---

①③《澳侨赈饥会增设青洲粥场,各界捐助已达二万余元》,《华侨报》,1942 年 3 月 15
　　日,第 3 版。

②《赈饥会请领公米以为施粥之用》,《华侨报》,1942 年 4 月 1 日,第 3 版。

④《澳侨赈饥会救济贫民增设青洲粥场》,《华侨报》,1942 年 3 月 17 日,第 3 版。

份。① 青洲难民营营内赈济任务较重,工作上需要更多人手,该会又延聘朱荣光、何达聪、张志究、张安之等 8 人为干事,常驻青洲办理施粥等各项事务。

澳侨赈饥会接手青洲难民营的施赈派粥后,加紧增置炉灶,从同善堂借来粥镬在营内煮粥,每日施粥两次,使营内难民、乞丐能得安其所。该会主事人见青洲难民营内地方潮湿,卫生条件差,设施简陋,没有床铺而是席地而睡,于是与高可宁商议借到一批杉板铺在地上,使得难民、乞丐等在营内睡宿免于潮湿。当时营内染病者比较多,该会便向社会征集药物,如有永泰公司捐赠十字油 100 樽,作为营内救治患病者所用。② 可见澳侨赈饥会对难民营的施赈并非局限于施粥,还对营内难民及乞丐的住宿条件进行改善,并提供一些医药捐助,较之原先更周到一点。

澳侨赈饥会每日两粥场同时施派,镜湖适亭每日施粥 1 250 份,青洲难民营内难民、乞丐等因不得出营到市区觅食,每人必须施以双份,分别在上午及下午分两场施派。如,1942 年 4 月,营内人数有 750 人,每日必须施粥 1 500 份,所以该会每日的施粥实则达 2 750 份,③可见当时施粥规模之大。

(2) 妈阁第三粥场。各界对澳侨赈饥会的捐助不断增多,陆续举行各种慈善筹募活动充实该会的施赈经费。1942 年 4 月 19 日,该会召开例会决定在下环区设立第三粥场,以便普遍救济贫难侨胞。场址初步计划向澳葡政府商借妈阁船厂或屠房的一部分,若澳葡政府不便借出,则在下环新填地盖搭竹棚一座用来施粥,预期

---

① 《青洲粥场今日开办,每日施一千二百份》,《华侨报》,1942 年 3 月 16 日,第 3 版。

② 《赈饥会在青洲筑灶煮粥,乞丐收容所内每日施粥两次》,《华侨报》,1942 年 4 月 6 日,第 3 版。

③ 《赈饥会请领公米以为施粥之用》,《华侨报》,1942 年 4 月 1 日,第 3 版。

在一星期内实现。①

确定场址是设置粥场的前提,然而商借妈阁船厂及屠房的初步计划未得澳葡政府允许,搭建竹棚耗资耗时,该会主理刘柏盈与名誉顾问曾奇玉于 25 日亲自前往下环妈阁庙附近视察,最终获得妈阁庙主事人允诺,借出妈阁庙尚余一部分空地作为施粥地点。② 粥场地址确定后,该会对急需救济的贫难侨胞发放粥证,持有粥证后便可到场领粥就食。

妈阁第三粥场从 5 月 1 日开始施粥,当日领粥人数有 400 余人,③比预计每日派粥 600 份数额较少,④随后,每日领粥人数逐渐增加。粥场各项工作都是由热心善士义务担任。第一天施派,该会职员梁溢、姚标以及记者方肇麟等即到场积极协助工作。后来工作人员还在空地搭起竹棚,用来遮阳挡雨。当时各慈善机构没有在下环区设立施粥场,澳侨赈饥会在该处的施赈,使得该区域及附近的贫难者得到一定的帮助。

1942 年 5 月 31 日,澳侨赈饥会在常会上报告存款数额只有港币万元左右,难以维持长期浩大的赈济,决议一旦向澳葡政府领购的公米用完,即将青洲难民营的施粥工作交回政府办理。⑤ 澳侨协助难民回乡委员会成立后,澳侨赈饥会成员主要致力于办理护送

---

① 《赈饥会扩大施赈》,《华侨报》,1942 年 3 月 21 日,第 3 版;《赈饥会增设第三粥场,本周可告实现》,《华侨报》,1942 年 4 月 20 日,第 3 版。

② 《赈饥会第三粥场地点解决,星期三可开始施粥》,《华侨报》,1942 年 4 月 26 日,第 3 版。

③ 《赈饥会第三粥场今晨开办,每日施 600 份》,《华侨报》,1942 年 5 月 1 日,第 3 版;《赈饥会第三粥场昨日开办》,《华侨报》,1942 年 5 月 2 日,第 3 版。

④ 《澳侨赈饥会第三粥场五月一日开办》,《华侨报》,1942 年 4 月 27 日,第 3 版。

⑤ 《赈饥会存款有限,施赈不能持久》,《华侨报》,1942 年 6 月 1 日,第 3 版;《赈饥会退办青洲粥场,同善堂将继续办理》,《华侨报》,1942 年 6 月 4 日,第 3 版。

华侨回乡工作,社会人士的捐助亦多用作回乡资助。迨至 6 月份,澳侨赈饥会施粥将近 3 个月,要维持 3 个粥场的运作,用费不赀,但存款不多,刘柏盈、梁卓梧等向布英沙、官耶说明一切,于 6 月 21 日将该会在青洲难民营的施赈工作结束,转由同善堂接继办理该营的施粥工作。8 月 1 日开始,赈饥会发出催收捐册启事:

> 公启者 本会自发动赈饥以来计期已将半载,深荷社会各界人士源源捐助善款,良殷感佩。现查所存款项无多,施济势难持久,兹为准备结束清完手续起见,请将日前送上捐册连同捐款早日惠交本会代收捐款处(营地大街鸿利银号代收)以利进行,除分函外用特登报诸为查照,希勿见延为荷,截收捐款日期国历 8 月 15 日。①

澳侨赈饥会即将结束的启事,给两粥场的贫民带来很大的影响。他们多数是因战争影响失业的爆竹、神香、火柴等各行业工人,米荒时期,澳侨赈饥会的施赈给予他们生活上很大的帮助,所以都不希望赈饥会结束施粥。由于经费无以为继,该会决定于 1942 年 10 月 1 日停止施粥。② 即便是维持到 10 月 1 日,当时的经费已然不足,施济至 9 月 13 日时,该会余款仅有大洋 2 600 余元,港币 2 200 余元,③按当时物价衡量是无法维持到 9 月底的,但该会各员还是想尽办法勉力维持到指定结束日期。澳侨赈饥会最终结束,主要原因是经费来源不足,另外由于该会以澳门为中转组织发

---

① 《澳侨赈饥会催收捐册启事》,《华侨报》,1942 年 8 月 1 日,第 1 版。

② 《赈饥会宣告结束》,《西南日报》,1942 年 9 月 1 日,第 2 版;《澳侨赈饥会停办施粥后盼热心人士接办》,《西南日报》,1942 年 9 月 2 日,第 2 版。

③ 《澳侨赈饥会结束期近》,《华侨报》,1942 年 9 月 8 日,第 3 版;《澳侨赈饥会存款无多,恐不能支持至月底,盼各界将捐册交回》,《华侨报》,1942 年 9 月 14 日,第 3 版。

起了一场浩大的回乡运动(在后续中转站一节论述),留澳难民已不多。1942 年 10 月,澳门大饥荒的高峰已过,社会上的施粥场尚有数所,即便澳侨赈饥会粥场停办,贫民尚可到别处粥场寻求救济。

抗日战争时期,除为筹赈华人贫难而新成立的怡兴堂、澳侨赈饥会、回乡会等规模较大的应急慈善救济组织外,尚有一些小规模、短时间的粥场曾陆续设立,如李铭道主办的平粥会、氹仔绅商组织的氹仔赈饥会等,这些慈善粥场虽如昙花一现,却也是可圈可点。

1942 年初,澳门热心人士李铭道,举办"澳门平粥会",借莲溪庙的一部分作为施赈地点,廉价售粥给一般贫民充饥。澳督戴思乐对于此举十分赞赏,拨给砖石筑灶,饬命工务局人员义务帮助建造粥场,而且手续上给予通融。① 粥场建成后,于 3 月 7 日开始售粥,时间为上午 8 时至 12 时,下午 3 时至 7 时,②每份粥售价半毫,开售的第一天售出平价粥 2 000 余碗,并免费施派 100 多碗。③ 第二天该粥场又售出 3 000 余份。此外,粥场每日夜间派出委员向街边贫民赠送粥券 100 张,④得券者可以在粥场售粥时到场领取食粥。平粥会发出的粥券,定价为每张半毫,可以买得半斤粥,售价低廉,贫民可以一餐吃饱,于是有不少慈善人士购买该场粥券施赠给有需要的贫民。

1942 年 5 月,离岛地区氹仔当地华人绅商成立氹仔赈饥会,还

---

① 《莲溪庙平民粥开始建筑炉灶》,《华侨报》,1942 年 1 月 27 日,第 2 版。

② 《澳门平粥会今日开售,售价低廉贫民受惠不少》,《华侨报》,1942 年 3 月 7 日,第 3 版。

③ 《澳门平粥会昨日开始发售,秩序异常良好》,《华侨报》,1942 年 3 月 8 日,第 3 版。

④ 《澳门平粥会派送粥券每晚额定百张》,《华侨报》,1942 年 3 月 10 日,第 3 版。

聘请氹仔市政厅长哥士打夫人担任名誉会长。① 5 月 14 日始先行每日施派 100 份,救济残疾人及贫苦无告者。② 6 月 1 日,该会在当地街市开始正式施粥赈饥,以 1 个月为 1 期。初定每天施赈 200 份,分甲、乙两种,甲种每日 2 餐,乙种每日 1 餐。时局艰难,每天向该会领粥人数不断增加,到第 1 期结束时,甲种增加到 250 份,乙种施派达 300 份。③ 到 7 月 3 日开始第 2 期施派时,该会经费只能勉强支撑到是期结束,而且是在人数不再增加的情况下。 氹仔为澳门的工业区,香港战事爆发后所有爆竹厂均告停工,难民及失业工人达 2 000 余人,④该会的救济令诸多难民及各业工人受惠。

澳门平粥会、氹仔赈饥会与怡兴堂、澳侨赈饥会等虽然都属于战时新兴的慈善救济组织,但前者救济范围较小、时间短促,自然难与后者所产生的影响相提并论,不过其能够以有限的力量来施济数百华人,举善为公的行为值得推崇。总体而言,战时新设立的这些慈善社团职能都较纯粹单一,除回乡会外,其他都是举办粥场赈饥,作为战时的应急性慈善组织,以缓解暂时的困难为目的,所以一旦情况好转即行停办。赈济组织的命运急转亦向我们展示了澳门华人社群慈善救济的"起"与"落"。

---

①《氹仔名流殷商组织救饥会,昨经成立选出职员》,《华侨报》,1942 年 5 月 2 日,第 3 版。

②④《氹仔一瞥》,《华侨报》,1942 年 5 月 15 日,第 3 版。

③《氹仔施粥会办理完善》,《华侨报》,1942 年 7 月 3 日,第 3 版。

第三节 澳葡政府救济举措及其活动

澳葡政府在官方层面实施的战时救济,主要包括对葡裔难民的救助、对华裔贫难者的赈济以及对英美裔难民救济的协助三个方面。澳葡政府官方救济主要偏向葡裔难民,对华裔的赈济则主要采取"以华养华"策略,对英美裔难民的救济主要还是靠英国驻澳门领事馆,澳葡政府予以协助,略施援手。

一、澳葡政府对葡裔难民的救济

战时来澳避难的葡裔难民主要分为两拨:一拨是由内地来澳,主要是由上海及广东省内来的葡裔;一拨则是在香港沦陷前后,由港迁澳的旅港葡裔。香港沦陷前4个月,旅港葡裔有311名成年男子、472名女士和420名小童来到澳门避难,是从香港来澳门逃难的第一批葡裔;1942年1月,又有1 600名旅港葡裔登记由日本船只分两批载来澳门避难,澳葡政府负责支付雇用船只的费用。根据《华侨报》的报道,两批到达的葡裔实际第一批2月6日到达,人数为980人;第二批2月7日到达,人数为900余人,较先前登记者实际多出近300人。① 后根据《西南日报》报道,4月21日又有"岭南丸"从香港载来澳门一批葡裔,约800余人。②

澳门是居留远东葡裔人士的官方避难所。留港主管葡萄牙领事馆的弗朗西斯科 · 德 · V. 苏亚雷斯(Francisco P. de V.

---

① 《香港葡侨撤回本澳,首批今日可到》,《华侨报》,1942年2月6日,第3版;《当局拟暂借各戏院收容来澳葡侨》,《华侨报》,1942年2月7日,第3版;《二批葡侨九百余昨午抵澳》,《华侨报》,1942年2月8日,第3版。

② 《葡侨一批昨由港来澳》,《西南日报》,1942年4月22日,第2版。

Soares)设法帮助葡裔逃到澳门,而且在他主事期间,数百名居港的英籍葡裔人士在领事馆登记成为葡萄牙国民,此举实际上违反葡萄牙法律,但大约有600人因此作为第三国难民撤到了澳门,避免成为日军集中营的俘虏。[1] 根据施安东(António M. Jorge da Silva)的描述,当时在香港约有1 000名葡萄牙人到一个木制码头排队等候两艘小渡船,每人最多只可携带两个行李箱。当第一艘渡船抵达时,他们就像放牧的牛群般涌到船上,等候越过珠江到达避风港——澳门。[2]

他们到达澳门后,即由政府用专车分别送到各指定借寓的酒店、俱乐部、私人住宅、学校甚至寮屋,其中尤以南湾街三号安排人数最多。[3] 当时在南湾街东段的军人俱乐部,亦被澳葡政府用作安置香港来澳葡裔难民的居住之所。[4] 针对新增加的葡裔难民救济问题,澳葡政府相继采取了一些措施,尽量设法保障对葡裔难民的给养。

(一)颁布法令增加慈善救济经费

早在1930年澳葡政府就有筹集救济印花税费,1931年正式发行慈善印花,作为救济社会贫弱的费用。1938年,澳葡政府成立慈善救济委员会,负责战时救济事宜,其中以葡人救济为主,华人救济方面仅限于对镜湖医院及同善堂每年常务经费的固定资助。

---

[1] Jorge Forjaz, *Famílias Macaenses*, Vol. 3, Macau: Fundação Oriente, Macau, 1996, p. 829. 转引自[葡]施安东著,叶浩男译:《跨越文化与时空的葡亚人:澳门葡裔的演化》,第136—137页。

[2] [葡]施安东著,叶浩男译:《跨越文化与时空的葡亚人:澳门葡裔的演化》,第137页。

[3] 刘羡冰:《世纪留痕:二十世纪澳门教育大事志》,澳门:澳门鸿兴柯式印刷有限公司2002年版,第85页。

[4] 林发钦、王熹编著:《孤岛影像:澳门与抗日战争图志》,第137页。

澳葡政府为充实救济经费,曾先后增加数项税收,如营业附加税、邮政慈善税和当押税等。早在香港沦陷前,澳葡政府即已调整附加税率来增加政府慈善经费,而且战时调整一直未曾间断。1943 年 6 月,由于红十字会在香港无力救助,大约有 1 000 名在香港的葡萄牙侨民回到澳门,澳督戴思乐不得不拿出澳门的全部博彩收入救助难民,总额高达 200 万澳元。① 1943 年 10 月,审时度势后,澳葡政府颁布第 859 号法令,再次提高附加税额,对酒吧、酒店、旅店、茶楼、酒楼、茶室、饭店、餐室、舞场、糖果店及饼店等营业场所增收 5% 的附加税,税款拨作政府日常开支及慈善用途,并由慈善委员会成立附加税局进行征收。② 1943 年 11 月,澳葡政府为充实慈善救济经费,又颁令征收邮政慈善税,规定往后每年 12 月所有投寄澳门和葡萄牙属地的邮件,需加贴五仙的慈善票,作为慈善委员会的救济经费。③ 1944 年 11 月,澳葡政府又全权委托慈善委员会自该月开始增收旅业、酒楼食物附加税,征收手续分甲乙两种:甲种由各店向顾客代收代缴;乙种依据营业状况,估计税额若干按期解缴。④ 这些税收收入是澳葡政府战时挹注慈善经费的主要来源之一。

(二) 通过慈善委员会、仁慈堂等机构实施救济

葡裔难民的救济工作主要由慈善委员会负责,而慈善委员会

① Austin Coates, *A Macao Narrative*, p. 103, 转引自吴志良、汤开建、金国平主编:《澳门编年史》第五卷"民国时期(1912—1949)",第 2657 页。

②《澳门宪报》,1944 年 10 月 28 日。

③《设法恢复空邮》,《华侨报》,1943 年 12 月 3 日,第 3 版;《下月份寄本埠慈善邮票》,《市民日报》,1944 年 11 月 22 日,第 1 版。

④《下月一日开始征收附加税》,《市民日报》,1944 年 10 月 29 日,第 1 版;《附加税内容布露,慈善救济委员会会长罗保发出布告》,《市民日报》,1944 年 11 月 3 日,第 1 版。

则通过仁慈堂等机构来具体实施。仁慈堂是澳门最早的慈善机构，成立于 1569 年，由澳门葡商资助建立，交由天主教会主持。它的主要服务对象为葡裔和天主教徒，特别是其附属的贫民医院（白马行医院）、麻风医院、育婴堂、孤女院，是澳葡政府辖下实施救济的主要机构。此外，澳门还有诸如葡萄牙红十字会澳门分会等民间机构参与葡裔难民的救济。在葡裔难民的救济上，澳葡政府承担了主要责任，并在经费方面偏重葡裔难民的生活保障。

（三）提供有限的生活补助金

战时，葡萄牙政府为葡裔难民提供每月 30 澳元补助金，但是由于食物短缺、物价高涨等原因，得到澳葡政府援助的难民生活依然窘迫。一位葡裔女性曾回忆战时逃到澳门后的生活：

> 我们几乎放弃一切逃离香港，我和丈夫身上各自只剩下一百港元。抵澳后，我们发现港元在当地商户贬值了百分之九十，二百港元只能换到二十澳门元。食品价格飙升五倍。猪肉甚为稀缺，两磅索价超过二百澳门元，一对胶底鞋要三十五澳门元，超过了一个月的政府补助金。面对食物短缺与离谱的涨价，我们不得不改变饮食习惯，并从华人身上学会用大米、蔬菜和（有供应时）少量肉类煮饭。我们还会尽力调制一些肉汁，帮助自己生存下来。①

由上可知，受日本侵略战争的影响，即使是葡裔，战时在澳门的生存也并不容易。当然，至少他们得以生存下来，相较生活在日

① António M. Jorge da Silva，"Refugiados da Segunda Guerra"，Lusitano Bulletin，Vol. 2，bk. 2，1993.（施安东：《第二次世界大战中的难民》，《路西塔诺公报》第 2 卷，1993 年 2 月），转引自［葡］施安东著，叶浩男译：《跨越文化与时空的葡亚人：澳门葡裔的演化》，第 138—139 页。

军占领下的香港人民,他们已基本安全;相较在澳门的华人,他们的生活已经有一定保障。施安东在其著作中亦提到:

> 欧洲人的情况尚算较好,至少没有像很多华人般饿死。难民中心的人缺乏活动打发时间,开始互相拜访。青年人也走到街上,在最南到最北(关闸)只有四公里的澳门半岛走动。①

葡裔生活的困苦主要表现在经济上的拮据和生活质量的下降,而绝大多数华裔则挣扎在死亡边缘。

二、澳葡政府对华人贫难的救济

澳葡政府虽偏重救济葡裔难民,但对避难来澳的华人并未拒之门外,其为解决难民潮带来的给养问题,亦曾设立一些慈善机构,推行一些救济措施,为救济华人做过一些努力。

太平洋战争爆发后,澳门的华裔难民最多时有 15 万余,入居各难民营及收容所的尚属极少数,因难民营内条件极差,且一旦进入不得出营,所以许多难民宁可露宿街头。② 澳葡政府对华人的救济虽不及对葡人的救济有力,但还是推行一些临时性的社会救济措施,采取与民间社团合作的方式施赈,也通过慈善委员会对华人慈善组织拨款间接资助救济。其间,治安警察厅负责筹建难民营及管理华人社会救济事务,澳督及政府重要官员还常以个人名义与民间慈善组织发起捐助,或者协助筹募慈善经费的各项活动,对华人群体施以援助。

---

① [葡]施安东著,叶浩男译:《跨越文化与时空的葡亚人:澳门葡裔的演化》,第 143 页。
② 陈锡豪:《抗日战争时期的澳门》(未刊稿),华南师范大学中国近现代史专业硕士学位论文,1998 年,第 65 页。

为应对难民潮带来的市容整治、秩序维持、就业供求、物资供给、卫生环境等各方面的挑战,澳葡政府不得不采取相关措施。一方面,澳葡政府和官员不断资助华人慈善机构;另一方面则对华人的各项慈善活动进行宏观监督。政府规定,战时每一项慈善救济活动都须向澳督或警察厅呈报,领取人情纸,结束后也须履行向澳督汇报经过情形的义务。与以往传统不同的是,除间接管治外,澳葡政府也着手对华人进行直接救济,如施行"以工代赈"计划,设立难民营、托儿所等救济机构,虽然这些多数仍然是由华人社群资助、管理,但澳葡政府已开始加强对华人社会的直接渗透。

(一)澳葡政府设立及管辖华人的慈善救济机构

出于维持社会秩序与政治稳定的考虑,澳葡政府陆续设立青洲、台山难民营救济贫难华裔及行乞者。除此之外,澳葡政府还将1932年早已设立的贫民屋用于救济,将1942年初设立的托儿所以及附设的儿童疗养院归入政府管辖。这些机构设立的目的,诚如1942年6月警察厅督察长官耶曾发表谈话所指,其所期望成功的三件事是:

> 第一件,欲将全澳无父母之可怜童丐尽数收容,交予陈基慈校长管理,除予以衣食外,更教育若辈,使个个俱有学问、有意识,此不只澳门市区少了一批无意识人扰乱市容,亦因此得而多一批有意识人才也,此举实直接有益于澳门;第二件,更欲进一步将全澳门之乞丐,悉数收容,予以赡养,免致哀号于街头;第三件,期望在最短期间内,将全澳之抢匪窃匪等歹徒,一网打尽,务令市内治安,路不拾遗,人民俱安居乐业。[1]

---

[1]《官也(按:耶)谈话》,《华侨报》,1942年6月5日,第3版。

澳葡警察厅在战时将收容难乞、教养难童、打击犯罪，作为维护澳门治安的主要任务，于是贫民屋、难民营、托儿所在战时一度成为澳葡政府警察厅辖下三所华人救济机构。

1. 难民营（乞丐收容所）

香港沦陷后，澳门难民不断增加，许多人露宿街头，对市容、环境卫生，甚至治安都造成了很大的影响。1942 年初，澳葡政府在青洲设立难民营，年底又将难民营在台山扩充规模，并且规定所有无住宿处的贫民都要进难民营住宿，不得坐卧街头，①"俾无衣无食市民，均在青洲乞丐收容所收容，不再行乞市面"。② 难民营成为战时澳葡政府设立的最大规模的收容机构。

（1）青洲露宿贫民收容所（青洲难民营）。香港沦陷后，澳葡政府在青洲设"露宿贫民收容所"，又称"行乞者收容所"，时人称为"青洲难民营"。早在 1941 年，香港政府为减少居留香港人口，一方面限制外来人口入境；另一方面商得澳葡政府同意在青洲建有难民收容所 4 座，约可收容 2 000 人，作为将在港华人遣返回籍的中转站。青洲难民营全部建筑 11 座，包括宿舍 4 座、光身房（浴室）1 座、医务室 1 座、灶房 1 座、守卫饭堂 1 座、办公室 1 座、厕所 2 座，1941 年 8 月时尚有大半工程未有完竣。③ 该难民营是澳门商会主席高可宁等人在青洲施粥工作基础上，借用青洲万国火柴厂厂址作为营地而设立。

青洲难民营内最初采取与社团合作的方式管理，政府负责治

---

① 吴志良、汤开建、金国平主编：《澳门编年史》第五卷"民国时期（1912—1949）"，第 2639 页。

②《救济乞丐，整顿市容》，《西南日报》，1942 年 6 月 21 日，第 2 版。

③《青洲难民收容所全部盖搭将完竣，全部十一座建筑颇形伟大》，《西南日报》，1941 年 8 月 18 日，第 4 版。

安,同善堂负责财务、施粥、管理等各项事务。施粥工作主要由同善堂担任,1942 年 2 月至 6 月暂由澳侨赈饥会接办,后来赈饥会经费不济,则仍交同善堂继续办理。最初所内条件简陋,只能席地而睡,经同善堂、澳侨赈饥会等稍加改善,设置木板为床,才使得营内住宿者免于低湿之苦。此外,1942 年 8 月,同善堂值理叶子如等还筹募麻包、棉衣等施派给营内贫民御寒,使得贫民在营内的生活不断改善。①

　　青洲难民营内条件简陋,人口密集,加上霍乱蔓延,贫难者死亡率很高。1942 年 2 月中旬,农历新年前后,营内难民缺衣少食,虽然有高可宁、大福公司等托同善堂施粥周济,但是情况仍不乐观。据当时《华侨报》报道:

　　　　连日青洲乞丐营内,每天死亡人数,约达 60 余名,该棺木统由同善堂施殓,查乞丐营内各乞丐只席地而睡,现在寒冷已达顶点,缺衣乏食之人,何能抵御,倘能用禾草或谷糠垫地,减轻其地面寒冷,或有生机,否则该千余饿殍,不出一二月之间,尽填沟壑之中矣。②

营内各项条件太差,环境恶劣,加之人数众多,半饥半饱状态下,不易抵抗各种传染病,导致死者枕藉。特别是春节前后,澳门受寒流袭击,饥寒交迫中,死亡人数剧增。

　　澳侨协助难民回乡委员会设立后,营内难民被分批遣送,经常出现一些人虽然得到回乡机会却没熬到出发就已经毙命的情况。

---

① 《叶子如发起捐集麻包》,《华侨报》,1942 年 8 月 21 日,第 5 版;苏日行:《筹赈青洲难民营》,《西南日报》,1942 年 9 月 28 日,第 2 版。
② 《高可宁施粥派银贫民笑逐颜开,热心人士捐款助粟赈济贫民》,《华侨报》,1942 年 2 月 18 日,第 3 版。

澳葡政府将市中饿殍集中到难民营管理,毙命者被拖船运往凼仔,全部草草掩埋在凼仔东北海边。其时,澳葡政府在那里挖了几个深坑,每个两三丈宽,被掩埋者不计其数,尸体层层叠叠,臭气熏天,后人称其为"万人坑"。① 由上,足见当时青洲难民营内生存环境之恶劣,对于许多人来说,入营也是"死路一条"。

此外,青洲难民营内人员复杂,管理相对松散,警察厅对乞丐、难民的收容带有一定的强制性,因此营内弊端迭出。如许多市内的贫民,因为衣着破烂而被当成乞丐或难民被警察强行收入营内的事情时有发生;御寒派发的棉衣,当气温回暖时,常有外人向营内收买棉衣运出贩卖,而营内的贫苦,将棉衣偷卖后得一两毛钱,转而购买食物,一俟天气转寒又来讨要棉衣;购买食物的需要,又使得营内私设摊位摆卖糖果、米饼现象十分兴盛。针对这些影响到难民营运作的行为,同善堂曾派出值理叶子如、崔六到营内取缔私设的摊位,亲自督导营内一切工作进行。

(2)台山行乞者收容所(台山难民营)。1942 年 10 月中旬,澳门警察厅在台山巴波沙坊的谦贤爆竹厂内开建一座大型的"行乞者收容所",时人称"台山难民营"。此营在谦贤爆竹厂建筑基础上进行了大规模的改建工程,有厨房、寝室、救护车、医务所、隔离室、水电设施、公共浴室、贮存室及马棚等,荒地则被开垦为菜园。12月份,台山难民营竣工后,澳葡政府将青洲难民营中的乞儿、难民等尽数迁往该处。②

难民营迁往台山后,同善堂只负责派人在场内施粥,所有财

---

① 谢永光:《三年零八个月的苦难》,香港:明报社 1994 年版,第 135—136 页;陈大白:《天明斋文集》,第 158—159 页。

② Eduardo A. Veloso e Matos, *Forças de Segurança de Macau* , p. 86. 转引自吴志良、汤开建、金国平主编:《澳门编年史》第五卷"民国时期(1912—1949)",第 2647 页。

政、物料、管理等均由警察厅办理。① 营内男女老幼分别住宿,强壮劳力每日必须外出工作,或为挑泥,或做苦工,每日所赚的工钱约三四元,由难民营取一半,其余一半留作自身衣食开销,或作为往后回乡川资。营内难民原来席地而睡,后来由警察厅购置了木床,医生局每日也派出医师到营中为难民诊治。② 1943 年 11 月 14 日,时任警察厅厅长布英沙邀请澳门各报记者到台山难民营参观,《华侨报》对营内情况进行报道称:

> 乞丐均在食堂及空旷地中食粥,每人得一壳,重约二斤二两,由管理人员解囊。难民有出外工作者,每日三餐,若无工作,每日两餐。营内所煮之粥,除供足本处及托儿所、贫民屋之用外,其余政府监狱及警察第一、二、三、四区之犯人粥食,均由该营煮制,经制好后,又用马车分别运往。

> 营中有住宅三所,分别是男、女难民睡室以及因犯小窃案被遣入营中的宵小睡室。此外还有贮粮室,其余空地则开垦为菜园,种植番薯、芥蓝菜、白菜、木瓜、蕉树等,并圈养鸡一群,出产所得,系作难民煮粥之用。营内守卫周密,有警察多人分门看管,但营中难民,其亲属亦可到营探望。逢星期六、日下午一点到五点,任由市民随便入营参观。

> 现目营中约共人数 1 000 余人,但遣往望厦围挑山泥者有200 余人,电力局者 30 人,另往锯树工作者又数十人,负责营中种植者又数十人,所余者多系不能胜任工作之人而已,每日所锯得树木,经砍妥后交往物品统制委员会面包工场需用,而

---

① 《贫民收容所迁住台山后》,《华侨报》,1942 年 12 月 25 日,第 3 版。
② 《警厅长偕记者巡视台山难民营》,《华侨报》,1944 年 10 月 18 日,第 4 版。

难民工作所获得之薪金,每半个月支出一次,一半拨交该营,一半予其本人。①

台山难民营相比青洲难民营而言较为规范,难民生命相对有些保障。早在 1943 年 3 月 11 日,布英沙召集各商号发动捐助难民时,就曾说道,"彼以为从前在青洲贫民所(按指:青洲难民营)内之贫民,接触者是一个死字,现在台山贫民所内之贫民,则有生气。"②

从舆论的报道来看,台山难民营内设备尚佳,管理尚属恰当,然若拨开这些,以内情而论,冠以"影响市容、妨碍治安"名义,警察当局定期派员在市区内将游民乞丐等拘集一起,解入难民营。③ 这是对难民、流浪汉和乞丐的强制性收容,有劳动能力者都必须从事劳动,且不得出营,类似监禁,暂时完全没有人身自由,而且保命十分艰辛。从另一个角度来看,难民营的设立对于特殊时期澳门市容、社会秩序的维护在一定程度上确实奏效,并且在资源有限的条件下,保住了一部分贫难者的性命,迁往台山后,效果更加明显。

台山难民营内人数长期维持在 1 000 人左右,收容最多时曾达到 2 000 余人,1943 年 10 月,营内难民有 1 500 余人,后来则陆续减少,到 1944 年 10 月,营内难民减少到 500 余人。④ 台山难民营后来成为澳葡政府维持乞丐、难民生存的唯一收容所,一直存继到抗战结束后。1945 年 11 月,营内仍有难民 450 人,其中小童 150人,外籍贫民亦有 40 余人,其中英国领事遣送入营的英属难民约

---

① 《难民营参观记》,《华侨报》,1943 年 11 月 15 日,第 3 版;《难民营逢星期六欢迎参观》,《华侨报》,1943 年 11 月 18 日,第 3 版。

② 《警察厅长恳切呼吁继续给养贫民》,《华侨报》,1943 年 3 月 12 日,第 3 版。

③ 《市区乞丐及无业游民被拘入难民营》,《华侨报》,1943 年 3 月 7 日,第 3 版。

④ 《难民营逢星期六欢迎参观》,《华侨报》,1943 年 11 月 18 日,第 3 版;《警厅长偕记者巡视台山难民营》,《华侨报》,1944 年 10 月 18 日,第 4 版。

30人,每日均由英领事馆送去救济费用。此外,因生活无着请求收容者有50人,营中因犯小窃案而被拘留者约60人。① 居留营中的小窃案犯和华裔难民等均系因战争影响无法归乡且在澳门生活无着的人,战后有愿意离澳归乡的,警察厅均准予出营,并发给每人路资若干元。营中归乡者固多,但也有认为家乡已无亲人尚在或离开澳门也无法谋生的人,滞留在难民营中的人数也不少。

2. 贫民屋

1932年,布英沙莅任治安警察厅督察长后,开办贫民屋,初时仅有一所,位于青洲马路青洲赛狗场后侧,专门收容肢体残疾或老而无依的华人,供以食宿,使他们的生活得以有着落。后来经不断完善,逐渐添设睡室、菜圃、水厕、畜牧场等诸多功能设施,并可在屋所内圈养猪、鸡、鸭等家畜。贫民屋在战时长期收容贫苦约200多名,主要为幼童或残疾人。②

1942年1月25日,布英沙已任警察厅厅长,招待何东爵士及各报记者前往贫民屋参观。从后来的报道看,贫民屋设备完善,管理得宜,地方整洁,空气充足,所得观感颇为良好。宅内有贫民宿舍一座、饭堂一个、儿童乐园一个、园圃一个,还附设有学校一所。宿舍内分为成年、老弱、孩童、残废等数种,每人分配一房,每房用西文字母编以号数,房内供有床铺;儿童游乐园内设有小足球场,陈列凳桌,遍植草木,供儿童嬉戏;院中一隅,砌有洗衣池,池中通流活水,其中分间格若干备贮水用于洗灌,足供十数人洗衣需要;在其他一隅,又有鏧井一个,用来补充自来水不足,井泉清洁可供

---

① 《难民营、贫民窟、托儿所三慈善机构近况》,《华侨报》,1945年11月7日,第2版。
② 《整顿市容新设施,迁移台山贫民》,陈成:《澳门当局主办三大贫民收容所参观记》,《华侨报》,1942年12月16日,第3版。

食饮。除儿童游乐园外,贫民掘地作圃,用矮墙围住,形成良好的洼圃种植蔬菜,还在其侧剖出一地养猪,饲养鸡、鹅、鸭、竹丝鸡、火鸡、兔等家畜。宅内饭堂布置井然,每日开膳三次,膳费由政府供给;附设学校一所,分为两级教育,设有厕所、浴室,陈有挂历。此外,宅内附有小型药局、日用品贮藏室等设备,还装有电话,供贫民使用。[①] 贫民屋设施较为完善,生活环境良好,对儿童管理"养""教"兼施。主政者布英沙在贫民屋华人群体中具有一定德望。据当时《华侨报》报道:

> 当记者等入该宅参观时,宅中贫民,以乍逢陌生人,纷纷争趋观看,各贫民乍观布氏,均欣然向其行礼。布氏当向其慰问,并抚慰孩童,众皆愉悦异常。[②]

布英沙于 1932 年 10 月间来到澳门办理警政以来对当地慈善事业出力不少。该贫民屋为 1932 年 11 月由布氏经手创办,战时收容贫民数达 200 余人,其中儿童占 110 余人。贫民住宅纯属慈善性质,食宿全由政府供给,至于其中经费,乃由社会人士捐助得来,电力及电话等由电灯公司及电话公司豁免收费,自来水则仅收半价。[③]贫民屋成立较早,运行机制完善,又得到社会各种优惠待遇,所以各项事务有条不紊,成效较好。1944 年 1 月 9 日,《华侨报》记者再度前往参观贫民屋,其报道称:

> 贫民住宅区内部设备整洁,男女老幼分房住宿,每人均有灰布黑棉衲一双,以御寒冷,对于贫民卫生之整理,尤为注重。盥洗器具、浴堂等,均有设备,食宿定有规则,生活有条不紊,

---

①②③《警察厅长布英沙办理之贫民住宅区最近情况》,《华侨报》,1942 年 1 月 26 日,第2 版。

更有小菜园一所，贫民种植散步其中，以振奋精神，贫民居处
其中，殊感身心之安适。①

此两篇报道向社会描述了贫民屋内的设施环境，并给予了较
高的评价。贫民屋作为澳葡政府在战前所设立的唯一华人慈善救
济机构，由警察厅厅长布英沙创办并主持，设施较为完善，经费来
源相对充裕，营内环境、秩序俱佳，运作尚属良佳，只是其容纳人数
有限，仅限儿童或残疾人士。

3. 托儿所、难童疗养院

1941 年末，为救济孤苦贫难儿童，天主教救济会倡议，中葡各
界人士共同发起筹备建立托儿所。及至 1942 年 3 月，设立临时托
儿所 3 所。此时，澳葡政府亦正筹划救济儿童事宜，督察长官耶向
报界表示：

> 期望将全澳无父母的童乞孤儿，悉数收容而交予陈基慈
> 校长，予以衣食教养，使人人长大而有智识、学问、技能，得以
> 自给自养，不致遗患人群，此举尤为针对目前之一种切实
> 需要。②

官耶决定设立孤儿收容所，以期将临时托儿所内儿童尽数收容。
初时，警察将街上的难童带到警厅为其洗涤、清洁及注射防疫针后
移送龙嵩高街收容所，该所由陈基慈神父料理，除给养外，还施以
教育。③ 不久，澳葡政府在天神巷设立托儿所，成立托儿所总部，收

---

① 《贫民收容所办理整齐良好，希望社会人士予以捐助》，《华侨报》，1944 年 1 月 10 日，
第 4 版；另可参见《布英沙局长巡视贫民屋体念其中真相》，《市民日报》，1944 年 10 月
18 日，第 1 版。
② 《督察长期望集中力量救济孤儿》，《华侨报》，1942 年 6 月 6 日，第 3 版。
③ 《救济乞丐，整顿市容》，《西南日报》，1942 年 6 月 21 日，第 2 版。

容孤儿 400 余人。[①] 这一时期,托儿所主要是由天主教救济会主持与管理,警察厅对托儿所给予经费资助以及工作上的指导。

随着收容人数的增加,天神巷托儿所址不敷需用,于是在警察厅的主持下,1942 年底托儿所迁往台山,地址在台山难民营对面原基督教华南战时儿童教养院旧址内。新设的收容所共有睡房 7 座、贮物室 3 座、养病室 1 座、课堂 1 座,收容男女儿童 400 余名。[②] 1943 年 3 月底,台山托儿所额满,停收难童,警察厅从街头收容难童开始送往难民营安置。[③] 托儿所最初由天主教救济会成立、主办,至 1943 年 12 月为了统一救济起见,转由警察厅直接管理。[④] 直到战后 1945 年 11 月,托儿所仍有男女小童 250 人,均属华籍,其中有 40 名因为年龄稍长送交育婴堂安置,以便读书及学习工艺。[⑤]

难童疗养院初期附设于托儿所,1942 年 9 月,由澳督戴思乐捐出西纸 3.6 万元作为开始经费,[⑥]10 月 29 日揭幕时改为"澳督戴思乐纪念难童治疗院",由卫生局局长山度士夫人主理,院址在柯高马路,设备颇为完备,有睡室、浴室、饭堂、治病室、肺病疗养室等,各项设置及粮食均由澳葡当局配给,最多能收容难童 135 人。[⑦] 1943 年 6 月,该所迁往岗顶新址,称为"岗顶戴思乐总督难童治疗

---

① 《督察长谈称当局更增设所址,尽量收容孤儿》,《西南日报》,1942 年 7 月 26 日,第 2 版。

② 《托儿所新址设备完善》《派难童餐新址远离市区领取者已少》,《华侨报》,1943 年 1 月 8 日,第 3 版。

③ 《托儿所满额停收难童》,《华侨报》,1943 年 3 月 24 日,第 3 版。

④ Eduardo A. Veloso e Matos, *Forças de Segurança de Macau*, p. 86. 转引自吴志良、汤开建、金国平主编:《澳门编年史》第五卷"民国时期(1912—1949)",第 2667 页。

⑤ 《难民营、贫民窟、托儿所三慈善机构近况》,《华侨报》,1945 年 11 月 7 日,第 2 版。

⑥ 《澳督关怀民瘼,昨日巡视托儿所》,《西南日报》,1942 年 9 月 18 日,第 2 版。

⑦ 《难童治疗院设备良好》,《华侨报》,1942 年 12 月 29 日,第 3 版。

所",每月经费支出约葡币6 000余元,政府每月拨给葡币5 000元作为经费,其余不足部分则由社会善长仁翁捐助善款来弥补。

疗养院设有难童卧室2间,其中较大间可容难童60余名,另一较小间则可容40余人;还有饭厅1间,排列矮餐台6张,每张可容纳小童20余人就餐。另设有医病室1间,难童如患有轻微病症的均迁住该室,室内所用药品,多半向山顶医院索取,只有少数药品为所内自行采办,孩童若得重病也是送往山顶医院留医。所内每餐供应难童米食约需50—60斤,除早膳为米糊外,其余两餐都提供普通的饭菜,除白饭外,会用鱼、菜、蛋、番茨、芋头等食料搭配营养。[①]

疗养院主要收容患病的难童,凡经政府医生证明患病,且确实为难童,则准予收养。收养的男孩,若外间有人想收领为养子的,只要证明领养者家境殷实,该所可准予收领;至于女孩,则一律不任人收领。院内留养的男孩年龄达11岁时送交鲍斯高学校抚养,战时该院送至鲍斯高学校的男童一共有6名;而收养的女孩,当时由于年龄甚小,将来长大后的抚养办法尚未定出。1945年时院内仍有男难童46名,女难童104名,共计150名,其中年龄最小的出生才25天,最大的男孩9岁,女孩则不超过11岁。[②]

托儿所与儿童疗养院设立初衷是为救济贫病难童、弃儿,战时累计收容、抚养了数以千计的孤苦、贫病华裔儿童。这两所机构由天主教救济会与中西各界人士筹设,经澳葡政府协助办理,最终成为澳葡政府管辖下的慈善机构,这一从"民立"到"官办"的过程,是澳葡政府参与及逐渐重视救济华人的结果。

---

①②《本报记者参观难童治疗所》,《华侨报》,1945年3月9日,第4版。

（二）澳葡政府的慈善救济举措

澳葡政府通过贫民屋、难民营、托儿所等机构直接救济战时的贫难华人,同时也通过实施"以工代赈"计划、资助华人慈善组织、襄助及举办慈善筹款等方式间接救济在澳华人。

1. 实施"以工代赈"计划

澳葡政府招募贫民、难民开展填濠、平山、筑路等工程建设,既可施行大规模的公共建设,又为贫难者提供工作以及饭食。这一举措被称为"以工代赈"计划,由工务局负责总体规划,工程多数交由澳门华人机构、教会具体组织实施。类似于雇用难民填濠、平地、耕种等"以工代赈"的活动,多数是由澳门商会、妇女会等华人社团协助组织完成,对此葡萄牙政府属务部还专门致电澳门商会表示感谢。[1] 这些大规模的"以工代赈"工程主要如下:

一是大规模的填濠工程。通过此举,大批华籍难民得以被雇用,政府则会提供必要的劳动工具。资料显示,1943 年澳葡政府为此付出的工资总计 55 万元左右,实施这种"以工代赈"计划成效显著,1944 年时已填平沼泽 13 万方公尺。这些填平的沼泽成为澳门新的耕地,由澳葡政府将这些地免费提供给难民种植蔬菜,可以解决澳门社会一部分蔬菜供给问题。当时居留氹仔和路环的数千家难民,即依赖这种耕地得以维持生活。[2]

二是新口岸填海工程。该工程于 1942 年开始动工,为澳葡当局施行建设新澳门计划之一。澳葡政府一方面招纳失业工人工

---

[1] 陈锡豪:《抗日战争时期的澳门》(未刊稿),华南师范大学中国近现代史专业硕士学位论文,1998 年,第 65 页。

[2] 陈锡豪:《抗日战争时期的澳门》(未刊稿),华南师范大学中国近现代史专业硕士学位论文,1998 年,第 66 页。

作,同时又对留澳难民中的劳动力施行"以工代赈"救济。① 为此,澳门妇女会以及广州基督教女青年会在新口岸办理一所平民粥场,主要为此处的挑泥工人提供平价或免费的饭食。

三是开辟望厦山场。1943 年 9 月,望厦米站金神父招请工人挑泥,开辟望厦山场,施行"以工代赈"计划。其招工章程规定:

一、无论男女性别,均可报名工作;

二、每日作工时间由上午 8 点半至 12 点,下午 3 点至 5 点半,晚上 6 点至 8 点半;

三、工人每日可得薪值至少 8 毫,米站售予白米半斤,每斤以 8 毫计算,工人将所余工值,可到妇女会办理的望厦粥场购粥,倘若工作成绩佳者,每日薪值可得 1 元 6 毫,但须要日日依时工作,否则一日不至,则该星期内不予购米。②

1944 年 3 月,澳督戴思乐为早日完成开辟望厦山场工程,再请望厦米站金神父招募男女工人,负责挑泥工作,每日可得 2 元至 4 元,工作时间为上午 8 时至 12 时,下午 2 时至 6 时。无论男女老幼,年龄在 14 周岁以上 50 岁以下者均可报名工作。金神父为便利报名起见,除在望厦米站直接接纳报名外,还在板樟堂街设立报名处。③

四是黑沙湾莲花山开拓工程。这一工程每日收容男女老幼工

---

① 《新口岸填地工程澳督亲临视察,亟盼完成以工代赈计划》,《华侨报》,1942 年 12 月 25 日,第 3 版。

② 《政府继续施行以工代赈计划,米站招募挑泥工友,每日廉价售予白米》,《华侨报》,1943 年 9 月 23 日,第 3 版。

③ 《当局加请工人开辟望厦山场,不论男女均可报名》,《华侨报》,1944 年 3 月 7 日,第 4 版。

人 300 余名,政府每日付出的工值在葡币 500 元左右。[①] 望厦米站主事人金神父为筑路工程曾重谷招请工人,无论男女,均可报名参加,以 1 000 人为底线,至于报酬方面,每人每日发米 1 斤,在可能情况下增给粥食两餐。[②] 这些工程规模大,容纳的劳动力也多,而且从以上招工的报道来看,政府提供的这种救济名额是特别多的。

澳葡政府推出的“以工代赈”,是一项比较成功的救济办法,既可以解决难民的食米来源问题,又可以将难民转化为大量的劳动力,集中完成一些社会基础建设项目或工程,而且可以稳定社会秩序,减少难民因生活所迫而从事犯罪活动,可谓是“一举多得”。这些举措在一定程度上帮助华人贫难群体渡过艰难时期,缓解了一些社会矛盾,同时也是葡萄牙得以保住澳门管治权的关键。

2. 资助或接济华人慈善组织

澳葡政府对华人慈善组织的资助分固定经费及临时性拨助两种,固定经费资助由慈善救济委员会负责分拨,临时性拨助由澳督戴思乐以及警察厅等直接拨给。这些临时性善款有些是来自澳葡政府的财政收入,有些则是澳门各界缴交托请分配的慈善捐款。

战时得到澳葡政府常年拨给经费的华人慈善机构仅有镜湖医院、同善堂两机构,1939 年至 1945 年澳葡政府对该两机构的资助情况如下表所示:

---

① 《以工代赈救济难民工作继续进行》,《华侨报》,1944 年 8 月 5 日,第 4 版。
② 《米站招请泥工壹千名,每日发米一斤或再增给粥食》,《华侨报》,1943 年 9 月 14 日,第 3 版。

表 3-5　1939—1945 年慈善救济委员会对镜湖医院、
同善堂拨款统计表①

（单位：澳门元）

年份	镜湖医院	同善堂	备注
1939	2 000	2 500	预算拨款
1940	4 000	2 800	实际拨款
1941	6 333.34	6 300	实际拨款
1942	5 333.34	2 500	实际拨款
1943	5 333.34	2 500	实际拨款
1944	8 333.34	2 500	实际拨款
1945	25 000	8 900	实际拨款

初始澳葡政府对两机构的资助不多，随着战事的演变以及慈善救济规模的不断扩大，对两机构的资助时而有所增加。若与澳葡政府直辖的慈善机构相比，澳葡政府对华人慈善机构的资助十分薄弱，如 1944 年慈善救济委员会分拨各慈善机构经费总计 56.7 万余元，其中资助两机构的经费一共仅有 1.08 万余元。具体分配如下：

拨作市行政局作为贫民屋经费者 3.2 万元；

作为卫生区经费者 2.1 万元；

赠给仁慈堂之经费共计 271 726 元 6 毫；

拨给鲍斯高无原罪学校作为该校一切经费者共 19 777 元 7 毫 7 分；

拨给大三巴慈善会之经费共计 25 357 元 7 毫 7 分；

拨给其他各种救济会之经费共 2.8 万元；

---

① 娄胜华：《澳门法团主义体制的特征分析》，余振、林媛主编：《澳门人文社会科学研究文选》政治卷，北京：社会科学文献出版社 2010 年版，第 228 页。

拨给教育机构作清贫学额者计 15 700 元;

拨给保罗救济会经费 6 000 元;

拨给同善堂经费 2 500 元;

拨给镜湖医院经费 8 333 元 3 毫 4 仙;

拨给花王堂教区慈善会经费 5 000 元;

拨给澳门商科学院救济清贫学生经费 9 000 元;

拨给氹仔及路环行政当局作为救济费共 61 977 元 9 毫;

拨给戴思乐总督治疗所作为该所经费者共计 6 万元;

拨给女修士训练所救济贫苦女修士一名之经费 660 元;

全年拨给各种机关之慈善经费总计 567 033 元 3 毫 8 分。[1]

除常年拨助经费外,澳督戴思乐以及警察厅厅长布英沙等常以个人名义接济华人社团慈善经费,支持各种善举。如:1942 年 1 月,镜湖医院经费告急,戴思乐一次性捐助经费葡币 3 万元;[2]1942 年 11 月,戴思乐于莅任二周年纪念日拨出葡币 6.95 万元捐助各慈善机构办理慈善事业,其中镜湖医院得 1.5 万元,同善堂得 7 000 元[3];1945 年 6 月,澳督戴思乐拨助澳门学生救济会葡币 6 000 元,作为下学期救济清贫学生经费。[4] 戴思乐战时主政澳门,对华人难民开放门户,救济华人颇为积极。据《复兴日报》报道:

澳督一方面主持政事,一方面替侨民解决居住与粮食问

---

[1]《澳门政府公报》,1945 年 3 月 24 日;《1944 年度慈善会拨款总数业已核计完竣正式发表》,《华侨报》,1945 年 3 月 20 日,第 4 版。

[2]《镜湖医院捐款鸣谢》,《华侨报》,1942 年 1 月 19 日,第 3 版。

[3]《澳督莅任二周年纪念日拨葡币六万九千五百元分赠全澳中西慈善机关》,《华侨报》,1942 年 11 月 3 日,第 3 版。

[4]《戴督热心教育拨款救济清贫生》,《华侨报》,1945 年 6 月 12 日,第 3 版。

题,不特为其国民之模范,亦且示世界以一典型也。因渠之工作,向来被目为避难所之澳门,遂得更为远东逃难之集中地点。在此数年来,即使澳葡政府未有若何举动,开放其门户,以作逃难者之庇荫,亦足以使澳门贡献之伟大为前所未有。①

《复兴日报》作为澳葡政府的机关报,对戴思乐的政绩多有夸赞,尤其强调戴思乐个人在战时对华人援助甚多,积累有一定的善绩。

3. 襄助或发起慈善筹募活动

战时澳葡政府对慈善活动的管理是比较严格的,所有慈善筹募活动都必须向政府汇报,获得许可才能确实进行,严厉取缔"非法"慈善活动。澳葡法例规定:

> 凡用捐册缘部,公开募捐者,不论任何团体,于发出该项捐册之前,必须将全部捐册,送交警厅查核,继警方查明该团体为合法组织,然后决定准许募捐,准许之后,即将该项捐册,每本每页加盖警厅戳记,该团体将捐册发回方合手续,倘有执捐册在市上募捐,而未经警厅许可者,警探人员一经发觉,随时拘送警厅,严为究办。至于外处团体来澳募捐之人员,亦必须遵守该项法令,否则由警发觉,则以冒名行骗论罪。②

战时的每一次慈善募捐、每一场慈善筹募活动都必须经过澳督或警察厅的许可,而澳督戴思乐、警察厅厅长布英沙、督察长官耶等也因此常常被邀请担任各种慈善社团、筹款会的名誉主席、名誉会长、名誉顾问、委员等职,参与各项筹募活动。如:1944年底,全澳居民为镜湖医院举办第二次筹款大会,澳督戴思乐对此次筹

---

① 《澳督戴斯(按:思)乐之功勋》,《复兴日报》,1945年9月22日,第1版。
② 《捐册缘簿须经警厅盖印,否则被警发觉即加拘捕》,《华侨报》,1944年6月15日,第4版;另见《未经警厅准许戳印禁止向外募捐》,《大众报》,1944年6月15日,第3版。

款赞助甚多,镜湖医院慈善会因此特别向澳督赠送横额致敬。
1945年4月,戴思乐复函该会,谢称:

> 敬启者　昨准贵会慈善值理会曾来函,经已敬悉,横额一
> 帧,亦已拜收。窃思阖澳各界为贵院筹集善款一事,鄙人忝督
> 期土,份所应尔,抑本督向抱己饥己溺之怀,凡事总求自心之
> 所安而已,不图君等竟形诸笔墨,益便鄙人汗颜,盛意拳拳,拒
> 之非是,除拜领外,特此致谢,并颂善祺,此复镜湖医院慈善会
> 值理会诸君。①

澳葡政府重要官员常现身为警察厅辖下各慈善机构以及华人
慈善机构发起的筹款大会进行募捐。如:1942年7月4日,在督察
长官耶主持下,外勤记者联会、八和粤剧协进会以及英明公司联合
为镜湖医院举行义演筹款;②1943年12月,澳督戴思乐、主教罗若
望、经济局局长罗保等赞助发起为全澳贫童募集圣诞恩物活动,筹
得善款葡币2万余元;③1945年7月底,华务专理局长白达利呼吁
盐商设法为贫苦民众筹集善款,后得盐商、出入口商联合为鲍斯高
学校、育婴堂等举办义演筹措经费。④ 这些慈善筹款活动因受澳督
及各重要官员威望及势力影响,往往能够筹得相对丰裕的慈善

---

① 《镜湖医院慈善会横额赠澳督,澳督复函致谢》,《华侨报》,1945年5月1日,第3版。
② 《镜湖医院招待筹款工作人员》,《华侨报》,1942年7月6日,第3版。
③ 《为难童筹集圣诞恩物筹得款项二万元将由会决定购何种礼物》,《华侨报》,1943年
　 12月20日,第3版。
④ 《澳督昨召见盐商关怀贫苦民众,拟向该商人等设法筹款》,《复兴日报》,1945年7月
　 27日,第3版;《盐商进行筹款,今日派员谒当局》,《复兴日报》,1945年7月30日,第
　 3版;《华务局长白达利改今日召集盐商作详细商谈筹款工作》,《复兴日报》,1945年
　 8月2日,第3版;《盐商与出入口商为两善团筹款》,《复兴日报》,1945年8月3日,
　 第3版;《华务局长白达利谈沟通中葡感情,华务局为政府与华侨联络机关》,《华侨
　 报》,1945年8月25日,第2版。

经费。

(三) 华人各界对澳葡政府善举的支持

澳葡政府虽然设立了贫民屋、难民营、托儿所等救济华人的慈善机构,但政府每年给予的资助不多,大部分经费源自华人社群的资助。澳葡政府对华人贫难者更多地采取"中国人救中国人"[1]的策略,主要运用澳门慈善人士的捐款、各种慈善筹款活动的资助、各行商号的认养资金来维持慈善救济。

1. 慈善人士的捐助

难民营、托儿所、贫民屋是战时救济华人难民、乞丐的主要场所,是最困苦华人群体的容身之处,因而社会各界慈善人士对于此三处的捐助十分积极。例如:青洲难民营主要由同善堂、澳侨赈饥会代办粥食,社会人士亦以该难民营是为救济华人而设慷慨捐助,如:曾有李绍徽捐助大洋 1.1 万元,殷商李烈捐助葡币 2 160 元,[2]新寄间同人捐助台山托儿所港币 5 000 元。[3] 这些陆续不断挹注的捐款,是澳葡政府维持战时华人救济机构的主要经费来源之一。

2. 各种慈善筹款活动的资助

为救济澳葡政府慈善机构中收容的华人,澳门各界华人长期组织各种义演、义赛筹募救济经费,这样的筹款活动不下几十场。如:1942 年 1 月 31 日,在新运动场举行的警察队对星岛队的足球

---

① 《青洲难民营经费不敷,督察长呼吁筹集善款》,《华侨报》,1942 年 9 月 26 日,第 3 版。
② 《叶子如发起捐集麻包为青洲贫民秋后御寒之用》,《华侨报》,1942 年 8 月 21 日,第 5 版;《殷商李烈捐出巨款助难民营》,《华侨报》,1942 年 10 月 23 日,第 3 版。
③ 《"新寄间"同人捐港币五千元助托儿所收容难童》,《华侨报》,1943 年 3 月 15 日,第 3 版。

义赛中,所得款项一概拨归贫民屋作经费。① 1942 年 9 月 30 日晚,
海角舞厅举办义舞筹款拨助贫民屋,该项慈善舞券由名誉主席布
英沙签名发出,义舞筹赈会委员赵鉴持及舞厅男女职员四出劝销,
成绩不弱,②票券得港币 4 468 元,全部义舞收入约港币 6 000
元。③ 1942 年 12 月 20 日,中华会举办的足球慈善赛在新运动场举
行,经该会名誉会长昌盛行店东李洪努力筹募,最终募得港币 3 万
元,全部拨作贫民屋经费。④ 1944 年 2 月,泰兴公司、中央酒店、金
城酒家职工联合举办筹款演剧大会,为难民营筹得善款 1.1 万余
元。布英沙为感谢各职员特制"见义勇为"银章若干,分发有关人
员作为纪念。⑤ 1944 年 5 月 22 日,粤华中学举行"师长节",全校学
生发起自由捐款赠送托儿所,共计筹得葡币 390 余元,该校派出学
生将该款送交托儿所主理陈基慈神父。⑥ 1945 年 7 月 4 日,上架
行、木艺行以及电剑剧团联合为托儿所筹募经费义演,全部收入达
葡币 4 872 元 7 毫。布英沙赠送上架行、木艺行匾额一个,书以"惠
彼赤子",赠送电剑剧团横额一幅,书以"从善如流"。为了感谢筹

---

① 《警官主办足球义赛,周末警察出师抗澳联,华侨报商报购券百张》,《华侨报》,1942
　　年 1 月 29 日,第 2 版。

② 《海角舞场义舞筹赈青洲平民窟》,《西南日报》,1942 年 9 月 26 日,第 2 版;《海角舞厅
　　义舞筹款讯》,《华侨报》,1942 年 9 月 28 日,第 3 版。

③ 《海角义舞热烈举行昨得港币四千余元》,《华侨报》,1942 年 10 月 1 日,第 3 版;《义舞
　　所得六千余元》,《华侨报》,1942 年 10 月 9 日,第 3 版;《海角义舞厅昨公布销券成
　　绩》,《西南日报》,1942 年 10 月 3 日,第 2 版。

④ 《警察厅长昨发表谈话,感谢各界救济贫民》,《华侨报》,1942 年 12 月 21 日,第 3 版。

⑤ 《为难民营义演筹款销券成绩良好》,《华侨报》,1944 年 2 月 13 日,第 4 版;《难民营筹
　　款义演搭牌楼壮观瞻,销券成绩甚佳》,《华侨报》,1944 年 2 月 16 日,第 4 版;《为难民
　　营筹款粤剧今晚演出》,《华侨报》,1944 年 2 月 22 日,第 4 版;《难民营筹款会收集善
　　款后即行结束》,《华侨报》,1944 年 2 月 24 日,第 4 版。

⑥ 《粤华员生助托儿所》,《华侨报》,1944 年 5 月 23 日,第 4 版。

款工作人员，布氏还印制纪念品若干，亲笔签署赠予慈善救济积极人员作为纪念。① 华人各界救济同胞的用心与澳葡政府维持管治的用心在救济华人贫难的事业上暂时走到了一起。

3. 各行商号月捐认养难民

难民营设立之初，经费主要由澳葡政府以及华人各界捐助筹集，回乡会成立后亦分批定额遣送营内难民回乡，但营内难民人数仍是有增无减。1942 年 9 月，前期慈善经费即将用罄，青洲难民营内却仍有 1 690 余人，开支巨大，布英沙于是发动各行商号认养营内难民。② 1942 年 10 月 1 日，布英沙将华人各行商代表召集到警厅，商议认养难民事宜，决定"送养兼施"，一边由回乡会继续资送难民回乡，一边则对营内难民施行认养。③ 布英沙还以个人名义发出难民给养捐册，希望各殷商富户能够积极认养。捐册内劝捐小引谓：

> 自太平洋战事发生，影响所及，本澳居民，颠沛无告者，为数甚众，至（按：致）使罪犯日增，饿殍载道，立法难严，行法宜宽，鄙人体念上天好生之德，故有青洲贫民收容所之设，使无告者集中施养，走险者雨化咸归，办理以来，死亡（人数）与犯罪人数均有显著之递减，市容恢复，比闾无惊，鄙人衷心，勉以为慰。惟贫民给养，在在需财，欲求长久支持，非群力无以达成。为谋广庇赈施，为众擎始克易举，矧社会安宁，亦个人之

① 《上架行为托儿所筹款义演大会结束》，《华侨报》，1945 年 7 月 7 日，第 3 版；《上架行义演大会宣布结束》，《华侨报》，1945 年 7 月 17 日，第 3 版；《上架行招待工作人员》，《复兴日报》，1945 年 8 月 2 日，第 3 版。

② 苏日行：《筹赈青洲难民营》，《西南日报》，1942 年 9 月 28 日，第 2 版。

③ 《青洲难民营经费不敷，督察长呼吁筹集善款》，《华侨报》，1942 年 9 月 26 日，第 3 版；《警厅今日召开商民会议讨论救济贫民问题》，《华侨报》，1942 年 10 月 1 日，第 3 版；《官民切实合作救济留澳难民》，《华侨报》，1942 年 10 月 2 日，第 3 版。

幸福,为尽人道,输财亦扶于心,此鄙人之所以敢为贫民呼吁者也。素仰台端念切,乐善为怀,敢请大笔淋漓,千万勿吝。岂独贫民之福,社会亦利赖焉。①

同时,布英沙氏还颁布认捐简则数项,将给养难民的名额设定为2 000名,由其代政府认养500名,其他则由各行商号等认养,每日膳费双毫/葡币3毫,每月赡养费双毫/葡币9元,以6个月为1期,先行试办1期,即每认养一个难民须捐双毫/葡币54元。各界善款均交予警察厅,每一期结束后警察厅将公布具体数目,而为减少留澳难民,如遇有自愿离澳者,该厅将设法予以遣送。②

难民营是临时收容机构,警察厅并未打算长期维持,遂暂以6个月为1期,一俟时局好转即会相应解散。华人各界响应认养或捐助者为数甚众。如10月1日,布英沙召集各界会商当天即有大量华商认养难民,详情如下:

高可宁认养30人;高可宁夫人认养5人;高福耀认养5人;

富衡银号认养5人;德成按认养5人;高隆(升)按认养5人;

德生按认养5人;兆丰认养2人;同善堂药局认养1人;

益昌盐务公司认养1人;永泰盐务公司认养10人;赵斑斓认养3人;

《华侨报》社认养5人;邓晴隆认养2人;大丰银号认养5人;

---

① 《警察厅长拟定发出捐册,呼吁捐款济贫》,《华侨报》,1942年10月5日,第3版;陈光庸:《认养难民急不容缓》,《西南日报》,1942年10月5日,第2版。

② 《认捐简则》,《华侨报》,1942年10月5日,第3版。

何赞认养2人；崔诺枝认养2人；万昌认养5人；黄渭林（按：霖）认养2人；

荣信认养3人；广丰隆认养5人；荣发公司认养5人；梁鸿勋认养2人；

阮誉华认养2人；蔡文轩认养2人；古植培认养1人；中央舞场认养2人；陆电明认养2人；黄苏认养2人；广兴泰认养4人；陈灿骧认养1人；

德全公司认养10人；宝兴认养2人；刘叙堂认养1人；阮维熊认养2人；东星殖产公司认养3人；瑞昌认养2人；东兴火柴公司认养2人；

梁后源认养5人；谢利源认养2人；谢春园认养3人；

昌兴水喉公司认养2人；海国舞场认养2人；亚地施利华认养1人；

环球供应公司认养2人；董庆堂认养5人；皇后袜店认养1人；

皇官理发室认养1人；陈耀堂认养1人；广兴行认捐港纸1 000元。①

随后，自10月14日始，布英沙又派遣人员携捐册向各行商号募捐认养难民。根据《华侨报》15日报道，14日警察厅收到各界认捐人数、善款有如下多宗：

生泰行认养15人，捐810元；荣昌盛认养15人，捐810元；

无名氏认养10人，捐540元；禇炳煌认养5人，捐270元；

---

① 《官民切实合作救济留澳难民》，《华侨报》，1942年10月2日，第3版。

龙良认养 5 人,捐 270 元;商业公司认养 4 人,捐 136 元;

文兴公司认养 3 人,捐 162 元;黄澍华认养 2 人,捐 108 元;

合众南粤烟(草)公司认养 1 人,捐 54 元;兴信公司认养 3 人,捐 162 元;

兆丰行认养 2 人,捐 54 元;信盛行邓礼认养 3 人,捐 162 元;

天祥银号认养 1 人,捐 54 元;大陆首饰行认养 1 人,捐 54 元;

欧亚鞋厂认养 1 人,捐 54 元;佛笑楼认养 1 人,捐 54 元。①

由上述可知,华人各界认捐甚为踊跃,又比如通商新街 13 号广盛行司理李洪先后认养 45 名,高可宁及其家人一共认养 40 名。② 及至 23 日,警察厅共收到各界捐款 1.6 万余元,③并且认捐仍在继续。1943 年 3 月,第 1 期认养即将结束之际,因受澳侨协助难民回乡委员会卓有成效的工作以及归侨运动影响,滞留澳门难侨人数锐减,布氏又召集华人各界代表,希望继续给养贫民、弃儿等,但规模已不如前期。

1943 年 10 月 30 日,布英沙又邀请澳门银业行、金饰行、药材行、当押行、故衣行、鲜鱼行、谷米行、旅业行、杂货行等各行商代表到警察厅开会,将难民营内情况汇报,并希望各行商代表通知同

---

① 《警察厅长布英沙昨发出捐册,请各行商捐款给予贫民》,《华侨报》,1942 年 10 月 15 日,第 3 版。

② 《殷商李洪热心善举,个人认养难侨四十五名》,《华侨报》,1942 年 10 月 19 日,第 3 版。

③ 《给养难民亟盼踊跃认捐》,《华侨报》,1942 年 10 月 24 日,第 3 版。

业,尽其所能认养难民。11 月 6 日,布氏再次邀请行商代表 8 人——鸡鸭蛋行胡振荣、茶楼行陈立耀、猪肉行曾鹤祺、洋货行黄仲良、坚炭行张礼波、山货行区实颐、建造行甄华焜、养鞋行叶经到警察厅集议,希望各行积极襄助认养营内难民。

这一期认养难民,当押行首先响应,有德成按、德生按、高隆(升)按各认养 5 名;长泰押、长兴押、祐兴押各认养 2 名;九如、泰来、裕生、荣兴、荣昇、恭安、万兴、大昌等 50 家各认养 1 名。① 随后陆续有故衣行认养 47 名,鱼栏行认养 19 名,米机行认养 66 名,其他山货行、洋货行、鞋业行、旅业行、建筑行等均在行内组织认养难民或开展慈善捐款为难民营筹集经费。② 当时每一个难民一个月的赡养费用为葡币或双毫 9 元,难民营由澳门各行商号及热心人士按月认捐费用得以维持,每月警察厅都派出警员向各认捐商号征收捐款。③ 因此,澳门各行商号的认养费用成为难民营的一笔固定经费,而且是一笔主要经费来源。

(四)调查难民情况

抗日战争时期,澳葡政府救济葡人与华人存在明显的差异。葡人难民的生活有本国及澳葡政府财政收入提供保障,慈善委员会全权施以救济,在物质匮乏、米珠薪桂的战争时期生活仍然有保障。华人的救济则主要依靠华人社会内部的慈善组织、华人团体

---

① 《警察厅长布英沙请各行商认养乞儿,当押行首先响应量力捐助》,《华侨报》,1943 年 11 月 7 日,第 3 版;《故衣行、鱼栏响应认养乞儿,希望各行继续响应》,《华侨报》,1943 年 11 月 9 日,第 3 版。

② 《故衣店响应养乞丐》,《华侨报》,1943 年 11 月 10 日,第 3 版;《行商响应认养难民,谷米商已着手劝捐》,《华侨报》,1943 年 11 月 11 日,第 3 版;《各行商捐助难民营》,《华侨报》,1943 年 11 月 16 日,第 3 版;《米粮同业养难民成绩颇佳》,《华侨报》,1943 年 11 月 21 日,第 3 版。

③ 《警厅派员收贫民所捐款》,《华侨报》,1944 年 1 月 4 日,第 3 版。

施以赈济,澳葡政府慈善委员会对华人的救济甚少介入,直到 1944
年 5 月 20 日,澳督戴思乐才发出批示,委任澳门商会主席高可宁等
成立难民调查会,专门调查滞留澳门难民的状况,以便施行救济。
批示原文如下:

> 澳门总督按照自治规约第 31 条及按照属地法第 21 款所
> 赋予之权合委高可宁、刘叙堂、冯祝万、林子丰等为调查留澳
> 难民状态委员会,为便利该委员筹办之起见,特报告机关及公
> 众照知。对于各该委员办公上应予充分之利便,希各遵照,特
> 此批示。①

高可宁、刘叙堂、冯祝万、林子丰等接受委托后随即开展工作,走访
了难民营、托儿所、贫民住宅区、新口岸、莲花山工场等处的难民,
对他们的生活、工作等各方面情况进行调查。至 8 月中旬,调查走
访难民的工作告一段落,四委员便着手编辑报告书,向澳督汇报难
民情况,同时提出改善难民生活的意见数点。② 随后,澳葡政府便
结束了难民调查委员会的工作。

难民调查委员会草草结束,当《华侨报》记者访问澳督秘书长
高士德,探询该会成立的动机及其应负的责任时,高氏发表谈话
表示:

> 自远东战事爆发以来,各地难民来澳居住者,人数日见增
> 加,澳府当局对于救济难民工作,帮助不遗余力,除葡籍难民
> 已有委员会之设立,以负救济之责外,其他救济华侨之工作,

---

① 《澳督委出高可宁等成立调查难民委员会,希各团体便利救济难民》,《华侨报》,1944
年 5 月 23 日,第 4 版。
② 《调查难民报告书送澳督核办》,《华侨报》,1944 年 8 月 31 日,第 4 版;《〈调查难民生
活报告书〉日间呈递澳督》,《市民日报》,1945 年 2 月 8 日,第 1 版。

则由各慈善机关分别办理，且各机关之经费多由政府发给，政府当局为使华侨难民得受实益起见，诚恐各慈善机关对于救济之办法，或有应予改善之处，而政府当局前曾未顾及者，故特委出专员，负责调查各慈善机关救济华侨难民工作情形，作详细之报告，并将一切应予改良之点，呈献当局。①

就其谈话而论，开展难民调查的初衷是美好的，只是这一行动来得太晚，而且调查结束后，澳葡政府也并未落实有关救济华人的措施。

香港沦陷后，澳葡政府对华人的救济相对被动，难民营的建立是迫于市容、卫生、治安等各方面考虑的产物，而且带有一定的强制性，每隔一段时间警察厅便派员往澳门市面搜罗乞丐、衣衫不整者集中送入难民营，报章亦曾报道有不少平民因衣衫破旧而被误拘入营的情况，加上高居难下的死亡率，青洲难民营也因此为当时的华人社群乃至后人所诟病。随着战争形势的变化，澳葡政府在救助华人方面的态度转变十分明显，后期戴思乐、布英沙、官耶、罗保等为各慈善机构频频发起筹款活动，并积极介入。

难民营、托儿所、贫民屋是战时由澳葡政府警察厅主理的华人救济机构，只有贫民屋每年可获得慈善委员会的拨款，托儿所、难民营的经费除澳葡政府的临时拨款外，主要依靠华人社会的资助维持。如：1944 年度难民营经费约 22.5 万元，贫民屋约 9 万元，托儿所约 8 万元，三处经费共计近 40 万元，②慈善委员会拨给贫民屋

①《秘书长谈难委会成立动机并阐明今后工作责任》，《华侨报》，1944 年 6 月 7 日，第 4 版。

②《难民营经费来源》，《华侨报》，1945 年 3 月 4 日，第 4 版。

的经费为 3.2 万元，①剩余经费绝大部分来自社会人士的捐助以及各行商会认捐。可见，澳葡政府对华人的慈善救济，仍然依靠华人社群本身的财力在支撑，澳葡政府救济华人资金投入程度并不算高，诚如中国俗语所言："羊毛出在羊身上"。当然不可否认的是，澳葡政府在战时的确实施了相关救济贫难华人的举措，而且一些救济举措卓有成效，施予救济的事实不可忽略。

三、英葡对英美籍难民的救济

澳门不仅是华人、葡人的避难之所，亦是英美籍难民的避难港。

1945 年 11 月，《复兴报》报道：在战时，澳门成为来自各方难民的"庇护之港"，其中，英国驻澳门领事瑞礼士所扮演的角色至关重要。他不仅要照顾在澳门领取英国救济品的9 000多人，②还要为这个社群提供医疗和教育服务，并且在实施英国政府对战时澳门经济的帮助方面也作了很大贡献。根据瑞礼士的回忆录所载，英国在澳门的利益最初主要涉及澳门电力公司、美高俱乐部等机构及相关人群，如下所述：

> 澳门电力公司（the Macao Electric Company），该公司还控制着澳门自来水公司（the Macao Water Company）。后者是一家在葡萄牙注册的公司，完全由香港上海汇丰银行有限

---

① 《1944 年度慈善会拨款总数业已核计完竣正式发表》，《华侨报》，1945 年 3 月 20 日，第 4 版。

② 白乐嘉（Jack Braga）在其著作《香港与澳门：友谊记录》（*Hong Kong and Macao: A Record of Good Fellowship*）一书中称瑞礼士在二战期间拯救了 9 000 名英国公民到澳门。参见：Jack Braga, *Hong Kong and Macao: A Record of Good Fellowship*, Hong Kong：Graphic Press Limited, 1960, p. 129.

公司(the Hongkong and Shanghai Banking Corporation.)出资。太平洋战争爆发时，英国在澳门有一支由塞昂(翁)号(Saion)、一艘亚洲石油公司的驳船和一艘属于马来军校学员的小型帆船组成的舰队。另一个相关利益体是印度商绅卡西姆·穆萨(Cassim Moosa)的百货商店，该公司可以追溯到19世纪中叶。除此之外，主要是一些经营汽油、保险或烟草的香港公司在澳门设立的代理商。

在所有这些之中，唯一令人头疼的是美高(Melco俱乐部)电力公司，尤其是当吉利恩先生(Mr. Gellion)去到了美国。这并不是对我的好朋友弗莱彻先生(Mr. Fletcher)的侮辱，弗莱彻先生在吉利恩先生不在的情况下接管了公司事务。印度也有许多商店，但其中大多数商店都参与了印度独立同盟运动，并且如果没有受到威胁，他们几乎不会迫切需要向领事馆求助。

英国人很少。弗莱彻夫妇(Mr. and Mrs. Fletcher)、威尔逊太太(Mrs. Wilson)，还有米切尔一家(Mitchell family)、三个马来亚军校学员(Malayan cadets)、中国海关的博拉斯(Mr. Borras)先生、拉默特夫妇(Mr. and Mrs. Lammert)、皇家保险公司的加洛韦夫妇、帕特·希南夫妇(Mr. and Mrs. Galloway and Pat Heenan)等是人们见过最多的人。

印度社区主要由我提到的商人和警察组成，警察主要是澳门政府雇佣的伊斯兰教徒和锡克教教徒。也有少数葡萄牙裔的英国人。①

① John Pownall Reeves, *The Lone Flag: Memoir of the British Consul in Macao during World War II* , pp. 23-24.

　　由上可知英国在澳门的机构不多,侨民亦少,但是随着香港的沦陷,澳门成为英侨及港英政府人员撤离的避难所。战时英国在澳门的开销有两大笔资金:一是港英政府总共支付澳葡政府 241 776 英镑,作为港英政府对难民营难民救济的捐助;二是支付给英国驻澳门领事馆的 1 000 397 英镑,用于给寄居澳门的港英政府文职人员贫困者发放救济贷款。此外,英国驻澳门领事馆还提供过其他社会服务,包括澳门足球俱乐部、中国新年津贴计划、对同惠诊所的捐助、一项合作计划、分发大米、遣送印度人回国,以及对葡萄牙志愿兵和前往中国的美国难民的经济支持等,[1]当然,这些工作的开展大多是在澳葡政府的协助下进行的。

　　战争结束时,瑞礼士称他们一共记录了 4 118 个家庭的账簿案卷,也就说在战时他们至少照顾到了 4 118 个家庭。[2] 在回忆录中,瑞礼士对战时救济工作大致总结如下:

　　　　我们处理了 2 500 万美元(香港)。我们账上亏了 3 美分,杰瑞心都碎了。我们的行政开支包括所有非难民开支(不限于情报、薪金、租金、电报、文具等)为 33 万美元,不到 2%。除人口普查表、登记表、医疗卡等资料外,共有 4 118 个病例和 33 000 份相关文件。在随机抽取的一个月里,威尔弗雷德除见过我和斯威姆见过的人之外,还见过 560 人。每天有 70—100 人打电话要求付款。不包括在上述数字中的办公室间救济备忘录,在一个月内送到我的办公桌,除了那些发给我的、记录下来的和发回的备忘录,一共有 170 份。这一切都不包括领

---

① [澳]杰弗里·C.冈恩著,秦传安译:《澳门史:1557~1999》,第 183—184 页。

② John Pownall Reeves, *The Lone Flag: Memoir of the British Consul in Macao during World War Ⅱ*, p. 57.

事工作和诸如诊所和学校文件之类的东西。行政人员也就十五个,敢叫作我们懒!①

从处理资金、文件的数量以及接待的人数可见瑞礼士对英籍难民的用心至深。初时,英籍难民的医疗主要依赖澳葡政府医院,后经瑞礼士商请得以倚仗镜湖医院兼顾。镜湖医院虽然是华人医院,但医疗水平在当时并不逊色,而且办理良好,瑞礼士特请求该院协助英美籍难民的医疗救助事宜。根据镜湖医院抗战时期工作总结记载:

> 港战发生后,港方英美籍人士来澳避难者甚众,其中多有贫病无告者,一九四□年□月□日驻澳门英领事商得本院合作,将英美籍病人送交本院医理,由英方负担医药费,本院以道义所关,虽在敌人严密统制之下,亦尽量为之收容。②

而事后根据院方统计,1943 年至 1945 年受理的英美籍留医数量如下表所示:

表 3－6　镜湖医院 1943—1945 年英美籍病人留医人数统计表③

年度	英籍留医人数	美籍留医人数
1943 年	464	90
1944 年	612	69
1945 年	924	118
总计	2 000	277

① John Pownall Reeves,*The Lone Flag: Memoir of the British Consul in Macao during World War Ⅱ* , p. 60.
② 澳门镜湖医院慈善会编印:《镜湖医院概况:1941—1946 年》,1947 年,第 20 页。
③ 澳门镜湖医院慈善会编印:《镜湖医院概况:1941—1946 年》,1947 年,第 12 页。

瑞礼士的举措令镜湖医院成为英美籍病人求医的选择,缓解了难民就医的困难,也是对镜湖医院医疗技术以及慈善救济事业的肯定。

不仅如此,英领事还筹设了诊所,方便英籍人士看病。诊所初在圣拉斐尔医院附近,后来移到曲棍球场附近的一栋建筑物,最后搬到南湾(Praia Grande)东端,直到战后复员为止。[①] 1945 年的数据显示,该诊所每月平均门诊量为 2 241 人次,每天(按 1 月 30 天算)的门诊量在 75 人次,每月治疗病例为 5 527 例,每天为 184 例,[②] 从这些数字可以看出诊所医生面临的诊疗任务比较艰巨。同时亦可看出英籍难民在战时得到相对妥善的安排与照顾。

1945 年 9 月 16 日,署名 J. M. B. 的人士对瑞礼士在战时的工作和活动进行总结时,称瑞礼士维持了领事服务的高尚传统,对其战时救济工作给予了非常高的评价,称:

> 瑞礼士先生在战时澳门的历史上占据了一席之地,其主要是围绕英国难民开展救济活动。他们在澳门寻求庇护并得到澳督戴思乐的慷慨接纳,这归功于瑞礼士先生。
>
> 救济工作是瑞礼士先生对陷于困境中的民众的主要贡献之一,其主要依赖大量的汇款。他通过向英国政府申请并获得英国政府保证的大量汇款,也为澳门经济生活作出了重大贡献。
>
> 当时在澳门接受英国救济的人数超过 9 000 人。与救济

---

① John Pownall Reeves, *The Lone Flag: Memoir of the British Consul in Macao during World War II*, p. 63.

② John Pownall Reeves, *The Lone Flag: Memoir of the British Consul in Macao during World War II*, p. 64.

工作密切相关的医疗工作需要额外服务，其中有香港医生从事其在香港同胞中的工作。为此，瑞礼士先生花费巨大，不遗余力地利用现有可用资源达到最佳效果。①

另据欧美难民离开澳门时在峰景酒店聚会上的说法，当澳门几乎被日本人包围时，瑞礼士庇护了约 1 万名英美两国的公民，②也就是说 90％的避居澳门的欧美人士曾受到瑞礼士的关照。因此，瑞礼士无不自豪地在其回忆录中宣称：

> 我们为那时经手的每一美元都感到自豪，有 98％直接以补贴或药品的形式送到了难民手中。另外的 2％则用于支付薪水、租金、各种杂费，包括一些情报支出以及将人们转移到国统区（Free China）所涉及的费用，电报、文具等实际上所有的间接费用。我们敢称，很少有公司或机构，特别是非创收的公司或机构，能够声称其间接费用仅为 2％；而且必须记住，这是面对从纸张到电力等一切成本不断上升的情况。③

在瑞礼士那里，英籍葡裔在享受到澳葡政府待遇的同时，亦可争取到英国政府的关照。施安东提到瑞礼士在战时亦竭力帮助英籍葡裔难民，一是给他们发放一些微薄的补贴。瑞礼士亦曾在回忆录里提到，当需要救济的时候，许多人声称自己是英国国籍，不过，他们的要求通常可以以"双重国籍"为由，或根据 1941 年 6 月以

---

① John Pownall Reeves, *The Lone Flag: Memoir of the British Consul in Macao during World War II*, p. 156.

② John Pownall Reeves, *The Lone Flag: Memoir of the British Consul in Macao during World War II*, p. 154.

③ John Pownall Reeves, *The Lone Flag: Memoir of the British Consul in Macao during World War II*, pp. 33-35.

前居住但未登记的人无权获得救济的特别条例来予以否认。①但是那些澳葡裔难民中有丈夫或儿子囚禁在香港的集中营的,可以从瑞礼士那获得英国政府的补助金;②二是聘用了很多葡裔青年为武装护卫。例如基多·塞凯拉(Guido Sequeira)等几位青年难民曾为瑞礼士及其家人担任保镖。塞凯拉经常开车接送瑞礼士夫人,还曾接送过被秘密营救的美国飞行员。③ 英籍葡裔游走于葡萄牙公民与英国公民两重身份之间,亦是瑞礼士重视的群体,特别是在情报工作中,更是倚重。不过这种双重身份在带来便利的同时,也受到英葡两方的质疑。瑞礼士就曾感慨道:

> 大多数海外英国公民意识到或者说更愿意意识到英国国籍的权利(而不是义务),这对领事官员来说,可能永远是一个悲哀的反映。总的来说,领事官员只看到有麻烦的英国公民;如果没有,他们就不需要见领事。这些事情足以让领事馆官员感到,除非陷入困境,否则他们不会宣称自己是英国臣民。当然,普通的游客和商人不必担心,尽管任何一位领事都想了解更多的情况,但几乎不会受到影响。④

在瑞礼士所接触的人中,这种情况当以葡裔居多。而一些借助葡裔身份逃遁澳门,却并不与其他人往来的英籍葡裔也是令港澳葡萄牙人反感的。廖亚利孖打(Leo d' Almada e Castro, K. C.)战后在香港西洋会所的演讲中暗暗讽刺这样的现象,称:

---

①④ John Pownall Reeves, *The Lone Flag: Memoir of the British Consul in Macao during World War Ⅱ* , p. 24.

② António M. Jorge da Silva, *The Portuguese Community in Hong Kong* , Vol. 2, P. 33, [葡] 施安东著,叶浩男译:《跨越文化与时空的葡亚人:澳门葡裔的演化》,第 139 页。

③ Geoffrey C. Gunn, *Wartime Macau: Under the Japanese Shadow* , p. 111.

　　在日占时期的香港，葡萄牙这个名称真是前所未有般吃香，这实在异常诡异，却又千真万确。很多只是吃过数条葡产太平洋沙甸鱼的人声称有葡萄牙血统，竭力获得葡萄牙身份证。一些拥有葡萄牙血统但之前不愿提及的人公开佩戴有葡萄牙标志的臂章。他们都想到澳门避难，因为当地是战争期间中国海岸唯一始终悬挂米字旗的地方。现在战争结束，这些伪葡萄牙人又成功抹除了一切与葡萄牙的联系，而其他人则恢复过去的伪装，重新涂上假冒的颜色。①

显然，英籍葡裔在战时的特殊身份为其获得了葡萄牙和英国双方的照顾，但是也受到两个社群的非议，这样的境遇亦折射出港澳葡裔社群的内部分歧。当然在救济方面获得的特殊照顾，也使其承担了特殊的战时角色，许多人成为英国开展战时营救、转移、情报等行动及战后重占香港计划的执行者。

　　战时澳门接收了来自各地的难民，这些"不同国籍的各阶层人士却拥有共同特征：一无所有"。② 澳葡政府以及民间社会以其"人类互助""人道慈善"的精神，给予难民各种救济与帮助。当时澳门的各种机构，包括政府的、宗教的和民间的，如医院、修院、寺庙、教堂、商会、救济会、红十字会、俱乐部、戏院、酒店、公司、收容所、学校以及妇女会、同善堂等都参与其中。

　　在整个社会救济层面上而言，葡裔、英美裔、华裔难民和澳门本地贫民都获得了一定的救济，在具体实施上则因对象不同而有所偏

────────────

① Leo d' Almada e Castro, K. C. , *Some Notes on the Portuguese in Hong Kong*（在战后在香港西洋会所的演讲，由澳葡政府官印局 1949 年印行），［葡］施安东著，叶浩男译：《跨越文化与时空的葡亚人：澳门葡裔的演化》，第 139—140 页。

② ［葡］施白蒂著，金国平译：《澳门编年史·二十世纪(1900—1949)》，第 293 页。

重。葡籍难民得到澳葡政府的积极援助,生活安稳;英美籍难民也因有其政府经济实力的保障得以顺利渡过难关;人口占绝大多数的华籍难民及平民,则更多地仰仗澳门民间社会力量救济,除寄寓在亲友家有一定保障的外,其他各贫困华侨则几乎只能依靠各种民间团体的施赈。无论是慈善还是非慈善性质的华人社团、西方宗教团体,都陆续投入赠医施药、施粥、施衣、济贫、收养难童、创办义学、照顾老弱病残者等慈善救济工作,在粮食困难、瘟疫横行的艰难岁月里,力争挽救更多人的生命,让苦难的人们在困境中收获一丝生存的希望。

抗日战争时期对贫难华人予以救济的主要还是澳门华人各社团、慈善人士所施行的赠医、施药、施棺、施粥、施衣等慈善救济。举办慈善救济工作的华人社团主要为三大类:第一类是华人社会原有的慈善社团,如镜湖医院、同善堂等,它们是华人早年建立的民间慈善互助组织,实施救济工作系统成熟、全面;第二类是华人社会已有的非慈善社团,因战时救济的需要转而投入慈善救济,如澳门中华妇女会、佛教功德林等,在救济上以办理粥场、饭场为主,兼顾其他;第三类是战时应运而生的慈善社团,如怡兴堂、澳侨赈饥会、回乡会、澳门平粥会等,这些社团皆因战时慈善救济的需要而设,带有明显的应急赈济目的,救济活动单一,存继时间较短。根据娄胜华所述,澳门华人民间社团开展的救济活动主要为:筹募救济款物;协助收容难民及施粥派衣;协助政府推出"以工代赈"活动。① 娄氏总结了当时华人慈善救济的三个主要方面,但尚有赠医施药、施棺殓葬等多项慈善活动尚未涵括在内。依据史料记载及当时报章的报道,战时华人社群的慈善救济工作十分广泛,涉及筹设粥场

---

① 娄胜华:《转型时期澳门社团研究——多元社会中法团主义体制解析》,第188—189页。

施粥、饭场赈济贫民、难民;冬季施派棉衣御寒;赠医、施药、留医、种痘救济病侨;施棺、殓葬,泽及枯骨;扩充义学,救济失学青年;收容、给养难童;协助政府推行"以工代赈",介绍难民工作;设立回乡会,资送难民返乡;举办各类慈善捐款及筹款活动九个方面。在这些慈善救济活动中,以施粥、廉价售饭等赈饥工作及各界的慈善筹款活动规模最大,当时出现的救济华人的粥场、饭场达 11 处。具体情况如下表所示:

表 3-7　战时华人社团举办粥场、饭场汇总表①

社团名称	粥场、饭场地址
同善堂	青洲难民营、同善堂门前
怡兴堂	青洲难民营、镜湖医院长亭
镜湖医院	与怡兴堂合办在镜湖医院长亭
澳侨赈饥会	镜湖医院适亭(义庄)、青洲难民营、妈阁庙
澳门中华妇女会	新填海地区(新口岸)、望厦米站孤儿院内
佛教功德林	三巴仔无量寿功德林
澳门平粥会	莲溪庙
义社体育会	义社体育会分馆
氹仔赈饥会	氹仔当地街市

这些粥场、饭场成为维持华人难民、贫民生存的关键。规模最大的粥场一日施粥达 4 000 余份,最小规模的一日施粥也在几百份。

各界为慈善机构筹募经费的活动此起彼伏,从 1942 年至 1945 年 8 月,澳门华人所举办的各类慈善筹募活动不下百场,其中为镜

---

① 根据《华侨报》《大众报》等报章以及各社团资料集合相关内容整理而成。

湖医院的筹款即达 25 次,是战时得到各界筹款次数最多的慈善社团,此外则以同善堂、天主教平民饭场、回乡会、青洲难民营、澳侨赈饥会所举办的筹募次数居多。除为慈善社团筹款外,华人各界还举办不少慈善活动,将所得款项上交警察厅分配各慈善机构作为经费。行善已然成为当时的一种社会氛围和自觉。

　　香港沦陷后,华人社团与西方宗教团体等先后成立了粥场、饭场,每日以免费或平价的方式向难民、贫民、难童施派粥饭,澳葡政府则以资助各个粥饭场经费的方式间接援助。这种粥饭场先后计有 13 处之多,根据战后的统计,将近 4 年的时间里澳葡政府和民间社会共派发了 5.48 亿碗粥饭,[①]挽救了诸多生命。根据理查德·加勒特(Richard Garrett)的描述,20 世纪 30 年代,澳门每年死亡人数在3 000—4 000 人,1941 年时澳门人口已剧增至 374 737 人,而当年的死亡人口亦高达 10 844 人,[②]平均每天死亡 30 人左右,然而这还只是开始——1942 年死亡人数超 1.6 万人,特别是在该年的寒冷期,死亡人数多达 1 万。[③] 1943 年后澳门人口的死亡率明显下降(如下表所示),这与各慈善社团大规模、长期的持续性赈济关系密切,曾经有数万华人依靠这些周济渡过战时的饥荒与困顿。

---

① 冯翠:《抗日战争时期的澳门华人社会——以慈善救济为中心的研究》(未刊稿),暨南大学中国近现代史专业博士学位论文,2014 年,第 265 页。

② 澳门大众报社编印:《澳门工商年鉴(1958—1959)》,1959 年,第 5—6 页。

③ John Pownall Reeves, *The Lone Flag: Memoir of the British Consul in Macao during World War Ⅱ*, p. xxii.

表 3 - 8　1938—1945 年澳门人口死亡人数演变表①

（单位：人）

年份	1938 年	1939 年	1940 年	1941 年	1942 年	1943 年	1944 年	1945 年
死亡人数	5 897	9 452	11 850	10 844	16 608	8 973	2 968	3 802

　　1945 年 8 月 18 日，澳葡总督戴思乐就抗战胜利在电台发表致澳门广大市民的文告中表示，政府虽然对民间的援助不足，但澳门居民仍能够团结一致，渡过难关。② 显然，渡过难关的关键就在于澳门民间开展了规模宏大且历时长久的慈善救济活动，这也是澳门成为战时避难所的意义所在。

---

① ［葡］古万年、戴敏丽：《澳门及其人口演变五百年（一五零零至二零零零年）：人口、社会及经济探讨》，第 166 页。
② 傅玉兰主编：《抗战时期的澳门》，第178 页。

第四章　谍报港：各方势力逐鹿濠江

澳门在战时是东南亚重要的情报中心之一，特别是在香港沦陷后，其地位越来越重要。同盟国与轴心国都将其视为收集情报的中心，抑或是情报的中转站。重庆国民政府、中共方面、汪伪政权均在澳门活动，各路人马或明或暗，折冲樽俎；同盟国、轴心国集团相关机构或组织均在澳门设立情报站或联络站，仅英国方面就有英国特别行动执行处（亦称"英国别动队"，Special Operations Executive，简称 S. O. E）、英军服务团（The British Army Aid Group，简称 B. A. A. G）、军情六处（Military Intelligence Section 6，简称 MI6）等，甚至是日本驻澳门领事馆、英国驻澳门领事馆等均从事情报工作，此外一些土生葡人和美国人的战略机构也在澳门收集情报。因此，澳门被喻为东方的"卡萨布兰卡"，战时的"谍战之港"。

第一节　英国各方在澳门的谍报活动

同盟国集团中，当属英国在澳门设立的情报组织最多。根据吴树燊研究，战时英方来澳门活动的情报组织最早应该是英国特别行动执行处,而最有成效者则为英军服务团。① 就当前研究成果披露,除英国驻澳门领事馆外,英国特别行动执行处、英军服务团、军情六处、军情九处(Military Intelligence Section 9,简称 MI9)等战时均曾在澳门活动,从事搜集情报、营救战俘、救济侨民、搜集物资等特殊任务。

一、英国驻澳门领事

1843 年英国驻广州总领事馆成立,并管理和关照英国在澳门的利益。大约在 20 世纪 30 年代,英国在澳门的大型企业——澳门电力公司(Macao Electric Company)的总经理热利翁(Mr. F. J. Gellion)担任名誉驻澳门领事,但仍归属广州总领事管辖。1940 年,这一职位成为独立的领事,由布莱恩(Mr. H. D. Bryan)担任。1941 年 6 月,瑞礼士接任成为英国驻澳门领事。②

以往,英国驻广州领事馆负责向英国本土传递澳门方面的消息,与英占香港总督一起,成为英国获得澳门情报的两个渠道。香港沦陷前,英国在远东的情报中心是香港,并未在澳门设立专门的情报组织。③ 因此,英国驻澳门领事瑞礼士,便不得不在澳门成立单独的情报组织。

香港沦陷后,澳门成为英国获取香港消息的孔道。随着日军开放香港经澳门到广州湾的航运,华人、印度人及第三国国民陆续

---

① 吴树燊:《英军服务团研究(1942—1945)》(未刊稿),暨南大学中国近现代史专业博士学位论文,2013 年,第 154 页。

② John Pownall Reeves, *The Lone Flag: Memoir of the British Consul in Macao during World War II*, p. 23.

③ 吴树燊:《英军服务团研究(1942—1945)》(未刊稿),暨南大学中国近现代史专业博士学位论文,2013 年,第 151 页。

离港。原香港华民政务司夏礼翁（Phyllis Harrop，女）在戴笠组织
（Tai Lee Organization）人员要求下，以第三国国民妻子的身份，于
1942 年 1 月 28 日乘船前往澳门，联络英国驻澳门领事。夏礼翁抵
达澳门的第二天，便通过驻澳使馆向英国外交部传递了有关香港
的信息。这是英国在香港沦陷后，第一次收到原港英政府官员的
汇报。①

英国驻澳门领事馆逐渐成为英方情报据点之一。情报工作具
有极强的隐蔽性，一般民众难以察觉，一般文献难能记载，更多依
靠当事人的回忆和披露来了解和还原历史。英国驻澳门领事独立
成职后，直属于英国驻葡萄牙里斯本大使，亦有密码本进行秘密通
讯。瑞礼士在战后的回忆录中虽未详细描述其统领澳门情报机构
时的具体情况，但大致提到从事过如下工作：

> 一、在澳门拥有"非法"电台并与重庆方面联系，澳督戴思
> 乐知晓，并没有反对；
> 二、受命往香港赤柱集中营传递消息，并向香港来的难民
> 打听香港情况；
> 三、偶然发现一些重要事情，并把它传递出去，向接触的
> 中葡组织可能至少传递过两次实质性改变战争进程的信息。②

上述工作显然是在收集、传递情报，深涉谍报活动。根据瑞礼士绘
制的英国驻澳门领事馆组织结构图，在领事管辖下，有一个代号为

---

① 详见《夏礼翁呈英国外交部报告》（1942 年 4 月 7 日）、《夏礼翁日记》（*Phyllis
　　Harrop's Diary*），英国外交部档案：F. O. 371/21820。参见吴树燊《英军服务团研究
　　（1942—1945）》（未刊稿），暨南大学中国近现代史专业博士学位论文，2013 年，第
　　151 页。

② John Pownall Reeves，*The Lone Flag: Memoir of the British Consul in Macao during
　　World War Ⅱ*，pp. 94-95。

"S"的部门,其职能并没有像别的部门那样标识出来,描述如下:

> "S"代表了很多,他的合作者只能为此致敬。它是匿名
> 地,并不那么真实。它代表"秘密",很少。最引人注目的工作
> 是"逃亡",当然,它也做了很多其他工作。①

"S"部的各项特征与开展上述情报活动的要求相吻合,大致可知瑞
礼士在澳门设有秘密电台,搜集香港方面情报,并向有关方面传递
重要信息。

　　澳门的情报更多的是向重庆英国驻华大使汇报。瑞礼士特别
强调与重庆方面保持联系,有时甚至以富有民族主义的中国"武装
男孩"(Strong-arm Boys)作为警卫。② 1943 年 6 月 17 日,英国驻华
大使转给英军服务团负责人赖廉士一封来自瑞礼士的信,从信中
内容可知,瑞礼士深涉情报工作,他向重庆英国驻华大使汇报:

> 情报,间谍与反情报——我以绝对最低的预算来运行它
> 们,但我不禁多花一点钱。我现在与本地 B. A. A. G 组织有更
> 好的合作,我相信您会赞成这种方式,因为部门之间的秘密只
> 会增加混乱。我现在列出了 3 000 多个可能有牵涉的人员名
> 称、地点等,其中包括日本人、黄正伟(Wong Ching-wei)和前
> 香港政府公职人员等,现在正与日本人、走私者头目等合作,
> 但我不想拿细节来叨扰您。其中两项突出成绩是获得南京和
> 日本之间的会议记录,决定了澳门的命运(这对总督非常有
> 用)。而最近,继续听到本地重庆组织有关钨锰铁矿走私
> (Wolfram Smuggling)的消息,这些交易导致从事该行业的六

---

① John Pownall Reeves, *The Lone Flag: Memoir of the British Consul in Macao during World War II*, p. 38.

② Geoffrey C. Gunn, *Wartime Macau: Under the Japanese Shadow*, p. 146.

艘帆船被毁。[1]

此信辗转到赖廉士手上时,其对瑞礼士从事情报工作感到惊讶。不过,重庆方面曾公开介绍过瑞礼士在澳门的事迹,内容大致如下:

> 8月13日:远东最有趣的战争故事之一,来自英国领事瑞礼士。自珍珠港事变以来,他曾在离香港40英里的葡萄牙澳门岛上与世隔绝。他的领事馆就在日本领事馆的隔壁。一名从澳门撤离的人说,瑞礼士和葡萄牙人一起打曲棍球,身上绑着左轮手枪,无视在边线上的日本观众。[2]

可见,瑞礼士在澳门的工作曾是得到重庆方面肯定的。而且,从相关记载来看,瑞礼士在澳门的情报系统颇具规模。帕纳吉蒂斯·迪米特拉吉斯(Panagiotis Dimitrakis)称,瑞礼士一开始领导着大约200名特工,组成了当地的情报网。[3]吴树燊的论文中亦提到从香港沦陷到英军服务团澳门小组成立的11个月中,瑞礼士逐步建立起自己的情报系统,紧急情况下他能动用的人手多达百人。具体而言,他组织的情报系统分为五个小组,其中一个全部由葡萄牙人组成,成员之间彼此认识。其他四个小组则以中国人为主,兼有葡萄牙人、印度人,成员之间只有三个人相互认识。该组织平时主要监察澳门反对英领馆的活动,并与香港赤柱集中营间联络,互

---

[1] HKHP Ride Collection,AWM PF/82/068 Series 2,no.7,Page 124,1943,in Geoffrey C. Gunn,*Wartime Macau: Under the Japanese Shadow*,p. 148.

[2] John Pownall Reeves,*The Lone Flag: Memoir of the British Consul in Macao during World War Ⅱ*,p. 159.

[3] Panagiotis Dimitrakis,*Secret War for China: Espionage,Revolution and the Rise of Mao*,I. B. Tauris,2017,p. 266.

相传递信息,同时也在澳门警察中安插了卧底,以取得澳门警方的情报。① 如此来看,瑞礼士领导下的英国驻澳门领事馆在香港沦陷后,英军服务团来澳门活动前,为英国方面开展了非常关键的情报工作。

瑞礼士与英国别动队、英军服务团、重庆方面均有过接触,但是对方最初都不知晓瑞礼士从事情报活动。瑞礼士的回忆录中极少提及情报活动的具体内容与细节,或许与情报工作的隐蔽性有关。不过,在其回忆录中对从事情报等工作多有肺腑之言,从中亦道出他从事情报工作的态度与心境。

首先,他并不认为自己的情报工作已经达到间谍的程度,这只是任何一个国家领事馆都应该做的工作,其阐释如下:

> 让我阐明一下立场:我不认为我的活动可以被视为间谍活动。我的主要目的是收集有关个人的信息,这些信息可能对战后英国当局(特别是香港)有用。我既不监视日本人,也不监视葡萄牙人,当我收集一名欧亚裔英国臣民的情报时,这人后来因协助国王的敌人受到严重指控而出庭受审;如果我收集到某些人的可靠信息,他们可能听说我的一些人从澳门乘飞机离开。我不认为收集资料是间谍行为,而这些资料可能会导致某些人或其他人发现自己不准在香港入境。我不认为这是间谍活动,试图查明有多少钨经过这块殖民地,是由谁处理的,要去谁那里,这肯定是商业情报,任何国家任何领事都应该收集。如果在这一过程中,偶然几次得到了重要的情报,或者我把给我的情报无偿地转递出去,我仍然觉得我没有

---

① 吴树燊:《英军服务团研究(1942—1945)》(未刊稿),暨南大学中国近现代史专业博士学位论文,2013 年,第 154—155 页。

沉迷于间谍活动。也许有人能睁大眼睛分辨出收集正常的感兴趣的信息、沉迷于情报工作和间谍活动之间的区别,然,我不知道两者的起点和终点……最后,我认为收集情报延续了我在澳门的存在,这一点几乎不会使我震惊,而只是出于常识。①

其次,第一次从事这项工作的困顿与紧张亦令他难忘。瑞礼士在回忆录中描述当时澳门谍战的氛围如下:

有时,我就像被半埋着;这就是说,我的一部分活动是在地下进行的,其余的活动则是对外开放的。澳门的间谍活动和反间谍活动气氛相当浓厚,有的纯粹是喜剧,有的则是非常致命的。这项工作很难记住,因为事情来得如此之快,进程有时如此之迅速,以至于几乎无法从记忆中确定正确的顺序。我会尽力而为,但我希望能得到那一大群人的指导,他们不仅帮助了我,完成了工作,而且完成了一项伟大的工作。②

而最令他感到困顿的是难以辨清敌友、特工之间彼此泄密、正确的协调合作等问题,他不禁感慨道:

在游戏的这一部分中从未有人知道谁是圣人,谁是罪人,谁是朋友,谁是敌人。例如,有位神秘的德国医生,如果有一点钱来,总是处在产生最可怕新闻的边缘,但是消息从未落实;有一家餐馆的老板突然从澳门失踪,去了自由中国,我相信他在这里被当作间谍;曾经有一位颇能助力的葡萄牙警察,

① John Pownall Reeves, *The Lone Flag: Memoir of the British Consul in Macao during World War Ⅱ*, pp. 94-95.

② John Pownall Reeves, *The Lone Flag: Memoir of the British Consul in Macao during World War Ⅱ*, p. 91.

被中国政府逮捕，罪名是为日本人从事间谍活动。像这样的人提出了进一步的问题，即应该使用多少可能为双方工作的人。①

在澳门，我是自己团体的仲裁人，其他团体对我的人了解不多，而我对他们同样不太那么了解。随着我的人被关注到，我陷入了同一个旧陷阱：他们不断互相报告，我的文件令人震惊地堆满了。②

情报部门的协调工作是相当困难的。从来没有做过这样的工作，我不知道怎么解决，只知道是链式系统，每个特工只知道他是链式系统中的某一方特工。总的来说似乎是被接受的；在这个单元系统，五六个探员组成一个单元，只知道他们的直接负责人，属于一个更高级别的单元。困难在于如何确定在什么级别进行协调合作，并协调好所有在场特工完成合作。③

除了面对上述组织内部的困难，瑞礼士还得应付敌人的报复，战时在澳门的日伪势力对他的刺杀与监视一直存在，就如他自己所言：

我不知道日本人到底有多想除掉我。但有一次对我的悬赏高达 4 000 英镑。有人马上问为什么没挣到钱？答案不难找到。在干这种工作时，日本人往往通过中国的黑帮歹徒进行。这些低劣的人意识到，鉴于我的武装方式（因为我的保镖

① John Pownall Reeves, *The Lone Flag: Memoir of the British Consul in Macao during World War Ⅱ*, p. 103.

②③ John Pownall Reeves, *The Lone Flag: Memoir of the British Consul in Macao during World War Ⅱ*, p. 94.

总是和我在一起，一般总会有那么一两个重庆方面的持枪者尾随着我），他们不太可能活下来，而一旦他们死了，要日本人付钱给寡妇是不大可能的。①

　　瑞礼士的活动范围仅限于澳门，他自己亦曾后悔没有好好经营香港方面。② 当然，他在澳门的活动是被日本人盯着的，甚至有人冒充英军服务团成员到领事馆刺探消息，进而引发了 1943 年日方在香港大规模的逮捕潮。根据 1943 年 6 月 30 日英国驻华大使馆武官处给新德里总部的函件所称，英国驻澳门领事已成为日军监视的目标，牵连拘留营内战俘、M 组和往来港澳的英军服务团人员被捕，因此赖廉士指示所有成员尽可能减少接触瑞礼士。③ 与此同时，国民政府军统局亦收到情报，指出英国驻澳门领事馆受到日军监视的问题，并将情报知会英国驻华大使馆武官处。1943 年 7 月 14 日，英国驻华大使馆致外交部电函称：香港日军发现一个盟军的情报组织，其中一个分支设在澳门英国领事馆内。日本宪兵已向该馆派遣密探，并且要求澳葡政府在证据确凿时立即关闭该馆。④因此，1943 年年底，瑞礼士被饬令停止从事情报工作，此后，该项工作主要由英军服务团澳门小组负责。

① John Pownall Reeves, *The Lone Flag: Memoir of the British Consul in Macao during World War Ⅱ*, pp. 95-96.

② John Pownall Reeves, *The Lone Flag: Memoir of the British Consul in Macao during World War Ⅱ*, p. 95.

③《武官处致新德里总部函》(1943 - 6 - 30)，AWM2/37/119，吴树燊：《英军服务团研究(1942—1945)》(未刊稿)，暨南大学中国近现代史专业博士学位论文，2013 年，第158 页。

④《英国驻华大使致英国外交部电》(1943 - 7 - 14)，英国作战部档案：W. O. 208/2448 XN/09226，吴树燊：《英军服务团研究(1942—1945)》(未刊稿)，暨南大学中国近现代史专业博士学位论文，2013 年，第 158 页。

二、英国特别行动执行处

英国特别行动执行处（Special Operations Executive，简称 S. O. E），在远东亦称"英国别动队"，其为英国政府 1940 年 7 月 19 日成立的特勤部门，以协调敌方占领国的颠覆和破坏活动为目标，为英国战时敌后抵抗组织。该处特工主要致力于抗敌宣传、炸毁桥梁、指示空袭、摧毁工厂、教导抵抗策略等。大部分成员在法国、南斯拉夫、希腊和意大利，此外还在阿尔巴尼亚、阿比西尼亚、比利时、缅甸、中国、丹麦、匈牙利、马来亚、挪威、波兰、罗马尼亚、暹罗（现泰国）、土耳其和荷兰东印度群岛等地进行重要活动。1946 年 1 月解散后，许多特工转移到军情六处（MI6）。[①]

于茂春（音译，Yu MaoChun）的文章提及，1941 年夏天，英国特别行动执行处和国民政府曾开展名为"中国突击队"的联合情报和特种作战项目。这原本是一项宏大的军事行动计划，旨在推进中英两国实现共同目标——挫败日本在亚洲的侵略性前进，但是，中国突击队最终演变成了一场只持续了 8 个月的惨败。[②] 不过，战时英国特别行动执行处还是在广西省西北部桂林建立了基地，继续与国民政府合作，并且在澳门、香港等地建立了秘密组织。

1942 年初，该处的奥尔森（F. A . Olsen，丹麦人）上尉秘密走访了澳门和广州湾，并与"高度可靠"的当地人建立联系。奥尔森由当地招募的特工协助回到桂林后，受命指导他们在澳门建立一个

---

① 参见：M. R. D. Foot，*SOE：An Outline History of the Special Operations Executive 1940 - 46*，London：British Broadcasting Corporation，1984（初版），pp. 9-23.

② Yu Maochun，"'In God We Trusted, In China We Busted'：The China commando group of the Special Operations Executive（SOE）"，*Intelligence and National Security*，Vol. 16，No. 4，2001，pp. 37-60，Published online：04 Jun 2010.

秘密支持组织。根据杰弗里·C.冈恩的推断，奥尔森很可能是英国特别行动执行处的"VODKA 行动"的一部分，该行动在当时向英国领事馆提供了密码，这对官方无线电消息的加密至关重要。①另外，根据英国国家档案馆的记录，该处负责香港和澳门地区行动的两名高级官员是丹麦人奥尔森和俄罗斯人捷列什琴科（音译，Terestchenko）。②可见，奥尔森应是该处负责及联络澳门当地行动的关键人物。

奥尔森在澳门招募的特工主要有三名：第一位是弗莱彻（音译，K. P. Fletcher），在三菱（Melco）工作的英国人；第二位是威尔逊夫人（音译，Mrs. Joy Wilson），杰弗里·威尔逊（音译，Geoffrey Wilson）的丹麦妻子，当时其夫被拘禁在香港赤柱集中营；第三位是吉恩·费伊（音译，Jean Fay），法国人，拱北海关官员（Commissioner of Chinese Maritime Customs for Lapa and Districts），此外，与英国驻澳门领事瑞礼士也建立了联系。每个特工（包括领事馆）都配有密码本，用于加密和解密来自重庆的盟军总部的无线电通信。③其时，还有任职于澳门水务公司的土生葡人白乐嘉（Jack Braga）被他的朋友，历史学家和英国情报官查尔斯·波塞尔（Major Charles Boxer）少校带入该组织，从事情报工作。

1942 年 5 月，英国军事使者、中队队长鲁塞尔（Squadron Leader Rusell）被派往广东执行任务，决定由英国特别行动执行处的约翰·凯斯威克（John Keswick，怡和洋行的接班人）在英军服务团负责人赖廉士手下工作，然后驻扎在韶关（Kukong）。④凯斯威克是英国特别行动执行处在华负责人。1942 年 4 月 24 日，英国驻

---

①②③ Geoffrey C. Gunn, *Wartime Macau: Under the Japanese Shadow*, p. 143.

④ Geoffrey C. Gunn, *Wartime Macau: Under the Japanese Shadow*, p. 144.

华大使请求蒋介石允许其留在中国活动，到广东清理该处事宜。[1]
然而，由于凯斯威克的中国妻子被怀疑是日本秘密特工，他的参与
并没有被国民党当局接受，导致由赖廉士来负责剩下的英国特别
行动执行处人员，至少在英军服务团行动地区是如此。有鉴于此，
鲁塞尔随后到韶关拜访赖廉士，让他参与英国军事情报机构，与有
关协助被困人员逃离的工作建立联系，并且在这次会面中，大致确
定了一条利用澳门逃离香港的路线。[2]

　　1943 年后，英方在粤港澳的运作主要以英军服务团为主，其他
组织或协助、或避开、或取缔。英国特别行动执行处则在国民政府
国际问题研究所下设的"英国顾问室"名下活动，但事实上，该处在
中国设有三个部门，分别是：重庆情报中心、昆明情报中心、中国海
岸组。重庆情报中心就是上述"英国顾问室"。后来该处在东南亚
的行动按区域划分为 ABC 三个组："A 组"负责缅甸；"B 组"负责锡
兰，又称为 136 部队（Force136），曾编入英军服务团"C"部；"C 组"
负责中国，亦即中国海岸组，由戴维斯（Derek G. Gill-Davis）中校
负责，独立于重庆情报中心，直接向印度负责，并且是以英军服务
团的身份在华活动，其主要活动范围是香港及周边地区。[3]

　　英军服务团成立后，英国特别行动执行处在澳门的行动逐渐
与其一致，甚至结合。例如，在后期英国特别行动执行处的计划
中，曾指示其澳门组织向位于开平（Hoiping）、三埠（Samfou）的英

---

[1] 吴树燊：《英军服务团研究（1942—1945）》（未刊稿），暨南大学中国近现代史专业博士学位论文，2013 年，第 201 页。

[2] Geoffrey C. Gunn, *Wartime Macau: Under the Japanese Shadow*, p. 144.

[3] Charlbs Cruickshank, *SOE in the Far East*, New York: Oxford University Press, 1983, pp. 151-162.

军服务团汇报。[1] 1944 年，该处中国海岸组负责人甚至调驻英军服务团，在同期英军服务团的改组中成为第三组。第三组由该处中国海岸组主管戴维斯中校主持，负责英军服务团总部 15 个部中的"C"部（别动队/136 部队）、"P"部（心理作战部）、"W"部（通讯部）。别动队归入 136 部队主管通讯，以利于英军服务团的运作。[2] 后期，该处成员基本被英军服务团吸纳，情报工作亦被英军服务团取代，甚至是在英军服务团名下活动。

　　1943 年英国特别行动执行处计划在 1944 年实施四项行动，分别是"沉睡行动（OBLIVION）"、"漠然计划（NONCHALANT）"、"复活行动（RESURRECTION）"和"怜悯计划（REMORSE）"，[3]有付诸实施的，亦有不了了之或未执行者。如："沉睡计划"以英国军官率领华人游击队，用军事手段夺取香港为目标。1944 年 12 月，该处已经为计划准备好各项设施和装备，且第一批 150 名华人已送到澳洲和印度受训，但是，这一计划最终被中国战区参谋长魏德迈（Wedemeyer）以避免盟军内乱为由否决了。[4] "怜悯计划"则从 1944 年 1 月开始执行，通过贸易或走私贵重物品在黑市售出，将套取的法币用于抵消中国官方利率过低对英镑的蚕食，支援在华英国组织的活动经费，英军服务团亦是受益者之一。[5] 通过"怜悯计

---

[1] Geoffrey C. Gunn, *Wartime Macau: Under the Japanese Shadow*, p. 143.

[2] 吴树燊：《英军服务团研究（1942—1945）》（未刊稿），暨南大学中国近现代史专业博士学位论文，2013 年，第 36 页。

[3] 吴树燊：《英军服务团研究（1942—1945）》（未刊稿），暨南大学中国近现代史专业博士学位论文，2013 年，第 202 页。

[4] Charlbs Cruickshank, *SOE in the Far East*, pp. 151-162.

[5] Bickers Robert, "The Business of a Secret War: Operation 'Remorse' and SOE Salesmanship in Wartime China", *Intelligence and National Security*, Vol. 16, No. 4, 2001, pp. 21-22.

划",该处在沦陷区和未沦陷区秘密建立了一个广泛的分销商和买家网络,为盟军俘虏购买高价值、低批量的商品和货币,并利用这些收益为盟军俘虏换得影响力、信息、安全和食品。这些资助在中国属于政治敏感的行为,主要是谋划战后让英国重新回到香港。

　　太平洋战争期间,英国在中国的首要目标是重建战前贸易和影响力,以及恢复对香港的占领与管治。英国特别行动执行处的一系列活动亦以此为目标。从该处在中国包括澳门的活动及其产生的实际效果来看,主要集中在情报搜集工作上。在实行行动中,与英军服务团之间有诸多交叉和配合,但亦有各自的目的——英国特别行动执行处以军事组织形式和性质存在和活动,英军服务团则始终强调其救援的初衷,只是面对更大的目标,接受合作是大势所趋。

三、英军服务团

　　英军服务团(The British Army Aid Group,简称 B. A. A. G)正式成立于 1942 年 5 月,于 1945 年 12 月 31 日解散。该团由从日占香港逃出的战俘,原香港大学生理系教授、香港战地救伤队(Hong Kong Field Ambulance)指挥官赖廉士倡议,经中国和英国政府批准成立。该团战时在中国后方以民间组织的身份公开活动,实则是英国军情九处辖下的正式组织,隶属于英军印度新德里军情处,听从英国驻华大使馆武官处指挥,是二战时期在远东执行英国政策的地下组织。

　　英军服务团的总部曾先后设于曲江(1942.5—1942.7)、桂林(1942.8—1944.10)、昆明(1945.1—1945.9)三地,最初以援助和营救战俘为宗旨,向战俘营传送药物,为准备逃走的战俘提供外界资讯,并协助他们逃走,后来逐渐发展成为情报组织,为战后英国重占香港服务。成员包括在国统区及港澳的华人、海外华侨、印度人、葡萄牙人和英联邦国家人士。与其他英方在华组织相比，雇佣大量华人是其一大特色。成立之初，其在国统区仅三个办事处：桂林总部、惠州和三埠前方总部，人员不过 30 人，其中桂林和惠州各 14 人，三埠和曲江各 1 人。[1] 随后，组织不断壮大，分工更加专业，人员也越来越多。如下 1942 年 11 月英军服务团主要组织结构图所示：

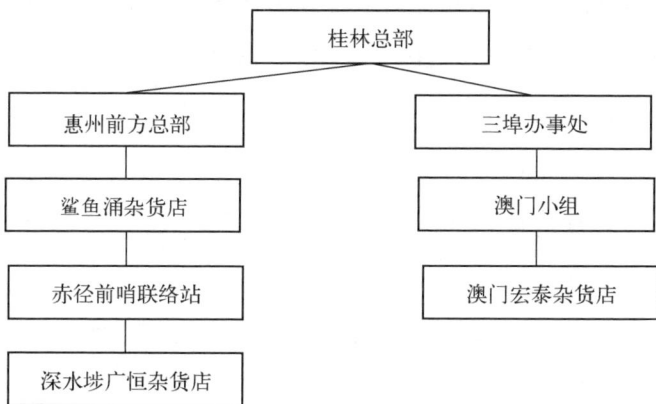

图 4-1　1942 年 11 月英军服务团主要组织结构图[2]

　　1942 年 11 月，英军服务团加设三埠办事处和澳门小组，三埠办事处负责情报归集、联络、支持和监管澳门小组的工作。11 月 2 日，胡德礼[3]（F. W. Wright）被任命为三埠办事处负责人，组织三埠第二前方总部，人员方面仅胡德礼一人。澳门小组是三埠办事

_____

① 吴树燊：《英军服务团研究（1942—1945）》（未刊稿），暨南大学中国近现代史专业博士学位论文，2013 年，第 43 页。

② 吴树燊：《英军服务团研究（1942—1945）》（未刊稿），暨南大学中国近现代史专业博士学位论文，2013 年，第 34 页。

③ 胡德礼（F. W. Wright）原为九龙海关职员，香港沦陷后被囚禁在赤柱，后经澳门返回内地，在梧州海关工作，于 1942 年 9 月 27 日加入英军服务团。

处的前哨及情报来源,以澳门宏泰杂货店为联络点。其时,赖廉士给胡德礼的任务有两项:一是指挥澳门至广州湾一带的活动,监督澳门小组的工作,搜集日军在香港、澳门及邻近沦陷区活动的情报;二是设立由澳门返回大后方的通道,接待由澳门或中山、江门等地回大后方的香港难民。①

英军服务团早期在澳门的活动得到英国驻澳领事瑞礼士的支持。最初,瑞礼士并不知晓英军服务团在澳门活动,直到该团负责人和他见面并传达使用密码。根据瑞礼士的回忆:

> 我确信,尤其是在会见了它的首领之后。它确实做了非常出色的工作,为什么我首先想到它,因为它也是我最后一次接触这类工作,是因为通过它向我传达了我在整个战争中要使用的密码。这密码是一个非常聪明的东西,你可得记住它,虽然它很聪明,却给了我无尽的焦虑,你脑子里的东西可能会被折磨得神志不清。而我也不禁幻想,如果小日本(Nips)把手放在我身上,我会得到什么样的待遇。②

双方根据情况和工作的需要建立了联系与合作,但是瑞礼士对英军服务团组织内部情况并不了解,只知道大概如下:

> 这个团体在澳门有一位协调员,我不太清楚这个头衔意味着什么,也不太清楚持有者做了什么,至少直到不久之后,才自觉地注意到其神秘的访问,以及他们频繁和暗暗跟我打

---

① 《给胡德礼的命令》(1942年11月2日),AWM2/2/49及AWM2/37/63,吴树燊:《英军服务团研究(1942—1945)》(未刊稿),暨南大学中国近现代史专业博士学位论文,2013年,第38页。

② John Pownall Reeves, *The Lone Flag: Memoir of the British Consul in Macao during World War II*, p. 92.

招呼的会议。关于这个团体在澳门的活动，有很多身份复杂的"假胡子"，但我自己的一些人也是如此，所以我想这种态度对贸易来说是普遍的，或者更确切地说是不太专业的特工。后来，根据通常情况和事实，我们双方违背上级军官的意愿，建立了一定的联络。①

从1942年6月起，瑞礼士也加入了英军服务团的行动，有时与其许多办公室工作人员一起，有时甚至独自行动。赖廉士联系瑞礼士的初衷主要是为了扩展情报工作，特别是关系香港的。但是，正如在1942年4月25日的一封手写的便条上所揭示的：

> 一位居住在香港的加拿大籍华人威廉（Wiliam Chong）也被牵涉到一个连接英国领事馆的网络。威廉负责建立澳门和桂林的通讯，他还协助向英国驻澳门领事馆转移资金，众所周知这方面是供不应求的。②

英军服务团与英国驻澳门领事的合作涉及情报通讯、资金转移等多个方面。

英军服务团澳门小组先后有三任负责人，首任负责人为威尔逊夫人（Joy Wilson）③，亦是前述英国特别行动执行处的雇员，以

---

① John Pownall Reeves, *The Lone Flag : Memoir of the British Consul in Macao during World War Ⅱ*, pp. 92-93.

② From Ride to Reeves, "British Consul in Macao via No. 50（William Chong）", Geoffrey C. Gunn, *Wartime Macau: Under the Japanese Shadow*, p. 146.

③ 关于威尔逊夫人（Joy Wilson）的译称，吴树燊根据音译为采怡·威尔逊。威尔逊夫人（Mrs. Joy Wilson）是前港英政府警察局局长杰弗里·威尔逊（Geoffrey Wilson）的丹麦妻子，其时威尔逊被拘禁在香港赤柱集中营，威尔逊夫人先后为英国特别行动执行处、英领事、英军服务团服务过，前两者记载均称威尔逊夫人，因此本文采取威尔逊夫人的译称。

及英国驻澳门领事馆职员，就任不到半年就离开了澳门；第二任负责人是从香港来澳门的英籍葡裔医生告山奴（Eddie Gosano 或 Eduardo Gosano），当时亦为英领事服务，曾写下《告别香港》（*Hong Kong Farewell*）一书；第三任是华人梁昌（又名梁润昌，Y. C. Liang），于 1944 年 2 月接任，直到英军服务团解散。

1942 年 6 月，英军服务团正式任命威尔逊夫人为该团在澳门的代表。当时威尔逊夫人在英国领事馆工作，她身负英国特别行动执行处和英军服务团双重任命，却并不被英领事瑞礼士知晓。11 月，澳门小组成立后，威尔逊夫人成为第一任负责人，下辖具名的英军服务团成员有冯备（Fung Bay）、梁昌、马乃光（Nitram）等人。她在逃离澳门之前，负责澳门小组所有代码和通讯，是当地各个特工的主要联络人。不到半年，威尔逊夫人便打算离开澳门，在走之前，她要求告山奴接替自己成为澳门小组负责人。1943 年 4 月，威尔逊夫人等 37 人经走私路线转去三埠。告山奴接替威尔逊夫人负责澳门小组，代号"凤凰"（Phoenix Match），与另外三个本地英军服务团成员一起工作。这三人中，除梁昌外，另一人为无线电操作员冯备，是梁的得力助手，第三个人只知其名为 N. K. Nar（不知其中文名），但三人都是中国人。①

告山奴出生于香港，是澳门葡萄牙家族后裔。日军入侵时，他刚毕业于香港大学医学院，香港沦陷之初，告山奴被日本人拘禁，在深水埗战俘营担任义务医生，②后因"第三国国民"身份被释放。随后，他应霍拉西奥·奥佐里奥（Horácio Ozório）的邀请去了澳门。霍拉西奥是澳门本地四名独立葡裔医生之一，当时在英国驻

---

① Gosano：*Hong Kong Farewell*，Hong Kong：Greg England，1997，p. 126.

② Gosano：*Hong Kong Farewell*，pp. 26-27.

澳门领事馆工作,并介绍告山奴到那工作。1942 年 6 月,告山奴成为英国领事馆的医务人员,与威尔逊夫人是同事。根据吴树燊的叙述,英领事通过告山奴的同事,请其到澳门英人医务所担任医生,并成为英军服务团成员与英领事间的联络人。[①]

在为英军服务团工作期间,告山奴因其高效率及与游击队联络的能力而受到赖廉士的高度评价。[②] 但是,情报工作的危险性令告山奴常处于极度紧张之中,当瑞礼士 1943 年 10 月被饬令停止情报工作时,告山奴因担忧人身安全问题萌生退意,向胡德礼表示不能继续担任负责人。[③] 据告山奴在回忆录中所称,其自接任澳门小组负责人以后需时常佩戴手枪,活在恐惧之中,亦常常质疑自己为什么要接替威尔逊夫人的工作,甚至认为自己当组长并不适合。担任英军服务团澳门组组长是极其危险的工作,告山奴欲指定梁昌接任组长一职。[④] 不久后,1944 年 2 月,赖廉士致函告山奴,建议其马上把职权交予梁昌,并嘱其要求马乃光、冯备在梁昌指挥下继续工作。[⑤]

澳门小组人员在当地的生存是艰难而又危险的,小组曾出现人员收入不足以生活的情况,要到英国领事馆领救助,结果引起日军间谍的监视。[⑥] 1943 年从香港来的华人、洋人接触英领事,引发了

---

① 吴树燊:《英军服务团研究(1942—1945)》(未刊稿),暨南大学中国近现代史专业博士学位论文,2013 年,第 157 页。

② Geoffrey C. Gunn, *Wartime Macau: Under the Japanese Shadow*, p. 147.

③ 《赖廉士(Blue)致告山奴(Phoenix)函》(1943 年 10 月 2 日),香港历史档案馆馆藏,HKMS No. 30。

④ Gosano, *Hong Kong Farewell*, pp. 28-34.

⑤ 《赖廉士(Blue)致告山奴(Phoenix)函》(1944 年 2 月 12 日),香港历史档案馆馆藏,HKMS No. 30。

⑥ 吴树燊:《英军服务团研究(1942—1945)》(未刊稿),暨南大学中国近现代史专业博士学位论文,2013 年,第 47 页。

一连串的逮捕潮，并且许多葡裔人士被日本宪兵逮捕折磨致死或致残，令该团不得不暂停一些工作。逮捕潮稍缓，1943 年 12 月，英军服务团在澳门开始实行"痨病计划"（Tuberculosis），租用澳门电台时段广播，传递消息。① 告山奴本不是专业间谍或情报人员出身，面对这样残酷的环境，难免心生怯意。而梁昌早在澳门小组成立之前就已参与一些联络信息、转交俘虏家属费用的事情，加入英军服务团之后一直协助前两任负责人的工作，客观而言更胜任这份工作，因此，赖廉士对梁昌接任澳门组组长一职非常有信心，并且该小组成为澳门境内唯一的英方情报组织，原英领事麾下的人员亦被其吸纳。

与香港逮捕潮发生的同时，英国驻澳门领事馆亦出现冒充英军服务团成员的事情，这些促使英军服务团成立反间部（"S"部，Counter Espionage Office）。反间部主要调查日方情报组织在中国的发展和渗透方式，追踪日方间谍、审问叛徒和涉嫌人士，保存"黑名单"和"灰名单"以及涉嫌与日方合作人员的记录。英军服务团总共收录了超过 5 000 名曾经或涉嫌在香港替日本人工作人员的记录。②

梁昌接任时，三埠总部和澳门小组改组，赖廉士将原在惠州活动的"J"组引入三埠，一定程度上也负责澳门的情报搜集。澳门小组则根据赖廉士的要求，搜集所有关于日本政治、经济或军事等的出版物和影片等，亦利用澳门的中立地位进行转移活动。如 1944 年 4 月，英军服务团在澳门开始实行"旋风计划"（Cyclone），购置运

① 吴树燊：《英军服务团研究（1942—1945）》（未刊稿），暨南大学中国近现代史专业博士学位论文，2013 年，第 55—56 页。
② 吴树燊：《英军服务团研究（1942—1945）》（未刊稿），暨南大学中国近现代史专业博士学位论文，2013 年，第 51—52 页。

输船,营运与澳门联系的走私船,①转移人员和物资。另外,英军服务团还不断向澳门派出力量,如 1944 年 8 月 18 日向澳门派出"鹈鹕小组"(Pelican Group)、"鼠海豚小组"(Porpoise Group),打探消息的同时,亦监督英军服务团自己人,而且这些都是非常隐秘的小组,绝少有文件提及。②1945 年,英军服务团反间部在澳门成立"阿宝小组"(ALBO Group),专职情报和监视工作,包括侦察和渗透日方在澳门的情报组织,搜集澳门所有叛徒、亲日分子的资讯,并且其成员不得接触英国驻澳门领事馆及其职员。③

　　与"梁昌小组"不同的是,"阿宝小组"成员全为外籍人士。此时,英军服务团在防止泄密的同时,更多的是为英国重新占领香港打前站,做人员、信息等各方面的准备,以防日方迅速撤退,中国方面乘机收复香港。

　　从 1945 年 5 月英军服务团的组织结构图来看,三埠的"J"组存在时间不长。随着战事临近结束,澳门对于英国政府重新占领香港的计划至关重要,澳门小组与恩平、百色的机构连成了一线,工作内容也发生了一些改变。如下图所示:

---

① 吴树燊:《英军服务团研究(1942—1945)》(未刊稿),暨南大学中国近现代史专业博士学位论文,2013 年,第 55—56、162 页。

② 吴树燊:《英军服务团研究(1942—1945)》(未刊稿),暨南大学中国近现代史专业博士学位论文,2013 年,第 56、164—165 页。

③ *Instructions to "ALBO"*, No Date, AWM11/43/13, 吴树燊:《英军服务团研究(1942—1945)》(未刊稿),暨南大学中国近现代史专业博士学位论文,2013 年,第 165 页。

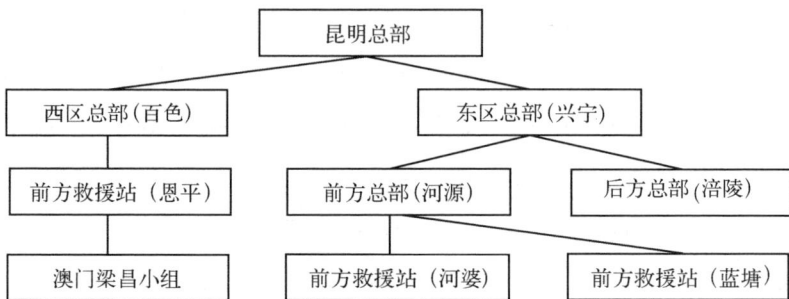

图 4-2　1945 年 5 月英军服务团结构图①

从上述澳门小组的变迁及工作内容可知,英军服务团在澳门由最初的援救行动扩展到情报活动,后期则侧重为英国重占香港服务,在澳门安插的力量也越来越多,并由最初与英领事的合作,逐渐壮大成一个独立且专业的秘密组织。

日本投降后,1945 年 9 月 3 日,赖廉士率领首批人员返港。1945 年 12 月 31 日英军服务团正式解散。

四、葡裔的协助:以白乐嘉为例

许多葡裔家族世代生活在东亚,对日军的侵略感同身受,居住在东亚的葡裔,特别是沪港澳的葡裔人士曾积极加入东亚地区的抗日斗争,其命运亦与当地抗战局势密切相关。以香港为例,日军进攻香港时,香港义勇防卫军中就有一支葡萄牙联队,其中 26 名葡裔男子在这场香港保卫战中牺牲。香港沦陷后,数名葡裔死于深水埗集中营,甚至还有 68 名葡裔战俘被运往日本东北仙台的煤矿。② 同时,

---

① 吴树燊:《英军服务团研究(1942—1945)》(未刊稿),暨南大学中国近现代史专业博士学位论文,2013 年,第 40 页。

② [葡]施安东著,叶浩男译:《跨越文化与时空的葡亚人:澳门葡裔的演化》,第 133—136 页。

因为葡萄牙是中立国,日方向所有中立国公民签发"第三国身份证",葡裔成为"第三国公民",这一身份令葡裔成为参战各方进行非武装斗争、敌方情报搜集等工作的争取对象。

当时活跃在港澳各条战线的情报人员许多都是葡裔。例如:1943 年 7 月 1 日,香港义勇防卫军二等兵曼努埃尔·G. 普拉塔(Manuel G. Prata)与约瑟夫·R. 哈多克(Joseph R. Haddock)在亚皆老街集中营被日本宪兵逮捕,罪名是参与英军服务团在该营的反抗组织。随后,9 月 14 日,普拉塔被逼供致死,后被列入英军服务团阵亡战士名册。① 在 1943 年香港的逮捕潮中,香港葡萄牙居民协会的成员和汇丰银行的一些葡裔高级职员都遭到逮捕,他们被日方指控与英国情报部门(英军服务团)密谋,并被押到赤柱监狱严刑逼供。② 日本的宪兵队称他们为"友善的敌人"。

此外,也有一些葡裔,凭着自己"第三国国民"的身份,自愿承担起一些额外的任务。施安东就曾提到菲利普·皮托·伊万诺维奇(Philippe Pito Yvanovich,以下简称"皮托")的事情。日占香港时期,皮托多次往返于香港和澳门间,安排他十多岁的子女在当地避难生活。皮托在澳门时,英国驻澳门领事瑞礼士往往会请他带一些款项给因禁在赤柱集中营的英国平民,其中曾将一笔钱带给了他上司的遗孀,而这位遗孀又请皮托将一个包裹带给其关押在深水埗集中营的儿子。皮托的行为纯为感念其在香港保卫战中牺牲的上司,但是没想到自己的举动和儿子比尔(Bill,又名 Avichi 或 Guilherme António)与香港葡萄牙居民协会的联系令日方注意到。

① Edwin Ride,*BAAG: Hong Kong Resistance 1942 - 1945*,Hong Kong:Oxford University Press,1981,p. 331.

② [葡]施安东著,叶浩男译:《跨越文化与时空的葡亚人:澳门葡裔的演化》,第 141 页。

后来,日方收买的华人告密者王氏(George Wang)揭发皮托父子,使其二人被捕,受尽酷刑,皮托骨头破裂被折磨致死,比尔则被逼疯。①皮托父子的遭遇是战时在港葡裔的一个缩影,作为第三国公民的他们虽有往来沟通的便利,却也时刻被日方怀疑和监视。

论及葡裔的抗日斗争,白乐嘉(Jack Braga 或 José Maria Braga)②

———————————

① [葡]施安东著,叶浩男译:《跨越文化与时空的葡亚人:澳门葡裔的演化》,第 142—143 页。

② 白乐嘉来自移民港澳的白乐嘉家族,白乐嘉家族原来姓氏为罗莎(Josa),即罗莎家族,到了 18 世纪末,罗莎家族第四代西蒙·阿拉乌如·罗莎(Simao de Araujo Rosa)的次子小西蒙·阿拉乌如·罗莎(Simao de Araujo Rosa Junior)在其原姓氏后面加上了一个词,改为白乐嘉(Braga),从此成为罗莎家族的一个分支——白乐嘉分支。白乐嘉家族是移民澳门的葡萄牙后裔,白乐嘉的曾祖父若昂·维森特·罗莎·白乐嘉(Joao Vicente da Rosa Braga)是该家族第一位移居香港的人,其父布力架(José Pedro Braga,1871—1944)是香港首位葡籍立法局议员,曾担任中华电力局主席等职,其家族在香港产业颇多。(傅磊:《土生葡人的抗日斗争——以白乐嘉为例》,"澳门与中西文化交流"国际论坛论文集,2019 年,第 2—3 页。)澳大利亚国家图书馆藏有《亚洲和远东的葡萄牙人:白乐嘉收藏》,根据该图书馆官网的介绍:白乐嘉(Jack Braga),葡文名 José Maria Braga,前香港商人,在澳门的时候也是一位教师、记者和作家,致力于向世界讲述澳门的历史和葡萄牙人在其发展中的作用。他在澳门、香港和上海的期刊上撰写了大量文章,并亲自创办和指导了几本杂志,也出版了大量的书籍。白乐嘉 1924 年初在澳门的澳门圣若瑟学院(Joseph's Seminary)教英语,然后继续教英语商业课程,经他培训的数百名年轻人加入了澳门、香港、广州、上海、曼谷、横滨和东京的商业公司。他是历史学家波塞尔(C. R. Boxer)的亲密伙伴,与他合作写了几本书。波塞尔鼓励他扩大他对远东葡萄牙人的兴趣,包括葡萄牙人在世界上的影响力,但他的收藏反映出他的主要兴趣在香港和澳门,而有关中国和日本的收藏只占到三分之一。曼努埃尔·特谢拉(Manuel Teixeira)神父最近在澳门报纸上发表的一篇文章告诉我们,白乐嘉在世纪之前出生,父母是何塞·佩德罗·布力架(José Pedro Braga)和奥利弗·波琳·波拉德(Olive Pauline Pollard)。1924 年,他在澳门与奥古斯塔·伊莎贝尔·达康塞西奥·奥索里奥·达卢兹(Augusta Isabel da Conceicao Osorio da Luz)结婚,育有七个子女,其中包括三名医生、一名护士、一名公务员和一名电子工程师。他们中的一些人移居澳大利亚,另一些人则移居美国,白乐嘉本人现在已经 87 岁高龄。[宝琳·霍尔丹(Pauline Haldane,澳大利亚国家图书馆):《白乐嘉》,1984 年 12 月 5 日至 12 日在西澳大利亚州珀斯举行的第二届印度洋研究国际会议的论文(Pauline Haldane(National Library of Australia),*JOSE MARIA BRAGA*,A paper prepared for the Second International Conference on Indian Ocean Studies held in Perth,Western Australia,5—12 December,1984.)]

是一个不可绕过的关键人物，他曾是登上日军黑名单的澳门"三号人物"。白乐嘉是土生葡人，早年间在香港接受教育，曾参加香港的童军运动（Boy Scout），后来被迫离开香港去澳门发展，致力于澳门的教育发展、历史研究、新闻传媒、公共事业等多个领域。

白乐嘉的一位英籍好友，后来成为历史学家的波塞尔（Charles Boxer）在其传记中称，在他被押解香港之前，白乐嘉就已经在其与澳葡总督之间传递情报。[①]白乐嘉参与各方的情报工作，也是受波塞尔的指引。

白乐嘉在战时曾负责一个情报网，应属于英军服务团的一部分，其理由一是有一次白乐嘉向英领事瑞礼士汇报，称自己是英军服务团在澳门的负责人；二是白乐嘉这个情报网可以直接向位于开平三埠的英军服务团汇报。[②]

他们的主要任务就是负责收集、获取跟日本方面、战争方面有关的任何资讯，包括日本在澳门的宣传品、出版物样本；当地物价、走私方面的经济信息；被日军拘禁者、战俘的情况；地方特工和盟国叛徒的姓名、信息等。[③]这些情报通过白嘉乐从领事馆分发出去，最初的特工都由领事馆提供资金支援。[④]在白乐嘉的档案中出现的两个特工，一个是米奇·索萨（Mickey Sousa），一个是科顿（Cotton）。米奇·索萨是从香港来到澳门的难民，在英领事馆找

---

① 傅磊：《土生葡人的抗日斗争——以白乐嘉为例》，"澳门与中西文化交流"国际论坛论文集，2019年，第15页。

② 傅磊：《土生葡人的抗日斗争——以白乐嘉为例》，"澳门与中西文化交流"国际论坛论文集，2019年，第15—16页。

③ 傅磊：《土生葡人的抗日斗争——以白乐嘉为例》，"澳门与中西文化交流"国际论坛论文集，2019年，第16页。

④ Panagiotis Dimitrakis, *Secret War for China: Espionage, Revolution and the Rise of Mao*, p. 266.

到工作,并为白乐嘉提供情报。他有一张白乐嘉颁发给他的临时证书,证明他在 1942—1945 年曾与白乐嘉等人一起为盟军收集有关日本的资讯,帮助盟军战俘等逃往内地。白乐嘉在那张证书上的署名是"情报组副主管"。另一位特工科顿曾向白乐嘉抱怨生活的艰辛以及从事情报工作的焦虑,称:"生活已经非常艰辛……无法想象如果日本人冲进我的家里,发现无线电设备,会对我的妻子和孩子怎么样。"[1]可见当时从事情报工作的危险之甚。

目前,尚未有资料进一步证明或厘清,白乐嘉与前述英军服务团澳门小组成员间的关系。在一些零散的记载中,大致可知抗战时期白乐嘉曾为英国特别行动执行处、英军服务团、英国驻澳门领事、国民党中央调查统计局的情报、救援等工作服务,为盟国的抗日斗争做了不少贡献。英国驻澳门领事瑞礼士曾撰文感谢白乐嘉为盟国提供的服务:

> 非常感谢白乐嘉先生为盟国政府提供的服务。他担任我与中国国民党政府代表在澳门的联络人期间,曾帮助四名美国飞行员逃离澳门,为我的领事馆提供了警卫,并向盟军提供了很多有用的资讯。他的生命也曾一度受到日本人的威胁。[2]

白乐嘉对于盟国而言是非常理想的情报人员。从出身而言,白乐嘉为从澳门移民到香港的土生葡人后代,虽为葡裔,接受的却是英国的教育,其家族利益与英联邦密切相关,是自然的亲英人

---

[1] BMC-NLA,MS4300,Box17,Folder59,傅磊:《土生葡人的抗日斗争——以白乐嘉为例》,"澳门与中西文化交流"国际论坛论文集,2019 年,第 16 页。

[2] B. H. M. Koo, *In Search of a Better World: a Social History of the Macanese in China*, M. A Dissertation, University of Western Sydney, 2000. 转引自傅磊:《土生葡人的抗日斗争——以白乐嘉为例》,"澳门与中西文化交流"国际论坛论文集,2019年,第 9—10 页。

士;从其所处社会地位而言,白乐嘉早年自香港至澳门发展,其时在澳门已有一定的社会地位,他担任澳门水务公司经理、澳门英文电台负责人等职务,还创办报纸,致力于文化事业的发展,这些都便于其收集信息、传递情报;从个人能力而言,白乐嘉擅长多种语言,文化底蕴深厚,且对澳门情况熟悉,在本地有着非常广泛的人脉关系,与澳门社会上层、政府高层交往甚佳。

抗日战争胜利后不久,国民政府中央统计调查局给白乐嘉颁赠奖状,上书"查白乐嘉同志曾服务本室参加抗战工作卓有成绩",落款人为"苏武"。① 依据傅磊的观点,目前披露的史料还不能完全肯定白乐嘉是中统澳门站的特工,佐证的理由有二:一是白乐嘉在日本人撤离香港时,参与港英政府重占香港的行动,以防止日本人过早撤离而被国民政府趁乱收回;二是白乐嘉在战后对于情报人员的后续安排事宜,一直在抱怨及寻求帮助,主要是针对英国和港英政府,并未提及国民政府。② 白乐嘉曾于 1946 年写信给好友波塞尔抱怨说:

> 为了做地下工作,我失去了一切,生活成本非常的高,而且很多特工为了获取资讯,必须得到额外的资助,所以我所有的钱都花在这项事业上了。回顾过去,我并不后悔,但香港人对我们所做的漠不关心,令我深感震惊。③

---

① 邝智文:《中国国民党调查统计局在日本占领香港时期的情报活动,1942—1945》,《"国史馆"馆刊》第 57 期(2018 年 9 月),第 53 页。

② 傅磊:《土生葡人的抗日斗争——以白乐嘉为例》,"澳门与中西文化交流"国际论坛论文集,2019 年,第 17 页。

③ B. H. M. Koo, *In Search of a Better World: a Social History of the Macanese in China*, M. A Dissertation, University of Western Sydney, 2000. 转引自傅磊:《土生葡人的抗日斗争——以白乐嘉为例》,"澳门与中西文化交流"国际论坛论文集,2019 年,第 17 页。

白乐嘉在战后的境况，其他葡裔人士也曾遭遇过，例如：香港义勇防卫军的葡裔战俘囚禁于香港深水埗和日本仙台时，英国政府曾向他们在澳门避难的家属发放补贴，但当局在战后竟然要求他们交还补贴。① 战后，港英政府不仅过河拆桥，而且对葡裔区别对待。曾为英军服务团在澳门的组织服务的告山奴医生亦受到不公对待。根据托尼·巴纳姆（Tony Banham）的描述：

> 告山奴是非常出色的医生，资历足以让他在逃到澳门后立刻获任命为英军服务团的澳门代表，但他的薪酬在英国人的眼中只算"初阶"。举例而言：身为一名合资格的"华裔"外科医生，告山奴的工资只有爱尔兰麻醉师埃斯蒙德（Esmonde）医生的四分之一。埃斯蒙德医生有资格在欧洲人的社区拥有一间五房单位，告山奴则只能在华人区获得一间四房单位。与很多其他对这里不存幻想的人一样，他战后选择移居海外，目的地是美国。②

葡裔与英裔做着同样的工作，受到的待遇却相差很多，甚至得不到应有的回应。如施安东所言，葡萄牙人为了保卫香港而战，有些与英国人一同阵亡，有些则在集中营与英国人共度黑暗岁月，用幽默感和音乐为狱友带来一丝宽慰和精神支持，但在香港的英国人始终觉得澳门土生葡人低人一等。③ 如此境遇，令葡裔对港英政府充满失望。

香港沦陷后，英国方面越来越重视澳门。因为澳门战时为中

---

① ［葡］施安东著，叶浩男译：《跨越文化与时空的葡亚人：澳门葡裔的演化》，第146页。
② Tnoy Banham, *Not the Slightest Chance*, p. 393. 转引自［葡］施安东著，叶浩男译：《跨越文化与时空的葡亚人：澳门葡裔的演化》，第145页。
③ ［葡］施安东著，叶浩男译：《跨越文化与时空的葡亚人：澳门葡裔的演化》，第145页。

立区，邻近香港，又驻有英国领事馆，对于港英方面战败撤离、战中联络及战后重占香港都非常有利。英国方面在澳门的情报工作是独立的，又是重叠的，处于彼此工作重复，又各不知晓的情况。瑞礼士亦曾抱怨盟国在澳门的情报收集工作重复的问题，其称：

> 很明显，或者说人们会认为，这些活动应该是协调合作的。到战争快结束时，已感觉看到二重的、三重的、四重的，甚至其他更复杂的次序关系，这对英国的组织而言是不错。是的，就二重关系而言，美国的组织与中国的组织在或一致、或对立、或平行的关系中活动，却从不完全会合来汇集他们的情报。①

英国情报组织初期在澳门的情况亦是如此。后期，英军服务团成为英方在澳门活动的主要代表，为了确保当地英军服务团的工作运转，英国特别行动执行处或英领事的情报活动等被撤除或与之保持距离，但正如个性差异、派系和猜疑削弱了士气一样，这样做也削弱了英方以中国为基础的抵抗运动的效力。

英国在华情报组织的存在与活动，国民政府确是知晓。1942年4月24日英国驻华大使薛穆（Sir Horace Seymour）面见蒋介石，代表英王乔治五世向其颁赠英国大十字勋章。薛穆希望蒋介石允许英国特别行动执行处负责人留华，同时希望蒋介石批准英国在华设立一个营救俘虏的组织，也就是英军服务团。蒋介石当场同意，并且要求在场的军事委员会外事局局长兼军事委员会办

---

① John Pownall Reeves, *The Lone Flag: Memoir of the British Consul in Macao during World War II*, p. 93.

公厅主任商震给予适当协助。①

　　当然，国民政府对于英国的情报组织是不放心的，协助同时也是监视。例如，1943 年 12 月英军服务团派洪淇钊（Archie Hunt）联络印度战俘时，第七战区司令长官部政治部主任拍电报给中山县政府，嘱中山县政府协助并监视洪淇钊。② 可见，国民政府与英国方面的合作各有打算，最终以各自的利益为皈依。英方主要着眼于战俘的营救，而不是难民；着重英国人，而不是香港华人；并且后期的活动明显跃出援助的范围，纯粹为英国重占香港服务。中方则是着重伤兵难民之救济，包括伤兵之救护、难民之疏散、抗战之宣传，也着力防范英方的不轨之举。各自目标的不同是分歧的根本所在，英方与中方之间的相互猜疑，以及两者殖民主义与民族主义心态之间的鸿沟，是导致中英各项合组失败的关键，也揭示了中英战时合作的背景以及东亚复杂的作战环境与区域态势。

第二节　国民党方面在澳门的活动

　　澳门是孙中山先生第一次出国求学的出发地，是其革命思想启蒙的地方，也是其行医济世、办报宣传革命、设立革命分支机构的发源地。③ 自同盟会以来，澳门便一直设有革命党基层组织。根据张中鹏的研究，1919 年 10 月中国国民党改组成立后不久，广东

---

① 吴树燊：《英军服务团研究（1942—1945）》（未刊稿），暨南大学中国近现代史专业博士学位论文，2013 年，第 28—29 页。

② 《英军服务团现派洪淇钊往联络援救印俘仰协助并监视电》（1943 年 12 月 10 日），中山市档案馆馆藏，1－A1.2－524－64。

③ 《国父纪念馆纪念孙中山先生 150 岁诞辰》，《新华澳报》，http://www.waou.com.mo/news_c/shownews.php? lang＝cn&id＝5616，2015 年 11 月 13 日。

省党部即委派蔡香林等人赴澳门,暗中设立澳门分会筹备办事处(后易名澳门分部、澳门支部),此为中国国民党在澳门的最初机构。几经废立,及至 1927 年 6 月 19 日,第一次全澳代表大会闭幕暨支部成立典礼在澳门对岸湾仔广善药局举行,标志着国民党基层组织在澳门最终得以正式确立。① 经大会选举和上级圈定,李君达、梁彦明、银梓琴、马普全、刘紫垣、麦福华、张来等成为第一届执行委员,梁麟祥、钟心如、陈贞伯为监察委员,是时国民党党员总数达 3 700 余人。②

　　1928—1945 年期间,国民党澳门支部的组织归属在广东地方与国民党中央之间几经反复变更。以适应国内外局势几次大的调整为节点,该部之组织大致经历了"广东党部澳门支部——中央党部澳门直属支部——海外部港澳总支部之澳门分部"三个阶段,且因战争与政治因素影响,地位不断凸显,逐渐受到重视。

一、广东党部澳门支部时期(1928—1934)

　　20 世纪 30 年代初,广东地方实力派组成西南政权与南京国民政府对峙,国民党中央意识到自己在港澳党务上的被动,随着 1932 年 1 月广州国民政府结束,宁粤合作有待实现,国民党中央以"香港、澳门两支部改隶广东省党部以来,党务进行未具成绩"等为由,于国民党中央常务委员会 1932 年第 17 次会议提议"将该两支部依

---

① 张中鹏:《国民党澳门支部的组织与党务活动(1919—1949)》,《文化杂志》2011 年冬季刊总第 81 期,第 67 页。关于该支部成立的时间,屈仁则的记述"同年九月间筹备完竣,支部正式成立"(屈仁则:《中国国民党澳门支部沿革史》,澳门世界出版社编印:《澳门今日之侨运》,1948 年,第 3 页),张中鹏根据广州《民国日报》的报导,确定是 1927 年 6 月 19 日,文中采纳张的意见。

② 屈仁则:《中国国民党澳门支部沿革史》,《澳门今日之侨运》,第 3 页。

照前制直属于中央"。① 随后,派出筹备委员,负责筹备成立澳门直属支部。屈仁则指出,1931 年 5 月支部即奉中央令停止了活动,任用陈汝超、梁彦明、李君达、刘紫垣、庐子瑞等为直属支部筹备委员,并在香港设立办事处。②

1933 年 8 月,《中央党务月刊》知照全国各地党部"香澳(按:香港、澳门)两支部仍直属中央,已成立筹委会,所有各该支部执监会业已取消"。③ 也就是说从 1928 年支部成立到 1934 年正式归属中央党部,近四年的时间里,澳门支部的组织活动一直处于波动中,时续时断,因此很难有实质性的建树。当然,在全澳华人支持祖国抗战的活动中,还是可以寻见国民党澳门支部党员的身影。如 1931 年 11 月 27 日,其在湾仔广善药局成立澳门筹赈兵灾慈善会,支持祖国抗日斗争。民众公推九人组成主席团,即有梁彦明代表国民党澳门党部位列其中,并且当日梁彦明还在大会上宣读黑龙江省主席马占山回复澳门党部及抗日会救国会函电,谓:

> 中国国民党澳门支部,暨澳门抗日会救国会公鉴,来电奉悉,辱承藻饰,媿弗克当,国难方殷,未知所届,谨拜嘉言,益励福志,本政府现移海伦,并闻,马占山有(二十五)叩印。④

---

① 《函中央组委会(附原提案):关于香港澳门两支部改属中央一案,经第 17 次常会通过》,《中央党务月刊》第 45、46 期合刊,1932 年 5 月,第 116—117 页。转引自张中鹏:《国民党澳门支部的组织与党务活动(1919—1949)》,《文化杂志》2011 年总第 81 期,第 3 页。

② 屈仁则:《中国国民党澳门支部沿革史》,《澳门今日之侨运》,第 3 页。

③ 《中央党务月刊》第 61 期,1933 年 8 月,中国第二历史档案馆编:《中央党务月刊》第 23 册,南京:南京出版社 1994 年版,第 128 页。

④ 《筹赈兵灾会工作报告》(1932 年 4 月),第 14 页,陈树荣编著:《筹赈兵灾》,第 53 页。

当此国难之时,国民党澳门党部顺势成为澳门华侨抗战的主要领导者之一,每次召开会议时都先由梁彦明代表党部恭读总理遗嘱,再进行会议事项。梁彦明代表党部参与活动,但实际影响恐怕不及澳门商会、镜湖医院、同善堂等传统侨团,梁彦明个人在澳门的影响也不及范洁朋、崔诺枝等华人领袖,虽然积极参事,但影响有限。

二、中央党部澳门直属支部时期(1934—1939)

1934 年 10 月 7 日,澳门直属支部正式成立,在香港通过党员通讯投票,选举产生了第一届执监委员会,庐子瑞、刘紫垣、赵祥、谢国兴、欧植棠为第一届直属支部执行委员,李公民、陈尚廉、李初为第一届监察委员,并在香港奕荫街 25 号二楼设立了办事处。[1]直属支部成立之初,开展工作异常困难,迨至 1936 年搬回澳门河边新街 52 号二楼办公,在 5 月 24 日选举产生第二届执监委员会后,澳门直属支部组织工作才逐渐走上轨道。此后,党部领导及工作人员也安排到位,颇为完善,详情如下所示:

中国国民党澳门直属支部党务工作人员一览(第二届)

执行委员:许业樵、谢国兴、赵祥、刘紫垣、卢季瑞

候补执行委员:陈平康、张衍日、李伯廉

监察委员:欧植森、李初、何桂邦(候补)、陈尚廉(3 月 31 日逝世)

常务委员:卢季瑞(1936 年 5 月至 9 月)、刘紫垣(1936 年 10 月至今)

秘书:刘紫垣(1936 年 5 月至 9 月)、赵祥(1936 年 10 月

①屈仁则:《中国国民党澳门支部沿革史》,《澳门今日之侨运》,第 3 页。

至今）

　　执行委员会工作分配:总务科主任 赵祥;干事 张衍日;会计科主任 卢季瑞;组织科主任 刘紫垣;干事 郑耀荣;宣传科主任 谢国兴;助理干事 李耀寰;侨运科主任 许业樵

　　监察委员会工作分配:常务委员 欧植森;稽核 陈尚廉;调查 李初;干事(试用):谭丐之[①]

　　直属澳门支部仍然沿袭执监委员会制度,并设常务委员和秘书之职,执行委员会与监察委员会各司其职。执行委员会根据工作内容下设总务、会计、组织、宣传、侨运五科,并配备干事;而监察委员会下则分别执行常务、稽核、调查之职。此外,澳门直属支部下辖四个分部,1936年间四个分部分别组织成立第三届执监委员会,具体详情如下:

第一分部第三届执监委员会

常务:叶大伟

执行委员:蔡文彬、叶大伟、刘锦源

执行委员(候补):潘森、陆耀

监察委员:林晋康、林丁(候补)

工作分配:组训科 刘锦源;宣传科 蔡文彬;侨运科 蔡文彬;总务科 叶大伟

党员人数:党员70名,预备党员37名

成立日期:1936年10月5日

办公地址:河边新街52号二楼

---

① 《中国国民党驻澳门直属支部委员党务工作人员一览表及1936年5月至12月工作报告》(1936年5月至1937年8月),中国第二历史档案馆馆藏,七二二(1)—404。

第二分部第三届执监委员会

常务:张衍日

执行委员:陈春、蓝其祥、张衍日

执行委员(候补):陈万兴、麦瑞南

监察委员:吴桂义、吴之廉(候补)

工作分配:组训科 蓝其祥;干事 陈湛监;宣传科 陈春;干事 郭基业;侨运科 陈春;总务科 张衍日

党员人数:党员 64 名,预备党员 56 名

成立日期:1936 年 10 月 5 日

办公地址:河边新街 52 号二楼

第三分部第三届执监委员会

常务:李耀寰

执行委员:李耀寰、郑耀荣、冯注屏

执行委员(候补):梁翻、曾志洲

监察委员:冯雨庭、冯海泉(候补)

工作分配:组训科 郑耀荣;干事 梁翻;宣传科 冯注屏;侨运科 冯注屏;总务科 李耀寰

党员人数:党员 78 名,预备党员 60 名

成立日期:1936 年 9 月 6 日

办公地址:河边新街 52 号二楼

第四分部第三届执监委员会

常务:廖松桂

执行委员(候补):李公良、吴锦荣

执行委员:陈瑞、廖松桂、麦草

监察委员:杨瑞芝、吴兆荣(候补)

工作分配:组训科 陈瑞;宣传科 麦草;侨运科 麦草;总务

科　廖松桂

党员人数：党员 49 名，预备党员 44 名

成立日期：1936 年 10 月 5 日

办公地址：河边新街 52 号二楼①

四个支部的办公地点均在河边新街 52 号二楼，各分部设有常务、执行委员、监察委员之职，并根据工作需要分组训、宣传、侨运、总务四科，整体规模不大党员人数也不多，四个分部加起来有党员261 名，预备党员 197 名。这一时期支部主要任务之一便是大力发展党员，扩大组织。但是，当时在澳门征召党员的情况并不乐观，1936 年仅征求到预备党员 21 人，澳门支部在向中央汇报时亦感慨，"当西南跋扈畸形独立时期，对于中央统属机关及人员极为妒嫉视，是以属部常受其威胁废澳门支部，对峙时社会人士不明真相多所怀疑。当于其时，征求党员颇多窒碍，其加入本党者均为绝对信仰本党，拥护中央之良好忠实份（按：分）子"②。后经宣传，征求党员遂有所成效，1937 年上半年之时征得预备党员 200 人，③特别是职业团体之"优秀"分子加入该党，数量逐渐增加。

　　1935 年，国民党组织部把中国主要城市和香港的情报工作及交通机构（负责情报"传递"的部门）统一划归新成立的调查科指挥，并在香港设立华南区办事处和调查科香港交通站，站长为邱清猗（邱氏另有化名苏子樵、李苏云）。港澳地区的党务工作与情报工作几经分合，1937 年，国民党中央党部调查科派陈素出任香港党

①《中国国民党驻澳门直属支部委员党务工作人员一览表及 1936 年 5 月至 12 月工作报告》（1936 年 5 月至 1937 年 8 月），中国第二历史档案馆馆藏，七二二(1)—404。

② ③《民国二十六年上半年工作报告》（1937 年），中国第二历史档案馆馆藏，七二二(1)—404。

务特派员,负责党务和情报工作,指挥无线电机电台,[①]情报工作逐渐托于党务之下。

三、海外部港澳总支部之澳门支部时期(1939—1945)

1938 年 3 月,在国民党临时全国代表大会上,经蒋介石提议,以军事委员会调查统计局第一处为基础,成立中国国民党中央执行委员会调查统计局(简称"中统局"或"中统")。中统局以国民党各级党部为活动基地,在省市党部设调查统计室,在省以下党部设专人负责"调查统计",在文化团体和大专院校、重点中学广泛建立了"党员调查网",进行各种特务活动。

1938 年 4 月,朱家骅任中统局局长,徐恩曾为副局长。随后,改组其情报网络,在港澳支部设有调查统计室,名义上属总支部,实际上向中统局负责,并由朱家骅所派陈积中负责。中统局属下的交通处运输科则负责各交通站。运输科在香港成立华南中心站,统辖华南沿岸的所有分站,又派周信章(化名"周雍能")为站长,邱清犄为副手。[②]

随着华南沿海相继沦陷,港澳地位愈显重要。1938 年 5 月,国民党中央通过《改组党务及调整党务关系案》,成立海外部,负责海外党务及对外宣传,首任部长由当时的侨务委员会委员长陈树人

---

① 香港宪兵队本部:《重庆中国国民党在港秘密机关检举状况》,姬田光义编:《重庆中国国民党在港秘密机关检举状况》,第 65 页。转引自邝智文:《中国国民党调查统计局在日本占领香港时期的情报活动,1942—1945》,《"国史馆"馆刊》第 57 期(2018 年 9 月),第 44—45 页。

② 香港宪兵队本部:《重庆中国国民党在港秘密机关检举状况》。转引自邝智文:《中国国民党调查统计局在日本占领香港时期的情报活动,1942—1945》,《"国史馆"馆刊》第 57 期(2018 年 9 月),第 45—46 页。

兼任，"此举显示战时海外党务至关重要，而侨务委员长兼任海外
部长，则意味着党务与侨务同时并进，互相配合，为抗战而争取侨
民及海外党员的支持"①。

由上述一系列调整可知，随着战局的发展，国民党港澳支部逐
渐集党务、侨务、特务于一身，地位也不断提高。1939年3月，海外
党部提出《改进香港党务纲要》，"将原香港、澳门两直属支部合并
组织港澳总支部，并参照省市先行制度，由中央特派大员一人任主
任委员"②。同年7月，港澳总支部正式成立，由原广东省政府主席
吴铁城任该部主任委员并主持工作，澳门方面则由广东省侨务处
处长周雍能兼任常委。③

（一）香港沦陷前

在国民党中央的重视与地方推动下，1940年2月，澳门支部有
304名旧党员报到，同时征得新党员832名，以学界为多，商界次
之。④ 第一期以6个月征求党员后，澳门支部的组织迅速壮大，其
下属分部增加至11个，小组达36个，⑤新征党员增加至1042名。
详情如下表所示：

---

① 李盈慧：《战时国民党在澳门的情报活动：兼论香港的国民党党务》，"首届澳门国际学
术研讨会"论文集，2010年（4月15—16日），第3页。

②《改进香港党务纲要》，中国第二历史档案馆编：《中国国民党中央执行委员会常务委
员会会议录》第25卷，桂林：广西师范大学出版社2000年版，第87页。

③ 屈仁则：《中国国民党澳门支部沿革史》，《澳门今日之侨运》，第3页。

④《港澳九三支部举行第三十次联席会议》（1940年2月），《国民党港澳总支部会议决
议及港澳支部联席会议会报》，中国第二历史档案馆馆藏，一一（2）—3003。

⑤《中国国民党驻港澳总支部工作报告（1939.07—1940.12）》，中国第二历史档案馆馆
藏，七一一（5）—305。

表 4-1　港澳总支部党员第一次征求新党员情况统计表①

	工界	商界	教育界	自由职业	军政警	渔林农	学生	失业	其他
香港	1 222	817	220	56	44	45	117	235	32
	44%	30%	19%(8%)	2%	1.5%	1.6%	4.1%	8.5%	1.1%
总计 2 788 人
九龙	289	308	262	37	10	2	114	117	31
	25%	26%	22%	3.2%	0.85%	0.2%	10%	10.5%	2.6%
总计 1 170 人
澳门	167	259	228	44	42	39	124	123	16
	17%(16%)	25%	21%	4.2%	4%	3.9%	12%	11.8%	15%(1.5%)
总计 1 042 人
总计	1 678	1 384	710	137	96	86	355	475	79
	34%	26%	14%	2.7%	1.9%	1.7%	7%	10%	1.5%
总计 5 000 人

说明：数据明显有误者括注。

　　港澳总支部成立后，第一次征求党员遍及澳门各界，从上表的统计情况来看，澳门支部征得的党员以商界、教育界人士居多，其次则为工界、学生，同时失业者与其他社会人员数量亦不少。

　　澳门支部与澳葡政府取得谅解秘栖澳门，组织与人员尚得保存，但随着澳门周边地区的沦陷，局势对其越来越不利。1940 年 3 月 7 日，日军占领石岐，中山沦陷。5 月，日军指使汉奸成立伪中山县政府，并设立 18 个伪乡维持会，在二、三、六、九区成立伪区维持

──────────

①《中国国民党驻港澳总支部工作报告（1939.07—1940.12）》，中国第二历史档案馆馆藏，七一一（5）—305。

会，①随后，日本驻澳门领事、日军特务机关等相继进驻澳门，海上又受到日本海军的封锁，澳门的周边环境和境内形势急转严峻，中葡两方都必须调整在澳门的措施以应对形势。

国民党方面，海外党部的部署也发生改变。1940 年 7 月，国民党举行第五届中央执行委员会第七次全体会议，在吴铁城的建议下，国民党在海外直属支部广泛设立调查统计室，由中央海外部统一部署，办理调查情报统计事宜。② 吴铁城在《党务报告》之《应付南洋局势发展海外党务办法纲要》中提出：一是要设置海外南洋办事处(驻新加坡)就地指导一切党务、侨务之进行；二是设立海外调查统计机构，布置南洋情报路线，作为该党海外特务机关。具体办法摘要如下：

一、在海外设立调查统计室，内设主任一人，专员数人，办事员若干人，秉承部长、主任秘书之命，办理一切调查情报统计事宜。

二、调查统计室在南洋及海外各地划分若干区，每区设办事处，派干事一人主持之，每区设调查员、通讯员十人至二十人(以党员义务担任为原则)，分部为若干站，构成情报网。

三、调查统计室除指挥各区、各站办理一切情报及特务工作外，并经常调查各地政治、经济、社会、教育、实业及党务活动、侨民生活，做成统计以供应用。③

----

① 郭昉凌主编，中共中山市委党史研究室编：《英雄儿女各春秋 中山人民抗日斗争图志》，北京：国家行政学院出版社 2005 年版，第 30—31 页。
② 金以林：《战时国民党香港党务检讨》，《抗日战争研究》2007 年第 4 期，第 92 页。
③ 陈鹏仁主编：《中国国民党党务发展史料——海外党务工作》，台北：中国国民党党史委员会 1998 年版，第 254—255 页。

调查统计室在海外的广泛设立意味着澳门党部职能的调整及所处境地的变化。1941年4月,吴铁城转任国民党中央秘书长,港澳总支部以海军将领陈策为主任委员,同时亦统领国民党在港澳的情报工作,其属下及配备设施有调查统计室主任沈哲臣、两个电台(一个备用)、香港交通站以及外勤组,其活动主要是监视国民党的对手。[1] 1941年秋,港澳总支部进一步组织了行动四大队,澳门区则配合挺进第三纵队。[2] 1941年7月,由周雍能(澳门支部负责人,常务委员)题词的《华人筹赈葡国风灾会征信录》尚在出版,周氏还担任华人筹赈葡国风灾会的顾问。同时,周雍能还在担任战时公债劝募委员会澳侨劝募组主任,澳门镜湖医院聘请其为澳侨劝募组分队长(募字第六十六号),以劝募款项支援前线抗战。[3] 但是,很快其境遇变得严峻起来。

1941年9月12日,澳督戴思乐与周雍能在官邸私人会面,戴思乐向周雍能出示日本驻华南军事长官在8月27日送来的一封照会函,函中向澳葡政府抗议三事:

> 一、重庆经常利用澳门将军用品转达内地,澳门政府则多
> 　方协助;
>
> 二、重庆政府在澳门设有政治机关甚多,澳府视若无睹不
> 　加取缔;
>
> 三、重庆政府宣传品在澳印行或运澳销售者充塞市面而

---

[1] 邝智文:《中国国民党调查统计局在日本占领香港时期的情报活动,1942—1945》,《"国史馆"馆刊》第57期(2018年9月),第46页。

[2]《中国国民党驻港澳总支部第一次党员代表大会纪要》,中国第二历史档案馆馆藏,七一一(5)—304。

[3] 王熹、林发钦编著:《抗战时期澳门日志——中文报刊视野下的战时澳门社会》上,第218—219页。

澳府坐视不理。①

周雍能对此进行了否认和解释,而戴思乐不仅将澳葡政府回复日方函件内容告知周氏,且表达了期盼中葡两国真诚合作、永敦交好之意。② 原先,港澳总支部成立后,澳门支部由周雍能主持,他一度遭告密从事政治活动,被葡国军警逮捕,后因多方活动获救,时任澳督巴波沙不敢将其引渡给日军,判以驱逐出境,直到戴思乐新任澳督才许其返回澳门。此后,周氏极力与戴思乐交好,此次私下会面之后,周雍能低调行事,深居简出,避免节外生枝,③以保全国民党澳门支部。

李盈慧指出,在香港沦陷前,港澳总支部的工作以团结海外华侨抗日及发展党务为主,而且港英政府至港战前夕才容许国民党情报机关有更大的自由度,因此中统在香港沦陷前的情报工作成效有限。④ 同样,国民党澳门支部情况亦是如此。香港沦陷后,澳门的地位开始凸显,一时成为国民党中央党部汇集情报及与香港联络的重要站点。

(二)香港沦陷后

香港沦陷后,陈素、沈哲臣等折返内地,港澳总支部工作忙于

① 《国民党中央执行委员会海外部致外交部公函》(1941 年 10 月 10 日),转引自陈锡豪:《抗日战争时期的澳门》(未刊稿),华南师范大学中国近现代史专业硕士学位论文,1998 年,第 46—47 页。

② 陈锡豪:《抗日战争时期的澳门》(未刊稿),华南师范大学中国近现代史专业硕士学位论文,1998 年,第 46—47 页。

③ 《周雍能致吴铁城陷电》(1941 年 12 月 30 日),国民党党史馆馆藏,中国国民党特种档案,特 21/1. 174。转引自王文隆:《战时中国国民党在澳门情报工作初探(1941~1945)》,《抗战史料研究》2012 年第 1 辑,第 78 页。

④ 李盈慧:《吴铁城与战时国民党在港澳的党务活动》,陈鸿瑜主编:《吴铁城与近代中国》,台北:华侨协会总会、秀威资讯科技股份有限公司 2012 年版,第 75—81 页。

转入地下，在香港的中统调统室暂由代理主任朱关泉负责。澳门支部没有受到太大冲击，并成为香港与内地联系的中转站。

1942 年 1 月中，中统局从驻澳门人员周雍能处收到有关香港情况的报告。[①] 5 月，香港方面负责人朱关泉离港，把工作交给邱清猗负责。6 月，港澳总支部在桂林恢复办公，调统室则于翌月转往离香港较近的韶关。12 月，港澳总支部正式任命邱清猗为香港党务办事处特派员。办事处就在邻近日本宪兵司令部的中环雪厂街。

香港方面的电台因为功率不大，所以只能和澳门联系。以澳门为中转站，香港电台一直运转至 1943 年 4 月 22 日被日军破获为止。在此期间，邱清猗负责草拟所有发往澳门的电文，并翻译来自澳门的密电，然后由其弟邱正伦接手。电台使用的密码为中统局使用的"龙虎精神"码，并以《唐诗三百首》中杜甫《阁夜》的文字加密，电台每日与澳门至少通讯一次。根据邝智文的统计，自 1942 年 5 月至 1943 年 4 月 22 日为止，发出电文约 100 封，收讯约 300 次。[②]

1943 年 4 月 20 日，香港日本宪兵队开始大举逮捕中统局在港特工，其时负责人邱清猗等人尝试把电台化整为零运走，但他及属下当晚陆续被捕，宪兵队一共逮捕了 91 人，并没收了两组收发电报机和密码书。邱氏在事后向港澳总支部负责人陈素报告，日军要邱氏译出电文并撰写复电，但他"密用巧词"，令澳门电台起疑，

---

① "周雍能致吴铁城电"（1942 年 1 月 12 日），第 1 页。转引自李盈慧：《吴铁城与战时国民党在港澳的党务活动》，陈鸿瑜主编：《吴铁城与近代中国》，第 83—84 页。

② 邝智文：《中国国民党调查统计局在日本占领香港时期的情报活动，1942—1945》，《"国史馆"馆刊》第 57 期（2018 年 9 月），第 51—52 页。

后者遂中止了通讯。①

　　1942年初（1月4日），周雍能致电吴铁城建议将澳门支部降为联络处，仅负责传递消息。吴铁城接讯后，重新思考，打算将此据点改为以特务工作为主的地下据点，并去函徐恩曾探问此事。②周雍能接受访问时曾提到，香港沦陷后，党部电台遭到摧毁，在吴铁城授意下，其利用与戴思乐间私人关系作掩护，另于澳门成立电台，一则汇报日军在港行动，一则汇报滞港国民党人行踪，使吴铁城能充分掌握港澳情况。③陈策在落款时间为1942年10月31日的《中国国民党驻港澳支部工作报告书》中亦称：

> 本部调查统计室设在澳门之秘密电台，亦始终通畅。港九同志曾一度靠此电台，以与中央及各区互通消息形成为国内与港九电讯交通之要点，中央各机关汇款接济滞留港九人员常由澳支部与本部所派驻澳之同志为之办理。④

在此报告中，陈策对于澳门支部的工作颇有肯定，并提到该支部设法转移人员、抢运物资等事情。报告称：

> 本部驻澳同志复与潜伏在边境伪军中之我方人员有经常

---

① "陈素致吴铁城电"（1943年10月31日），国民党党史馆馆藏，中国国民党特种档案，特21/1.203，第4页。转引自邝智文：《中国国民党调查统计局在日本占领香港时期的情报活动，1942—1945》，《"国史馆"馆刊》第57期（2018年9月），第57页。

② 《周雍能致吴铁城支电》（1942年1月4日），国民党党史馆馆藏，中国国民党特种档案，特21/1.170。转引自王文隆：《战时中国国民党在澳门情报工作初探（1941～1945）》，《抗战史料研究》2012年第1辑，第78页。

③ 台湾"中央研究院"近代史研究所编印：《周雍能先生访问记录》，"中央研究院"近代史研究所"口述历史丛书"之五，1984年，第154—155页。

④ 《中国国民党驻港澳总支部工作报告书》（1942年10月31日），中国第二历史档案馆馆藏，七一一(5)—306。

联络,离港经澳回国之要员及技术人才,常由其设法护送,抢
运物资事项亦□浔其协助。①

如此,大致可知,澳门支部在香港沦陷后一度成为香港与国民党中
央之间情报和汇款的中转站,并曾设法转移滞港人员、抢运相关
物资。

周雍能在 1942 年 1 月底转往韶关,改派孙恩沛为保管员及通
讯处主任,接续其工作,②而 5 月后拍回总部的署名者又改为周重
光。③ 有关中统局人员在澳门的活动,据甄景豪的回忆,1938 年 8
月,香港《星岛日报》创办后,国民党在港特务机关通过老板胡文虎
的人事关系,安排香港站情报员苏武(苏泰楷)④打进报社,担任总
编辑室文字秘书。1942 年,香港沦陷后,苏武因“立功”升职,出任
CC 派中统局澳门站站长。⑤

另外留下来的支部党员还有澳门崇实中学校长梁彦明、中山

①《中国国民党驻港澳总支部工作报告书》(1942 年 10 月 31 日),中国第二历史档案馆
馆藏,七一一(5)—306。

②《吴铁城致海外部函》(1942 年 1 月 31 日),国民党党史馆馆藏,中国国民党特种档案,
特 21/1.165。转引自王文隆:《战时中国国民党在澳门情报工作初探(1941~1945)》,
《抗战史料研究》2012 年第 1 辑,第 78 页。

③《周重光拟组织澳门国民协进反攻委员会》(1945 年 2 月 14 日),国民党党史馆馆藏,
中国国民党特种档案,特 30/353。转引自王文隆:《战时中国国民党在澳门情报工作
初探(1941~1945)》,《抗战史料研究》2012 年第 1 辑,第 81 页。

④ 苏泰楷(1908—1978),抗日义勇军司令员。汀州永定古龙村人。黄埔军校毕业,抗战
时期曾任抗战前线指挥员、义勇军军长、司令员。1945 年,日军投降后,任台湾省党
部统计室主任。张胜友、张惟主编:《中国汀州客家名人录》,北京:作家出版社 1999
年版,第 289 页。

⑤ 甄景豪:《〈星岛日报〉往事回忆》,张承宗主编,中国人民政治协商会议上海市委员会
文史资料委员会编:《上海文史资料选辑:金仲华纪念文集》(1997 年第 1 期总第 84
辑),上海:上海市政协文史资料编辑部 1997 年版,第 146—148 页。

县立中学校长林卓夫和刘紫垣等数人。到 1942 年 9 月,澳门支部奉命改组,对各部门机构只是略事调整,下属仍有 10 个分部。① 但是,1942 年 12 月 24 日,当时接替周雍能的工作,担任崇实中学校长、澳门中华教育会会长等职的国民党澳门支部委员梁彦明被日伪在澳人员刺杀;1943 年 2 月 1 日,港澳总支部委员,中山县立中学校长林卓夫亦遇刺身亡。② 这一系列暗杀事件,对澳门支部是沉重的打击,以致往后 1943 年 9 月至 1944 年 5 月,港澳总支部征求的新党员总计只有 32 人③——人数如此之少,亦在另一个方面验证了党务工作的开展极其艰险。梁彦明、林卓夫遇害后,在澳门的国民党核心人物主要有郭秉琦、冯祝万、戴恩赛等;另外有鲍嘉琦等以运输业为掩护,进出澳门联络党务。

　　迨至 1944 年 4 月,经中统局同意,澳门党部特派员屈仁则在澳门边区的元莺山及中山二九两地区,分别设立电台与重庆方面联系。④ 随着战争的胜利,1945 年初,周重光在澳门秘密组织国民协进反攻委员会,下设两个支团,并有秘书处及各分处,以戴恩赛为主席,冯祝万为副主席,其次有苏无逸、屈仁则、黄球、冯嘉禄、赵俊驹、周镇伦为委员,黄惠彬担任秘书。⑤ 此事,后因日本驻澳门领事

---

① 黑蕊、陈浩东:《1927—1949 年国民党澳门支部的党务考察》,《澳门研究》2009 年总第 54 期,第 133 页。

② 中国国民党驻港澳总支部编印:《港澳抗战殉国烈士纪念册》,1946 年,第 1—2 页。

③ 刘维开编:《中国国民党党务发展史料——海外党务工作》,第 369 页。转引自陈鸿瑜:《吴铁城与近代中国》,台北:华侨协会总会(秀威代理)2012 年版,第 86 页。

④ 《陈素致吴铁城寒电》(1944 年 3 月 14 日),国民党党史馆馆藏,中国国民党特种档案,特 21/1.35。转引自王文隆:《战时中国国民党在澳门情报工作初探(1941～1945)》,《抗战史料研究》2012 年第 1 辑,第 81 页。

⑤ 《周重光拟组织澳门国民协进反攻委员会案》(1945 年 2 月 14 日),国民党党史馆馆藏,中国国民党特种档案,特 30/353。转引自王文隆:《战时中国国民党在澳门情报工作初探(1941～1945)》,《抗战史料研究》2012 年第 1 辑,第 81 页。

福井保光被刺杀，澳门局势严峻，而无下文。

有关澳门支部及其人员战时在澳门的活动，陈策有一个大概的总结，分港战之前、港战之时、港战之后分述如下：

> 本部所属之澳门支部其下层组织尚见充实，划分为十个分部，主持澳支部同志亦颇善于因应环境，在港战以前关于我国抗战之各项工作均能奉行，本部命令领导该地商工教育，各外围社团顺利进行，且与葡政府亦早密取联系。当港战时，曾商请葡督转向英方及敌方提出派轮运送港九妇孺老弱离开战区之议。及港九沦陷，澳门已为敌方势力控制，澳支部同志曾秘密探询葡政府对我方态度以作应付事变之准备，尚得其谅解，故澳支部仍能保持其所有机构。惟因已在敌方势力范围之内，不便公开活动，但仍秘密活动，从事救济侨胞经澳转回国内之工作。①

在中山沦陷后直到抗战胜利这段时间，澳门支部一直处于蛰伏的秘密行动状态。根据王文隆的叙述，"在情报工作上，澳门支部所担负的主要工作，大概就是传递港澳政客与日本人间接触的情报。其他如宣传及战情传递的工作，相对来说就没有什么成绩了"②。不过，澳门支部在战时得以幸存一直是该部引以为豪之事。1947 年国民党驻港澳总支部第一次党员代表大会上，澳门支部宣称其"始终设于澳门之内，抗战期间未有撤退，迨日寇投降，潜伏同志乃起而公开领导侨胞，且为中山一带进军之前导，此亦为本部之

---

① 《中国国民党驻港澳总支部工作报告书》(1942 年 10 月 31 日)，中国第二历史档案馆馆藏，七一一(5)—306。
② 转引自王文隆：《战时中国国民党在澳门情报工作初探(1941～1945)》，《抗战史料研究》2012 年第 1 辑，第 84 页。

光荣历史,而为我人所共知者也"。① 战时,国民党势力在澳门本就令日葡势力忌惮,其组织受到打压和破坏,相关人员亦受到监视和暗杀,当时能保存澳门支部已是不易。

较之中统依附澳门党部在当地的活动,军统在澳门的活动则十分隐蔽,有关记载亦是一鳞半爪,难窥全貌。大体上,军统在澳门先后有两个机构,一个是澳门站,一个是粤海站(广粤站),前者从事情报、暗杀、谍报等工作,后者则以搜集情报、转运物资、策反奸伪以及夺取抗战胜利果实为主要任务。

抗日战争时期,军统局在华南最初设有香港、广东、广西、贵州、闽北、闽南 6 个站,香港站以王新衡为站长,广东站以李式曾为站长。1939 年新增澳门站,以岑家焯为站长,从事对敌情报工作及实施行动。② 澳门站书记洪涛以阔少形象活跃于澳门上层社会,当年依附日军之澳门大私枭梁秉鎏之死与洪涛③有直接关系。1942 年秋,国民政府立法院秘书长曾启辉到澳门接请孙科生母卢夫人赴重庆,在三埠乘坐的正是梁秉鎏的走私船,洪涛错误地以为曾启辉与梁秉鎏关系不错,是以曾以自己名义劝说梁秉鎏勿再走私钨矿接济日本,以免背负汉奸之名且"下场不妙"。不料,曾启辉却向梁秉鎏全盘托出洪涛身份,令梁秉鎏对"下场不妙"之说猜测及反应过度,心一狠对洪涛等实行反扑,派出大批亡命徒追杀洪涛。洪

---

① 《中国国民党驻港澳总支部第一次党员代表大会纪要》,中国第二历史档案馆馆藏,七一一(5)—304。

② 孙潇潇:《军统对日战揭秘》,北京:团结出版社 2016 年版,第 27 页。

③ 洪涛:本名郭伟波,1918 年出生在广州黄埔村,1937 年 11 月考入黄埔军校特别训练班政治科,于 1938 年毕业;1940 年,入中央政治大学,秋季转入军统局外事训练班三期,毕业后派为军统局澳门站直属情报员,后为站书记、副站长。详见:《郭伟波自述》,广州市人民政府文史研究馆编:《广州市人民政府文史研究馆馆员传略》,广州:广州出版社 2016 年版,第 12—17 页。

涛因此事而暴露身份，调离澳门，1943 年 7 月赴广州湾担任军统广州湾直属组组长，不久后，军统在澳门将梁秉鎏狙杀。①

　　粤海站设立于 1943 年，起初以策反招桂章在抗战结束时拥护国民党蒋介石政权并占据广东为目标。初期，站长为姚虎臣，副站长为何崇校，在澳门设有电台，在广州、香港分别设有小组。粤海站设立后，招桂章却被调往南京，于是粤海站转而侧重依仗有日本海军武官府支持的私枭梁秉鎏从澳门走私物资到内地，变相进行物资变卖活动。②

　　战时，国民党方面在澳门的活动比较复杂，牵涉面也比较广，并且还夹杂着派系纷争和私利谋获。就谍报工作方面而言，在澳门的各方势力，中统、军统，乃至军统内部各支派之间相互没有交叉，彼此之间情况亦不大熟悉。他们各自有各自的算盘，除了搜集情报，亦会利用澳门当时的情况进行贸易、走私、暗杀等，并且当时在澳门掌握的一些情况亦为战后肃奸审判提供了证据，但是也存在利用时局行勒索之事。这一特殊时期，国民党方面在澳门的工作，看似兼顾党务、侨务、特务三者，且连环交叉，但尚难清晰呈现，有待史料的进一步开发与挖掘。

①　洪涛：《"二战"期间的军统特工澳门站》，广东省政协学习和文史资料委员会编：《广东文史资料存稿选编》第三卷，广州：广东人民出版社 2005 年版，第 775—776 页。

②　何崇校：《蒋帮在华南勾结汉奸伪军抢夺抗战胜利果实始末》，中国人民政治协商会议江苏省委员会文史资料研究委员会编：《文史资料选辑》第 67 辑，北京：中华书局 1980 年版，第 156—221 页。

第三节　日伪方面在澳门的活动

　　抗战前期，在澳门并没有多少日本人，根据日本外务省东亚局第三系发表的数据，截至 1940 年 7 月 1 日，在澳门的日本人只有 13 人。[①] 随后，日本为布局侵占中国华南地区，以及下一步侵入东南亚的需要，逐渐将澳门作为一个据点。

　　日军侵华以来，有关日本特务机关人员赴澳门活动的史迹，目前所见始于 1940 年初日方为诱降蒋介石而在澳门布置的谈判。1940 年 3 月，和知鹰二（Takaji）负责的兰机关派员在澳门进行秘密活动，参与诱降蒋介石的"桐工作"。6 月 4 日至 6 日，蒋介石代表宋子良与日本方面在澳门进行了三天的会晤，[②]史称"澳门会议"。

　　"桐工作"最终破产，但兰机关的触角自此伸入澳门。1940 年 10 月，兰机关遣其人员进驻澳门，军部也有中佐大久保率宪兵 10 名驻点澳门。[③] 和知鹰二时任侵华日军华南特务机关机关长，是南支最高机关长，对华南特务负全责。大久保是驻澳门特务机关机关长，当时计划密招精通粤语之特务队员 100 名，以备派赴香港活动。另外，有史记载之驻澳特务还有和田信造和三原信一。和田信造是时专司传达来往港粤间重要信件，后为澳门特务机关首领；

---

①《日外省发表在华日侨数目》，《中山日报》(汪系)，1940 年 8 月 9 日，第 1 版。

②《桐工作澳门会谈笔记》，中国抗日战争军事史料丛书编审委员会编：《中国抗日战争军事史料丛书 八路军 参考资料 7》，北京：解放军出版社 2015 年版，第 26—28 页。

③「和智少佐の重慶側秘密全権代表との会見に関する件電」，昭和 15 年 11 月 5 日（1940/11/05）、防衛省防衛研究所館蔵、陸軍省—陸支密大日記—S15—114—209。

三原信一则负责来往穗(广州旧时简称)港澳间,①联络各方。兰机关在澳门的活动,从其初衷来看,主要是围绕"桐工作"展开,后续则转向开展针对香港的特务活动。

兰机关等在澳门的活动尚属隐秘性质。随后,日本领事馆、日军特务机关、海军武官府等相继入驻澳门,扶持华人代埋,在澳门公开活动,日伪势力在澳门的扩张达到巅峰。谢远达曾指出,日本在华南地区的特务活动由陆、海、外三省联合策动,②在澳门亦是如此——小小的澳门不仅驻扎着日本陆、海、外、伪等多股势力,而且还处于日伪海陆军的重重包围下。

一、日本驻澳门领事馆

根据以往记载,日本驻澳门领事馆成立于 1940 年 10 月 1 日。房建昌根据北京图书馆所藏日本驻澳门总领事馆档案称,该馆大概是在 1941 年创设的,③但尚不明确具体时间。笔者根据日本政府外务省官报通报,1941 年 1 月 30 日,日本驻澳门领事馆成立④,直接对话澳葡政府,并对其监视。日本驻澳门领事馆位于东望洋斜巷(Calçada do Gaio),就在英国驻澳门领事馆的旁边,首任驻澳领事为福井保光。根据日本官文记载,1941—1942 年其头衔为代

---

① 国民政府军令部第二厅编印:《抗战来侵华敌谍之活动》第三章,中国第二历史档案馆馆藏。转引自张宪文主编:《日本侵华图志》第 13 卷"情报与间谍活动",济南:山东画报出版社 2015 年版,第 229—245 页。

② 谢远达:《日本特务机关在中国》,新华日报馆 1939 年 5 月版,第 20 页。

③ 房建昌:《从日本驻澳门总领事馆档案看太平洋战争爆发后日寇在澳门的活动》,《广东社会科学》1999 年第 3 期,第 56 页。

④ 「亜南/(32)在澳門領事館」,昭和 16 年 1 月 30 日~昭和 16 年 2 月 19 日(1941/01/30—1941/02/19),外務省外交史料館蔵,N—1—8—0—2_1_002;大蔵省印刷局編『官報』、1941 年 01 月 30 日;『日本マイクロ写真』、昭和 16 年 1 月 30 日。

理领事，大致后来转为正式领事。1942 年 2 月 1 日，该领事馆的在册官员仅两位，一位是代理领事福井保光（级别是七等三级），一位是书记生朝比奈泰晖（Asahina Yasuteru，级别是七等乙级）。① 根据日本政府外务省文件，日本驻澳门领事馆官印如下图所示：

图 4‑3　日本驻澳门领事馆官印②

　　领事馆成立后，其发回国内的信息，初期主要是以传染病为主的报告。1940 年秋，澳门传染病蔓延，香港政厅 9 月 13 日指定澳门为虎烈拉（霍乱）流行地，自 20 日以后，来自澳门的渡航者，需携带由香港或者澳门政厅医务官出具的乘船前 6 日以上 6 个月以内的附带照片的注射疫苗证明书，方允许登陆。③ 日领事馆则会搜集澳门当地疫情情况，不定时向外务省汇报。如 1941 年 5 月 22 日，

① 房建昌：《有关太平洋战争爆发后日本外交与特工人员在澳门活动的几点补正》，《民国档案》1999 年第 4 期，第 18—19 页。
② 「亜南/(32)在澳門領事館」，昭和 16 年 1 月 30 日～昭和 16 年 2 月 19 日（1941/01/30—1941/02/19）、外務省外交史料館藏、N—1—8—0—2_1_002。
③ 「伝染病流行指定地ニ関スル雑件 13. 澳門」，第二遣支艦隊長官、昭和 15 年 10 月 3 日（1940/10/03）、外務省外交史料館藏、I—3—2—0—3。

福井保光向外务大臣松冈洋右汇报"关于澳门发生及防疫虎烈拉^①状况之事"，内容非常翔实，如下所示：

> 4月27日至5月20日间当地发生虎烈拉，患病者82名，死亡者33名，约占40％（死亡率），疫情还有蔓延的趋势。

期　间	患病者	死亡率（者）	备注
自4月17日至5月3日	10	6	全部支那人
自5月4日至5月10日	23	7	
自5月11日至5月17日	33	13	
5月18日	4	2	
5月19日	5	1	
5月20日	7	4	
总　计	82	33^②	

除疫情之外，对澳葡政府、民间社会及日方有关防疫状况均有汇报，如对澳葡政府防疫状况的汇报如下：

> 由政厅在室内开设了若干注射所，并派出防疫班上街实行预防注射，同时对患者严重感染地区进行消毒等预防措施，积极防疫，正在努力进行中。^③

事实上，香港沦陷后，由于人口暴增，澳门虎烈拉的流行较之往年稍有提前，澳葡政府因财政困窘、防疫能力及设备有限，曾一度寻求日方的协助。1942年3月25日，福井保光发给外务大臣东乡茂德的报告显示：

---

① 虎烈拉：霍乱（cholera），早期译作"虎烈拉"，是由霍乱弧菌所致的烈性肠道传染病，在我国法定为甲类传染病。

②③「伝染病報告雑纂/亜細亜、南洋ノ部（中国ヲ除ク）」第三卷30」、昭和16年5月22日（1941/5/22）、澳門領事館、外務省外交史料館蔵，I—3—2—0—2_5_003。

　　由于香港人口疏散工作之故,中国难民多有流入或经过
境内者,此为疫情提前且多发的原因。现在,(澳门)政厅正积
极努力采取防疫措施,接受来自中山县石岐博爱会诊疗班的
补给疫苗(已有十万人份受领,有意进一步补给到六十万人
份),该会诊班出于好意,对财政困难的澳葡政府采取赊账(贷
款),并计划随时给予必要量的补给,对市民采取强制注射。
此外,当地澳门细菌检疫所每日进行检便,数量平均在三千名
以上。当地卫生局防疫预算仅为三万美元,且医疗卫生防疫
的其他设备等类极不完备,因此恳请我方补给预防液,并期待
我方在医疗卫生方面的大力协助与合作。①

档案中并未见到日方对此事的回应及处理意见,日方对澳门当地
传染病的防控等到底介入有多深,还有待考证。目前可以确定的
是日本驻澳门领事馆对澳门疫情做过详细的追踪、分析、汇报,而
且也将这些作为情报转发给其他各部参考。需要注意的是,在澳
门代表日方具体实施检疫、防疫的是日本陆军特务机关辖下澳门
细菌检疫所,以及广东内河营运组合所辖澳门支店防疫部,二者对
进出澳门人员进行检便,发给防疫证等。

　　领事馆的活动以外事为主。不过另外一些记载显示,福井保
光是日本在华南方面的关键人物之一。原伪广东治安维持委员会
警务科长黄泓亮回忆,在伪广东省政府筹划成立及人事分配问题
上,日本方面是由南支最高司令官安藤利吉、伪国民政府最高顾问
影佐、陆军特务机关长矢崎勘十,以及日本驻广东总领事喜多长
雄、驻澳门领事福井保光等在广州开会商讨圈定的,然后将任职名

---

① 「伝染病報告雑纂/亜細亜、南洋ノ部(中国ヲ除ク)第三巻30」、昭和17年4月9日
　(1942/04/09)、在澳門領事館,外務省外交史料館蔵、I—3—2—0—2_5_003。

单和成立伪广东省政府程序交由影佐及福井保光两人,由他们负责前往香港与陈璧君等协商。当时陈璧君派王英儒先至广州活动,福井保光还建议王英儒去找王氏在日本庆应大学时代的老同学黄泓亮帮忙筹划。① 因此,依黄泓亮的回忆来看,福井保光是参与广东省伪政权的成立及人事安排事宜的,在华南地区亦是比较重要的日方代表,恐牵涉一些重要事件与利益。

另外,有关军统狙杀福井保光的记载,亦可辅证福井保光是日本在华南地区的关键人物之一这一事实。一是刘会军在《蒋介石与戴笠》《寻找真实的戴笠》两书中,转引了良雄(按:唐良雄)晚年所著《戴笠传》记载的 1941 年军统狙杀日本驻澳门领事福井保光的相关内容。② 二是孙潇潇所著《军统对日战揭秘》中转引《"国防部"情报局史要汇编》记载内容:1942 年以后,陆续击毙敌酋中有"敌澳门领事福井保光"③。

福井保光确是遇刺身亡,但遇刺的原因和一些细节与上述军统方面的记载有出入。根据澳门《华侨报》报道,1945 年 2 月 2 日,福井保光与副领事朝比奈泰晖在松山运动完回领事馆的路上遭到两名华人刺杀,福井保光左胸部、腹部各中一枪,送至山顶医院抢救无效身亡,朝比奈泰晖腰间擦过一枪,略受轻伤。④ 此事在澳门引起巨大的震动,澳葡政府当即悬赏 2 万元花红缉拿凶手。

① 黄泓亮:《从敌伪时期的"广东治安维持委员会"到伪广东省政府成立前后的见闻》,广东省政协学习和文史资料委员会编:《广东文史资料存稿选编》第五卷 ,广州:广东人民出版社 2005 年版,第 435—444 页。

② 良雄:《戴笠传》,刘会军主编:《寻找真实的戴笠》,北京:团结出版社 2011 年版,第 255页;刘会军:《蒋介石与戴笠》,北京:团结出版社 2018 年版,第 200 页。

③《"国防部"情报局史要汇编》上册,第 219—220 页,载孙潇潇:《军统对日战揭秘》,第42 页。

④《日正副领事遇刺受伤》,《华侨报》,1945 年 2 月 3 日,第 4 版。

　　事后，日本政府通过外交途径，要求葡萄牙为暗杀事件正式道
歉、缉凶、赔偿及保证未来不会再发生此类事件。日本外务省派出
广东大使馆事务所领事岩井英一出任澳门领事一职，日军则对澳
门实行了惩罚性封锁，造成澳门社会恐慌。澳督戴思乐就此事正
式表达遗憾，一场危机渡过，事情也不了了之。

　　金国平、吴志良在《抗战时期澳门未沦陷之谜》一文中曾认为，
这次暗杀事件或许是日本军部与外务省官员间冲突的结果，否则
日军绝不会轻言放过。① 房建昌亦持这一观点，驻华日军与外务省
官员一直有矛盾，日军自 1942 年走下坡路后，外务省官员对军部
的跋扈日益不满，福井保光执军人背景而入外务省，但对驻澳日军
特务机关的残暴是有所不满的。② 福井保光被杀，瑞礼士在对其人
其事的回忆中亦认为，其被杀乃是日本内部的乱斗所为：

　　　　福井先生，我的日本同僚，是一个很好的人。澳督曾经提
　　到他应该被提升到另一个国家。每每敌对行动开始后，他从
　　人道的角度出发，尽他所能协助各项以使自己的国家免受伤
　　害的活动。众所周知，他把全部精力都放在了我妻子从香港
　　回来的事上；他为香港的囚犯运送食品包裹提供了便利；他还
　　亲自把囚犯的信件带给澳门的家人。他被日本宪兵雇佣的刺
　　客杀害。③

① 金国平、吴志良：《抗战时期澳门未沦陷之谜》，《行政——澳门公共行政杂志》2001 年第
　51 期，第 21 页。
② 房建昌：《二战时日本人在澳门的活动》，《文史精华》1999 年第 7 期，第 59 页；房建昌：
　《有关太平洋战争爆发后日本外交与特工人员在澳门活动的几点补正》，《民国档案》
　1999 年第 4 期，第 19 页。
③ John Pownall Reeves, *The Lone Flag: Memoir of the British Consul in Macao during
　World War II*, p. 22.

依瑞礼士的描述，福井保光与其他军部人物的明显不同在于他曾对英方施以援手。日军攻陷香港时，瑞礼士夫人被困在香港，与其他难民一起被拘禁在圣士提反书院；最终她被允许离开，于 1942年 3 月 10 日到达澳门与家人团聚。[①] 作为外交官的福井保光，显然与日陆军部、海军部的行事作风迥异，领事馆亦非纯粹的杀戮机器，而且战时日本外务省与陆军、海军两部的矛盾根深蒂固，华南地区的活动又是三部共同策动的，矛盾丛生亦是可能的。

福井之后，暗杀事件仍旧发生。1945 年年初，日本在澳门的情报人员海军武官柴山醇被狙击，为此日军以禁运物资入澳作为报复，令澳门社会一时风声鹤唳。日本方面甚至一度想要破坏澳门的中立，直接占领澳门，此议曾获得接任福井保光的日本驻澳门领事岩井英一的支持。岩井英一曾任驻重庆、上海领事，常至香港指挥内地间谍，是战时著名的特务人员，此人的到来对澳门中立的威胁甚大，只是其表现与日本对于澳门整体的期望有偏差，因此不到半年便调离澳门。

二、日本驻澳门特务机关：泽机关

1941 年 7 月 8 日，日本陆军（波集团军/第二十三军）另在澳门成立特务机关，机关长由中佐泽荣作（Sawa Eisaku）担任，副机关长为山口久美（Yamaguchi Kumi），同配属第二十三军（波集团军）宪兵队，为宪兵少尉。[②] 因机关首领为泽荣作，亦有称之"泽机关"者。

---

① John Pownall Reeves, *The Lone Flag: Memoir of the British Consul in Macao during World War II*, p. xiv.

② 房建昌：《二战时日本人在澳门的活动》，《文史精华》1999 年第 7 期，第 57 页；房建昌：《有关太平洋战争爆发后日本外交与特工人员在澳门活动的几点补正》，《民国档案》1999 年第 4 期，第 17—18 页；《昨日公审澳门特务机关长泽荣作》，《中山日报》（蒋系），1947 年 3 月 20 日，第 5 版。

此机关为日本陆军在澳门公开挂牌的特务机关,总部设在高士德大马路(Avenida de Horta e Costa)上的一栋别墅里,在那里他们组织了针对在澳抗战分子的暗杀行动。① 根据该特务机关密侦队长黄公杰的供词,最初机关内除了正副机关长外,还有华人通译林逸夫(译音),以及一名日本武官和五六名日本士兵。香港沦陷后,该机关逐渐扩大,②在澳门设置华人代理并扩充组织,实施并完成调查、监控、暗杀等各类特殊活动及任务。曾经历"风潮"时期的黄就顺提到日本在澳门的特务机关,称:

> 在雅廉坊那儿是特务机关。那个特务机关我们经过都不敢走过去看。我们在很远的地方看到他们早上拿着武士刀在练习,我们不敢走过,万一被他捉到不得了。③

日本特务机关当时在澳门民众眼中是非常显眼的,而且其内斗、械斗的场景也是众人围观的对象及谈资。其时在澳门当过小贩、人力车夫的黄锡棠回忆:

> 当时风潮时期,日本有势力在澳门,在雅廉坊有个特务机关,占着崔德祺的住所,日本仔就在那儿。当时关于他们的事不是太多,主要都是那些特务互相钩心斗角。有一次在牌坊下面的一栋楼中开火打,那时我刚巧走过,就躲在墙后偷看。另外有一次在东亚酒店,发生开乱枪打汉奸。主要都是那班

---

① Richard Garrett, *Macao during War II*, from John Pownall Reeves, *The Lone Flag: Memoir of the British Consul in Macao during World War II*, p. xxiii.

② 《澳门警察厅慕拉士提讯黄公杰之供词》,广州市档案馆馆藏,黄公杰档案,37—15—76;广东省档案馆馆藏,敌产局一检一76。

③ 黄就顺:《孤岛沧桑——"风潮"时期的澳门》,林发钦、江淳主编:《平民声音:澳门与抗日战争口述历史》,第203页。

人互相争斗。①

根据 1941 年 9 月 2 日波集团军第 44 号作战命令,为了排除澳门对日军的敌对性,特别是为了遮断澳门的"对敌"交易及走私等,计划强化澳门联络机关(按:指上述特务机关,日方亦称联络机关)。为此,基于南方军甲第 155 号作战命令,澳门联络机关组织,照下列表配给:

表 4-2　日军驻澳门联络机关人员配给表②

人员		派遣 划分
准尉(如曹长)	一	宪兵队
下士官	三	
兵	二	
通译	一	军副官部
汽车手(驾驶员)	一	小林部队
备注	本表以外,派出野战货物厂自行车三辆,小林部队货车一辆	

命令中还特别强调,澳门联络机关在继续前列任务之余,还要与驻外机构、海军外务官府合作,就澳门政厅附件《关于排除澳门敌对性的照会事项》进行恰当实行与合作。这正是证实了日方势力在澳门是外务、陆军、海军三省合作统筹的模式,既是强强联合,又为日方势力在澳门的内斗埋下了隐患。

根据瑞礼士的回忆,当时日军特务机关在排除澳门的敌对性方面,是包括在澳门的欧美势力的,瑞礼士当时就受到日方的监控

① 黄锡棠:《去沦陷区买柴深夜担回澳门卖》,林发钦、江淳主编:《平民声音:澳门与抗日战争口述历史》,第 88 页。

② 「波集作命甲第 44 号　第 23 军命令　9 月 2 日 12 时 00 分」、军司令官 今村均、昭和 16 年 9 月 2 日(1941/09/02)、防卫省防卫研究所藏、南西—全般—23。

与威胁。瑞礼士描述日本间谍监视他的活动时，如此感慨：

> 小日本也很活跃，非常活跃。他们拍我的房子、我的车，可能还有我洗衣服的场景，我差点让他们把照片都寄给我。他们询问我在哪里买的食物，让我感到倒胃，像是甚过砒霜的任何调味品（与砒霜相比，我更喜欢任何调味剂）！他们在战前就一直处于战争中，这就是他们的天性。无论如何，他们一定对我非常怀疑。因为一些完全不可理解的原因，我到达的第一条新闻出现在香港的报纸上，上面显示的全是莫斯科的日期，这几乎使我看起来好像是来自满洲里的俄罗斯内部议会的成员。[1]

理查德·加勒特（Richard Garrett）亦提到，日本人对英国人不友好，武装保镖随行已成为瑞礼士的日常状态。在暗杀不断的威胁中生存无疑是一种沉重的负担，但瑞礼士似乎承受得起。[2] 除监控威胁英国驻澳门领事外，日本势力对于英国在澳财产亦敢掠夺。1943 年 8 月 18 日，一支由日本人和中国伪军组成的队伍进入澳门内港，以武力夺取了停在港内的英国船"西安"号并驶往香港，当时船上载有 100 多桶柴油。据称，劫船事件系由日本驻中山县日军情报组组长大尉中原实、汉奸黄公杰及日本海军特务组织共同策划，日军掳获"西安"号后，曾易名为"塔兴"和"铜山"号。[3]

另外，根据军统澳门站书记洪涛亲自摸底的情况，日本特务机

---

[1] John Pownall Reeves, *The Lone Flag: Memoir of the British Consul in Macao during World War II* , p. 91.

[2] Richard Garrett, *Macao during War II* , from John Pownall Reeves, *The Lone Flag: Memoir of the British Consul in Macao during World War II* , p. xxiii.

[3] 林发钦、王熹编著：《孤岛影像：澳门与抗日战争图志》，第 43 页。

关的情报工作并没有放在公开挂牌的泽机关,而是设在南环西南日报社的二三楼。该报社长期开办"日语训练班",专门训练培养一些中小汉奸,并从中挑选为日伪特务工作的特务。洪涛曾混入这个训练班当学员,只是表现得学习成绩"极差",读完一期又一期,总共读了两期半。该训练班亦曾在澳门物色一批舞女进行培训,挑选其中一些姿色娇俏的活跃分子进行特别训练,然后派她们潜入内地进行情报、破坏活动,只是行动失败,最后只得作罢。①

泽机关在澳门并不受欢迎,甚至是澳葡政府的"肉中刺"。日本驻澳门领事福井保光被刺杀后,1945 年 2 月 3 日,澳葡当局致日本外务省的一份绝密备忘录中声称:

> 日本陆军对澳门,不通告(我葡澳)政府,派遣了泽大佐,此人公然设立了泽机关,对敌方华人予以逮捕、监禁和处刑,这明显侵犯了葡萄牙的主权,(葡澳)政府考虑到现实的日葡关系,至今还是默许的。②

澳葡政府对于日驻特务、汉奸亦是恨不得"除之而后快"。战后,日本在澳特务机关人员、汉奸均受到了一定的制裁。机关长泽荣作、副机关长山口久美作为战犯被澳葡政府引渡给广东战区,根据《广东行辕 BC 级战犯广东军事法庭审判记录》记载:泽荣作、山口久美被起诉的理由包括掠夺中国船舶"酬安"号(按:"西安"号)及袭击中国汽船,作战期间杀人及不法行为,逮捕杀害潜伏澳门及

---

① 洪涛:《"二战"期间的军统特工澳门站》,广东省政协学习和文史资料委员会编:《广东文史资料存稿选编》第三卷,第 772 页。

② 房建昌:《有关太平洋战争爆发后日本外交与特工人员在澳门活动的几点补正》,《民国档案》1999 年第 4 期,第 18 页。

其附近的国民党蓝衣社骨干干部。① 而根据其宣判死刑第二天,即
1947 年 4 月 26 日广州《中山日报》的报道:

> 广州军事法庭于昨(二十五)日下午四时宣判日战犯案两
> 宗:泽荣作及山口久美残杀案。泽荣作乃日澳门特务机关长,
> 山口久美乃其下属,充宪兵少尉,由三十年至日本投降止,该
> 战犯等在澳门利用其特殊之势力,专事搜括物资、收集情报,
> 监视各国驻澳人员活动,并收买汉奸黄公傑(按:黄公杰)等组
> 织密侦队,供给枪械,专事暗杀我方人员,前后于三十一年十
> 一月二十四日,狙杀我国民党驻澳支部委员梁彦明,三十三年
> 十一月二十六日狙杀我国民党驻澳支部委员林卓夫,三十四
> 年二月四日狙杀中山县侦缉队长黄怀,三十四年三月十二日
> 捕我第七战区第三纵队情报主任李秉元,诱杀我特务人员鲍
> 家祺(按:鲍嘉琦)后,复押李秉元往关闸枪毙,此案经广州军
> 事法庭派检察官赴澳调查有据,审讯明确,判处死刑。②

上述当时的报道,已经非常清晰地介绍了泽荣作、山口久美战时在
澳门组织特务机关,培植汉奸搜刮物资、搜集情报、监视暗杀等罪
状,特别是指出此二人即暗杀梁彦明、林卓夫、黄怀、鲍嘉琦、李秉
元等国民党人员的主导者。广东行辕军事法庭判决主文称:泽荣
作、山口久美共同连续为有计划之谋杀,处死刑。③1947 年 6 月 25
日,在广州市西郊白云山麓流花桥执行死刑,并将他们葬在白
云山。

---

① 房建昌:《有关太平洋战争爆发后日本外交与特工人员在澳门活动的几点补正》,《民
　国档案》1999 年第 4 期,第 17—18 页。
②③《澳门杀人王泽荣作判处死刑,山口久美亦判处死刑》,《中山日报》(蒋系),1947 年
　4 月 26 日,第 5 版。

三、附日汉奸:黄公杰之辈

汉奸是战时、战后澳门民众谈论的有关抗战的话题之一,澳门的汉奸给当时的民众留下了深刻的印象。抗日战争时期,从南海逃难到澳门,在傅德荫赌场工作的傅日光回忆,人们把运米来澳的人称"汉奸",原因则如下:

> 为什么要把运米来的人叫做汉奸呢? 他们帮日本仔做事的,所以那时候"三黄"是最神气的,黄森、黄球,还有个忘记黄什么的(访谈者注:应该是黄祥),在码头,只要说"黄某"这些名字,就可以准你出入的,那些警察就不敢做什么。
>
> 最后黄球死了,当时的汉奸,日本投降后就"清党"了。还要审黄森,结果在法庭上有人说了一句:"全靠他拿谷米来,澳门才有粮食,不是他,谁敢拿粮食来澳门?"就这一句,就放了人,不但无罪还有功。①

黄就顺回忆,战时在澳门给人感觉最有钱的就是汉奸:

> 在澳门,最有钱的就是汉奸,他们会勒索农民的收获,勒索很多市民的钱,然后去赌钱、玩女人。他们吃得最好,在中央酒店金门餐室,他们吃的面包、西饼,我们只能望着,好的东西都是他们吃的。②

当时有个姓黄的汉奸就租住在黄就顺家楼下左边的一间房,因此印象更加深刻。为了达到各项目的,日方在澳门大肆扶持华人代

---

① 傅日光:《从西樵山走水路逃难到澳门》,林发钦、江淳主编:《平民声音:澳门与抗日战争口述历史》,第66页。
② 黄就顺:《孤岛沧桑——"风潮"时期的澳门》,林发钦、江淳主编:《平民声音:澳门与抗日战争口述历史》,第203页。

理,为其逞凶作恶。汉奸作为日方势力在澳门的帮凶,极大地扩展和延伸了日方的控制及影响范围,在情报、谍战,甚至暗杀、走私、贩毒、抢劫等方面均有涉及。

英国驻澳门领事瑞礼士的回忆录中对日本在澳门雇佣的匪徒杨玉宽、黄公杰亦是着墨颇多。瑞礼士回忆,最早成名的是杨玉宽(音译,Yeung Yuk-Kwan)。他提到杨玉宽时称:

> 我相信他在组织很早就被解雇了,但他从来没有真正危险过。我偶尔被问到"你想对某某做点什么吗?"如果我说"不",他会单独留下;如果我回答"这与我无关"的话,很有可能在讨论的主题上会发生一些不愉快的事情。①

显然,杨玉宽对瑞礼士并未构成真正的威胁。但在杨玉宽之后出现的黄公杰,瑞礼士称其为一个真正的"狠角色",其回忆录描述他如下:

> 当杨淡出时,出现了一个更加邪恶的角色,名叫黄公杰(Wong Koon-Kit)。这个人是个职业海盗(匪徒),他全心全意地和日本人打交道。他是如此的强大,能够把他在澳门的房子变成一个名副其实的堡垒,拥有机关枪和一切。葡萄牙警方忌惮于他幕后的势力,对他无能为力。②

黄公杰为战时澳门有名的大汉奸,任陆军驻澳门特务机关密侦队队长,在澳门的据点位于现在柯高马路(高士德马路)与俾利喇街交界处的一栋楼里,为俾利喇街 109 号。战时参加珠江纵队

---

① John Pownall Reeves, *The Lone Flag: Memoir of the British Consul in Macao during World War II*, p. 105.

② John Pownall Reeves, *The Lone Flag: Memoir of the British Consul in Macao during World War II*, p. 106.

的澳门青年李成俊对黄公杰及其在澳门的势力亦有所了解：

> 我听闻黄公杰在大革命的时候，在上海参加过共产党，后来叛变，来了澳门。他的大本营在俾利喇街，听说最盛时有五六十人，要敲钟食饭的，这么"巴闭"（厉害）。他能自己持枪的。我曾经见过他，手插着衫袋，穿着黑大褛，在马路上走，别人在耳边跟我说，这个人就是黄公杰。①

战后，国民党港澳总支部编印的《港澳抗战殉国烈士纪念册》中描述黄公杰寓所就在柯高马路。可见，黄公杰在澳门的据点位置是比较确定、广为人知的，而且势力较大，配备一定的武装，在澳门可谓一时"风云人物"。

黄公杰虽有日军撑腰，但与澳葡政府关系恶劣。仅黄就顺对黄公杰的回忆里就两次提到黄公杰与葡警的武装冲突，

> 有一次他们在三楼打枪出来，向葡警撩是斗非（搞事），于是葡警就找了一架装甲车，走到我们家门口，对着他们。如果在我们家那儿打起来，会打死我们的。但黄公杰见葡警那么生气，就走去找日本人来跟他们说几句，这样就没事了。
>
> 还有一次，在劳工局后面又打枪出来，于是葡国政府就找了一支重机枪摆放在我们花园，叫我们走去地下的小屋躲起来。我们都很害怕，一打起来，那些子弹不长眼睛的。结果又是日本人来说几句就没事了。②

黄就顺家就在黄公杰据点的对面，又是当事人，亲身经历，其

---

① 李成俊：《战火的洗礼》，林发钦、江淳主编：《平民声音：澳门与抗日战争口述历史》，第174页。
② 黄就顺：《孤岛沧桑——"风潮"时期的澳门》，林发钦、江淳主编：《平民声音：澳门与抗日战争口述历史》，第204页。

回忆应是比较可靠的。依仗日军的势力，黄公杰组织联络了一批汉奸，而且在澳门不断扩大组织。根据国民党中统《敌伪情报》记载，1943 年 10 月 10 日，澳门小组电称：

> 澳敌特工黄公杰企图扩充势力，近发动组织"中流社"，其宗旨为推进和运，研究拳术，提倡正当娱乐。该社设正副理事长，下有社运、财务、总务、拳术、娱乐各股，已开始募招社员，以码头劳力、车场工友为对象，入社需纳基金葡币五元及月费一元，并拟请敌军政长官指导社务，该伪社地址设俾利凡（按：俾利喇）街 109 号黄逆宅。①

1943 年双十节，黄公杰在住宅举办成立大会，到会者有 70 余人，即席选举蒙时玲（伪警处驻澳侦缉队队长）、黄海（队副）、陈金龙（工厂警备队密侦队队长）等为监事，黄公杰、郑海（敌情报员）、郑根（中山伪警探长）、黄中立（中山伪联络总局书记）、郑晨（敌海军官府联络员）等为理事。② 从该社监事、理事人员的构成来看，"中流社"简直就是在澳奸伪大本营。

根据国民党港澳总支部《港澳抗战殉国烈士纪念册》所记载，澳门支部常务委员兼澳门中华教育会主席梁彦明、国民党港澳总支部执行委员兼澳门支部常委林卓夫、第七战区挺进第三纵队第二大队中队长鲍嘉琦等均为黄公杰及其党羽所杀，③可谓血债累累。

---

① 《澳门小组电：敌特工黄公杰在澳组"中流社"》，中央调查统计局编印：《敌伪情报》，1944 年，第 2—3 页。

② 《澳门小组电：敌特工黄公杰在澳组"中流社"》，中央调查统计局编印：《敌伪情报》，1944 年，第 3—4 页。

③ 中国国民党驻港澳总支部编印：《港澳抗战殉国烈士纪念册》，1946 年，第 11 页。

黄公杰与鲍嘉琦的故事，更是充满了戏剧性，情节跌宕起伏。第七战区挺进第三纵队副司令屈仁则，奉令调兼国民党澳门支部特派员后，器重鲍嘉琦。鲍氏以经营航运业为掩护，常常往来于沦陷区与澳门之间，从事党务活动。梁彦明、林卓夫被害后，鲍氏查到是黄公杰等所为，曾秘密遣人用计诱引黄公杰到塘下，当船行至半江中时，突然将其擒获，送至沙坪第三纵队，转而押解到肇庆军部，不料竟被黄公杰逃脱，辗转回到了澳门。迨至1945年4月初，澳门支部派李秉元在澳门设置秘密电台与后方互通信息，但不幸被黄公杰胁持，失踪多日。鲍嘉琦奉命进行营救，最初与黄公杰党羽周旋，希望能将李氏保出。随后，黄公杰约鲍嘉琦至柯高马路黄氏寓所会晤。鲍氏虽心虞其有诈，但仍然赴约，刚到门前就遇到敌方特务机关日籍职员山田，又见有汽车停在门外，心里明白已是落入埋伏，只得拔枪应战。澳葡警察闻枪声也开枪，警察局长迅速率警队赶来弹压，一时间乱弹纷飞，山田中枪倒地，黄公杰负伤逃脱，而鲍嘉琦寡不敌众，身中五枪倒在血泊中，遂捐其身。

在这场葡警、澳门支部、敌伪的乱战中，澳葡警方不幸让黄公杰逃出了澳门。抗战胜利在即，黄氏已失去日伪靠山，国民党、澳葡政府都不可能容他，其遂在海上宣布"起义"，投奔中共武装。

根据当时在东江纵队的李成俊回忆，黄公杰征调了一艘大的渔船，还有十个八个佩枪的人跟着他，在海上宣布"起义"。东江纵队有海军，断定他是假起义——因为起义的条件是放下所有武器，但黄公杰只放下了驳壳枪，左轮手枪还收在衣服里，于是被收缴了所有武器，关了起来。东江纵队审黄公杰时，他承认将澳门币制的基金，很多是黄金，运去了日本，造成澳门经济很大的损失，亦承认打死过几个国民党人。后来，东江纵队将其交给了珠江纵队，初审他的人是珠江纵队支队长欧初。当时在澳门秘密活动的李成俊亦看过黄公杰的一份供词,当中承认迫害爱国人士,向澳葡政府索取经济利益等问题。黄公杰本人则称手上持有一份暗杀名单。当时澳门暗杀活动频繁,被暗杀的人十之八九是教师,而李成俊的领导亦因担心李被查到,便令其到东江纵队去工作。①

　　珠江纵队审讯完黄公杰后,将其移交给了澳葡政府。关于将其移交给澳葡政府的原因,根据李成俊询问欧初时,欧初的回答称:

> 他的口供已经七七八八,葡萄牙要求拿这个人,我们有问过领导,大家都认为葡萄牙不会放生他的,他与葡萄牙的矛盾比起跟我们的矛盾更深,因为他做的事影响到葡萄牙的统治,例如他把黄金全运去日本。②

　　最终,黄公杰被押送到澳门受审,葡方审讯黄公杰的是慕拉士。最终葡方称黄在转移监禁途中试图逃跑,因而被当场击毙。而根据后来李成俊听有关监警透露的内幕称:慕拉士审讯黄公杰时,认为他的供词不老实,逼他才讲一点点,但是该说的也都说了,没有留他的必要。在深夜两三点,葡方说要调动监仓,绑起黄公杰坐上囚车,车到走下斜坡时,开着慢车,一脚踢他滚下去,然后他们跳车下来,从背后乱枪扫射他,理由说是他要逃跑。③澳葡政府蓄意击毙黄公杰,并非战时与其矛盾这么直接和简单。瑞礼士回忆黄公杰的下场时,亦充满了疑惑:

---

① 李成俊:《战火的洗礼》,林发钦、江淳主编:《平民声音:澳门与抗日战争口述历史》,第173—174页。

②③ 李成俊:《战火的洗礼》,林发钦、江淳主编:《平民声音:澳门与抗日战争口述历史》,第175页。

最终他们（澳葡）报仇了。有一次，他在战斗中受伤严重，被送往葡萄牙政府医院，尽管葡萄牙当局派出了武装警卫，他还是从澳门逃走了。贿赂或政策？只是其中一个无法解释的事件。我们不可能知道一切。[①]

若只是矛盾，在其逃出澳门后，应无大碍，为何澳葡政府却要大费周折从珠江纵队提走他呢？当获悉澳葡政府掌握黄公杰后，广东行营即向澳葡政府提出引渡黄公杰到广州受审，而澳葡政府却先行将其处理了，向广东方面提交的呈词亦称黄公杰在转移监仓的过程中试图逃跑被击毙。第二方面军司令、广东行营主任张发奎密函外交部部长王世杰，请就黄公杰一事对澳葡政府提出严重抗议。函陈：

> 本部据报即电贵部驻澳唐专员向葡方交涉引渡究办。讵葡方于子冬将黄逆用车押载，□言解往某处车至中途暗中枪杀，事后葡方宣布谓黄逆在中途企图逃脱致误被击毙。查葡方必将黄逆致死去，缘当中山被敌占据时期利用黄逆在澳活动，葡方与敌勾结订立不利我国之秘密协定，均由黄居间协调，葡方与奸匪勾结内容全为黄逆所深悉，葡方恐我引渡审讯，阴谋暴露，乃蓄计将黄逆杀害。葡方处决黄逆系在我提出交涉引渡之及，为此而处回，显系故违国际公法且藐视我国尊严，若我方不积极交涉对澳方仍过事谦让，恐迩后对澳方案件之处理信增棘手，用将本谍往通详情电贵部查核并请提出严

[①] John Pownall Reeves, *The Lone Flag: Memoir of the British Consul in Macao during World War II* , p. 106.

重抗议。①

如此可知,黄公杰知道太多战时澳葡政府与日本之间的秘密,恐怕当时澳葡政府更担心的是黄公杰一旦被国民政府掌握,会影响战后澳葡的命运。

更为复杂的是,当时想要捉拿黄公杰的还有美国的联邦调查局(F. B. I)。战争结束了,黄公杰没有了靠山,他答应接受联邦调查局派来的格雷(Gray)和法雷尔(Farrell)的发问。此二人到澳门要捕获黄公杰时,瑞礼士提供了一些信息,但并没有参与其中,最终黄公杰被澳葡政府击毙,瑞礼士这方也就没有机会审问他了。②而且,瑞礼士对黄公杰之事尤为关注,其在回忆录中还提到,黄公杰虽然死了,但他老婆的故事还在继续,

> 她曾打过一次枪仗,两手各拿着一把四五手枪,而且两手的射击都很准确,她甚至还教她的孩子在抽签时动作要快。据我所知,黄寡妇目前控制着一个海盗团伙,确实干得很好。③

从汉奸头子黄公杰到海盗头子黄寡妇,黄氏夫妇真是充满"传奇"色彩的反面人物。黄公杰身上的秘密也随着他的死亡成为谜团,即使是在目前可见的保留下来的档案里,反映出来的也只是表面的信息,真相仍然在迷雾中。

---

① 《张发奎致王世杰函》,广州市档案馆馆藏,黄公杰档案,37—15—76;广东省档案馆馆藏,敌产局—检—76。

② John Pownall Reeves, *The Lone Flag: Memoir of the British Consul in Macao during World War Ⅱ* , p. 106.

③ John Pownall Reeves, *The Lone Flag: Memoir of the British Consul in Macao during World War Ⅱ* , p. 107.

四、汪伪势力在澳门

根据国民党中统局情报汇报，1940 年 2 月 20 日，汪伪在广州召开了华南敌伪联席会议，澳门方面人员及致公堂、中和堂等附逆分子均派代表参加。这些代表 25 日回澳门后，在大堂街 19 号召开会议，报告联席会议对澳门工作决定要点如下：

一、继续增设银业铺店以操纵金融；

二、组织青年宣传队入内地宣传和平及大亚细亚主义，队员暂定 25 名，由广州选派；

三、派人联络中山及四邑各县去职乡长，使其回乡密组地方势力与和平运动基本力量；

四、侦察在澳爱国团体及负责人员活动，以便向澳当局交涉取缔；

五、必要时将重庆派来在澳之工作人员及经澳入内地之军政党长官予以严厉制裁。①

可见，汪伪在澳门早有派驻人员活动。伪广东省政府也布置了驻澳门办事处，主任为罗鼎。但是，汪伪在澳门的特务工作开展并不顺利，一些伪政府人员在澳门遭到刺杀。如 1940 年，汪伪中央委员、中山县县长赵鼎华在澳门被军统澳门站人员刺杀；②1941年，伪广东省警厅李式曾在澳门被刺杀。伪广东省政府派出特派交涉员周秉三赴澳门与澳葡政府谈判。根据1942年1月17日，伪

---

① 《中统局关于华南敌伪联席会议对澳门工作之决议》（1940 年 3 月 15 日），中国第二历史档案馆馆藏，一一(2)—3346。

② 洪涛：《"二战"期间的军统特工澳门站》，广东省政协学习和文史资料委员会编：《广东文史资料存稿选编》第三卷，第 770—771 页。

外交部部长褚民谊呈汪精卫批示，内载周秉三汇报如下：

　　　　窃查自和运同志屡次在澳门被刺各案发生后，职即奉命
　　对澳门政府交涉，先后赴澳门三次，向澳门政府提出严重抗
　　议，其间与澳门总督会谈十余次，均秉承钧部暨广东省政府主
　　席之命令办理，现已暂告一段落，谨将交涉所得结果、摘要报
　　告如下：

　　　　一、我方公务人员及其卫士在澳携带武器以为自卫一节，
　　澳门政府业已接受我方要求，应允免费发给枪照。规定每次
　　数目以 30 张为限。惟于必要时，得增至 60 张，已于本年 11 月
　　4 日签订议定书二份，双方各执一份。

　　　　二、关于我国派遣员警驻澳监视渝方危险份（按：分）子一
　　节，澳门政府已允雇用我国员警五人，视有必要时，可酌量
　　增加。

　　　　三、缉凶问题。澳门政府已令警察当局加紧办理，并悬赏
　　港币二千至五千元作为奖金。

　　　　四、抚恤问题。澳门政府已送来国币三万五千余元，充作
　　李副处长式曾所遗子女之教育费。①

　　香港沦陷后，澳门的生存需依赖广东省的支持，因此澳葡政府
对于伪广东省政府甚是亲近。1942 年 9 月 15 日，汪精卫夫人陈璧
君与伪广东省政府主席陈耀祖访问澳门，受到澳督戴思乐热情接
待，双方讨论了澳门粮米的供应问题，陈耀祖强调会保证澳门粮米
供应。② 1943 年 3 月，澳督戴思乐回访伪广东省政府，以示亲近，

---

① 《汪伪外交部广东特派员呈报与澳门交涉结果情形案》，中国第二历史档案馆馆藏，汪
　　伪档案，二〇〇三(2)—58。
② 林发钦、王熹编著：《孤岛影像：澳门与抗日战争图志》，第 41 页。

并在省府办公楼前与陈耀祖等合影,如下图所示:

图4-4　澳门督宪戴思乐来粤答访在省府门前留念[①]

澳葡政府与汪伪政权双方往来频繁,亦有诸多伪政府政要常居澳门。这些人也成为国民党方面在澳门狙杀行动的目标,军统人员在澳门的一系列活动令汪伪特务机关在澳门始终未能建立起来。

根据军统澳门站书记洪涛的回忆,太平洋战争爆发后,汪伪南京政府特工首脑丁墨邨曾派出得力干将邓某南下澳门开展工作,但是被军统方面侦得详细情况及活动规律,并于夏季某天对其进行狙杀。邓某被击中两枪,伤势惨重,侥幸保存了性命,但康复后便离开澳门,其所负责特务组织亦没有建立起来。[②]

不仅如此,陈璧君、陈耀祖等汪伪政要亦是军统在澳门狙杀的对象。军统澳门站曾先后两次谋划狙杀陈璧君。第一次是在前述

①《澳门总督戴思乐来粤答访陈省长时再(按:在)省府门前留影》,(伪)广东省宣传处、协力旬刊社编辑发行:《协力》第三卷第一期(四月号),第3页。

② 洪涛:《"二战"期间的军统特工澳门站》,广东省政协学习和文史资料委员会编:《广东文史资料存稿选编》第三卷,第772—773页。

1942年9月15日，陈璧君和陈耀祖访问澳门之时，在码头伏击狙杀未遂。第二次是汪精卫死后，陈璧君到广州长住，并在幕后操纵广东伪政权之时，蒋介石下令军统执行暗杀陈璧君的任务。根据情报，陈璧君时常秘密到澳门，住在澳门南环香炉灰四号——她母亲卫月朗的旧宅。那时卫宅只有陈的一个远亲和一名老管家看屋，而军统粤海站的罗刚与卫宅的老管家相识，是条可利用的线索。于是，军统局本部派女行动员徐燕霜去澳门，名为投亲罗刚，实则准备设法结识那位老管家，伺机进入卫宅行刺。当时军统局备下两瓶烈性毒药，托人带给粤海站站长何崇校，并命其主持此行动。这两种毒药都是无色无味的细粉末，其中一种用薄胶片包裹，仅有半粒瓜子仁大小，可以贴藏在指甲内，上茶时只需将指甲在茶内浸一下，毒药即可溶化，人中毒，死后也无痕迹。何崇校令徐燕霜在罗刚家中待命，只要陈璧君一到卫宅，她即可借奉茶之机下毒。只是，陈璧君此后始终未去过澳门，军统谋刺她的行动也就没有实施。直到抗战胜利后，陈璧君才被押上审判台，受到了应有的惩罚。[①] 军统两次设计在澳门刺杀陈璧君虽未成功，但是从另一个侧面反映出，汪伪势力在澳门存继困难，特务工作开展难有起色。

除上述日伪势力外，日本海军在香港并无自己的情报机构，在华南的情报工作则由驻广州海军武官负责，其主要工作是收编华南的水上武装以及收集广州和澳门方面的情报，少有参与香港境内的反间谍工作，[②]但是其在澳门西环民国马路设立了日本海军武官府，时人虽有记忆，细节却难以知晓。

---

① 李炎锟：《民国官场笑林》，江苏：江苏古籍出版社1997年版，第221—222页；马振犊、邢烨：《军统特务活动史》，北京：金城出版社2016年版，第210—211页。
② 邝智文：《中国国民党调查统计局在日本占领香港时期的情报活动，1942—1945》，《"国史馆"馆刊》，2018年9月第57期，第49页。

战时,日本向澳门派驻领事馆、特务机关,培植控制澳门的亲日势力,甚至连日伪海军都在澳门设有据点,再加上日军驻扎陆路进出澳门的关闸,控制拱北海关,实际上,已在海陆两方面实施对澳门的控制。因此,日本对澳葡政府的"中立"只是出于战略目的的、表面的"尊重"罢了。

目前有关日方在澳门活动之探讨,困于档案资料难寻,更多只能依靠间接的材料,一个是本地人的集体记忆,一个是中方情报人员或其档案记录。战时生活在澳门的人对日本人及其势力在澳门的一些活动印象深刻,刻在了当地居民的集体记忆中。当时的澳门学生,后来成为澳门资深教师,且对抗战时期澳门历史有一定关注的黄就顺先生,在其回忆中提到日方势力在澳门的情况,描述十分清晰:

> 日本有很多重要的机构是驻澳门的,例如特务机关、海军司令部,在南湾那边有个《西南日报》,宣传东亚共荣圈,还有日本人办的教日语的学校。很多日本的机关想控制澳门去宣传日本的德政,当然没有人相信。当时的日语学校在南湾,培道旁边的一间古老大厦,在那儿办报纸办学校。而在雅廉坊那儿就有日本的特务机关,在新桥那边就有日本的海军司令部,日本人控制着澳门,表面上没有,但实际是有的。虽然没有军队在,但有日本的领事馆,在距离粤华学校不太远的地方。[1]

当时还是学生的谭明东亦回忆称,日本在澳门有一定潜势力,

---

[1] 黄就顺:《孤岛沧桑——"风潮"时期的澳门》,林发钦、江淳主编:《平民声音:澳门与抗日战争口述历史》,第 202 页。

特别是汉奸如麻,在澳门的势力很恶,澳葡当局一直没有办法对付。①

　　国民党方面,战时军统在澳门先后设立了澳门站、粤海站,其人员对日伪在澳门的势力调查得非常清楚。如 1942 年后充任军统澳门站书记的洪涛回忆:

　　　　日本除在松山之腰设立领事馆外,还有公开挂牌子的"特务机关",有南环某某报社二三楼的情报机构、"密侦"系统、日语训练班(从中挑选日伪特务),以及如"检疫所"、大地影片公司之类的大大小小日伪汉奸机构。②

　　1943 年 9 月来到澳门开展工作的军统粤海站副站长何崇校亦感慨,"澳门是一个弹丸之地,然而日本人竟在此设有领事馆、海军武官府、陆军特务机关"。③ 日方在澳门的活动受到多方的关注,也让他们的活动有迹可循。

　　综上所述,中日英美各股势力涌向澳门,明枪暗箭不断,特务、情报、谍战、刺杀令澳门笼罩在紧张之中。英国驻澳门领事瑞礼士的两次遭遇,足可说明当时澳门的氛围有多么紧张。瑞礼士回忆道:

　　　　有一次,我去看罗保(Lobo),日本领事正好要离开了。在大楼门口,站着我自己的保镖、重庆方面人员、日本保镖、葡萄

①　谭明东:《亲闻捡尸车上的呻吟》,林发钦、江淳主编:《平民声音:澳门与抗日战争口述历史》,第 129 页。

②　洪涛:《"二战"期间的军统特工澳门站》,广东省政协学习和文史资料委员会编:《广东文史资料存稿选编》第三卷,第 769 页。

③　何崇校:《蒋帮在华南勾结汉奸伪军抢夺抗战胜利果实始末》,中国人民政治协商会议江苏省委员会文史资料研究委员会编:《文史资料选辑》第 67 辑,第 171 页。

牙警察,另外一两个可能是来照顾罗保的人。如果有人突然行动,那将会光荣报废。

　　另一个典型的事件是在慈善舞会中,当时醉酒的日本人试图迫使葡萄牙-菲律宾乐队只演奏日本音乐。他越来越充满胁性,最后说:"酒店里有 30 名武装人员;你最好照我说的做。"那一刻,他被一个中国人轻拍,他说:"我们的领事在这里,我们有 40。"日本人离开了,但我们的枪管松开了枪套,我们不确定喝醉的人是否增援。我们总是处于这样的麻烦边缘。①

各路人马均可在澳门活动,澳葡政府没有自保能力,谁也得罪不起,只能"打太极",在夹缝中寻生机、谋财路。谁是朋友,谁是敌人,要看具体的事情及利益牵涉。对于澳督戴思乐而言,在维护其自身及葡萄牙利益的前提下,谁都是朋友,谁都是敌人,而且很多时候,谁也看不清谁,谁也说不清到底怎么回事。就是这样的混与乱,给澳葡政府及各路人马留下了存在与发挥的空间。

---

① John Pownall Reeves, *The Lone Flag: Memoir of the British Consul in Macao during World War II*, p. 105.

第五章　中转站：人员、物资的管控与流转

　　澳门半岛是海洋与大陆的连接点，三面环海，一面靠陆，自明朝开埠以来，便是连接海上与内地的转运港口，水路交通均称方便，且连接顺畅。如下图所示，澳门水陆两通——水路方面，其位于珠江口西岸，是西江流域出海处，同时亦是东南沿海的港口，内港连

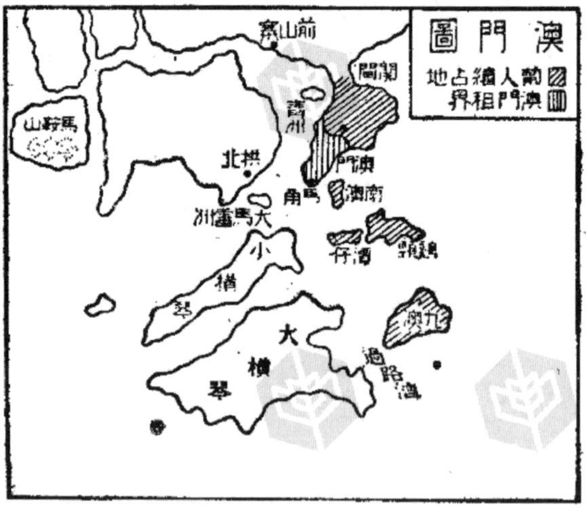

图 5-1　澳门图(1940 年)[①]

---

① 教育部署编审会著作兼发行：《初中地理》，新民印书馆 1940 年 6 月版，第 101 页。

接着广东内地的河运网以及东南亚的海运网，东临香港，南达南洋，西至广西、越南等地，北至中国东部沿海，甚至远达日本；陆路方面，有岐关车路连接内地，通过关闸便入中山境内，直通广州，转运内地堪称便捷。

香港的崛起，曾一度令作为转运港口的澳门逊色不少，战时日本对华南地区的侵略，使得沿海港口陆续沦陷瘫痪，澳门的港口功能又开始受到重视。彼时，在"中立"地位加持下，澳门一度成为各方打破"禁运"的天堂。

1937 年 10 月，时任广东省政府委员陈耀祖访问澳门时，向当时的澳葡总督巴波沙表达广东省政府希望澳门在某些商业领域上给予"协助"的意愿，这一协助主要是基于当时广东对外交通和电讯经常被日军切断，且由于日军对广州水路的部分封锁，省政府希望将原来运往香港的货物由西江港口转运澳门。① 巴波沙欣然应允。不久，11 月中旬，国民政府外交部西南五省外交视察专员凌士芬来澳会晤澳督巴波沙，提出将原来运香港货物转到澳门集散，巴波沙亦表示愿意协助，但要求一切交易和运输不能包含战争物资，以免破坏澳门的中立地位。② 对于先后三次出任澳葡总督的巴波沙而言，抗日战争在某种程度上，成为其寻求恢复澳门港往日辉煌的契机。

香港沦陷后，澳门的中立地位使其再次成为华南的中转中心和各方物资交换的平台。即便有日本海军的封锁，以及伪广东省政府、伪粤海关、日本陆军构成的控制网，澳门明面上的运输与暗

---

①《1937 年 10 月 22 日葡殖民地转外交部澳门电报》，转引自陈锡豪：《抗日战争时期的澳门》（未刊稿），华南师范大学中国近现代史专业硕士学位论文，1998 年，第 7 页。

② 陈敏：《战后国民政府对澳门"经济汉奸"的引渡与审判研究》（未刊稿），暨南大学中国近现代史专业硕士学位论文，2016 年，第 12 页。

地里的走私仍非常昌盛,沦陷区、未沦陷区及参战各方都通过各自
的方式在澳门获取、交换各类物资。

第一节　日伪方面对澳门的围困与合作

日伪势力对于粤港澳湾沿海往内地人员及物资运输的监视与
控制,主要体现在两个方面:一个是日本海军对海上运输的封锁与
控制;一个是伪广东省政府、伪粤海关以及日本陆军三方构成对粤
港澳间物资运输的管控。在这样的背景下,澳门在某种程度上成
为日伪控制下的一个据点,但是其保有的中立地位又为各方积极
利用,以达到转运目的。

一、香港沦陷前:日方针对澳门的封锁、监控、竞争活动

香港沦陷前,澳门受到日本特务、海军势力的束缚与渗透,对外
交通也受到日军的封锁,各种物资流通被日军严密监控。同时,日军
还在占领区开设赌场与澳门赌业竞争,澳门往常的经济活动因此受
创,社会动荡不安,百姓生存维艰,只得选择另外的生存模式。

首先,日军在战时对澳门曾实施多次封锁。由于战事推进的
需要,早在1941年5月13日,日军即下令封锁澳门、湾仔交通,禁
止艇户往来。为防止走私,还加派数艘汽艇在两地间进行海面巡
逻。5月15日,日军再度扩大封锁范围,临时将岐关车路关闭,并
加派军队在三厂执行封锁任务,只准汽车通行,并且只准装卸货
物,不准搭客,禁止行旅往来。有乡民冒险偷渡的,一经发现,即遭
枪杀。此时澳门与三埠、湾仔、四邑及中山等地海陆交通全部被封
锁,导致澳门市内各类生活物资供应严重不足,物价狂升,这一封
锁直到6月初才得松弛。1941年12月香港沦陷前,日军即已开始

封锁海上交通。洋米等无法通过海路运入澳门，中山、新会等地粮食补给途径又为日军和汉奸所操纵，[①]甚至柴薪等物资都供不应求，澳门开始出现饥荒。日军的封锁可谓是战时澳门面临的最大威胁之一。

其次，日军对澳门进行了严密的监控。除海陆交通的封锁外，出于防止战略物资走私的目的，日军还对战时澳门的出入口货物进行严密的监控。1941 年 8 月，日本大本营陆军部下达"大本营陆军部命令第 529 号"及随附的"大本营陆军部指示第 925 号"给中国派遣军，令其封锁中国沿岸各地，特别是广东、海南岛沿岸及部分内河流域，防止重要物资流出。迨至太平洋战争时，日本方面以对内成立东亚海运会社整合航运统制，对外强化封锁的方式，管制物资流入国民政府控制区，并打击英美航商在华残存之势力。[②]

1941 年 8 月底，日本驻澳领事福井保光照会澳督戴思乐，希望澳葡政府密切关注澳门范围内不利于日本的行动，包括协助重庆方面走私军事物资及交通器械，以及在澳门的秘密抗日宣传与活动。[③] 然而，戴思乐对其中部分有关主权的条款提出质疑。9 月 5 日福井保光又向戴思乐提交一份备忘录，就前述照会内容进行解释及修正，戴思乐最终接受了照会条款。此后不久，日方就此提出具体实施方案，要求澳葡政府方面应采取的措施具体如下：

一、停止一切木帆船贸易；

---

① 澳门大众报社编印：《澳门工商年鉴（1958—1959）》，1959 年，第 99 页。

② 臼井胜美、稻叶正夫解说：《太平洋战争（4）》，みすず书房，1972 年，第 4—5 页。转引自苏智良主编，薛理禹执行主编：《海洋文明研究》第 3 辑，上海：中西书局 2018 年版，第 238 页。

③ 吴志良、汤开建、金国平主编：《澳门编年史》第五卷"民国时期（1912—1949）"，第 2626 页。

二、建立一个与日本有关当局联络的机构,并提供一切与走私有关的情报;

三、与日本有关当局配合,对进入澳门领水的涉嫌走私的船只、货物及武器采取措施;

四、向日本有关当局提供在港务局注册的船只名册副本;

五、向日本有关当局提供航行于澳门、广州湾海防及西贡的船只的报单,以及往来港澳之间的正常渡轮的名册副本;

六、除政府及香港船只外,禁止其他船只在澳门港口内行驶。①

日本当局还提出由陆军机构首长配合澳葡政府控制陆地,海军机构首长配合澳葡政府控制领海及其领岛,并且上述日本两方军事当局的人员和船只随时在澳门陆海巡逻,为此澳葡政府必须为他们配备武器,以备在必要的情况下用来自卫。②

戴思乐认为这一方案不仅提出了新内容,而且还重提曾经被拒绝的问题,显然对其主权存在侵犯性,因此严词拒绝提供外国船只的报单以及日本海陆军在澳门领海和陆地的自由。经过双方的几番交涉,最终葡、日两政府达成共识,如下:

一、中止木帆船贸易。

二、缉私活动集中于港务局,成立一支"特别缉私队"。

三、允许缉私部门的六名日本情报员携带自卫武器。

四、给日方提供一份在港务局注册船只的清单。

---

① ② *Arquivo Histórico-Diplomático do Ministério dos Negócios Estrangeiros*,2。PA48,M212,proc.33.2,《澳门总督戴思乐1941年9月3日致殖民部长公函附件》,转引自金国平、吴志良:《抗战时期澳门未沦陷之谜》,《复印报刊资料·港澳特区行政与社会》2001年第7期,第35页。

　　五、禁止马达船夜间在澳门水域内航行。

　　六、允许联络官拥有两艘自己的船，但需向港务局注册。因其私人性质，船员不得为军人，不可悬挂日本海军旗帜，不得进行任何稽查或警巡活动。[1]

　　澳葡政府与日方达成的协议，显然属于无奈之举。一方面，这使得澳门在贸易上受到日军的监控以及限制；而另一方面，当时澳门的对外贸易，包括正常的贸易和非正常的走私等，都处在日军的严密监视下。例如，下列日军波集团《对敌经济封锁情报》所载1941 年 9 月澳门钨矿的出口情况表、1941 年 8 月 1—31 日以澳门为中心的走私状况统计图所示：

表 5 - 1　1941 年 9 月澳门钨矿的出口情况表（部分，价格单位为港币）[2]

月/日	出产地	买主	数量（担）	价格（弗）
9.1	中山县张家边	英华公司	700	29 300
9.1	中山县大淋	英昌公司	700	32 000
9.1	西江云浮	英华公司	1 300	25 600
9.2	中山县大小淋	标记	350	31 000
9.2	中山县干雾	大华公司	200	28 500

---

[1] *Arquivo Histórico-Diplomático do Ministério dos Negócios Estrangeiros*，2。PA48，M212，proc. 33.2，《澳门总督戴思乐 1941 年 9 月 3 日致殖民部长公函附件》，转引自金国平、吴志良：《抗战时期澳门未沦陷之谜》，《复印报刊资料·港澳特区行政与社会》2001 年第 7 期，第 37 页。

[2] 波集团司令部：「对敌经济封鎖情报に関する件」，昭和 16 年 11 月 1 日（1941/11/01）、防衛省防衛研究所藏、陸軍省-陸支密大日記-S16-167-190。

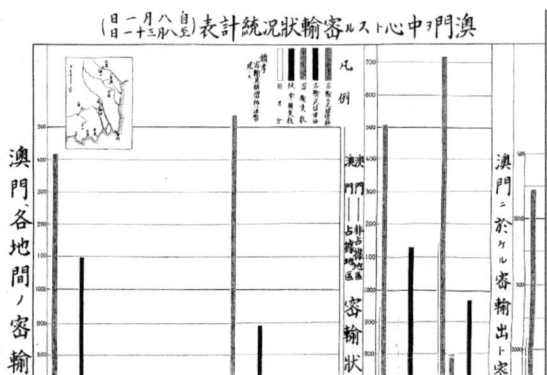

图 5-2　1941 年 8 月 1—31 日以澳门为中心的走私状况统计图[①]

上述图表反映出在日方封锁、控制下澳门贸易的两大特征：一是进出口物品以战略物资为大宗；二是贸易形势以走私为主，走私不但没有禁绝，反而昌盛。在上述形势下，澳门的贸易要发展，不得不选择与日本驻澳人员合作。所谓的走私，大多数成了不言自明的与日合作贸易，这就是为什么在当时日方如此严密的封锁下，澳门的进出口贸易反而得以发展。只是这些贸易主要集中于搜运军事战略物资方面，而民生相关的生活物资则输入寥寥，这也是当时澳门屡屡发生米荒、柴荒等社会危机的原因之一。

最后，日军在赌博、鸦片等方面与澳门竞争，对澳门特种产业构成威胁。日军占领香港、广州等地后，在其势力范围内开设赌场、鸦片馆等搜刮资财，这些行为对澳门的经济支柱——特种产业造成严重威胁。根据当时葡萄牙驻广州总领事莫嘉度报告：

> 一场针对澳门鸦片经营的攻势正在酝酿中。日本人将在这些地方投放大量的鸦片与澳门竞争，使得澳门被迫限制产

---

① 波集团司令部：『对敌经济封鎖情报に関する件』、昭和 16 年 10 月 02 日（1941/10/02）、防衛省防衛研究所館蔵、陸軍省-陸支密大日記-S16-124-147。

量,其结果是,将失去鸦片的专营权,也将无法获得以前那么多收入。上述攻势自然将由华北的日本人担当,尽管他们雇佣了生活在这里的中国人。此外,很容易理解日本人像针对香港所做的那样,封锁和孤立澳门,然后以最低的价格将各种毒品卖给批发商,同时给倒卖提供方便,几乎不作任何限制。根据日本人的理论,这将很明显地没有人消费澳门的鸦片。一是价格昂贵,再是对中国人来说是外来货。①

很明显,为攫取财富,战争中日本人与澳门的竞争是不可避免的,莫嘉度称:

> 已有一些中国人指出,日本人在向中国人进行的宣传中说,为满足找一个便宜的女人、抽一袋鸦片或品尝免费的日本米酒,以及玩上一刻钟美好而平静的番摊的需要,既没有必要出国,也不必去澳门。②

当时一般贸易已经无法顺畅进行,特种行业是澳门最主要的经济来源之一,这些竞争对于澳门战时经济是一个致命威胁。

综上可知,战时澳门的物资进出口是受到日方的严密监视及限制的,而走私五金等军事战略物资成为战时获取财富的主要途径,与其形成鲜明对比的则是澳门社会基本生活物资的短缺。因此,对澳门本地而言,以军事战略物资换取生活物资成为被动的生存之道。

---

① [葡]莫嘉度著,[葡]萨安东编,舒建平、菲德尔译:《从广州透视战争——葡萄牙驻广州总领事莫嘉度关于中日战争的报告》,第240页。
② [葡]莫嘉度著,[葡]萨安东编,舒建平、菲德尔译:《从广州透视战争——葡萄牙驻广州总领事莫嘉度关于中日战争的报告》,第241页。

二、香港沦陷后：日伪对粤港澳湾航运及贸易的控制

随着香港的沦陷，澳门虽然为中立区，但广州、香港被日军完全占领，广州湾也有日军驻扎，因此香港—澳门—广州湾之间以及三者与粤省间的航运和贸易都受到日伪势力的把控和监视，无论是人员还是物资的流动都受其掣肘。

（一）客运方面

香港沦陷后，日方迅速组织占领地政府，把控香港，并往澳门疏散人口。而与疏散人口相关的渡航手续、渡航线路、渡航方式均掌握在日伪势力手中，渡航客运轮渡也几乎均为日伪势力操办。任何从香港渡航到澳门的人，都必须持有香港占领地总督签发、宪兵队监制的渡航许可证。渡航证上需注明本籍、住所、身份、职业、姓名、出生年月、渡航目的、出发地、目的地、渡航日期、有无归复意愿等详细信息。如下图所示：

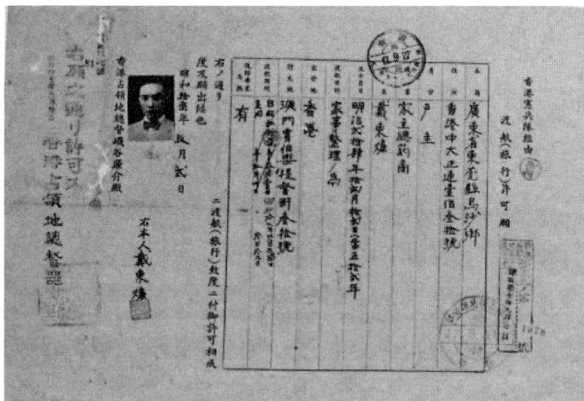

**图 5 - 3　1942 年 9 月 2 日香港占领地总督签发的
渡航许可证（尹德卫先生藏品）①**

---

① 林发钦、王熹编著：《孤岛影像：澳门与抗日战争图志》，第 144 页。

　　而由澳门往香港，则必须向日本驻澳门领事馆递交材料，领取签署的渡航许可证。如下图所示：

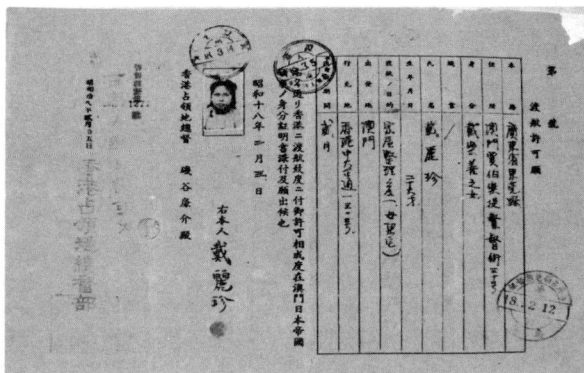

图5-4　澳门往香港渡航许可证（尹德卫先生藏品）①

　　由澳门往内地，水路为通过客运渡船去往广州或广州湾，陆路则是乘车通过岐关路入中山，再转往其他地方。"广东内河营运组合"负责香港与广州、澳门之间的客运航线，并在澳门设有支店，该支店在澳门还负责发放"预防接种证明书"。如下图所示：

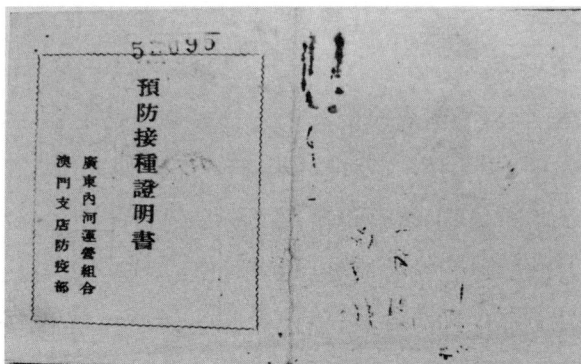

图5-5　预防接种证明书（罗景新先生藏品）②

----

① 林发钦、王熹编著：《孤岛影像：澳门与抗日战争图志》，第21页。

② 林发钦、王熹编著：《孤岛影像：澳门与抗日战争图志》，第144页。

另外华南日军驻澳特务机关辖下，还设有澳门细菌检验所，专司从澳门出发人员的检便事宜，并发给"霍乱菌检验证明书"。如下图所示：

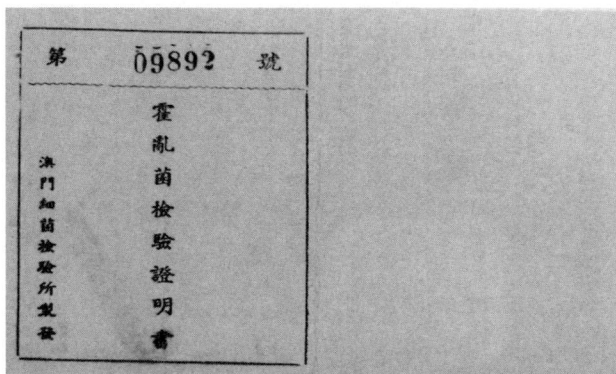

图 5 - 6　霍乱菌检验证明书(尹德卫先生藏品)[1]

任何旅客必须持有上述两证，方可登船或通过关闸出澳门，因此，一般情况下，不管是水路还是陆路的客运流通，都在日伪势力的掌握下。除此之外，则只能选择走私偷渡，其风险较大，若被日伪巡航宪兵缉获，或被海盗挟持，不但财物不保，还有性命之虞。

(二) 贸易方面

香港沦陷后，华南沿海的物资运输控制权迅速落入日伪势力手中。1942 年 7 月，伪广东省政府与日军各方协商后，在 8 月拟定通过《广东省港间广东澳门间输出入贸易暂行规则》，且一并呈交伪行政院。该规则是香港沦陷后对于港澳运输的新规定，特别是对于澳门方面有正式的规定，以便对其达到控制效果。从中也可以看出澳门作为战时中转站的重要性。该规则总则五条如下：

第一条　凡由广东省和平区内输出物资至香港澳门或由

---

① 林发钦、王熹编著:《孤岛影像:澳门与抗日战争图志》,第 22 页。

香港澳门输入于广东省和平区域内之贸易概依本规程处理之。

第二条　凡由广东输出至港澳或由港澳输入至广东之物资均须依照国民政府所定税率缴纳海关税。

第三条　粤港澳间之贸易在原则上采取现物交换制,但在双方协定金额限度内不妨作个别之结算。

第四条　粤港间贸易在本年七八九三个月内由广东方面输出之物资每月以 80 万元(军票计算)为限,达此限度时,经广东省政府考察情势后再行决定。广东澳门间贸易每月由中山输出至澳门之物资以 33 万元为限(军票计算)。

第五条　粤港输出入交易地点以广州江门宝安三地区为限,粤澳输出入交易地点以中山为限。①

香港、澳门是日伪势力控制下华南沿海两个主要的运输口岸,其运输路线、海关税率、交换制度、贸易总量、交易地点等均受到严格控制。不仅如此,对于这两个港口的输出入物资之种类及限额均有详细指定。如下四个表格②所示:

表 5-2　广东输出至香港之物资品种及限额表

物资品种	七八九三个月内输出限额
鲜鱼虾蟹	61 000 元
蔬菜	409 000 元
生猪	945 000 元

---

①②《广东省港间广东澳门间输出入贸易暂行规则及有关文书》(1942 年 7 月),中国第二历史档案馆馆藏,汪伪档案,二〇〇三(1)—5292。

物资品种	七八九三个月内输出限额
鸡鸭类	123 000 元
蛋类	76 000 元
生果	105 000 元
木炭	24 000 元
柴薪	45 000 元
其他	612 000 元
三个月合计	2 400 000 元

（注：上表"其他"一项内包括砖瓦、篾笪、木料、干草、卷烟、用纸等在内）

从广东输送往香港的物资主要为肉类、蛋类、水果、柴薪等基本生活物资。而从香港往广东输送的则主要为自行车用零件、毛织品、药材等重要物资以及精白糖、肥皂等稀缺工业品。如下表所示：

表 5-3　香港输入广东之物资品种及限额表

物资品种	七八九三个月内输入限额
中国药材	350 000 元
自行车用零件	20 000 元
染料	30 000 元
毛织品	60 000 元
模造纸及卷筒纸	225 000 元
棉布（高级品）	30 000 元
洗衫用肥皂	90 000 元
精白糖	120 000 元
咸鱼	30 000 元
其他	245 000 元
三个月合计	1 200 000 元

（注：上表"其他"一项内包括王冠马口铁皮原板、干鱼、肥料、毛巾、线衫、线袜等在内）

　　由中山输入澳门的物资品种仍以基本生活物资为主，与输入香港略有不同的是澳门的输入物品更显单一。如下表所示：

表5-4　中山输出至澳门之物资品种及限额表

物资品种	单位	单价	数量	金额（每月平均）
蔬菜类	担	6元	15 000	90 000元
鲜鱼	担	50元	650	22 500元（按：32 500元）
鸡	只	2元	23 000	46 000元
鸭	只	1.5元	15 000	22 500元
鸡蛋	个	0.1元	150 000	15 000元
咸蛋	个	0.1元	15 000	1 500元
鸭蛋	个	0.1元	35 000	3 500元
牛肉	担	100元	50	5 000元
猪肉	担	120元	1 000	120 000元
共计				336 000元

　　由澳门输出到中山的物资种类如咸鱼、燃料、棉布等与香港输出品种相同，其他如花生油、纸类、火柴、硫安、烟草等则为另一类稀缺物资。如下表所示：

表5-5　澳门输入中山物资之种别及限额表

物资种别	单位	单价	数量	金额（每月平均）
花生油	担	110元	50	5 500元
纸类	担	—	—	10 000元
火柴	—	60元	200	12 000元
棉布	匹	70元	1 000	70 000元
杂货	打	20元	200	4 000元
咸鱼	担	80元	800	64 000元
硫安	担	50元	500	25 000元

物资种别	单位	单价	数量	金额(每月平均)
烟草	箱	400 元	10	4 000 元
染料	—	—	—	10 000 元
皮革	—	—	—	10 000 元
其他	—	—	—	50 000 元
共计	300 500 元(按:264 500 元)			

由上述对于输出入香港、澳门之物资种类及限额可以明显地看出:一方面,两地输入主要以生活物资为主,输出则包括药材、烟草、皮革等特殊物资;另一方面,对于澳门输出入物资的规定明显严于香港,对于物品的单价、数量、每月金额都作出硬性规定,显然与其中立区的地位有关,管控与打压的意义非常明显。此外日方为了达到全面把控的目的,还对粤港澳间经营输出入业务的商店及办理手续都进行详细指定,具体如下:

第三章 经营输出入之商店

第十二条 凡经营粤港间及中山澳门间输出入贸易之商店须各组织输出商同业公会及输入商同业公会向建设厅请领营业许可证之后,方得营业,各同业公会则为各商店利益之代表。

第十三条 由广东输出香港及由中山输出澳门之输出商店以其总店设在广东省和平区域内及为输出商同业公会会员者为限。

第十四条 对于从香港及澳门运到之物资之价格由输入商同业公会议定之后,经省物资配给委员会认定公布之。如不依省物资配给委员会之认定公价而贩卖者由建设厅取消其营业权。

第十五条　凡已取得输出入贸易权利之商店不得滥将其权利让与或卖与他人。

第十六条　粤港澳三地之输出入贸易商店如欲派其经理人到广东、香港、澳门采办货物时须呈请建设厅准许。

第四章　输出入之手续

第十七条　由广州输出香港之物资须呈请省物资配给委员会发给许可证，凭许可证到海关缴纳所定之税金，始得移动物资。（申请书及许可证的样式另附）

第十八条　由江门、宝安运往香港之物资及由中山运往澳门之物资须呈请新会、宝安、中山各县物资配给委员会发给许可证，凭许可证到该地区海关缴纳所定之税金始得移动物资。

第十九条　省物资配给委员会须将其所发行之许可证每抄录一份送交广东物资移入配给组合联合会，江门、宝安及中山各县物资配给委员会则将其所发行之许可证每抄两份送交省物资配给委员会，由省物资配给委员会分送一份与广东物资移入配给组合联合会。

第二十条　广州、江门、宝安及中山（三厂）四处之税关对于未领取本规程第十七第十八条所列各物资配给委员会许可证之物资须拒收其税款，不许其输出。

第二十一条　在广州、江门、宝安及中山该等商店如已领有许可证者，须于领证后十日内将该证所列记之物资输出并将其办理经过作成报告书正副二份，提交省物资配给委员会或县物资配给委员会，由省物资配给委员会分送一份与广东物资移入配给组合联合会。

第二十二条　由香港输入广州、江门、宝安及由澳门输入中山之物资当输入时须缴纳税款于该海关。由香港或澳门输入之物资到达目的地后须缮就报告书正副二份提交该地物资配给委员会。

第二十三条　省物资配给委员须将粤港澳间输出入物资之品类、数量、价格、金额及经领取许可证之商店等缮就详细表在每月底前提交广东省政府。

第二十四条　粤港澳间输出入之物资如为军需品者须附有军需品证明书,如不附有该项证明书之物资概作民用品办理。①

通过上述条款,日伪势力牢牢地把控着华南地区的物资运输权,就连经营物资输出入的商家都是其指定的合作者,这样华南的经济命脉也就为其掌控,澳门的中立地位及其物资中转站的作用也受其控制与利用。

根据 1942 年 9 月波集团②司令部发行的《经济封锁月报》所载,澳门与外部的物资交流十分有限:澳门与广东之间的贸易由特定的商人利用内河运营公司的定期航线进行,由澳门输出草苇、豆

---

① 《广东省港间广东澳门间输出入贸易暂行规则及有关文书》(1942 年 7 月),中国第二历史档案馆馆藏,汪伪档案,二〇〇三(1)—5292。

② 根据 1938 年 9 月 19 日日本大本营 201 号大陆令,日军先佯攻汕头,然后发动广惠战役,意在策应武汉会战和切断我国海外补给线。日军先在青岛、大连、上海调第五师团、第一〇四师团、第十八师团在澎湖列岛马公集中,组成第二十一军,代号"波集团",以中将古庄乾郎为司令官(11 月 18 日后改由中将安藤利吉继任),少将田中久一为参谋长,皇弟秩父宫为监军,再加上海军第五舰队和第四飞行团,总兵力约 7 万人。第二十一军执行了攻占广东省、香港,对华南地区的抗日武装进行扫荡的任务,并在广东省内开设经营慰安所。后来组为第二十三军。(广东省立中山图书馆编:《民国广东大事记》,广州:羊城晚报出版社 2002 年版,第 605 页;台湾省文献委员会编印:《台日官方档案慰安妇史料汇编》,2001 年,第 48 页。)

类和药品等,由广东方面输入中药材、干菜、干鱼类和蔬菜类等。澳门与中山之间的交易通过拱北海关进行,由澳门商人输出海产品、面类等,由中山县输入鸡鸭类、蔬菜和鲜鱼等。然而,两地之间的走私活动相当频繁,从澳门主要运出药品等,而从中山则运入米粮、蔬菜和薪炭等生活必需品。澳门与香港之间的公认贸易规模极为细小,散布在澳门香港之间的小岛中,有大量的小船以接力形式进行走私活动,由澳门运出蔬菜、水果和海产品等,而由香港运入药品、海绵和油类等。澳门与广州湾之间的贸易由新兴洋行和日方内河营运组合所属的船只运营,由澳门输出药品、布匹绸缎和砂糖等,由广州湾输入砂糖、猪和豆类等物品。[①]

日军对澳门的经济实行了严厉的管制及封锁,珠江三角洲水陆两路均被日军管控,正常贸易渠道也被日军及汪伪势力把持,输入的生活物资难以满足庞大的人群所需,澳葡政府不得不对生活必需物资实行配给与限额发售。此外,走私成为供给需求的另一种途径,战时澳门与周边地区间走私靡然成风,规模很大。走私的猖獗助长黑市贸易的繁盛,这也成为澳门物价飞涨的重要原因之一。

第二节　各方利用澳门的中转活动

香港沦陷之初,日军占领地政府只允许华人或第三国公民,包括印度人前往澳门和广州湾。澳门因紧临香港,是华人和第三国公民离开香港的重要中转站。澳门作为中立区毕竟与沦陷区有

---

① 日本防卫厅防卫研究所战史室记录,波集团司令部之《经济封锁月报》(1942 年 9 月 30 日),转引自宜野座伸治:《太平洋战争时期的澳日关系:关于日军不占领澳门的初步考察》,《澳门研究》1997 年第 5 期,第 79 页。

别,加上澳葡政府默许的态度,令其成为日伪势力严格控制运输环境下的突破口。中国共产党、国民党曾动用各种力量,以澳门为中转站,在秘密进行情报搜集及传输的基础上,进一步实施秘密的人员营救与转移,以及战略物资的运输与贸易;日伪势力则以澳门为据点,进行各类敛财交易及搜集军用物资的活动;澳葡政府亦顺势依附日伪势力进行贸易往来,获取财富。

一、中国共产党方面:开展"西线营救"

中国共产党成立后,曾派员到澳门进行活动。然第一次国共合作失败后,其在澳门的组织几经破坏,只有少数人员得以幸存。迨至抗日战争时期,澳门的中国共产党党组织及其活动得到恢复和发展,并在抗战的洪流中加强了在澳门的势力及其影响。① 香港沦陷后,中国共产党利用澳门中立地位,动员其在澳门的组织及相关人员,配合香港方面人员撤退,积极开展营救活动,史称"西线营救"。而抗战前期中国共产党组织在澳门的存在及其发展,是"西线营救"能够实施的前提与基础。

(一) 中国共产党组织及人员在澳门

纵观抗日战争时期共产党组织在澳门及其周边的发展,可从内外两方面进行深究。就澳门内部而言,共产党组织在澳门活动有两条线索:一是以柯麟、柯正平为中心的,联络在澳重要华人的统战性质的路线;二是以杜岚、廖锦涛等为领导的澳门党组织发展的线索,其以扩展党务、发展党员等为主要活动内容。就澳门周边而言,活跃在中山地区的珠江纵队与澳门之间有着密切联系。这

---

① 详情可参见左双文《华南抗战史》之第五节"民主革命时期中国共产党在澳门的活动",广州:广东高等教育出版社 2015 年版,第 285—297 页。

三个部分在组织上各自发展，亦有交叉，在实施活动及完成任务时相互协助，构成中国共产党方面在澳门内外的配合与联动。

1. 柯麟、柯正平在澳门的活动

柯麟，原名柯辉萼，又名柯达民，广东海丰人，1900 年出生。1920 年考进广东公医大学（现中山大学医学院），毕业后曾留附属医院当医生，后从军北伐，曾任国民革命军第四军军医、军医处主任、广州第四军医院院长等职。他早在大革命时期就已加入中国共产党，从医学院毕业后便一直以行医为掩护，进行革命工作。1930 年初，柯麟受福建省委书记罗明派遣，到香港开设诊所并站稳了脚跟，但其并未与香港党组织发生横向的联系。根据柯正平的回忆：

> 从 1930 年起，我和柯麟同志在深水埗荔枝角道 300 号的南华药房工作。他当医生，我卖药。在潘汉年、廖承志领导下从事党的地下联络工作。[1]

1935 年秋，潘汉年安排柯麟与叶挺见面，其时叶挺刚从国外回来，定居澳门。潘汉年向柯麟提出，希望柯去澳门定居，就近照顾叶挺一家，协助叶挺重新参加党的工作。柯麟接受任务，是年中秋节后举家迁居澳门，在澳门开设诊所，照应叶挺，同时在澳门华人社群扎稳脚跟，成为华人名医，并在日后担任慈善机构镜湖医院值理，声誉与日俱增。

柯麟在香港、澳门的活动与地方党组织联系不多，主要是与极少数上级领导联络。根据柯麟的回忆口述所陈，其在澳门的行事风格亦是如此：

---

[1] 柯正平：《五十载风雨，五十年友情》，《怀念曾生同志》编辑组编：《怀念曾生同志》，广州：中共广东省委党史研究室 1996 年版，第 31 页。

1936年间，香港政府搜查了我们药房二次，为免遭破坏，我把南华药房交弟弟柯平管理，我到澳门开设南华医社。到1939年才开设镜湖医院，在澳门仍与李少石联系，与省委林平、方方同志个别联系。这期间作一些联络工作，并接纳一些同志医病，如博古爱人刘群仙、杨恒声、张天翼、罗明等同志。叶剑英同志于1938年间由汉口到香港割瘤后，到我处住了几个月休养。联络过的同志还有夏衍、范长江、连贯、李少石、潘景中等。李少石走后，由潘与我联系。我在澳门工作一直到解放。①

如此可知，柯麟在澳门的潜伏是非常隐蔽的。初期，澳门本地党组织对其身份或不知晓。关于柯麟初到澳门的时间，根据柯正平的回忆以及镜湖医院史载大概是在1935年底，而上述柯麟本人口述回忆为1936年，或许是柯麟回忆有偏差，抑或是当时采访记录有偏差。而上文中"到1939年才开设镜湖医院"的记载明显不符合事实，因镜湖医院规划建造于1871年，乃澳门最古老的华人慈善机构。

根据镜湖医院史载，1935年，柯麟在澳门开设小诊所挂牌行医，并对叶挺一家照顾有加。遇到有重病患者需要住院留医，便时常与镜湖医院联系，当其了解到镜湖医院助产学校力量不足时，便主动到该校义务任教。当年，廖承志来澳门，柯麟与其谈及澳门医疗条件差，仅有小小镜湖医院时，廖承志认为小不要紧，设法促其发展才是关键，此后柯麟便与镜湖医院联系更加紧密，并在必要时予以协助。柯麟在澳门行医已有名气，经社会贤达推荐去镜湖医

---

① 柯麟：《参加革命运动的回忆》，中共广东省委党史研究室编：《广东党史资料》第21辑，广州：广东人民出版社1993年版，第18—19页。

院当医生后，他便每半日在镜湖医院义务坐诊，半日在自家诊所坐诊。柯麟在镜湖医院及镜湖助产学校的工作纯为义务活动，分文不收，还自掏车马费。他不仅将战时避难澳门的师友同行组成镜湖医院西医顾问团，壮大镜湖医院力量，而且推动建设了手术室，在他的帮助下镜湖医院发展得越来越好。因此，柯麟在华人社群中的影响越来越大，在澳门颇具声望。①

抗日战争时期，柯麟利用澳门的中立地位，组织开展了联络、接待、转移同志的秘密活动。如 1937 年年底，柯麟陪同张云逸在澳门与叶挺见面，接待中共及有关部门重要干部；1942 年，参与中共组织的秘密大营救，负责澳门环节的工作。② 这些活动均是依赖澳门进行中转或周转的。

柯正平，柯麟之弟，又名柯平，20 世纪 30 年代在香港跟随柯麟从事革命活动，公开身份是"南华医药"西药店东主，在港时与曾生等联系密切，该西药店亦曾为东江纵队在香港采办物资、收集情报的地下交通站。香港沦陷后，1941 年 12 月 28 日，柯正平接到连贯同志的通知，要求其撤离香港去往广东东江纵队，先在保安、惠阳一带负责税务，后到卫生队工作。1943 年初，其受中共党组织指派到澳门工作，以加强地下党组织对澳门各界的政治影响。临行前，曾生、林平、连贯等领导还亲自找柯正平谈话，鼓励他在新的复杂环境中开拓局面、努力工作。③

---

① 《镜湖医院慈善会故名誉主席、院长柯麟医生》，吴润生主编：《澳门镜湖医院慈善会会史（1871—2001）》，第 227—229 页。

② 《广东省志》编纂委员会编：《广东省志（1979—2000）》32 "人物卷"，北京：方志出版社 2014 年版，第 227 页。

③ 柯正平：《五十载风雨，五十年友情》，《怀念曾生同志》编辑组编：《怀念曾生同志》，第 34 页。

　　柯正平到澳门后,在柯麟的帮助下,很快在当地站稳了脚跟。战时以澳门为中转站,一是恢复和加强东江根据地与南路和海南岛等各个抗日根据地的联系,后来还按照上级指示,将电台和东纵电台工作人员张小章、叶佐平、方明等5人安全送往琼崖纵队,使其恢复与中央的电讯联系;二是开辟澳门经广州湾到重庆南方局的交通线。① 不仅如此,根据珠江纵队欧初等的回忆,柯正平、柯麟在药品、留医方面曾对邻近澳门活动的珠江纵队颇有帮助。

　　柯氏兄弟听从党组织的安排,扎根澳门,努力打开共产党在澳门发展的局面。1942年10月,澳葡政府批准镜湖医院立案,改为镜湖医院慈善会;1943年,第一届值理会产生,柯麟担任值理;1945年,其又担任第三届值理。1946年,镜湖医院慈善会第一次代表大会修正会章,以两年为一届,选举主席及董事,慈善会设秘书长,医院设院长。自此,柯麟担任镜湖医院院长一职至1985年,并且逐渐由董事会副主席,职至主席,再至名誉主席。②

　　柯正平则在柯麟的帮助下,进行高层统战活动,同时还结交并影响澳门华人领袖,为党在澳门经营有关实业做出巨大贡献。如1947年11月,经柯麟介绍,柯正平与马万祺合伙开办"新中行",该行应是中共在澳门最早建立的具有公开合法身份的企业。③ 1949年,柯正平担任澳门南光贸易公司总经理,后历任澳门中国旅行社董事长及《澳门日报》董事长等职。柯氏兄弟在澳门华人各界影响越来越大,这在加强澳门与内地联系的同时,也深化了中国共产党在澳门的影响。

---

① 柯正平:《五十载风雨,五十年友情》,《怀念曾生同志》编辑组编:《怀念曾生同志》,第34页。

② 吴润生主编:《澳门镜湖医院慈善会会史(1871—2001)》,第249—251页。

③ 谢常青:《马万祺传》,北京:中国文史出版社1998年版,第132—133页。

2. 中共党组织在澳门的活动

中共在澳门开始活动及发展组织的具体时间，目前尚难确定，依据左双文的研究，估计在大革命时期即已开始，组织名称为中共澳门特别支部，由广东省委领导，成员亦曾发展到数十人。[①] 根据1929年11月中共澳门特别支部发给广东省委的报告，其时"澳门的同志，差不多都是成为害怕和机会主义者落后各种现象，只有十个同志还是比较积极"。[②] 根据1931年8月中共两广省委给中央的报告，截至7月，澳门的党员已发展到20余人，均为由香港驱逐出境或南洋回来的同志，但很快被逮捕了16人。[③] 大革命失败后，澳门党组织的工作便陷入停顿，虽几经努力恢复，但受到澳葡政府与党内"左"倾错误的双重影响，时续时断。

抗日战争全面爆发后，中共重新整合并恢复澳门的组织活动，1937年10月，澳门成立了新的工作委员会，党员人数为20人。[④] 1938年4月，广东省委成立，领导广东、广西和港澳的党组织，此时澳门工委书记为杜岚。[⑤] 1938年10月，广东省委在香港成立东南特委，梁广任书记，吴有恒任组织部长，澳门工委归东南特委负责，书记为廖锦涛，宣传部长为林枫（另称：林锋）。1939年初，廖锦涛

---

① 左双文：《华南抗战史》，第285—286页。

②《中共澳门特支给省委的报告——澳门环境及党的工作情况》(1929年11月15日)，中央档案馆、广东省档案馆编印：《广东革命历史文件汇集：1927—1932》甲25，广东省内部刊物1984年版，第192页。

③《中共两广省委致中央报告》(1931年8月20日)，广东省档案馆、中共广东省委党史研究委员会办公室编：《广东区党、团研究史料(1927—1934)》，广州：广东人民出版社1986年版，第609页。

④《中共广州市委外县工作委员会报告——外县简况》(1937年11月7日)，中央档案馆、广东省档案馆编：《广东革命历史文件汇集：1937—1940》甲39，广东省内部刊物1987年版，第52页。

⑤ 左双文：《华南抗战史》，第292页。

领导澳门青年服务团回内地,由林枫任书记。1939 年 7 月,林枫调广游二支队后,邝任生出任书记。1939 年 11 月,东南特委被撤销,澳门工委由广东省委直接领导,当时党员发展到 56 人。① 1940 年 6 月,广东省委分为粤北省委和粤南省委,粤南省委于 12 月在香港成立,澳门工作又划入粤南省委。1942 年 2 月,粤南省委准备与粤北省委合并,但 5、6 月份粤北省委和南方工委相继被破坏,形势严峻,澳门的工作陷入停顿。1943 年 1 月,由尹林平、梁广、连贯组成广东临时工委,梁广负责广州、香港、澳门、广州湾(今湛江市)4 个特殊城市的党组织工作及活动,随后对 4 个城市党组织作了保存实力、等待时机发展的指示。具体内容如下:

一、省、港、澳、湾四个城市党组织依照中央指示由梁广负责指导,在各城市分设特派员一人,采取单线领导方式,必要地区设平行组织(分别职业部门及工厂、学校,分开地区)。

二、省、港、澳、湾均处于敌后及被敌人统制情况下,党的组织应坚决执行中央指示,长期掩护、积蓄力量、培养干部、埋头苦干的方针。

三、领导干部职业化,停止会议生活,停发文件,关系疏远,禁止任何横的关系。港、澳、湾着重巩固,慎重发展(主要是工人、海员、学生)。广州则着重发展(主要是工学两类),亦采取双重组织,严格审查工作。

四、以勤职、勤学、勤交友的精神去团结各阶层人士,开展

---

① 《吴有恒关于粤东南特委工作给中央的报告——特委的工作环境及对武装斗争等领导情况》(1941 年 1 月 13 日),中央档案馆、广东省档案馆编:《广东革命历史文件汇集:1937—1944》甲 41,广东省内部刊物 1987 年版,第 113—115 页。

广泛统战工作,加强干部与党员教育,培养独立工作的能力。[①]
自此,澳门的党组织活动更加隐蔽、独立。1944 年 10 月,粤港澳湾
环境有所好转,临时工委向中央请示恢复地区组织活动,但在国统
区及澳门仍坚持上述原则,只需加强联系及阶级教育;[②]这种实施
原则一直延续到抗战胜利后。抗战时期在澳门活动的中共地下党
员总共约有 50 名,[③]因上级组织频繁调整,加之澳门严峻的生存环
境,澳门的中共党员一直难以在组织发展方面实现较大的突破,但
是他们根据中央的指示,独立发展,积蓄能量,在秘密营救、统战等
方面发挥了很好的作用。除上述柯麟、柯正平兄弟外,杜岚、黄健
夫妇以及廖锦涛等在澳门亦产生了深远影响。

1936 年 10 月 23 日,杜岚与黄健在澳门结成伉俪,并执教于濠
江中学,[④]使濠江中学亦成为中共在澳门的工作站之一。杜岚以濠
江中学为基地,长期致力于培养爱国力量,于 1947 年出任濠江中
学校长。1949 年 10 月 1 日,澳门历史上第一面五星红旗在校长杜
岚女士的主持下于濠江中学校园内冉冉升起。

廖锦涛,1937 年春在澳门加入中国共产党,在杜岚领导下开展
工作。1937 年 8 月,澳门四界救灾会成立,廖锦涛担任理事会理
事,团结爱国青年,大力开展社会募捐活动。1938 年 10 月,广州沦

---

① 《林平给中央转恩来电——关于香港沦陷后的一般情况》(1943 年 2 月),中央档案
　　馆、广东省档案馆编:《广东革命历史文件汇集:1941—1945》甲 38,广东省内部刊物
　　1987 年版,第 235—237 页。

② 《中共广东临委给恩来及中央电——临委会决议》(1944 年 10 月 23 日),中央档案馆、
　　广东省档案馆编:《广东革命历史文件汇集:1941—1945》甲 38,第 320 页。

③ 娄胜华:《消逝与新生:澳门民间结社的变迁及其线索》,吴志良、金国平、汤开建主编:
　　《澳门史新编》第 3 册,澳门:澳门基金会 2008 年版,第 893—894 页。

④ 《六十春秋苦耕耘:澳门濠江中学杜岚校长专集》,吴志良、汤开建、金国平主编:《澳门
　　编年史》第五卷"民国时期(1912—1949)",第2763 页。

陷后，澳门四界救灾会回国服务团组织建立，廖锦涛任团长，负责动员和部署党员及爱国青年回内地前线服务。从 1938 年 10 月至 1940 年 6 月，该团组成 11 个大队共 158 人回到广东的东、西、北江及珠江三角洲等地参加抗战工作，其中廖锦涛亲自带领 8 个队共 122 人，参加第十二集团军政工总队的工作。① 廖锦涛在澳门青年中产生了很大的影响，极大地激发了爱国青年回内地服务抗战事业的热情。

（二）"西线营救"：香港沦陷后营救民主、文化人士及其家属

1941 年 12 月，太平洋战争爆发，日本侵略军攻占香港后，立即派出大批特务搜捕在国民党第二次反共逆流中疏散到香港的数百名文化界人士和爱国人士，情况十分危急。在九龙沦陷当天，中共南方局、周恩来就营救工作两次急电廖承志、潘汉年、刘少文，明确指示将被困于香港的朋友先接到澳门再转到广州湾，或先赴广州湾，然后集中赶赴桂林。②

根据党中央、南方局的紧急指示，廖承志、尹林平、刘少文等立即组织营救工作，计划一路从香港偷渡九龙，再转移到东江游击区，此为东线；另一路，从香港到澳门，再从广东境内到桂林，此为西线。因此，经澳门中转的营救，也被称为"西线营救"。根据廖承志、范长江等的决定，计划通过共产党掌握的香港大中华酒店，安排乘坐走私船只，经长洲岛过零丁洋（按：伶仃洋）到澳门，然后再通过澳门共产党的秘密联络站帮助，经过广州湾或江门、台山去到桂林。大中华酒店的老板是夏衍的老关系，夏衍离开香港时，与金

---

① 曹军：《廖锦涛烈士传略》，中共广东省委党史研究室编：《广东党史资料》第 27 辑，第 338—345 页。

② 中共南方局党史资料征集小组编：《南方局党史资料·大事记》，重庆：重庆出版社 1986 年版，第 180 页。

仲华等一起乘船先到澳门,再进行转移。另外,通过澳门这条线脱险的还有千家驹一家、李少石和廖梦醒夫妇、范长江、司徒慧敏、蔡楚生、金山、王莹等几十人。①

柯麟在开辟西线的过程中起到了关键作用。廖承志与其取得联系,共同研究谋划开展抢救工作。根据增朝明的说法,柯麟提出把澳门作为著名人士撤退回内地途中的主要转运站,两人彼此统一了思想和做法后,共同努力撤退人员。② 负责探查路线的夏衍是柯麟的老战友,二人私交甚笃。澳门镜湖医院院史中亦有记载,"西线营救"的路线,主要是从香港至长洲岛,经伶仃洋到澳门,再由澳门作为中转通道,在镜湖医院协助下撤退回内地。③当时澳门的情况比较利于开展营救:一是因为澳门是中立区,也是日本占领军指定的华人、外侨撤离前往地,即使不偷渡,也是能正常从香港离境的;二是因为柯麟在镜湖医院团结了大部分人士,镜湖医院值理和员工抗战情绪较高,群众基础好。

据镜湖医院慈善会前秘书长梁秀珍的回忆,香港沦陷后有张姓女士自港来澳探望柯麟夫妇。张女士是柯麟夫妇的老朋友,并先后介绍廖安祥、潘静安两人与柯麟夫妇认识,后来常见两人来澳门找柯麟医生。随后便有几批文化界人士逃出香港,在镜湖医院留医,或扮成病人在镜湖医院逗留多日,再中转内地。④ 负责"西线

---

① 潘柱:《虎口救精英》,中国抗日战争军事史料丛书编审委员会编:"中国抗日战争军事史料丛书"11《八路军新四军驻各地办事机构》,北京:解放军出版社2016年版,第258页。

② 增朝明:《柯麟与李硕勋的战斗友谊》,中国人民政治协商会议广东省惠州市委员会编印:《惠州文史》第10辑,2000年,第185页。

③④ 廖泽云主编:《报国济世:抗战时期的澳门镜湖医院慈善会》,第53页。

营救"的廖安祥、潘静安与柯麟联系紧密,特别是抢救左翼文化人士、民主人士前往澳门行动的主要负责人潘静安,经其安排和带领,先后有十几批人员从香港撤到澳门。

当时夏衍、范长江、梁漱溟、金山、司徒慧敏、蔡楚生、千家驹、王莹、郁风、金仲华、谢和赓、华嘉、孙晓思、孙明心、廖梦醒夫妇等都是经此线转移的。1942年1月5日,夏衍、范长江、金仲华一行21人离港到达长洲,另有蔡楚生、陈曼云夫妇在地下工作者巢湘玲陪同下也来到长洲,一起于1月6日下午抵达澳门。每一批到澳门的人员情况各不相同,必须分别安排,大多数在镜湖医院值理、医生、护士员工等的掩护下,稍事停留、医疗或休整。但也有一些特殊情况,比如为避免梁漱溟被发现,其到澳门后由柯麟安排住在一栋楼房的三楼顶层,一日三餐由镜湖医院人员供给,从不出门,基本不与外人接触。廖梦醒夫妇由潘静安带路到长洲后,赶上大风,逗留了近20天才到达澳门,其时已是1942年2月,农历春节。①廖梦醒回忆:"到澳门以后,我们立即与柯麟同志的地下交通站取得了联系"②,由于廖梦醒患病需在镜湖医院接受治疗,到1942年5月才赴内地。

转移到澳门的人士,大致分四批转往内地。这时经澳门到内地,可选择水陆两条线路:水路是搭走私船到台山都斛,步行到肇庆,再坐船到梧州,然后乘车去桂林;陆路是走岐关路,乘车到石岐后坐船到江门,步行去肇庆,再转到广西。③走水路,不需要经过重

---

① 廖泽云主编:《报国济世:抗战时期的澳门镜湖医院慈善会》,第55页。

② 廖梦醒:《上海脱险》,黄秋耘、夏衍、廖沫沙等:《秘密大营救》,北京:解放军出版社1986年版,第360页。

③ 杨奇:《惊天壮举:虎穴抢救文化精英与秘密护送民主名流》,广州:广东人民出版社2005年版,第60—62页。

重关卡，但是走私船不好找，坐的人多，航道上也不安全；陆路，沿途日军关卡多，则要先到"澳门细菌检验所"填报信息，粘贴照片，经检便，才能领取离澳通行证。

司徒慧敏、金山、王莹、郁风、谢和庚、张云乔、郑安娜等人在澳门逗留了十多天，经柯麟等的帮助安排，化装成富人，于 1942 年 1 月 16 日坐走私船离开澳门前往台山，再经十几天的路程，于 1 月底到达桂林。① 他们脱险后，都感念中国共产党在危险关头不惜任何代价援救抗日人士，风雨同舟，患难与共，更坚定了与共产党合作的信心。② 夏衍、范长江、金仲华、华嘉、谢加恩、孙明心、赵晓恩等九位则由陆路出发，经石岐、江门转往内地，于 1942 年 2 月 4 日抵达桂林。廖梦醒及其女儿李湄、叶挺将军夫人李秀文及其女叶扬眉、叶挺副官梅文鼎等一行，则是化装成商人的家属，坐船到台山，辗转抵达重庆。③

濠江中学作为中共的地下交通站，也曾配合柯麟的工作，掩护接送不少抗日爱国人士。李少石、廖梦醒夫妇由党安排转移到澳门后，曾通过黄健被安排在柯利维喇街的一间房子里居住了数月，后在柯麟安排下，廖梦醒与女儿李湄及叶挺的副官梅文鼎等由澳门转往重庆，④廖梦醒的丈夫李少石被南方局派到香港负责地下工作，撤离到澳门后，又在澳门坚持地下工作一年多，1943 年再从香港赴重庆南方局工作。

柯麟与镜湖医院的营救工作大致在 1942 年 5 月份以后结束，有关人员全部中转疏散，没有出现意外，甚是可幸。柯麟及镜湖医

① 廖泽云主编：《报国济世：抗战时期的澳门镜湖医院慈善会》，第 54 页。
②④ 中共广东省委党史研究室等编著：《澳门归程》，广州：广东人民出版社 1999 年版，第 147—148 页。
③ 廖泽云主编：《报国济世：抗战时期的澳门镜湖医院慈善会》，第 55 页。

院的工作之谨慎、人员之团结是营救成功的重要因素,此段经历亦是澳门镜湖医院的一段光辉历史。

（三）中山抗日义勇大队利用澳门进行的中转活动

1943—1944年,澳葡当局为了遏制土匪及日伪势力,与活跃在中山五桂山区的中山抗日义勇大队建立了合作关系,也因此默许其通过澳门进行人员、情报、物资的周转。根据时任支队长欧初的回忆,“那时,澳门外围常有伪军、土匪进入澳门市区内骚扰,作案后又溜回它(按:他)们的黑窝和落脚点,澳门当局无可奈何”①,澳葡政府希望,在澳门边界开辟五桂山抗日民主根据地进行活动的中山抗日义勇大队对伪军及土匪予以打击和清除。

根据欧初在《孙中山故乡抗日斗争二三事》《举长矢兮射天狼——中山八年抗战回忆》两文中所陈,澳葡政府当时答应他们三个条件:一是同意他们派人到澳门秘密进行爱国抗日募捐;二是同意他们到澳门购买药品和弹药;三是同意安排游击队的小部分伤病员到澳门留医。② 而吴当鸿根据自身经历及其他人的回忆综述,中山抗日义勇大队先后派出梅重清、黄乐天等人赴澳门,与澳葡政府代表及原警厅代表、秘书长慕拉士达成协议:

> 一、澳门当局同意义勇大队到澳门进行不公开的活动,包括发动爱国同胞进行募捐、收税等筹集抗日经费;
>
> 二、双方互相配合打击扰乱澳门治安的匪霸,维护澳门治安;

---

① 欧初:《孙中山故乡抗日斗争二三事》,《炎黄春秋》1995年第11期,第50页。
② 参见欧初《孙中山故乡抗日斗争二三事》,《炎黄春秋》1995年第11期,第50页;欧初《举长矢兮射天狼——中山八年抗战回忆》,中共中山市委党史研究室编印:《中山抗战纪实》,1995年版,第32页。

三、澳门当局同意义勇大队将重伤员送澳门医治；

四、同意义勇大队在澳门购买医药和器材。①

此后，双方根据协议进行了一些合作，中山抗日义勇大队还在澳门设立了秘密办事处，派驻郭宁、郑秀、李嘉（李成俊）等在澳门活动，以筹集捐款、物资等。捐款方面，曾有澳门中央酒店老板傅德荫、"回春油"老板梁柏燊、从事粪务的严仙洲、医生招兰昌等捐款给该队；物资方面，则有柯麟、柯正平在医疗和药品方面给予该队支持；协助方面，曾有大丰银号马万祺、何贤为其出力，更有澳葡政府秘书长慕拉士在 1945 年初帮助该队从澳门偷运电台到珠江部队指挥部。② 中山抗日义勇大队充分发挥优势，利用澳门的平台进行中转或周转活动，推动抗战工作、统战工作的深入开展，也有利于根据地的建设与发展。

二、国民党方面：中统转移政要人员

香港沦陷后，诸多国民政府及国民党机构人员亦是从澳门中转返回内地，如在香港交通银行任职的刘欢曾，于 1943 年 9 月 28 日从澳门脱险，经广州湾绕旱路抵达重庆总行。③ 留驻港澳的中统局人员亦运用其系统完成了一些人员、物资的转移活动。根据《中国国民党驻港澳总支部工作报告书》载，香港沦陷后，澳门、广州湾虽在敌方力量挟制之下，但该部之澳湾两支部尚能保持原有机构的秘密活动。迨 1942 年 9 月，该部奉命改组，对各部门机构略事调

---

① 吴当鸿：《珠海凤凰山区人民抗战纪事》，珠海市政协文史资料委员会编：《珠海文史资料精选》，广州：广东人民出版社 2017 年版，第 124 页。

② 参见欧初《孙中山故乡抗日斗争二三事》，《炎黄春秋》1995 年第 11 期，第 51 页。

③ 刘欢曾：《读燕大的感想与心得》，陈明章：《私立燕京大学》，南京：南京出版社 1982 年版，第 289 页。

整,并重新确定工作目标,务求适合国际环境与抗战需要,除情报工作外,根据形势紧急处理了若干工作:

一是协助救济归侨:澳门方面因在敌胁制下,仅能由澳支部与澳门商会及慈善团体之镜湖医院秘密办理协助侨胞经澳门转回内地之工作。

二是该部潜伏港九同志协助商人利用敌宪兵队护照抢运大批无线电材料及西药汽油等物资,均用蓬船运至澳门经广州湾转运国内,此项抢运工作近犹继续不断正在策划加强开展中。

三是港九沦陷后,一部分同志至澳门、广州湾充实工作,澳门的中转作用发挥得更加充分,除了人员、物资,还包括汇款等。①

因此,澳门亦成为国民党方面转移人员及物资、汇款、联络等活动的中转站,特别是在营救中央研究院有关学者及其家属方面更是积极作为。

香港沦陷后,时任国民党中央组织部部长及中央调查统计局局长的朱家骅,因与中央研究院的关系(朱家骅自 1936 年便应当时中央研究院院长之聘,兼任该院总干事,自 1940 年 3 月蔡元培逝世后,9 月份又代理中央研究院院长一职②),立即动员国民党潜伏在港澳地区的行动人员及情报网络,关注并组织人员撤离,特别是营救滞留在香港的中央研究院人员及蔡元培眷属等,其中陈寅恪及其眷属即是在朱家骅安排部署下,经澳门到广州湾,再折返内

① 《中国国民党驻港澳总支部工作报告书》(1942 年 10 月 31 日),中国第二历史档案馆馆藏,七一一(5)—306。

② 徐友春主编:《民国人物大辞典》,石家庄:河北人民出版社 1991 年版,第 198 页。

地的。

1942年2月下旬至3月下旬，国民党港澳总支部书记高廷梓多次密电朱家骅，报告中央研究院人员及其眷属滞留香港的困窘情形。3月31日高廷梓密电朱家骅报告陈寅恪情况称："陈寅恪截至本月中旬尚未赴广州，伪方四次派要员劝驾，尚不肯走，同时经济困迫，致卧病不能起床，情形甚惨。"[①]朱家骅得知后，即通过中统局在澳门的秘密渠道联系陈寅恪，计划对其进行营救。1942年4月22日，朱家骅急电澳门朱学贤密转其函给陈寅恪，函称：

> 急，澳门。密，朱学贤兄请即密转并候取复电，下电送九龙太子道三六九号三楼陈寅恪先生鉴：港变以来，无时不以尊况为念，嗣闻备受艰辛，又苦不审最近寓址，且交通断绝，无从闻讯悬系易极。顷获泽宣兄函告尊寓，甚慰，盼即设法由广州湾返国，如能设法先至澳门或广州湾后即可与弟通讯。所需费用若干请电复，当照汇。复电即交原送电人带回代发可也。弟骆先卯养裏。廿二。[②]

陈寅恪接到电报后，很快作出回应，4月30日复电告知，决定按朱家骅的安排，从香港到澳门，经广州湾转回内地，并提出电汇2万元以应急用，及令沿途关卡放行并保护的请求。次日，朱家骅即回电告知按其要求安排妥当。很快，陈寅恪一家于5月5日启程，顺利逃离香港到澳门，5月26日又从广州湾出发，18日安全到达

---

① 《高廷梓致朱家骅函》（1942年3月31日），台湾"中央研究院"近代史研究所馆藏，朱家骅档案，301—395—2。

② 《朱家骅致陈寅恪函》（1942年4月22日），台湾"中央研究院"近代史研究所馆藏，朱家骅档案，301—395—2。

桂林。①

　　在营救陈寅恪一家脱险的过程中,澳门成为传递营救信息和转移人员的中转站。根据事后陈寅恪致朱家骅、傅斯年等信中所陈,澳门方面为营救陈寅恪一家,曾出现先后派人五次送信却均未收到的情况,凡送信者皆被日本宪兵逮问,而且有一次送信之人还被敌方以火油烧杀,②足见过程之惊险。

　　陈寅恪遇见庄泽宣及其家眷五人滞留澳门,亟欲转去内地,其便在到达广州湾时电汇三千,又希望朱家骅资助庄氏一家旅费。③庄泽宣是留美博士、清华大学教授、教育与心理学专家。陈寅恪在得到朱家骅帮助脱险后,希望其继续帮助其他滞留港澳的专家、学者,而朱家骅对学者们的援助活动,亦为其赢得一定的名声。

三、英侨的转移:英军服务团在澳门的中转活动

　　1942 年 1 月 5 日,英文版《香港日报》(*The Hong Kong News*)公布日军香港宪兵队队长中佐野间贤之助(野間賢之助/のまけんのすけ,Noma Kennosuke)在 1 月 4 日下达的命令:敌国公民须于 1942 年 1 月 5 日上午 10 时至中午 12 时在美利操场(Murray Parade Ground)集合,并被送去监视居住。日军所谓的敌国公民包括英国人、美国人、荷兰人、巴拿马人,以及其他与日本宣战国家的公民,但并不包括华人和印度人。④ 华人以外,未与日本政府宣战的其他国家公民,被列入"第三国公民",需要申领通行

---

① 夏蓉:《香港沦陷后朱家骅组织救助陈寅恪的经过》,《中山大学学报(社会科学版)》2006 年第 1 期,第 51—52 页。

②③《陈寅恪致朱家骅、傅斯年等信》(1942 年 6 月 19 日),台湾"中央研究院"近代史研究所馆藏,朱家骅档案,301—395—2。

④ *The Hong Kong News*,January 5,1942.

证，否则不得在香港活动。[①] 若要离港则必须申领"第三国公民"证明书，以及由日本宪兵队监制、日军香港占领地总督签发的渡航许可证方得放行。

日军占领香港后，只允许华人或"第三国公民"，包括印度人前往澳门和广州湾，因此，澳门是华人，也是"第三国公民"如葡萄牙人、印度人离开香港的中转站。当然，澳门因离香港近，又有英国领事馆在当地，更是英美籍撤退人员、港英政府撤退人员以及被困战俘逃离香港的重要中转站或目的地。

英国驻澳门领事瑞礼士曾回忆，香港沦陷之初，有四人从赤柱集中营（Stanley Internment Camp）逃跑，乘舢板到达澳门。这四个人中有 18 岁的帕姆·哈拉普（Pam Harrap），她写过自己的经历，称在没有瑞礼士帮助的情况下成功地逃离澳门；还有一个叫奥尼尔（O'Neill）的美国人亦是如此。此时，瑞礼士还没有联系上后来逃难路线的组织者，事实上也难以提供较大帮助，他们大多自己设法逃离。其时，瑞礼士唯一真正帮助到的人有帕特·希南（Pat Heenan），他能够说一口流利的西班牙语，于是给他伪造了移民证，说他出生在西班牙，使他乘葡萄牙船只前往广州，通过由日本人已经控制的广州湾，进入大后方国统区（Free China）。[②]

对于人员转移，瑞礼士在回忆录中提到，香港沦陷后公开的转移大概有两批：第一批是由葡萄牙志愿者执行的，但后来有谣言说日本人混入其中而延迟；第二批转移时，更多的葡萄牙人下船到澳门了，但是瑞礼士被告知不再转移他们。关于秘密转移人员，瑞礼

---

① "Certificates for Third Nations", *The Hong Kong News*, January 8, 1942.

② John Pownall Reeves, *The Lone Flag: Memoir of the British Consul in Macao during World War II*, pp. 26-27.

士提到了利用运送货物的舢板秘密转移英国人的方法。组织者有弗莱彻斯(Fletchers)和威尔逊(Wilsons)等人,且根据大多数人的说法,他们组织的 300 多人全部被成功转移。[1] 瑞礼士回忆录里提到的秘密营救,就是香港沦陷后由英军服务团组织的针对在港战俘的营救活动。根据 1942 年 1 月底日军公布的在港俘获战俘人数,如下表所示:

表 5 - 6　1942 年 1 月底日军公布的在港俘获战俘人数表

单位:人[2]

国别	战争期间	投降后	总数
英国人	377	4 695	5 072
印度人	713	3 116	3 829
加拿大人	130	1 559	1 689
中国人	189	—	189
其他	13	125	138
总数	1 452（按:1 422）	9 495	10 947（按:10 917）

英军服务团成立的初衷就是为了营救困于香港的战俘。1942年 1 月,英军服务团的创始人和负责人赖廉士从香港逃返内地后,便寻求各方的联络和支持,与在港人士、战俘、中共东江纵队、英国驻澳门领事等建立起联系,合作实施营救计划。通过澳门逃离香港再到桂林的避难所的这条线路开辟相对较晚,主要由英军服务团澳门小组负责。前期以零星的营救为主,到 1943 年,英军服务

---

[1] John Pownall Reeves, *The Lone Flag: Memoir of the British Consul in Macao during World War II*, p. 102.

[2] 日本防卫厅防卫研究所战史室著,天津市政协编译委员会译:《香港作战》,北京:中华书局 1985 年版,第 234 页。转引自吴树燊:《英军服务团研究(1942—1945)》(未刊稿),暨南大学中国近现代史专业博士学位论文,2013 年,第 96 页。

团 的 势 力 有 效 覆 盖 了 从 大 鹏 湾（Mirs Bay）到 广 州 湾
(Guangzhouwan)的日本控制区以外的整个广东省,①经澳门的营
救计划也得以大规模实施。

　　关于援助或营救的细节,可以从战时滞留在香港的葡萄牙人
玛丽亚·布鲁姆(Maria Broom)的信中窥得一二。如其所述,1943
年,她住在香港跑马地(Happy Valley),赖廉士上校派遣的营救者
与她联系,从香港出境到澳门,再从澳门逃亡到"自由中国",与丈
夫文森特(Vincent)生活在一起,后者当时在英军服务团工作。信
中陈述其逃离经过详情:

　　　　逃离的指示来自第一名偷渡者,当我在一家鞋店里看鞋
　　子时,他上前与我交谈,并告诉我应该带着个孩子,通过"日本
　　外侨办公室"(the Japanese Foreign Office)申请去澳门,说在
　　那里我会得到家人的支持。最终,我获得许可,乘夜间船去澳
　　门,因为渡轮在白天害怕盟军空袭。

　　　　我们于凌晨2点到达澳门,去了波琳·埃拉特(Pauline
　　Elarte)安排的公寓。第二天早上去教堂,外面有个男人走近
　　我,问我是否是布鲁姆太太,用的是代号Nosty。他是告山奴
　　博士(Dr. Gonzono Gosan),我一眼就认出了他,也认识他的
　　家人。他告诉我,绝对不能出现在英国领事馆附近的任何地
　　方,我必须离开公寓,搬进一家中国旅馆,靠近那些便于安排
　　逃生者的海滨。他会寄给我日常使用的资金,而我再也没有
　　见到这个人。我则留在旅馆里,以便与他联系。最终,有人告
　　诉我去一家中国茶馆,我要坐下来等,直到我看到一个戴着墨

---

① Ride,*BAAC: Hong Kong Remembers*,p. 41, in Geoffrey C. Gunn, *Wartime Macau:
　Under the Japanese Shadow*, p. 143.

镜和着深色中国西服的人去到楼上。我坐在那里等着,这真让人惊讶,很多人都戴着墨镜,着深色西装到达,但最终有一个人经过楼上,点了点头,我没说话。那天晚上有人敲了敲我房间的门,让我去另一个房间。我遇到梁(Leung),他告诉我文森特(我的丈夫,BAAG 成员)当时在三孚(Sanfu,广州市三孚),要带我们离开。由于澳门在日本人的视野内,我们仍然只能通过他们的路线来逃脱。

我们每天早上 5 点准备等他来找我们,等了 8 到 10 天他才出现。每天早上我去教堂探望波琳·埃拉特。我告诉她,如果我不露面,她就知道我正在路上。

更让我吃惊的是英国领事联系了我。我本来不想见他,但他的工作人员发现了我,说他有钱给我,最后安排午夜时分在老泛美航空飞艇基地见他,以免被人看见。领事以喝酒过多(酗酒)而著称,当时我遇到他时天气不好。[他非常紧张,用最轻微的声音向他的保镖拍手示意。那保镖原来是香港的助理邮政局长吉姆·伍德耶尔(Jim Woodier),我非常了解。]领事想知道我的出行方式(逃跑方式),但我没有解释给他,而是回到了宿舍。

最后,出发的时刻来了。梁和他的副手把我们带到一个舢板上。为了不碍事,我们很少的行李都放在前面了。我们划向湾仔岛,大约中途一艘日本巡逻船拦住了我们,船上负责的是韩国人,很容易受贿。梁他们已经付了钱,但被要求给更多,这使我们非常不安,但梁还是把事情解决了,我们便去了湾仔岛。韩国人拿走了我们仅有的少量供应食物,一点也没留下。我们在湾仔租了出租船,沿着小岛停下来休息吃午饭,但在小村子里几乎啥也没有。

天黑后，我们继续前行，在河边停下来，一直等到下午晚些时候安排好了一艘船。我们登上了一艘蛇形船（一个走私者/偷渡者沉在水里，船上一大群人尽快迅速地划船）。目标是通过两个日本人控制点，在天亮前通过江门（Kongmun）进入河口。一艘小舢板在蛇形船前方四分之一英里前行，以便观察是否有日本巡逻艇。①

从上述信中可知，在澳门负责营救的关键人物有三人：告山奴、梁昌、瑞礼士。瑞礼士对营救有所了解，最初赖廉士亦曾寻求过他的帮助，但从信中的内容及前述瑞礼士对英军服务团的描述来看，其在人员的营救与转移方面涉入不深。告山奴、梁昌是英军服务团澳门小组成员，当时告山奴为组长，梁昌在其手下工作，是负责人员转移的关键人物。

1944 年 2 月，梁昌担任澳门小组组长后，营救工作规模开始扩大，其建立起由澳门到桂林的地下交通线，使英军服务团运送的人员和物资可以直达后方。为此，澳门小组还设立了无线电台，购置了运输船。据赖廉士所称，梁昌一共协助 50—100 名人士离开澳门到内地。② 另外，1944—1945 年，由英军服务团协助通过澳门中转回中国内地的印度人有 17 人，自行从澳门转回内地的印度人有 6 人。③ 通过澳门，英方将大批人员、物资转移到内地，增强抗战实

① "Maria Broom's Letter Detailing Her Hong Kong-Macau Escape Experience", Geoffrey C. Gunn, *Wartime Macau: Under the Japanese Shadow*, pp. 188-190.

② 吴树燊：《英军服务团研究（1942—1945）》（未刊稿），暨南大学中国近现代史专业博士学位论文，2013 年，第 160—162 页。

③《从香港、广州和澳门逃出的印度人名单（1944—1945）》，AWM9/16，转引自吴树燊：《英军服务团研究（1942—1945）》（未刊稿），暨南大学中国近现代史专业博士学位论文，2013 年，第116 页。

力的同时,亦为其战后重占香港积蓄力量,悄然布局。

四、搜刮与敛财:日伪利用澳门中转的活动

随着日军在华南以及东南亚战事的深入,澳门亦成为日方的一个据点,日本人成群涌进澳门,进行各类活动。张晓辉曾指出,抗战时期,日本曾积极策动对国民政府统治区(大后方)的走私活动,而香港、澳门、广州湾则是其重要的走私基地。日本在这些地区设立公司,进行进出口走私贸易,给中国经济造成很大危害。[①]战时,日本海军、陆军都渗入澳门,在澳门培植自己的代理,利用澳门作为中转站,搜刮战略物资、矿产、黄金等,甚至进行大规模的走私活动,敛聚钱财。

澳门战时经济及其运转既在很大程度上依仗日伪势力,又被其所控制和利用。仅以澳门日本水产株式会社为例,其在澳门设立的子公司就有三家,几乎呈垄断澳门渔业之势。澳门日本水产株式会社办事处设于柯高马路第 36 号,负责者为日人卢华,下辖三家子公司:

第一家东星殖产公司约 1942 年 6 月设立,公司经理为前大新公司经理贾申(中山人)。日本水产株式会社公开委任该公司管理澳门渔权,并作为征集渔船的总经理,资本为军票 30 万元。公司办事处设在澳门路环高楼街 1 号,并且设定自澳门路环、横琴、皋兰、长山、上川以南一带为捕鱼区。而且,该公司由澳门绅商钟子光、傅德荫、简坤、高可宁等集股经营,配有铁帆二艘,日方监督人

[①] 张晓辉:《抗战前期澳门的经济社会(1937.7—1941.12)》,《民国档案》2005 年第 3 期,第 87 页。

为西村江口。①

第二家日本澳门水产公司约 1942 年 6 月设立,办事处设在前执信女中旧址,资本为 80 万港币,由荣信银号郑深铉独资经营,总经理郑卓(又名郑德),监督人为西村江口、华人郑琛港,司理高建辅,庶务王启元。② 郑卓战时一向充任日方间谍,借日占港督顾问矢野的关系谋求伪中山县县长之职不成,便与日人岗田在南湾合营日本澳门水产公司,自任经理。③

第三家大益公司办事处设在河边新街,资本港币 30 万,由小商人集股经营,拥有渔船百余艘,后配电轮一艘,业务最为发达。总经理为李洪,日方监督人亦为西村江口,还有华人□炳华。④

在战时从事渔业某种程度上是一个幌子,渔业背后隐藏着的是走私贸易及客货运输这一利益链。黄就顺在提到日本不占领澳门的原因时认为,澳门虽然是一个孤岛,但是其与盟军友好,可以通过盟军获取一些物资。日本如果占领澳门,就拿不到很多资源,例如一些军用的物资、电油等。当时的香港用军票,但在澳门可以间接使用港币,那时英国、美国承认港币,所以日本人可以用来买一些他们没办法拿到的东西。⑤ 1942 年下半年始,日伪方面逐步由消极封锁转变为积极地高价采办物资政策,扰乱金融以掠夺物资,甚至为获得必需物资,采取以物易物的交易。

---

① 《渔业》,中央调查统计局特种经济调查处编:《敌伪经济汇报》第 36 期,1942 年 7 月;《澳门各水产公司组设情况》,中央调查统计局特种经济调查处编:《敌伪经济汇报》第 39 期,1942 年 10 月。

②④ 《澳门各水产公司组设情况》,中央调查统计局特种经济调查处编:《敌伪经济汇报》第 39 期,1942 年 10 月。

③ 《渔业》,中央调查统计局特种经济调查处编:《敌伪经济汇报》第 36 期,1942 年 7 月。

⑤ 黄就顺:《孤岛沧桑——"风潮"时期的澳门》,林发钦、江淳主编:《平民声音:澳门与抗日战争口述历史》,第 205 页。

　　日伪势力在澳门大行其道,组织各类运输、贸易公司或洋行,进行公开或秘密的交易,搜资敛财。据不完全统计,与日伪势力存在各种关联的机构(包括公司、洋行、铺号)等就有如下多家:

　　新兴洋行(公司):日本海军购料公司,主持人总经理大间知林藏,其在澳门组织新兴、恒和两公司,与日领事岩井、特务机关均有联系。

　　泰平洋行(公司):司理为日人山本氏,日军购料公司。

　　金城洋行(公司):主持人为张文洞,后台是日本海军驻澳门特务机关、日本海军驻澳门武官府。其下有两大红人:一是关沃池,曾任司理;一是走私钨矿的梁秉銮,为走私钨矿大王,后被军统刺杀。

　　联昌公司:日本陆军购料公司,主持人为日人齐藤。广东日军第218部山口少佐在澳门设有太平洋行,专为搜购木油、钨矿等军用品运粤省。1942年8月,为扩充业务,其会同澳葡政府警察局长布英沙、经济局长罗保,及澳门绅商高可宁等在澳门南湾筹设联昌公司,资本有万元,业务专为贩运洋纱至都斛、广州湾以换取国统区的木油、钨矿。①

　　澳门政府贸易局:梁基浩联合澳门贸易局长罗保及日本陆军开设,经营谷米生意。梁氏所经营信昌行为贸易局之盐务部,其所经营新记行的业务为电油、偈油、钨砂及其他军用材料。在日军未投降前,该行与日军金城洋行、新兴洋行、泰平公司等购料公司有密切联系。

　　新亚公司:主持人鲍德,由日人及伪满洲国政府内有权威

_____

① 《澳门敌奸组设联昌公司》,中央调查统计局特种经济调查处编:《敌伪经济汇报》第38期,1942年9月。

者支持，地址在澳门新马路国际酒店对面二楼。该公司以收集五金、钨砂为目的，由"满洲"运来热河、大连烟土在澳门交换铜为主，同时亦为"满洲"政府买入火航船等物资。

大福轮船公司：钟子光、高可宁、高福耀、蓝荣辉、马万祺、王颂献等开办。

昌隆洋行：主持人刘星驰，由其向日本泰平洋行司理日人山本氏借资开设，专门收购五金、钨砂。刘在澳门有"铁王"诨号。

海隆船舶公司：叶文山开设，受日本海军支持，有船舶多艘，常年行走东汊、汕尾、广州湾、香港、广州等地，所经营物资均属违禁品。

南华运输公司：由杨文德受日方的命令在澳门新马路开设，以澳门为支点，向四周邻近地区搜集各类金属原材料，供应日方需要。1942 年 8 月，杨文德在澳门被军统澳门站人员狙杀，随后公司也就倒闭，解散。

合记行：钟子光组织，专替日方在澳门招募使役，与葡人勾结在难民营中挑选精壮难胞，运往海南岛作苦力。

初记行：地址在巴韦达尔古街，由陈日初主持。陈为伪海防司令李根源同乡，亦为李根源驻澳门代表，购有电扒、汽轮多艘，载运粮食与物资与日伪交换。

信安银号：地址在新马路，由毕叶成、汪德静、李阴南、关沃池等合组。

广福号：新马路口 749 号 2 楼，与日伪走私有关。

汉卿洋行：博士巷 4 号，与日伪走私有关。

永隆米铺：河边新街 33 号，与日伪走私有关

互商公司：桔根街 112 号 2 楼，主持人为杜康。

江安公司：大群酒店 402 号，主持人为黄云甫、陈子炎。

万和公司：日本人与澳门商人张炳章合资建立。

岐澳公路运输公司：石岐宪兵队长三泽和华商陈华炎、陈华胄兄弟合组。

广东内河营运组合澳门支店：属日本海军部，由日人福田中岛经营。①

由上述所列可知，以澳门为中转的贸易主要围绕战略物资进行，这些战时新设立机构大致可分为五类：

日军购料机构：纯为日本人控制，利用澳门采办或搜集各类军需物资；

日华合组机构：与日本人合作或日本人为后台，华人出面组织进行，以搜刮钨矿、五金、粮食等资敌交易为主；

日华葡合组机构：以罗保、布英沙为代表，葡日华三方合作，经营谷米、钨砂等；

华伪代理机构：包括伪满洲国、伪南京政府、伪广东省政府及伪军势力在澳门的代办，包括烟草等交易；

依附日伪机构：这些一般为小规模的贸易公司或走私组织，游走在沦陷区与国统区，以澳门为据点，为日伪及其他各方搜集物资及进行贸易。

这些公司之间彼此联系甚密，而且与粤省、广州湾等地相关势力联系密切，名为形成贸易网，实则是各方默许下的走私网。

走私者与广东境内各地方上的地霸等联络，搜购钨砂、白银、

---

① 根据中央调查统计局特种经济调查处编《敌伪经济汇报》，广东省档案馆藏《广东高等法院检察处快邮代电检纪字第□六七三号》(1946 年 12 月 21 日)7—1—161，以及洪涛、何崇校等军统人员回忆记载等资料整理而成。

铜仙及其他可以图利的物资运输出口，其地点：一是台山的广海、都斛，二是新会的较杯石、黄埔、棠下和双水，都是将货物载运到澳门或新会沦陷区交货。[①] 1942 年 10 月，中央调查统计局特种经济调查处记载：港澳之敌，数月来利用中方奖励洋纱进口的弱点，恒以少量纱约千捆交澳门走私商梁炳（按：秉）鎏等运都斛（台山属）吸收中方大量钨矿资敌，其交换条件：每钨百担换纱三十六捆，因纱价昂贵，获利颇厚。此等钨矿多来自云浮，由私枭密与土豪及当地驻军勾结，逃过缉私目标，辗转运澳。[②] 1942 年下半年，日方在澳门利用台山都斛之土豪李伯业等，以桐油每担国币 1 000 元，钨矿每担 2 000 元之低价概行收购，或者以等价的洋纱当作交易，而此项交易的运输则是由新兴轮船公司负责，并由驻澳门日军特务机构发给通行证。[③] 可见，以澳门为据点，一张辐射广东省乃至华南地区的走私禁运物资的交易网，令澳门战时经贸空前活跃，澳门成为战时各方贸易的中转站。

五、物资换粮食：澳葡政府与日方的合作

1942 年 6 月 9—18 日，澳门物价飞腾，粮食短缺，澳门经济局局长罗保赴粤省，与汪伪广东省政府商洽接济澳门粮食的问题，计划将澳门当时 9 000 条存纱中的 2 000 条交换粮食，但被伪广东省方面以该地粮食物资缺乏为由，未得允诺。

---

① 《粤白沙偷运钨砂资敌》，中央调查统计局特种经济调查处编：《敌伪经济汇报》第 37 期，1942 年 8 月。

② 《敌在港澳以少量洋纱诱我钨矿走私》，中央调查统计局特种经济调查处编：《敌伪经济汇报》第 40 期，1942 年 11 月。

③ 《敌在澳以低价吸取我桐油、钨矿》，中央调查统计局特种经济调查处编：《敌伪经济汇报》第 40 期，1942 年 11 月。

　　澳门粮食价格在当月 18 日已涨到每担 136 元。① 澳葡政府不得不搭建食堂以满足难民的吃饭需求,②而生活必需品大部分由罗保③建立的澳门合作社(Companhia Cooperative de Macau,简称 CCM)所提供。

　　澳门合作社由澳葡政府(33.3%)、日本军队(33.3%)和几家垄断公司组成,实际上由日本人控制,以助其控制澳门境内主要流通的关乎日本军事政治目标的物资。此外,该社为其公司股东和投机者的利益,亦能够在短期内从战争造成的饥荒和粮食短缺中获利。④

　　澳门合作社雇用的一位年轻秘书史丹利·何(Stanley Ho),是来自香港的一位荷兰华人家庭的后裔,也是何东爵士(CCM 的投资人)的族人。史丹利·何如此描述澳门合作社与日本人之间不同寻常的伙伴关系:

　　　　葡萄牙政府向我们提供了他们能提供的所有剩余物资,包括拖船、汽艇、电话设备,以及他们能提供的任何东西。我以公司的名义,与日本当局交换了这些物资,从中国大陆购买食物。我们提供了面粉和大米、豆子、油、糖,以及所有支持澳门的必需品,因为葡萄牙政府不是很富裕,他们必须从内地获

---

① 《澳经济局长赴粤洽商接济问题失败》,中央调查统计局特种经济调查处编:《敌伪经济汇报》第 35 期,1942 年 6 月。

② Jack Braga, *Hong Kong and Macau : A Record of Good Fellowship*, p. 123.

③ 罗保(Pedro José Lobo),1892 年生于帝汶,4 岁时随养父定居澳门,1920 年与香港葡裔家族的布兰卡·海伦娜·海德曼(Branca Helena Hyndman)结婚,1927 年开始当公务员,后来获澳葡总督委任为澳门经济局局长并专责处理对日本的外交事务。

④ 傅磊:《土生葡人的抗日斗争——以白乐嘉为例》,"澳门与中西文化交流"国际论坛论文集,2019 年,第 7—8 页。

得所有这些物资。[1]

日本将经济手段作为其战略的一部分，用以打击中国政府，迫使其投降。为此，日本公司与香港、澳门商人共建了近 50 家合资企业，企图大量输入日本产品，榨干中国市场的外汇，以购买战争所需的原材料。为此，1944 年 2 月，澳督禁止使用中国货币，并命令居民只准使用当地葡萄牙国家银行发行的货币。正如瑞礼士所指出的，有些人能够利用汇率规则谋取个人利益。[2] 澳葡政府在日伪势力渗入澳门的环境下，选择与其合作，并乘机进行有利于自己的交易活动，既解决了澳门的生存问题，又给澳门带来商机与繁荣，只是这种繁荣为人所耻。

第三节　协助难民回乡与归侨运动

战时难民从四周涌向澳门，一时成为澳门社会关注的焦点。面对澳门人多粮少的严峻形势，澳葡政府与各机构团体不得不考虑中转遣散难民的问题，因此，战时的澳门亦是大批难民的中转站。1942 年 1 月 19 日，香港沦陷后的港澳交通恢复，搭船赴澳者越来越多，澳门已人满为患。鉴于此种情况，1 月 21 日，澳门警察厅厅长布英沙对记者发表谈话，称：

> 所有连日由港来澳之民众，如澳中有亲属关照或有家庭者，尽可在澳居留，不然则因澳中人口稠密，当以取道本澳他

---

[1] "Dr. Stanley Ho: King of the Casinos", pp. 107-108, in Geoffrey C. Gunn, *Wartime Macau: Under the Japanese Shadow*, p. 106.

[2] John Pownall Reeves, *The Lone Flag: Memoir of the British Consul in Macao during World War II*, p. xxiii.

往为宜。①

澳葡政府希望疏散当时汹涌的难民潮，却事与愿违，迎来了澳门战时人口的最高峰。数目庞大的难民给澳门社会带来巨大压力，满街遍是流离失所的人群亟待救济；粮食供养不足，物价飞涨，使得平民百姓生活困苦，饿殍载道；人群稠密，卫生环境承载失调，传染病盛行，死者枕藉——原来避难者的天堂，已然成为挣扎于饥荒、疾病的渊薮。澳门毕竟弹丸之地，对于众多的难民而言，亦只是战祸中的暂栖之处、一时中转之地。面对澳门的困境，难民们以澳门为周转、中转之地，返回内地，幸求一线生机的愿望更加强烈。对于澳葡政府而言，亦希望难民以此为中转、暂歇之处，以免引发严重的不可控的社会危机。

一、多方倡议：归侨运动的开始

澳葡政府及华人社会各团体为应对难民潮紧急办理各项慈善救济，赠衣、施药、施粥、施棺、收容等各项工作绵绵不绝，尽力帮助流离而来的贫难者。然而各项施赈不仅每日耗费巨大，而且物资来源筹集艰难，每每捉襟见肘。为标本兼施解决难民问题起见，华人社会热心人士发动"归侨运动"，倡议社会筹集资金护送难侨回乡。

1942 年 2 月底，怡兴堂周柏甫向华侨报社投稿《移民就食计划书》，首倡资送华侨事宜，列明了资送难侨的可行性，同时分步骤说明资遣范围及办法，甚是符合当时澳门实际情况。《华侨报》将计划书全文刊载，并积极呼吁发起资送难民回乡运动，希望最好由澳门商会、镜湖医院、同善堂三大侨团联合开会讨论资送难侨办法。

---

① 《港侨来澳如无亲属关照者当取道回乡为宜》，《华侨报》，1942 年 1 月 22 日，第 3 版。

与这一呼吁相应的事实是来澳避难的华侨日久失业，无以为生，所以宁愿返乡或入内地另谋生计。当时澳门市内早有私人谋利机构在各报刊载回乡事宜的广告：

> 则一：自香港战事发生后，港澳间百物昂贵，侨胞多准备返乡，取道岐关路返乡者，甚形挤拥，如有不明各种手续，可到荣华酒店3楼304号房询问，即由郑君义务解答。

> 则二：回乡注意！寓荣华酒店304号房郑君：能告诉你返乡的途径！能指导你领证的手续！能替你雇妥善的客车！①

这些行为以谋利为目的，要价很高，一般难民即便有回乡谋生的想法，也因资费问题不能实现。经费无着是困扰难侨归乡的主要因素，《华侨报》呼吁归侨运动后，3月20日该报收到李敬波、黄卓文、何友仁、余文成等几位流落澳门难侨联名投函：

> 敬启者　我辈难民多迁避进来澳，失业日久，以致流落无法回家，又无从筹措盘费，成为饿殍。现在虽蒙慈善界施粥，暂救目前，但终无出生之路。日前见贵报发表周君柏甫移民就食论文，诚为救济难民根本之法，思想周到，确实可行，凡我难民，多数系愿回乡，或入内地另谋生活，故得闻此讯，欣喜若狂。昨又见贵报刊登与刘君柏盈谈话一节，乃知此事仍须待商会、镜湖医院、同善堂三大机构，联合办理，暂时尚无开会决定，使我辈大为失望，还求贵报为我难民请命，敦促该三机构早日开会，议定办法，从速实行，道送回乡，以免久留异地受苦，功德无量。或请求现在施粥各善团，先行遣送一二批，代

---

① 《回乡手续郑君义务解答》，《华侨报》，1942年1月22日，第3版；《回乡注意！》，《华侨报》，1942年1月26日，第2版。

办出境手续,送至内地,尤较暂时施粥为佳。总之,此事急望
善长仁翁,鼎力鼓吹,以求实现,是我辈难民所馨香企祷者也,
此颂华侨报主笔先生大安。①

函中申述难侨流落异乡,失业日久,几成饿殍的境况,虽有施赈却
不是生存根本所赖,表达了希冀归乡营生的强烈愿望,而且企望由
澳门华人侨团组织筹资,发起护送难侨回乡的运动。资送归侨成
为当时解决澳门难民问题的两全办法,而且留居澳门的众多难侨
亦急切希望归侨运动早日实现。

二、资送归侨:澳侨协助难民回乡委员会

澳门华人社会对归侨运动的推崇促使各侨团领袖积极筹划,②
与各方政府联络商讨,成立"澳侨协助难民回乡委员会",随即制定
相关政策,开展资送归侨事宜。该会成立后,展开了将近一年筹资
护送归侨的活动,有万余华侨在该会的帮助下,返回乡里谋生。

(一)回乡会的建立及工作的初步开展

1942 年 3 月 23 日,澳侨赈饥会召开联席会议,对归侨运动提
出积极讨论,当即成立"澳侨协助难民回乡委员会"(以下简称"回
乡会"),推举高可宁、刘柏盈等 21 人为常务委员,聘请澳门社会名
流及社团值理为顾问或委员,企望尽可能集中澳门华人力量资送
难侨回乡。该会当即召开第一次会议,商议办事地点、组织章程等
相关事宜,积极推进会务的开展。③ 两天后,3 月 25 日,回乡会又
在澳门商会二楼召开第二次会议,正式确定回乡会的组织建构及

①《难民多望回乡,华人领袖想能设法》,《华侨报》,1942 年 3 月 21 日,第 3 版。
②《回乡运动急激推进,三大侨团认真进行》,《华侨报》,1942 年 3 月 22 日,第 3 版。
③《全侨协力紧密进行,"回乡会"昨日成立》,《华侨报》,1942 年 3 月 24 日,第 3 版。

任职名单，如下：

主　　席：刘柏盈

副主席：梁后源　崔诺枝

总　　务：周柏甫　曾奇玉　徐佩之

财　　务：毕侣俭　陆电明　刘叙堂

交　　际：赵斑斓　陈天心　梁卓梧

捐　　募：高可宁　蔡文轩　梁彦明

调　　查：叶子如　刘耀墀　陈大白

护　　送：赵其休　李仲雅　罗晓枫①

回乡会的成立以澳侨赈饥会为推动平台，主要发起人乃是澳门商会、镜湖医院、同善堂、怡兴堂等华人社团的领袖，各部分工作均由华人绅商、贤达负责。

办理回乡事宜牵涉面较广，须与澳葡政府、中山等地当局协商回乡手续、护送路线、费用统计等相关事项。因此，回乡会在澳门商会三楼设立办事处，由怡兴堂同人和高可宁分别捐助 1 000 元用作启动费用，将来募捐所得全部拨作善款。

经过上述几次会议，回乡会各委员大致商妥初步进行事项，派出崔诺枝、高可宁、蔡文轩、赵斑斓、刘柏盈、梁卓梧和刘耀墀 7 人为代表，向澳督戴思乐及各方官员报告成立经过，协商进行办法及相关事宜。刘柏盈、高可宁等前往晋谒澳督，表达希望政府援助回乡会之意，并拟具大规模资遣计划书呈政府批准。澳督戴思乐表示同情，全权授予经济局局长罗保办理此事，但须经过详细考察再

---

① 《回乡会今日二次会》，《华侨报》，1942 年 3 月 25 日，第 3 版；《归侨运动按步推进，回乡会举出职员》，《华侨报》，1942 年 3 月 26 日，第 3 版。

给予答复。① 而在方案未获得澳葡政府批准以前，该会已先行办理指导及协助回乡工作。

回乡会分组首先对澳门难侨进行调查，了解具体情况，分批遣送时，先少数试办遣送，进行顺利后再大规模遣送。3 月 29 日，回乡会派人到怡兴堂粥场调查难民情况，加以甄别登记，开展第一批遣送。② 此后陆续有难民到会请求资助，两周内 4 批共有 600 余人获得该会资助返回乡里。③ 第 5 批时，回乡会在镜湖医院长亭设立登记处，每日早上在该处登记的难侨达数百人。④ 至 5 月上旬，该会已先后资送 6 批共 1 159 名难民归乡，共支出资费大洋113 341元。⑤

为提高回乡运动的社会关注度，回乡会推举全澳名流硕彦 900 余人为委员及名誉顾问，以期集全澳力量资送难侨返乡。为了能够募集更多经费，以及更有效地遣送难侨归乡，该会规定：

　　一、凡捐助大洋 1 000 元之善士，可以保送归侨 4 人，捐助 500 元的保送 2 人，其他捐助依此类推；

　　二、如有自备费用，或欲自费送其戚友返乡的，本会亦可

① 《归侨运动按步推进，回乡会举出职员》，《华侨报》，1942 年 3 月 26 日，第 3 版；《归侨运动积极推进酌量环境按步实施，先行办理调查再定进行方法》，《华侨报》，1942 年 3 月 28 日，第 3 版；《"回乡会"决定护送从少数着手，如有成绩始扩大办理》，《华侨报》1942 年 3 月 29 日，第 3 版。
② 《"回乡会"筹备遣散第一批，昨派员到怡兴堂粥场调查登记》，《华侨报》，1942 年 3 月 30 日，第 3 版。
③ 《回乡运动展开，全澳华侨速鼎力》，《华侨报》，1942 年 4 月 25 日，第 3 版；《回乡运动急激展开，本报捐款五千元》，《华侨报》，1942 年 4 月 26 日，第 3 版。
④ 《第五批归侨三百余人今午出发》，《华侨报》，1942 年 4 月 30 日，第 3 版。
⑤ 《澳侨协助难民回乡委员会通告》《回乡会前后共资送千六百人，会款支绌希望社会人士协助》，《华侨报》，1942 年 5 月 10 日，第 3 版。

代办各种手续，所需资费该会则照数收回；

三、刊印捐册尽快向警察厅盖印，进而向社会募捐。①

从第 6 批开始，回乡会暂定每次遣送归侨 100 人，其中 15 人由赈饥会选送，登记地点及归乡出发点定在镜湖义学内。一般在该会登记的归侨每人须缴纳保证金 5 元大洋，然后验便，等通过证（归侨证）发出再被护送回乡。至 5 月中旬，该会已遣送 8 批 2 000 余人，登记归乡人数不断增多，但每批遣送的人数有限，为此该会拟定难侨回乡的具体程序如下：

一、排队：以 10 人为 1 队，父母、夫妻、子女皆排在 1 队，排队时请广州女青年会澳分会派员协助，指导难民排队，以免混乱；

二、拈筹：假定护送 100 人，而排队有 20 队，则拈筹以分别之，由每队派一人拈筹，持有入围筹者，则听候调查登记，否则遣散，下次再到拈筹；

三、调查：入围之 100 人，由调查组施以个别调查；

四、缴保：经调查后，每名缴保大洋 5 元，该款发回收据，到达目的时，如数发还，此点不过杜绝一般取巧，以免该会损失检便而已；

五、登记：由总务组施行个别登记，详细注以其姓名、年龄、籍贯、澳门地址及回乡地点；

六、影像：登记后即发给影相证，随即影相，使本人登记，使其回乡不致多生事端；

七、检便：翌日检便；

---

① 《第五批归侨三百余人今午出发》，《华侨报》，1942 年 4 月 30 日，第 3 版。

八、通过证:检便后翌日发出;

九、出发:取得通过证(归侨证)后,即日下午出发;

十、补助:回乡之难民由该会派出护送员,护送至该会之站头,购得各乡船票分发难民,并每名酌给补助费若干,俾难民解决回乡初期生活。[①]

程序刊布后,亦几经修改,如:后来取消缴纳保金一项,增加归乡时的补助;为杜绝有人投机取巧,登记后即刻摄影取相等。从第9批开始,该会依上述程序重新登记,地点仍在镜湖义学,由总务、调查、护送、财务四组联合负责办理。回乡会主要委员每周开两次会议,对各项工作不断提出讨论并改善。经过前期9批归侨工作的办理,回乡会积累了丰富经验并调整了各项工作办法,到办理第10批归侨时,该会已形成较为完善的工作制度,回乡运动规模也越来越大。

5月9日,第10批归侨开始登记,是日排队登记归乡华侨有千余人。8点开始登记时,各委员率领办事人等将这千余人导入义学门前,行易学校派出童军维持秩序,女青年会的10余名会员则指挥他们每10人分成1队,最后分成100余队,每队派出1人拈筹,入围的另站一边,没入围的则解散等下一批再来拈筹。这样,即使人数众多,工作仍是有条不紊,现场秩序井然。19日入围的人经调查登记后,摄影存底,于20日上午集合检便,21日上午领取归侨证,22日中午就食,回乡会有免费粥饭一顿,下午便集合返乡。此后经大概一两日的船期到达省内各点。依据这样的工作程序,一般情况下回乡会每护送一批归侨大概要6个工作日,每星期大约

---

① 《回乡会明日在五洲酒店举行全体大会》,《华侨报》,1942年5月16日,第3版;《回乡会改善登记手续,取销缴保证金》,《华侨报》,1942年5月17日,第3版。

护送 1 批,当然由于天气、经费、船期等多方面因素,每批护送周期难免会遭临时变动。

（二）护送规模的扩大及回乡运动的高潮

经完成前 10 批的遣送工作后,回乡会工作规模不断扩大,不仅筹款护送前来登记的贫难华侨,还分批遣送青洲难民营内难胞,并发给归侨证协助各地侨胞自费返乡。澳门华人社会的回乡运动也因此进入高潮时期,主要体现在遣送规模的扩大以及遣送工作的改进这两方面。

就遣送规模的扩大而言,随着回乡会各项工作运作成熟,知名度愈来愈高,各界对回乡会的支持也不断增加。回乡会遣送归侨规模也在不断扩大,最直观的表现就是登记范围的扩大、每批护送人数的增加以及每周护送次数的增加。

登记回乡的归侨除到镜湖义学现场拈筹的外,还有青洲难民、捐款人保送者。如第 10 批归侨名额定为 280 人,其中拈筹入围的 130 余人、青洲难民 100 人、各捐款人保送的 50 人;①11—13 批人数定在 280 人,拈筹登记 200 人、捐款保送 30 人、青洲难民营 50 人。第 11 批归侨中,捐款人士保送的 30 名侨胞名单包括:毕侣俭 7 名;钟子光 2 名;傅德荫 7 名;黄毓卿 5 名;蔡文轩 2 名;黄渭霖、施利华探长、刘柏盈、高福耀、华侨报、绍德行、宝章号各 1 名。② 保送者须自备一寸半身照片 4 张到该会登记,然后随同其他归乡华侨一同办理便检、领取通过证等各项事宜。

从 6 月到 8 月中旬是回乡运动的高峰期,2 个半月的时间登记

①《回乡会昨议决遣送青洲乞丐百名》,《华侨报》,1942 年 5 月 24 日,第 3 版。
②《第十一批归侨明日抽签登记》,《华侨报》,1942 年 6 月 1 日,第 3 版;《回乡会难民第十三批明晨出发》,《西南日报》,1942 年 6 月 18 日,第 2 版。

遣送了 16 批归侨,而且遣送的人数较之前期多出近一倍。从 6 月 28 日起,回乡会每周资返侨胞 2 批,每批定额 330 人,其中青洲 60 人、保送 20 人、执筹登记 250 人;①7 月中旬又扩大到每批 430 人,其中青洲 160 人、保送 20 人,每周争取护送千人,②足见护送规模之大。

就遣送工作的改进而言,随着归侨工作的开展,回乡会亦对各项工作进行不断探索与改进,如在中山设立接待站、试行木炭车载送归侨、成立设计募捐委员会等。为加强与内地慈善机构间的联络,辅助回乡会遣送工作的展开,冯嘉禄提出成立"中山接待站"的议案得到该会采纳。6 月,该会在中山石岐设立总接待站,请天主教中山区司铎安普灵神父担任接待站主任,并在三乡设立辅助站,两日途程可抵达石岐。③

自 1942 年 6 月 6 日起,取道石岐、广州回乡人员检便后无须领证便可通过,归侨手续因之简便许多。6 月 3 日,回乡会常会上,委员赵汉俊建议在可能范围内改用木炭车直接载送归侨到石岐,这样可以减轻归侨旅途劳顿,还可以减省乘船所需沿途食宿费用。④时值炎热季节,船到码头后,归侨必须步行 3 天方到达石岐,十分不便,于是该会决定尝试用木炭车载送归侨到石岐。汽车商人杜伙、何叙两人得知此事后,表示愿借予汽车,并免收费用,只是一切

---

① 《难民回乡增加遣送》,《西南日报》1942 年 6 月 29 日,第 4 版;《第十五批难民回乡今日抽签》,《西南日报》,1942 年 6 月 30 日,第 4 版。

② 《回乡会加紧工作,拟每周护送四批》,《华侨报》,1942 年 7 月 13 日,第 3 版;《协助难民回乡增加遣送名额》,《西南日报》,1942 年 7 月 18 日,第 2 版。

③ 《回乡会昨开全体大会,各组报告工作,决议要案多项》,《华侨报》,1942 年 5 月 18 日,第 3 版。

④ 《回乡会昨开常会,进行木炭车载送归侨》,《华侨报》,1942 年 6 月 4 日,第 3 版。

手续需要回乡会代为办妥。① 该会商议后，派出调查组书记梁振平携带公函往石岐与有关当局接洽此事，经过两度协商，中山地方政府函复允许，每日可遣送难民 100 名。② 如此，回乡会决定派 4 辆车载送，第 14 批难民定期 6 月 26 日遣送。③ 只是时局多变，车送归侨只实行了几次，未形成定制。

回乡会各项政策应时局变化随时调整，各项工作虽未必能贯彻始终，但各委员还是极力维持，设法改善各种程序。如该会职员都为慈善工作性质，如有不轨行为，除立即革退外，还将予以起诉，使其受法律处分。又如，由于遣送难民流品不一，亦有不肖之徒混迹其中走私货物，所以该会在难民出发前，申请关闸警员以及拱北关检查难民行李妥当，然后出发。④ 这些措施都是回乡会根据实际情况对工作作出的调整与完善，有效减少了各类纠纷和风险，提高了工作效率。

（三）护送青洲难民返乡

战时澳葡政府在青洲设立乞丐收容所（"青洲难民营"），将市内乞丐、流民等尽数收入该营。5 月 17 日，回乡会全体大会上，程森就青洲难民的遣送问题提出讨论，认为青洲难民极为困苦，回乡会成立后对该营难民关注不够，希望此后可以优先考虑遣送该营难民。赵斑斓则认为回乡会款项不多，必须审定哪些先遣送，哪些

---

① 《回乡会今日开会》，《华侨报》，1942 年 6 月 6 日，第 3 版；《回乡会第十二批归侨明日抽签登记二百名》《回乡会派员往岐接洽归侨手续》，《华侨报》，1942 年 6 月 7 日，第 3 版。

② 《协助难民回乡会车送归侨圆满解决》，《华侨报》，1942 年 6 月 24 日，第 3 版。

③ 《中山县府批准回乡会用木炭汽车，第十四批难民定期明晨遣送》，《西南日报》，1942 年 6 月 25 日，第 2 版；《回乡会归侨拟采水路》，《华侨报》，1942 年 7 月 5 日，第 3 版。

④ 《回乡会昨日会议》，《华侨报》，1942 年 9 月 13 日，第 3 版。

可以暂不遣送。依赵氏观点,在青洲乞丐收容所的多数是乞丐,并非一定是难民,从赤贫变为乞丐是一个渐进的过程,而乞丐中多数又属自甘堕落的人,留澳无生路,回乡也无生路,回乡会有限的资金应先抢救一般肯挣扎的华侨,送其回乡才能真正使其生存,这才是遣送的最终目的。

　　程森是以人道主义为出发点,认为青洲难民营中的难民、乞丐是最困苦的一群,希望可以早点解决他们的生存问题;赵斑斓则是从社会角度以及回乡会的实际情况、最终目的出发来考虑这一问题,亦有一定道理。针对这两者意见,罗晓枫提出一种折中办法,认为回乡会虽然希望可以将全澳乞丐、难民等尽数资送回内地,但非内地政府所完全容许,应该对青洲难民营内华人进行甄别,对那些有家可归、身体精壮的可自谋生路的人,可以分批遣送回乡。①于是该会最终决定会同当时负责青洲施赈的澳侨赈饥会,对营内各人进行调查,甄别登记再选送。

　　5月25日,回乡会派员到该营调查,抽签登记难民100人,连同第10批归侨一起护送返乡,②至此,回乡会在每批护送归侨中都为青洲难民设定专属名额。6月1日,该会又派调查主任叶子如会同工作人员到该营登记50人,编入第11批归侨。③第11—14批,青洲难民营每批可登记遣送50人。④第15批起每批遣送青洲难

---

① 《回乡会昨开全体大会,各组报告工作,决议要案多项》,《华侨报》,1942年5月18日,第3版。

② 《援助回乡会,金源银号募二万余元》,《华侨报》,1942年5月19日,第3版。

③ 《第十一批归侨明日抽签登记》,《华侨报》,1942年6月1日,第3版。

④ 《车送归侨问题限四日内切实解决,回乡会派员向有关方面商洽手续》,《华侨报》,1942年6月14日,第3版。

民 60 人。① 随着护送人数的增加,青洲难民遣送人数也在增加,到第 20 批时,每批护送 430 个名额中的青洲难民已占到 160 人。② 第 24—30 批(除第 29 批直航广州),青洲难民占额 100 人。③ 到后期甚至有善士捐助港币万元指定助送青洲难民一批,回乡会依该善士之意,第 37 批指定护送青洲难民 279 人。④ 直到回乡会结束,青洲难民营的遣送工作才告一段落。

（四）协助华侨自费返乡

回乡会不仅免费资助贫难侨胞归乡,也参与操办自费返乡华人归侨证,以及身份证明函件等事宜,同时也尽量协助成批的自费返乡者,如潮汕海陆丰乡民以及三灶乡民等。

潮汕海陆丰乡民在澳门谋生者有 1 000 余人,大部分以拉手车为业,收入微薄,战时物价日涨难以维持生活,于是产生回乡谋生意念。该籍人士柯效棠、柯麟等积极与回乡会沟通,得到回乡会帮助办理各项手续及协助回乡的答复后,便组织"海陆丰助送本籍难民回乡办事处",向同籍在澳侨商殷户募集到港币 4 000 元,然后由回乡会协助,雇用船只返回家乡。6 月 1 日,海陆丰归侨第 1 批 300 余人在回乡会的协助下返回乡里;⑤第 2 批 200 余人于 6 月 17 日

---

① 《回乡会每周护送两批归侨,名额增至三百三十人》,《华侨报》,1942 年 6 月 28 日,第 3 版。

② 《捐款愈多遣送愈众,回乡会决每周送千人》,《华侨报》,1942 年 7 月 16 日,第 3 版。

③ 《回乡会所收捐款前后共计七十余万元》,《华侨报》,1942 年 8 月 2 日,第 3 版。

④ 《"有名氏"热心善举捐港币万元助送归侨》,《华侨报》,1942 年 10 月 5 日,第 3 版;《回乡会加紧送侨定期登记卅八批》,《华侨报》,1942 年 10 月 8 日,第 3 版。

⑤ 《海陆丰归侨三百余人昨乘轮出发》,《华侨报》,1942 年 6 月 2 日,第 3 版。

出发返乡；①第 3 批 290 余人则于 6 月 23 日出发返乡。② 月底该籍 800 余归侨安全抵达家乡，该籍办事处亦结束工作，并将剩余款项兑得国币 156 元捐送回乡会。

与海陆丰乡民相比，三灶乡民的归乡之路则是坎坷波折。香港战事时，三灶难民来澳者有数千人，由于交通梗塞，川资无着遂滞留澳门，大半居住在路环、氹仔，生活日渐困窘，又无法返乡。5 月 23 日，留澳三灶难民闻得回乡会工作事迹后，派代表谭国栋前往回乡会，请求该会设法护送回乡，至于经费则愿意自行筹措，不动用回乡会公款。③

为早日归乡谋求生计，5 月 28 日，该批难民联合推举代表吴盛武、钟欢、高卢大、李荫民、袁祖元、莫东海、吴昌、苏安、徐占雄、梁德铺等缮具公函，向回乡会恳请设法帮助回乡，一切船舶费用等愿意自行支付。函称：

> 迳启者　窃侨民等自奉香港当局疏散回乡，经分批由专轮先后到达澳门，约共数不下二千余人。惟抵澳后，因三灶、澳门间并无船只通航，同时以军事时期未奉军政长官核准，又不敢擅搭帆船自归，迫得滞留澳境，静待机缘，奈人地生疏，无法存活，加以最近物价飞涨，粮食尤为艰苦，长此逗留，无所归宿，不特恐流为乞丐，结果必尽为饿殍，际此绝续存亡关头，值贵会广发善心，助侨归乡，自念一线生机，尚繁于此，喜慰之下，用特函请台端体念艰辛，格外援助，设法转请该管当局发

---

① 《海陆丰回乡会遣送二批归侨》，《华侨报》，1942 年 6 月 15 日，第 3 版；《海陆丰同乡在柯麟等努力下自送六百余已安抵家园》，《华侨报》，1942 年 7 月 2 日，第 3 版。

② 《难民回乡，今日所闻》，《西南日报》，1942 年 6 月 23 日，第 2 版。

③ 《三灶难民请求协助回乡，彼等愿自备资斧，只求取得通过证》，《华侨报》，1942 年 5 月 24 日，第 3 版。

给通过凭证，并知会沿途水陆运营知照，俾安全回乡，至于船舶及一切费用等，均愿自行支付，绝不动用公款。至应如何进行之处，尚希卓筹赐复，足纫公谊，此致。①

回乡会接受三灶乡民的请求，答允协助办理难民回乡手续并为乡民缮具公函照会三灶乡长等。为使归乡事宜得以尽快圆满解决，乡民推举吴盛武、李荫民为澳门三灶难民代表，袁祖元、谭国栋为氹仔及路环三灶难民代表协同办理各项工作。迨至 6 月底，三灶乡长复函回乡会告知此事已经开会讨论，对于难民回乡表示欢迎，因事关重大，必须等当地长官赞同才敢接纳，所以一时难以办到。

7 月中旬，李荫民、谭国栋等遵循回乡会意见着手对三灶难民进行登记，以便有关当局参考，希望可以让事情有所进展。三灶全岛有 20 多个乡，留澳难民数千人，回乡会嘱李氏等暂时登记 5 个乡试行办理，如果成功再逐一登记办理归乡。② 8 月 8 日，李氏等将登记完竣的正表、莲塘、英表、竹溪、思乡 5 个乡的难民，一共 788 人缮具名册交与回乡会出面协商，然而归乡一事终未得三灶岛方面同意，因此回乡会无法对三灶乡民发出回乡凭证。③ 战时三灶难民的归乡问题一直悬而未决，但该批乡民的遭遇受到社会的关注与救济，回乡会存在期间也从未放弃对三灶难民的帮助。

（五）发给归侨证，便利侨民归乡谋生

为尽量照顾自费返乡归侨，回乡会尽量简化领取归侨证手续。

---

① 《三灶难民二千余再派代表向回乡会呼吁，请求向该管当局领取通过证》，《华侨报》，1942 年 5 月 29 日，第 3 版；《三灶难民请求协助归乡，回乡会将予以答覆》，《华侨报》，1942 年 6 月 4 日，第 3 版。

② 《三灶难民登记完竣》，《华侨报》，1942 年 8 月 9 日，第 3 版。

③ 《三灶难民归乡无期，难民虽已登记，归乡尚无办法》，《华侨报》，1942 年 8 月 14 日，第 5 版。

需要办理的人只需携带一寸半身照两张到该会登记填表,第二天
携股实店号图章到回乡会领证即可。归侨证上盖有刘柏盈印记,
以资识别。如下图所示:

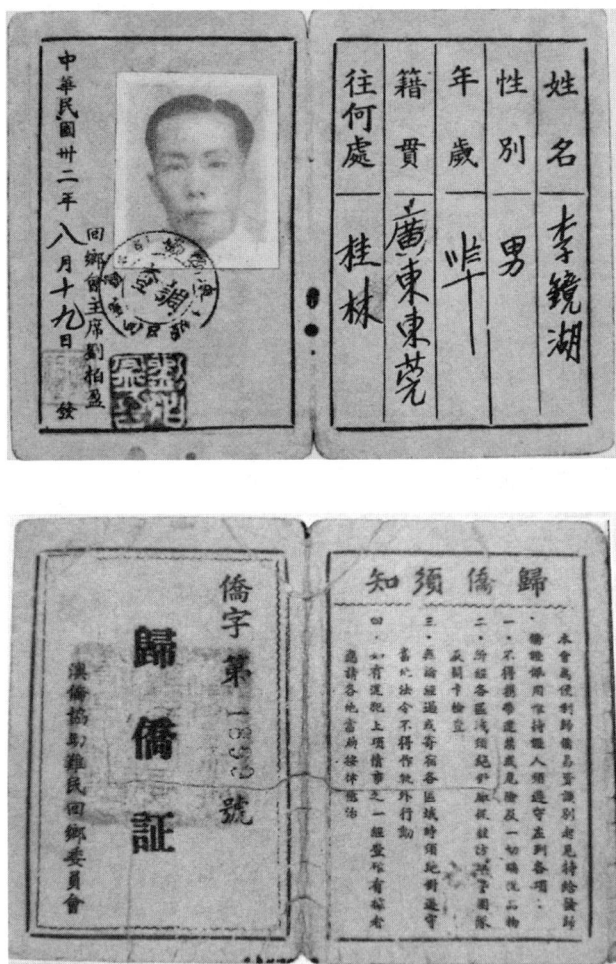

图 5-7   1943 年 8 月 19 日刘柏盈签发之归侨证①

---

① 林发钦、王熹编著:《孤岛影像:澳门与抗日战争图志》,第 139 页。

返乡者持有归侨证的,无论经过"和平区"(沦陷区)还是"自由区"(大后方、国统区),沿途军警均予以便利。凭该证可以半价购买船票、车票,而且在内地兑换港币必须持有归侨证。如,在重庆兑换港币比率为四九,即 100 元港币兑换大洋 490 元,但必须要有港澳归侨证才可以兑换;又如,澳门学生返回内地就学,持有归侨证则学费减半。[1] 及至 1942 年 9 月,回乡会已免费为自费返乡者办理归侨证 3 000 余张,领证的人多数是返内地经商或读书,相比难民的境遇略胜一筹。因此,回乡会决定自 9 月 6 日开始对所发出的归侨证收取慈善费用若干,用于辅助难民归乡用途。费用的收取以自动捐助的形式进行,每张最少捐双毫 1 元,后期由于回乡会经费支绌,一度将最低值提高到双毫 2 元。[2]

1943 年 2 月底,回乡会工作结束,归侨证也随之停发,侨胞返乡需要证明身份极为不便。当时澳门商会虽有身份证及居留证发出,但只限于会员领取,而自主职业以及工人等因无有效证明而无法返乡,所以华人希望回乡会继续发出归侨证。

对归侨证的问题,回乡会经召开特别会议后,决定借用商会二楼照常发出归侨证,以便侨民返乡。领证者只须准备相片 2 张,并捐善费双毫 2 元,便可到商会二楼回乡会所设办证处办理。从 3 月 17 日至 31 日止,该会仅半月就发出归侨证 174 张,每证收费 2 元,共得 348 元,除工作人员车马费及证件文房等费用 32 元 5 毫外,实得善款 315 元 5 毫。该会主席刘柏盈依照议案决定,将该款分送镜湖医院及同善堂救贫,每处得 157

---

[1]《回乡会难民证,内地当局重视》,《华侨报》,1942 年 9 月 4 日,第 3 版;《自费归侨领证须自由捐助回乡会》,《华侨报》,1942 年 9 月 6 日,第 3 版;《回乡会全部数目俟今日常会审核后明日公布》,《华侨报》,1942 年 9 月 9 日,第 5 版。

[2]《遣送难民回乡会昨召开特别会议》,《西南日报》,1942 年 10 月 9 日,第 2 版。

元 5 毫 5 仙。① 回乡会结束后，发出归侨证的工作一直延续，收取慈善费的制度亦沿袭下来，所得善款后来成为镜湖医院和同善堂每月的善费注入之一。

三、经费支绌:归侨运动走向终结

1942 年 8 月 15 日，第 27 批归侨启程返乡后，回乡会因经费存款只余千元，决定暂停护送工作。消息甫经刊出，便得到各界关注，有的到会请求，有的直接捐助，也有的即刻发动筹款活动。如有高可宁、傅德荫加捐大洋 5 万；刘柏盈奔走劝募到郑琛铉、陈伯祥各捐助大洋 5 000 元；邹柏南捐助国币 5.5 万元。② 这些资金的注入，让回乡会得以继续护送归侨。然，鉴于经费拮据，回乡会自第 28 批开始每周暂时只送一批；第 29 批曾试办直航广州，本图节约成本，结果却不理想，只得放弃；第 30 批开始，回乡会还是遵循原来的水路护送，并将每批人数减为 300 人。③

从 1942 年 4 月 1 日至 8 月 31 日，即从第 1 批至第 30 批，回乡会收入 843 162 元 5 毫 4 仙，支出 796 838 元 8 毫 3 仙，剩余 46 323 元 7 毫 1 仙(大洋)，其中尚有暂借款项 29 830 元及归侨证慈善费

---

① 《回乡会照常发出归侨证，发证所收费用拨作济贫》，《华侨报》，1943 年 4 月 2 日，第 4 版。

② 《社会人士盼回乡会继续努力》，《华侨报》，1942 年 8 月 14 日，第 5 版；《回乡会经费支绌，刘柏盈奔走呼号，郑琛铉昆仲再度捐巨款，希望各界援助多送难侨》，《华侨报》，1942 年 8 月 15 日，第 5 版。

③ 《回乡会昨议决停办直航广州归侨，第卅批归侨人数减为三百》，《华侨报》，1942 年 8 月 23 日，第 3 版；《归侨登记，第卅批今晨在镜湖义学举行》，《华侨报》，1942 年 8 月 24 日，第 3 版；《遣送难民继续办理》，《西南日报》，1942 年 9 月 6 日，第 2 版。

45元，所以实际存款仅为16 448元7毫1仙。① 经费支绌，但渴望回乡的难民却仍是众多，如9月7日，回乡会登记第32批归侨，现场拈筹的名额为250个，当日前来拈筹的人数却有700余人；②9月14日，第33批登记时亦有700多人到场拈筹。③ 自从每周护送1批以来，拈筹均是"僧多粥少"，急切归乡者人数众多，许多人在拈筹时情绪激动，向维持现场的委员们哭诉、哀求的情况时有发生。对当时登记回乡的人而言，回乡后的生存环境不见得能有多大改善，但留澳门则绝无出路，回乡讨食好过曝尸澳门街头。

面对此种情况，回乡会一方面通过积极呼吁各界捐款、发动筹募活动、催缴捐册等方式募集经费，另一方面则不定期护送归侨。从9月份以后，每批护送没有固定周期，期间曾几度停顿，经费存足一批则通告登记护送一批，尽力维持。至1943年1月底，回乡会结束护送工作。在后期经费拮据的5个月时间内，该会又陆续护送17批共4 000余人归乡。2月初，回乡会开始编辑征信录，至2月底，持续近1年的护送归侨工作正式结束。

1942年3月，为缓解澳门在生活物资、人口、卫生等各方面的压力，亟待实施移民就食计划，为此澳侨赈饥会号召华人各界召开联席会议，组织成立了"澳侨协助难民回乡委员会"，策划筹集资金护送难民回乡谋生。从1942年3月该会成立到1943年2月底结束工作，回乡会在澳葡政府没有实现有力资助的情况下，筹得捐款大洋百余万元，资送归侨万余人返乡。总体情况如下表所示：

---

① 《回乡记（四）——回乡会之成长及其工作》，《华侨报》，1942年9月22日，第5版；另见《回乡会数目公布》，《西南日报》，1942年9月11日，第2版。

② 《渴望归乡者众，七百人赌命运》，《华侨报》，1942年9月8日，第3版。

③ 《迫切待归乡者言"送我回乡愈于检（按：捡）我尸首"》，《华侨报》，1942年9月15日，第3版。

表 5-7 回乡会护送归侨汇总表①

批次	出发时间	护送人数	批次	出发时间	护送人数
1	1942 年 4 月	62 人	25	1942 年 8 月 8 日	300 余人
2	1942 年 4 月	113 人	26	1942 年 8 月 12 日	370 余人
3	1942 年 4 月	163 人	27	1942 年 8 月 15 日	300 余人
4	1942 年 4 月 24 日	288 人	28	1942 年 8 月 19 日	300 余人
5	1942 年 4 月 30 日	220 人	29	1942 年 8 月 22 日	40 余人
6	1942 年 5 月	151 人	30	1942 年 8 月 26 日	300 人
7	1942 年 5 月	247 人	31	1942 年 9 月 2 日	300 人
8	1942 年 5 月 14 日	277 人	32	1942 年 9 月 10 日	350 人
9	1942 年 5 月 22 日	251 人	33	1942 年 9 月 16 日	360 余人
10	1942 年 5 月 28 日	260 人	34	1942 年 9 月	250 人
11	1942 年 6 月 4 日	253 人	35	1942 年 9 月 30 日	300 人
12	1942 年 6 月 13 日	263 人	36	1942 年 10 月 6 日	350 余人
13	1942 年 6 月 18 日	221 人	37	1942 年 10 月 10 日	279 人
14	1942 年 6 月 26 日	260 人	38	1942 年 10 月 14 日	300 余人
15	1942 年 7 月 1 日	278 人	39	1942 年 10 月	350 人
16	1942 年 7 月 4 日	295 人	40	1942 年 11 月 4 日	440 余人
17	1942 年 7 月 8 日	274 人	41	1942 年 11 月 11 日	460 余人
18	1942 年 7 月 12 日	330 余人	42	1942 年 12 月 2 日	390 余人
19	1942 年 7 月 15 日	300 余人	43	1942 年 12 月 9 日	300 余人
20	1942 年 7 月 22 日	430 余人	44	1942 年 12 月 16 日	300 余人
21	1942 年 7 月 25 日	340 余人	45	1942 年 12 月 25 日	260 人
22	1942 年 7 月 29 日	300 余人	46	1943 年 1 月 13 日	59 人
23	1942 年 8 月	330 人	47	1943 年 1 月 21 日	165 人
24	1942 年 8 月 5 日	350 余人			

① 根据《华侨报》《西南日报》相关报道,钟子程《抗日战争时期澳门的难民救济工作研究》(暨南大学近现代史 2007 年硕士学位论文)第 33 页,及其他资料整理、修改而来。(第 1~17 批数据根据《遣送难民回乡统计四千余人》,《西南日报》,1942 年 7 月 14 日,第 2 版。)

回乡运动对于减少滞留澳门市区人口的影响是非常明显的。根据军统局粤海站副站长何崇校回忆，1943 年 9 月，当其初到澳门时，澳门的人口仅剩下 3 万多人，不及过去全盛时期 1/10，最初觉得"幽静"，稍后当其见到人们抢食榕树子等饥荒场景，又感到"凄凉"。① 抗战时期澳门的归侨运动，对澳门市况、内地经济、难民本身三个方面都有裨益。诚如回乡会主席刘柏盈所称：

> 内地难民来澳日久，对于故居之田园事业，荒置已久，若能得回乡井，重操故业，俾使内地商业情形趋于蓬勃；就难民本身而言，留澳日久，资斧告罄，在此人地生疏，谋生匪易，若能回乡，可免成为饿殍；对于本澳市容，及粮食供应等情，皆有便利。②

回乡会的举措是否真如刘氏所言，达到增进内地繁荣、减轻本澳负担、解决难民生活的目标，恐难全面知悉，但就澳门一地而言，其减负作用十分明显。回乡会将 1 万多华侨资送回乡，同时亦促发了返乡的浪潮，自费归乡的华侨更众，这使得战时难民潮带给澳门的压力逐渐减少，这压力包括澳门的治安、市容、卫生、医疗，也包括慈善救济的压力。对于许多难民而言，与其在澳门日渐落魄，不如归乡重操旧业。确切来说，回乡未必是理想的，但在当时环境下却是理性的选择，所以才会有如此规模的归侨运动。从另一个角度来说，回乡会的工作量以及华人各界的支持程度足以说明这一举措的现实合理性，从中我们也看到了澳门华人社会的力量，在一众华人绅商名流的主持下，能够从华人社会筹募到数达百万元

---

① 何崇校：《蒋帮在华南勾结汉奸伪军抢夺抗战胜利果实始末》，中国人民政治协商会议全国委员会文史资料研究委员会编：《文史资料选辑》第 67 辑，第 170 页。
②《归侨运动积极推进，酌量环境按步实施，先行办理调查再定进行方法》，《华侨报》，1942 年 3 月 28 日，第 3 版。

的经费,举办如此规模的慈善救济,良足钦佩。

　　综本章所述,作为物资、人员流通的中转站是澳门保有其"中立",未被日军及各方势力彻底接管的主要原因。瑞礼士曾分析关于日军未占领澳门的原因,就提到过类似的想法:

　　　　我个人的想法是,他们发现这对获得钨矿和间谍活动很有用,但也许对获得外汇更为重要,因为他们只需要印刷越来越多没有编号的军用日元,就可以购买葡萄牙货币,然后汇到欧洲去。很少有地方能这么容易获得外汇了。①

　　战时,澳门对于日本而言,重要的是它可能成为获取进行战争需要的各类物资的平台:一是澳门成为日本搜集、进出口钨的集散中心;二是澳门已然成为日军汽油及其他战略物资的来源地;三是澳门库存的鸦片,能够转换为战时货币,因为日本在中国沿海城市均有鸦片贸易;四是成为日本搜刮黄金,以军票兑换白银、港币等硬通货的据点。而这些流转与交易,不仅仅利于日方,也为其他各方打开了一扇窗口,得以各取所需。这些使得澳门呈现畸形的繁荣,葡萄牙驻广州总领事莫嘉度曾对战争给澳门带来的繁荣评价道,对于澳门来说,"现在所享受的经济和商业的繁荣不符合道德和伦理,不值得庆贺,但道德和各国人民富裕的原因并不总是远离罪恶的。战争总是由各种情况造成的,何以能逃脱它们?"②显然,澳葡政府的态度就是:既然不能逃脱,何不加以利用呢?

----

① John Pownall Reeves, *The Lone Flag: Memoir of the British Consul in Macao during World War Ⅱ*, p. 96.

② [葡]莫嘉度著,[葡]萨安东编,舒建平、菲德尔译:《从广州透视战争——葡萄牙驻广州总领事莫嘉度关于中日战争的报告》,第 17 页。

第六章　庇护处:"经济汉奸"风波与华商命运沉浮

抗日战争结束时,国内惩治汉奸的诉求和舆论越发强烈,国民政府开始在全国范围开展肃奸运动,大批汉奸战犯隐匿澳门希求自保,而澳门许多华商也成为"经济汉奸",遭国民政府通缉。国民政府外交部、广州行营等都派出专员赴澳门交涉,向澳葡政府提请引渡汉奸至广东省接受审讯,在战后澳门社会引起轩然大波。

第一节　国民政府肃奸与匿澳汉奸战犯引渡

日本宣告投降时,国民政府赶忙颁布经过修订的惩治汉奸和处理汉奸伪产条例。1945 年 9 月,蒋介石指定肃奸工作由军统局兼理负责,随后加紧在各地筹组肃奸机构——"肃奸专员办事处"(以下亦简称"肃奸处")。肃奸处名义上隶属于开入各收复区的战区司令长官部和各方面军司令长官部,实则由军统局直接负责管辖。各战区与各方面军司令长官部并无实权,仅有名义隶属关系和空头的监督权而已,肃奸处领导及属员尽由军统局派任与调动。① 这样的安排令军统与广东地方在肃奸问题上矛盾丛生,加之国民政府内部有关部门对肃奸权利的争夺,更是令肃奸局面迷乱复杂。

一、澳门肃奸:国民政府内部的协作与争锋

肃奸处只是一个过渡性的机构,其主要任务是逮捕汉奸和查封伪产等。然而,肃奸工作干系复杂,涉及众多部门,特别是针对澳门方面的肃奸工作,盘根错节,更是棘手。其他有关引渡手续、审讯等则需要外交部、检察院、法院多方协助工作。因此肃奸是一个庞杂的运作体系。

澳门方面的肃奸工作由第二方面军统辖。1945 年 10 月,第二方面军肃奸专员办事处(在广州市海珠中路原汪伪政府广东警务处特工部)成立,肃奸专员初由军统局原广州站站长陈劲凡充任,派驻澳门肃奸专员为郑仁波。

肃奸处挂在第二方面军名下,却不归第二方面军司令张发奎实际管辖,很快导致张发奎对陈劲凡的不满,并于 1945 年 12 月电告戴笠改组肃奸处。1946 年 3 月 1 日,第二方面军肃奸专员办事处改组为广东肃奸委员会,肃奸工作不再归属军统局直接管辖,而是由广东方面负责。实际的人员结构也相应发生了变化,军统局成员仍是主要干将,定期向军统局汇报进展,但是肃奸委员会由广州行营、广东省政府、国民党广东省党部、广州市党部、广东省高等

---

① 何崇校:《国民党第二方面军肃奸专员办事处与广东肃奸委员会》,中国人民政治协商会议广东省广州市委员会文史资料研究委员会编:《广州文史资料选辑》第 24 辑,广州:广东人民出版社 1981 年版,第 130 页。

法院、广州军事法庭、两广敌伪产处理局等组织各派一人充任委员,张发奎任主任委员,并将亲信安排进肃奸委员会,肃奸工作已然复杂化。

随后,国民政府有关机关纷纷宣称有权处理战犯、汉奸的引渡及伪产处理事宜,并向澳门派驻专员。其中有外交部驻澳专员唐榴,军统局肃奸处专员郑仁波,广州行营驻澳联络专员潘奋南,广州行营情报组组长卢安华,广东省政府驻澳办事处主任陶少甫,广东省建设厅驻澳技正彭少聪,粤桂闽区敌伪产业处理局驻澳专员陈咏沧,中国国民党澳门支部执行委员会常务委员屈仁则、李秉硕,以及青年团澳门分团主席叶剑锋等,这些机关犹如"九龙治水",各行其是,连澳葡政府都疲于应付,不胜其烦,不得不照会国民政府外交部,要求改善。① 如此,国民政府内部各方势力在澳门肃奸活动上争权夺利,令该项工作变得越发离散纷乱,甚至陷入困顿。

1945 年 11 月 14 日,张发奎召集驻澳各机关主官举行会晤,以解决中央及地方驻澳机关繁多,且与澳葡方面交涉紊乱的情形,最终经决议:

> 今后在澳敌伪匪类及其产业侦查,由我驻澳各机关分别负责送交本部,由驻澳专员潘奋南汇办,至与澳方交涉事宜,统由外交部驻澳专员唐榴负责办理。②

此决议让各有关机关在澳门引渡战犯汉奸问题上的步调趋于一致,只需与广州行营及外交部驻澳专员联系会办,纷乱局面稍有

① 陈敏:《战后国民政府对澳门"经济汉奸"的引渡与审判研究》(未刊稿),暨南大学中国近现代史专业硕士学位论文,2016 年,第 26 页。

② 《第二方面军代电》,广州市档案馆藏,黄公杰档案,37—15—76。

好转，但各机关在一些具体问题上仍是各行其是。唐榴为强调自己在引渡汉奸工作及查封敌伪产业方面的权责，曾声明：敌伪匪类之引渡应由有关机关开列姓名、犯罪事实及提交审判机关，一面交由外交部驻澳专员提请澳督先行监视，一面送予外交部正式向葡京提请引渡。可见，唐榴并不愿将肃奸主导权让与广州行营。其实，唐榴与广州行营之间存有嫌隙，这大致是唐氏不愿积极配合广州行营引渡汉奸的又一因素。例如，1945年11月4日，广东省保安司令部情报组组长陈建中根据密报称，李同于香港沦陷后曾充香港日寇港务局会计员及检察厂检察队队长，又充任香港日本总督府海事部庶务、香港检察厂通译员等职，陈建中遂将李同逮捕交由广州行营军法处审理。李同原名李剑锋，香港陷敌后，唐榴离港时曾托付李同照看其父唐绍仪之坟茔，所有四时祭扫之事均由李同照料，因之，唐榴以私人名义将李同保外候审，称李同不能离港实由于其商业东人留其清理账目且李同为人向来诚实。① 由此事可知李同与唐榴关系非同一般，也加剧了唐榴与广州行营方面的矛盾。1945年12月，广州行营驻澳专员潘奋南曾向澳督提请逮捕

---

① 据陈敏论文载：后经广州行营军法处传讯，1946年3月5日进行了一次审讯，唐榴携李同出席受审。在后来的审讯中，广东高等法院多次传讯李同到案受审，但李同并未出庭，接着广东高等法院检察处又几番电告外交部驻广东广西特派员专署，要求唐榴转饬李同出庭候讯，但广东广西特派员专署回复称："查外交部在澳门设有外交部驻澳门专员公署，系直接隶属于外交部，专司对该地交涉事宜，其前任唐专员榴业已去职，现由郭专员则范继任，关于唐专员离职后行址，本署无从探悉，所嘱'转知唐专员转饬该被告李同依时到案候讯，并将送达回证于讯其前函复备查'一节歉难照办。"无奈之下，广东高等法院于1946年10月1日下达通缉书通缉李同，而此案也就没有下文。参见《被告汉奸李同交由外交部驻澳门专员唐榴保处候情况（未结）》，广东省档案馆馆藏，7—1—890。

"经济汉奸"叶文山和战犯深迫富雄,但竟遭唐榴抗议,致不克逮捕。[1] 不仅如此,唐榴在澳门常自失身份,曾在公众场合高呼葡国总统和澳督万岁,此等事情连续数起,狂而忘形,是以被告之外交部,请迅予撤换,免失国体。[2] 1946 年 4 月,唐榴因延误外交要务、私吞敌伪财产以及勾结澳督办公室秘书高士德将没收船只营商图利等缘由被免,[3]另由郭则范接替唐榴出任外交部驻澳专员一职。

　　国民政府各有关部门彼此嫌隙层生,矛盾重重,协作艰难,加之在引渡汉奸、查封伪产等事中各行其是,令澳葡政府莫衷一是,难于应付。而且,为澳葡政府留下了斡旋与刁难的空间,更是延误了肃奸工作的进展,稀释了肃奸运动的影响及成效。

二、引渡关键:逃匿澳门战犯及汉奸名单

　　战后,隐匿澳门战犯较少,"经济汉奸"居多,特别是澳门的一众华商领袖,高居"经济汉奸"榜单,令人唏嘘。根据学界的诠释,如罗久蓉文中"汉奸"被认为是抗日战争时期"战争期间及战后中国民间与官方对通敌分子的通称"。[4] 国民政府官方并未出台正式文件以定义"经济汉奸"的概念,但是国民政府的公文、通报、罪证调查表中又常常引用该词。郑振铎《锄奸论》中认为"一切与敌人有商业上、经济上之往来、联络者皆属该类"。[5] 那么在当时"经济

---

① 《张发奎致外交部代电》(1946 年 6 月 12 日),台北"国史馆"藏,外交部档案·澳门引渡汉奸战犯等案,172—1—2259。

② 《国民政府代电外交部》(1946 年 2 月 22 日),台北"国史馆"藏,外交部档案·澳门引渡汉奸战犯等案,172—1—2259。

③ 《中央调查统计局情报》《澳门问题等》,台北"国史馆"藏,外交部档案,172—1—2260。

④ 罗久蓉:《历史情境与抗战时期"汉奸"的形成——以 1941 年郑州维持会为主要案例的探讨》,台湾"中央研究院"《近代史研究所集刊》第 24 册下册,第 818 页。

⑤ 郑振铎:《锄奸论》,《周报》第 2 期,1945 年 9 月 15 日。

汉奸"即为抗日战争时期一切在商业上、经济上与日伪势力往来、合作、联络之资敌者的通称。

关于国民政府向澳葡政府提请引渡的名单,1945 年 4 月 1 日广州行营致外交部电提交的《澳门奸伪略史暨产业调查表》上记有邓太、高勤、苏林、赵斑斓、李国豪、吴东禄、关沃池、毕侣俭、谢志超、李昌明、马世赞、黄祥、谢业龙等 60 余人。[①] 但广州行营另外还提交了一份《澳门部分奸商题名册》,其中包括董锡光、张文洞、钟子光、毕侣俭、傅德荫、梁基浩、王颂献、高可宁、李慎之等近 60 人,[②]除钟子光、毕侣俭外,两份名单人员都不同。根据《澳门部分奸商题名册》《澳门奸伪略史暨产业调查表》统计,大致曾有 126 名藏匿澳门奸伪人员被要求引渡,其姓名及附敌简况,如下表所示:

表 6 - 1　澳门部分奸伪附敌情况表[③]

序号	姓名	附敌简略
1	钟子光	与高可宁、高福耀等开办大福轮船公司,以永华轮行走广州湾、越南等地;将棉纱、铜仙、白银、电油等物资运往湾越等地供给日军购用;操纵米谷,囤积居奇;在战时尝语人谓:有钱便将来一定可以无事。

---

① 《澳门引渡汉奸战犯等案》,台北"国史馆"藏,外交部档案,172—1—2259。

② 《广东高等法院检察处快邮代电检纪字第□六七三号》(1946 年 12 月 21 日),《广东行辕接收港澳移交汉奸黄天始案及逃港澳汉奸、奸商名册》,广东省档案馆馆藏,7—1—161。

③ 此表系根据陈敏所整理列出的《澳门部分奸商题名册》《澳门奸伪略史暨产业调查表》两表合并统计而成,详细情况载陈敏:《战后国民政府对澳门"经济汉奸"的引渡与审判研究》(未刊稿),暨南大学中国近现代史专业硕士学位论文,2016 年。内容引自《广东高等法院检察处快邮代电检纪字第□六七三号》(1946 年 12 月 21 日),《国民政府主席广州行辕关于检送逃避港澳汉奸及港澳方面敌伪物资和非法人员逃避港澳一览表请查明办理等情的代电》《已经向港提出未蒙逮捕引渡汉奸一览表》《尚未提出逃港汉奸调查一览表》《逃避香港汉奸人犯等》,广东省档案馆馆藏,7—1—161。

续表

序号	姓名	附敌简略
2	张文洞	任日本海军驻澳门贸易主任,金城公司总经理;专营搜购物资及军需用品资敌,在澳门为巨大奸商之一;数年来获利甚巨,计有现金三百万至四百万西洋纸。
3	叶子如	皇宫理发室大东主,1943年由伪海防军李根源介绍去广州叶衍龄处工作,为四大先锋之一。叶乃专替日敌掠取军谷,购买物资,曾在省桨□街设有大兴粮食行,并置有汽船运输粮食,故亦获得大利。
4	毕叶成	曾在广州三井三菱洋行任职,获利颇丰。在省与汪德静、徐□堂等操纵粮食、电油货物事业。前年来澳代表伪省方人员买入产业。现在新马路信安银号乃毕氏与汪德静、李阴南、关沃池等合股开设经营,并代伪方人员保管协丰行(华人酒店背后)等资产。
5	叶文山	在澳门开设海隆公司,船舶运输由日本海军支持,一切非常便利,所有货物皆免税,其所经营货物均属违禁物品及搜括重要物资资敌,如五金、钨砂等类。有船只多艘,行走东汝、汕尾、广州湾、香港、广州等地,获利五十六万元葡币。
6	蓝荣辉	在国际酒店对面开设荣发运输行,往来港澳湾各地,运电油、棉纱、火水等物资售给日伪;与钟子光、王颂献等组织大福轮船公司以永华轮行走澳湾越线;在澳购运双毫、白银、黄金、电油、铜铁、棉纱及军需品等运往越南售敌,从中牟利。
7	高可宁	澳门商会主席。自香港沦陷后与日商新兴洋行联络,创办大福公司,对物资供运及违禁商货资敌甚多,澳府贸易局及泰兴公司赌坊亦占有股份并任泰兴公司副经理。
8	王颂献	前在香港代理人寿保险公司,自香港沦陷后即来澳门活动,组织大福轮船公司,勾结日人,在澳门搜购白银、钨砂、黄金、电油、洋纱等与越南之口军作物资交换,并创办大福公司自任副经理。
9	傅德荫	自广州失陷即来澳门承投赌坊,任泰兴公司总办;同时勾结澳门经济局长罗保,在澳贸易局占有股份;并与奸商钟子光、梁基浩等搜购白银资敌。

续表

序号	姓名	附敌简略
10	梁基浩	于香港沦陷后与日陆军部联络后来澳门,勾结经济局长罗保创办澳政府贸易局,任司理;曾与日陆军购料公司之联昌公司齐藤联络,代购钨砂及军民原料等,获利甚丰;下环街新记行何鸿桑为其东主。
11	毕侣俭	在澳门任鸦片专卖局经理,在职时曾炒烟土,颇为发达,并同梁基浩等奸商合营投机生意资敌,与日伪方合作之生意以梁基浩出名,亦系贸易局股东之一。
12	李慎之	自战发后来澳门活动,勾结附日奸伪人物如西南日报社之刘传能、黄公杰等势力,支持并与澳门经济局长罗保合作投资鸦片,牟利颇丰。
13	陈日初	与澳门督察长官耶结友好,曾替官耶至中山办粮食,与李氏斡旋沟通由官耶以机枪一支附弹五百发与李换谷米二百五十担,后又以步枪交换粮食,曾经数次。东莞叶衍龄为驻澳门代表,曾经营运输事业,载运粮食及物资,并与日伪物资交换。
14	李洪①	勾结日伪如李辅承、黄仲平、黄志达、彭济华等诸人作运输事业,并勾结警察长布英沙及驻澳特务机关黄公杰等部,故在种种势力保护下运输非常畅通。自置有电扒船只来往广州湾、市桥、大氿、中山等地经运棉纱、铜铁、汽油燃料、军需物品、粮食等类出入,牟利甚巨。
15	刘荣光	与敌特务机关队长黄公杰合资在提督路开设荣昌公司及荣益行等专营汽油、油渣、食盐、煤炭等。近年藉日敌势力庇护下获利颇丰,并备有电扒二艘,常行三埠运载钨砂及违禁品资敌,现该电扒改走氿门、广州。在大堂巷置有大屋一所。
16	郑厚辰	代理国光号船行,行走港澳广湾线,与日商竹内之洋行合作,办海底铁线、豆子、旧麻色及五金类往省港,售与日敌。
17	周仲文	诨名肥佬、周思饭,曾在省与日台人合资创办华南酒精厂,以酒精资敌。时与日伪来往甚密切,并开设中国行,制造卷烟交敌军配给,获利颇丰。曾为游击队及锄奸团警告,敌降后迁避来澳门暂住彼岳父家,后投奔春园酒厂东主冯某及彼之岳父。

---

① 李洪的名字在台北"国史馆"藏《澳门引渡汉奸战犯等案》中多次出现,又称"李拱";广东省档案馆藏《奸商题名册》中名为"李洪"。

续表

序号	姓名	附敌简略
18	杨正之	在日本内河公司任职,与日海军部台人符少雄同事,并任昌兴行、泰丰公司、联和行等职,现彼此合作(与符合作)与日本万和公司买了"协和船"一艘,将该船改名为"协利号",行走湾澳线。
19	徐淞①	徐淞医所原设于桥子头大街 117 号 2 楼,其妻林清辉为日籍医学生,乃联络日人从中活动,代替注射种痘检疫等。又作每张证纸收费四角,每日注射者不下千百人。同时更联络日特务机关运输货物,故得日敌之助,集资达四余万元。
20	董锡光	昌明火柴厂长董庆堂之子,任中山电力局长,与日军部合营广东电化厂,做火药燃烧品。昌明厂有发动机每日可产白药一四五(斤/镑),厂内有日籍化学师二名"平生""青田"。在青洲自来水化验室设有硫酸厂,雇工人百余名,出品全售敌伪军用。与侵粤日本政府合作经营一间电化厂,所出品之物资是军用燃料,如子弹之火药、轰炸品及发电机等物。
21	杨衍旋	岭南大学学生,与董锡光是同学。在澳门开设天和公司,地点在沙梨头东亚机厂,后出品白药(爆炸原料)机器、油渣机,该机有十二匹马力,每日可出品约五十磅。
22	黄胜	原为疍民,系十月初五街泽英行之海英机帆船长。该船走湾澳,颇为杰出,勾结日敌当局,接运军用品及粮食等,并由驻澳日海军武官部特务侦缉程启侠介绍,与驻澳日机关接洽,代运白银烟土违禁物品。
23	卢鸿	其泊在澳门十二号码头之昌明号油渣货船,昔为新兴洋行运货船,今改装换名行走省澳,此又漏网;惟万四扒、万六扒及叶青和所买之电扒等未解省,仍在澳扣留者尚有小数;但大量运钨之火丰扒,因该扒与潘蔚游击支队长之姨甥有关,和平到临,秘密驶往小杭潜匿,现改装改名。
24	姚心田	承办福民烟膏公司,在澳门康公庙直街之泰兴隆行亦是姚某所营。彼现居澳门,曾与日军合作,用电扒数艘专走都后附近之黄板,以棉纱换钨后获利致富,出六十万葡币装修及租赁"马士弼"改为"葡萄牙"号,与澳政府合作行走海防澳门,不料盟机监视严密,只行走一次,滞留澳门。

---

① 徐淞在广东省档案馆馆藏《奸商题名册》中名为"徐淞";台北"国史馆"藏《澳门引渡汉奸战犯等案》中反复出现,称"徐松"或"徐淞"。

序号	姓名	附敌简略
25	高福铭	与钟子光同等,所营商业同钟子光,为乃父代表人,现有财产等情故略。
26	陈少兰	在中山区及大黄埔一带替日人代收军谷委员,为时威风,不可一世,该地方农民恨之刺骨。光复后,彼陈氏则在澳门作富家翁长。
27	杨霜麟	专代敌军收米,及引导敌军捕害民众。
28	高和	前充湾仔敌宪兵密侦,勒收保护费。
29	杨官英	敌宪兵侦察及伪国民军募兵专员,为大汉奸容华玲(即大章又名德初)之妻舅。
30	鲍大姑	鲍大姑系鲍东发之妹,白石人,三厂警备队通译。
31	杨兰禺	专代土匪收男票,及敌伪收军米,无恶不作。
32	廖心右	大堂街 12 号洋楼乃系伪广州市鸦片烟专员处,福民堂之股东廖心右之产业,现作为寓公之所。该洋楼昔日业主梁姓以葡币三万八千元转售与廖氏。
33	李台泉	伪海军部第一路司令,前驻大小林一带,恃势收买钨矿五金资敌,拥有葡币二十五万元。
34	黄景初	黄珍记之子,敌燃料之供应商及钨矿经营者,资敌汉奸之一,现有财产尽人皆知。
35	吴凯瑞	专为敌办钨矿,开设大达行。
36	马伟东①	黄家驹亲信,乃资敌物资经纪人。
37	容光正	张文洞亲信,兼代敌特务机关,探我方政务特务人员动态(老毕为其目标之一),乃张文洞各业之优先经纪手,在南屏置有田产约二十四顷,现金约葡币十余万元。
38	鲍德	在澳门新马路国际酒店对面二楼开设新亚公司,此公司乃东三省(称"满洲国")在政府内有权威的日本军人及"满洲"人,以在澳门收集五金钨砂为目的。由"满洲"运来热河烟土及大连烟土,在澳门交换,当时与他交易者颇多。

① 马伟东在广东省档案馆馆藏《奸商题名册》及台北"国史馆"藏《澳门引渡汉奸战犯等案》中名为"马伟乡";在其他述著中亦有称"马伟东"者。

续表

序号	姓名	附敌简略
39	陈球	本澳南湾新楼德祥和司理,该号因在战事期内曾与日本海军府合作,营业至将和平时。曾与市桥李朗溪买三青料一千六百磅,因该批青料系前香港日本人所存下者,而至和平消息时,李浪溪将存下三青料偷清,约九百磅不知他卖与何人。而这批卖与德祥和,每磅价约澳币(按:葡币)90元左右,运至澳门卖出每磅澳币(按:葡币)120元,已沽出约一千磅,现在所预算溢利澳币(按:葡币)廿余万元,而曾付往广州湾存下者约四百磅,存下于本澳旧货者约五百磅。
40	吴任平	1941年香港沦陷后,勾通敌伪回乡,专营钨矿资敌,1942年后,其发展力颇惊人,可谓以钨资敌者之屈,每月运去至少各超过二百担数以上,最多者约三四千担之间。初将钨卖与下川新兴公司,结识生尔(日人,驻上下川要员),转而结识本澳公成行胡公略,自后将钨转交金城公司,与该公司刘间之、张文洞等狼狈为奸,继又再结识日敌华南情报组长大间子(日人)如虎添翼。1944年,又为新兴公司用百余万金收买,自后又将钨转卖与新兴公司,在澳门颇有置业。
41	刘星驰①	运用手腕结交敌人泰平洋行之司理山本氏(日人),商量借资开设一间搜购五金及钨供敌之收买店,于本澳通商新街名为昌隆收买店,因此大量收购五金,如海底铅、铁、铜仙、铜制品、铁锡等制品。自置一艘渔船,载重为三百余担,改为机动帆船,乃派其堂弟刘权负责航线,专向台山、广海及海晏等地偷运钨矿返澳资敌。如是者数年,所运出钨及废铜铁五金之类,在澳风头颇有铁王之诨号。
42	林益渠	原名益三,第一任敌军侵中山之通译兼代收军谷,此人无恶不作,开设东海洋行,有机船一艘在提督大马路某船厂保管中。
43	黄家驹	在澳门经营影院事业,全澳之外国影片由他独家专利优先影权。自港陷后,所有影片由港总督部报道部封存,交戏剧班长日人和久田负责封存保管,后黄与日人澳门陆军特务机关之通译周应德联络,取得影片之优先权,双方合作将影片之利益与泽机关共分,用作机密费,如是数年获利颇丰。黄氏之支持人乃泽机关之山口代现住宪兵准尉。

① 刘星驰在广东省档案馆藏《奸商题名册》中名为"刘星池";台北"国史馆"藏《澳门引渡汉奸战犯等案》中反复出现,称"刘星池"或"刘新池";在澳门报纸记载中亦有称作"刘星驰"。

序号	姓名	附敌简略
44	容榴	勾结敌伪密侦,威迫利诱乡民折卖,而他则以廉价购买及接济敌伪粮食,偷运钨砂资敌。榴记为作恶之营业机关,并对贫穷小贩发高利贷,无恶不作。
45	黄家聪	英明公司黄家驹之介弟,英明公司所附属之国华戏院、南京戏院即放映日寇宣传所谓大东亚圣战及攻击英美之影片,后与日本人台湾人南京政府下之中国人合组中华电影公司,而英明公司则为中华电影公司放影毒化影片之大本营。黄家聪之兄黄家驹为英明公司之总理,但一切对外连络则由黄家聪负责,当时黄家聪乃与中华电影公司之负责人福泽泰及驻澳日特务机关长泽荣作有密切联络。同时,黄家聪更藉泽某之力,以干其运输事业,在澳门购买大批火水燃料等物,以电扎运往香港发售,牟利不鲜。
46	张炳章	在太平洋战事中,除与澳门之日本万利公司合做钨矿,由澳运洋纱、火柴等物入中山之七八区一带,由七八区换钨矿及五金,返澳后再运入香港。全澳走钨矿之人,以张炳章为最著,他与张文洞走钨,两人并驾齐驱。现有葡币约九百万元。
47	陈尉文	在省港澳经营银业及出入口货物,将日本总督部之香港纸及大洋券运来澳门天祥银号买卖,后正金银行来澳设立分行时,天祥号仍依旧代其买卖。陈尉文本人表面上未有与敌合作,在后面主持,如利用马万祺等活动,陈氏自事变后,获利颇丰。
48	陈振邦	同其父陈尉文。
49	冯作霖	冯自事变后与内河船务公司富田中岛合作,内河公司与华人交易乃冯氏居间。事变初,华人有船者未敢与日人直接交易,接洽亦由冯氏出面与华人商妥,然后与日人交易,最先将恒昌船卖与内河公司,同时岭南丸等亦为冯氏经手。冯乃内河公司理事,与中岛合作,获利极多。
50	潘文荣	华南敌海军武官兼顾问,一向助敌工作,曾在河边新街二七号二楼开设海利公司,代敌计划运输物资及暗代敌海军工作。敌降后,该公司乃结束,但该潘文荣仍留澳门,未逃。
51	霍宝开	曾犯代敌人销售烟土之罪,并与日人所开山光行任外交之何经炜合作,乃航走港澳线广发 1 号至 4 号之机动帆船船东,兼汇通银行公司股东。

续表

序号	姓名	附敌简略
52	何善行	因结识敌酋肥后大佐,数年间一跃而为富豪之列,又新马路天祥银号之东主。
53	陈显璇	在港日总督部财务部服务,主理粮食部分,后得三井洋行主人信任给款来澳门开设昭华行,因三井在澳无分行,故用陈氏在澳经营,表面中国人生意实则三井分行,故三井出入口货物,如港湾省地分行运澳者皆昭华行代理。陈氏并经营船舶数只走各线,曾由市桥、中山等地运来港资敌及交换物品出口。
54	高梁之	在澳门代敌搜购五金等军用原料,为澳经营最先最多最久者。与前敌驻澳武官阿部(后改板垣清)处充澳五金情报员,与陆洁乡合作,号作五金大王,后高帮助吴英,代敌海军搜购军用原料,现在中山国民党主办之国民日报任职。陆洁乡即于1944年秋盟方封锁敌方交通,使敌无法运输,乃停止在澳搜购原料,陆洁乡则在欧大庆之国民兵团活动,国民兵团解体,乃往南屏乡左近经营农业。
55	张英	曾充冯氏次畴之伪中山沿海守备队支队长,驻防对海银坑,曾捕我方艇家三人,交敌海军解往香港残害,该伪守备队解散后,乃改在敌武官山崎组织之特务队充密探,现仍在澳门,未逃。
56	程栋富①	在泰平公司、汎亚公司助敌谍山口、田中、功藤佐岛(被捕解港)等敌谍工作,现仍匿澳未逃。
57	陈华就	偕其兄华炎与敌石岐宪兵队长三泽合作,经营岐澳公路汽车(公司),运输五金济敌。敌降后,其兄华炎于1945年8月在澳门被中山游击队鲍英击毙,陈乃将敌遗下汽车十二辆据为己有,近日将较旧之五辆折卖,其余以四辆现在澳市行驶,二辆租与岐关公司。
58	邓太	曾充敌伪华南情报处中山江门香港澳门区女情报主任。

---

① 程栋富的名字在广东省档案馆馆藏《奸商题名册》中记为"程栋富";台北"国史馆"藏《澳门引渡汉奸战犯等案》中又称"陈栋富"。

序号	姓名	附敌简略
59	高勤	与昌兴公司、金城公司、泰平洋行等联络,专购五金、钨矿、水银灯等物资资敌。
60	苏林	联络泰平洋行、金城公司等专购五金钨等类物资资敌。
61	赵斑斓①	合办伪《华侨日报》,逢迎日寇并替宣传。
62	李国发②	曾充香港敌总督部政治密探组长。
63	吴东禄	曾任驻澳日海军部情报员,并组织省港澳湾航运(公司),负责采运钨矿、军需品等济敌。
64	关沃池	曾任日金城公司司理,专办粮食、钨矿、汽油等资敌,并联络奸伪张文洞等,制手榴弹,供敌使用。
65	谢志超	富商谢利源之子,战时勾结日商宗橡经营五金资敌。战事结束后,谢志超仍欠宗橡货款葡币六万元,有借据为证。
66	李昌明	李氏父子在澳门开设广荣行代理三井洋行货物,战事结束后,三井有军毡五千张暨其他货物甚多交李氏藏匿,仍欠三井货款葡币三十余万元。
67	马古簪	曾充任日本陆军昭和通商株式会社情报员,并与奸商凌炳耀合资办钨矿等物资资敌。
68	程丽娴	母亲为日本籍人,伺为日本谍工。战时母女均与日宪兵队长清水担任主要情报工作。
69	郑心符③	于战争未结束前两年,勾结日本山口月,将香港中茶公司存货约值葡币五十余万元暨布匹洋纱等搬运来澳匿售。
70	李三带	李氏为汉奸张文洞走狗。
71	黄大关	曾充任敌海南岛劳工协会干事兼驻港澳分会主任。

① 赵斑斓在广东省档案馆藏《奸商题名册》中名为"赵斑烂";台北"国史馆"藏《澳门引渡汉奸战犯等案》中又称"赵班烂";但在澳门报纸报道多使用"赵斑斓"。

② 李国发的名字在广东省档案馆藏《奸商题名册》中记为"李国发";台北"国史馆"藏《澳门引渡汉奸战犯等案》中又称"李国寰"。

③ 郑心符在广东省档案馆藏《奸商题名册》中名为"郑心符";台北"国史馆"藏《澳门引渡汉奸战犯等案》中反复出现,称"郑心符"或"郑合符"。

续表

序号	姓名	附敌简略
72	林寿田	战时任新兴行矿务组长兼情报员，并勾结日人山口开设东兴行，专购五金钨矿与敌物资交换。战事结束后，将东兴行改为大丰行。
73	周启东	曾充任伪军第四十五师驻省后方办事处主任。
74	黄祥	曾充任中山县坦州伪联防大队长，并有机帆两艘，专谷米粮食等资敌。
75	郑兆麟	为汉奸黄公杰党羽。
76	谢业龙	曾充任日海军部驻澳情报员并与泰平洋行负责采钨矿、五金等物资资敌。
77	林皋	曾充伪广东省建设厅驻澳专员、粮食管理处主任、伪省行科长、顺德粮厂主任，并在澳门开设裕丰公司专营粮食资敌。
78	谭文昌	曾充任伪广东宪兵部侦缉队长，并联络澳门敌特务机关秘书主任山口，开设昌兴行兼营粮等物资资敌。
79	梁海涛	曾充澳门特务机关密探，专探我方军事布防，并引敌军入广州。攻台山后，继充澳门敌领事馆情报员。
80	郑华新	曾充任驻澳门日本海军武官府通译。
81	姜锦	曾充任敌澳门日人经营金城公司总管理，常藉日人势力，获利颇巨。
82	余文兴	战前充任台湾总督府特派员、日大本营情报员。战时任澳日宪兵柳田阿部通译及特高课情报员，并兼营物资资敌。
83	李根源	战时充任伪海防军司令，后改为白蕉基地队司令，并在澳门开设海源号专采购粮食五金钨矿等类物资资敌。
84	蔡强	曾在前山税卡任日人通译兼侨税务局局员。本年二月间随敌军到台山、三埠等地掠获物资甚多。
85	叶万金	曾充任驻澳门日武官府秘书，并勾结日人大间之，合资经营新兴公司、兴民行、泰平公司，专采购五金、钨矿等粮食军需品等物资资敌。
86	罗伟	为敌宪兵所长三泽重视，后委任三厂宪兵密侦队长，及后任鲍富所属税警团大队长。

序号	姓名	附敌简略
87	苏日行	曾充任澳门敌伪《西南日报》采访课长。
88	黄志强	曾任澳门敌特务机关密侦队长杨玉坤（按：杨玉宽）所属之情报员，并与敌谍岛田合资开设信昌行，采购粮食军需品等资敌。
89	林德民	曾充任敌伪海防军第二路司令，并在澳门开设穗祥行专办谷米资敌。
90	罗飞	曾充伪中山县财政局长、省税局长、财厅驻澳粮食管理处主任及伪省派出驻澳主任。
91	胡荣坤	曾任伪南海县政府财政局长，为汪宗栋之婿。
92	徐伟卿	曾任澳门敌特务机关长泽荣作之情报员。
93	黄海	曾充伪省府驻澳特务警卫队副队长。
94	赖南	曾充任伪敌海防军第三路军司令。
95	黄志达	曾充李辅群部属队长。
96	郑森湖	勾结黄公杰并借敌人势力经营投机生意，并任日方白银丸买办等工作。
97	凌秉权	曾任伪龟龄岛海防军司令，并运输钨矿资敌及专供给日方情报。
98	卓球	曾充任伪华南区海防总司令，兼办钨矿粮食等类资敌。
99	梁德镛	曾充任中山县第七区大霖矿务所伪所长，专采钨矿资敌。
100	杜彼得	战时将西南运输处仓库所存物资搬运资敌，并采购五金钨矿资敌。
101	凌达材	曾充任伪财政部驻粤特派员公署主任秘书暨护沙委员会委员
102	鲍华耀	曾任驻澳门日特务机关秘密工作人员，并藉商业掩饰工作。
103	符亦贤	勾结日人齐藤开设道生行，专营粮食糖油资敌。
104	鲍文简	与谷中兴合资开设泰丰公司，专营谷米资敌。
105	陈春玉	曾任日人经营真福烟草公司经理。
106	胡荣君	为汪宗准妹夫，战时充任伪南海县政府财政局长。

序号	姓名	附敌简略
107	梁松	系奸伪钟子光亲信助手。
108	许少东	勾结澳门日领馆要员□泽氏,乃得充任伪中国帆船海运船务处主任。
109	曾金①	勾结奸伪日人开设佑德行,偷运物资资敌。
110	谭英②	开设英隆公司,收钨等类资敌。
111	薛兴	开设佑兴祥专收谷米资敌,该逆乃汉奸黄祥之得力助手。
112	朱华大	曾充任驻澳门日海军武官府职员。
113	李光业	曾充伪广东省政府秘书。
114	李祖荫	曾充任李根源部副司令。
115	陈天心	《大众报》编辑,战时受敌津贴,替敌宣传兼充敌情报员。
116	林鹏志	曾充敌伪海防军司令部参谋长。
117	萧文焯	战时在香港设立大德行,有机帆七艘专运粮食资敌。
118	黄珍记	黄氏父子四人均于战时替敌搜集情报,并专购五金钨矿等类物资资敌。
119	赵鉴持③	勾结奸伪钟子光、日人中岛益本联络经营粮食钨矿军需品等物资资敌,并代理日内河公司营运货物。
120	钟彪	钟氏父子三人勾结奸伪及日人开设泰兴行,专收钨矿五金等,并直接与泰平公司交换物资。又钟氏深巷仔第十八号屋内仍藏有钨矿为证。
121	梁炳墀	勾结日人经营船务,运输五金钨矿等类资敌。
122	刘昌著	曾任日金城公司经理,专办钨矿汽油等资敌,并与奸伪张文洞、梁卓轩、关沃池、梁达夫等密造手榴弹,供敌使用。

① 曾金在广东省档案馆馆藏《奸商题名册》中名为"曹金";台北"国史馆"藏《澳门引渡汉奸战犯等案》中反复出现,称"曾金"或"曹金"。

② 谭英在广东省档案馆馆藏《奸商题名册》中名为"谭英";台北"国史馆"藏《澳门引渡汉奸战犯等案》中反复出现,称"谭荣"或"谭英"。

③ 赵鉴持在广东省档案馆馆藏《奸商题名册》及台北"国史馆"藏《澳门引渡汉奸战犯等案》中名为"赵鑑(鉴)池";在澳门报纸中多使用"赵鉴持"。

序号	姓名	附敌简略
123	林炳夫	(按:林炳炎)勾结黄公杰操纵金融。
124	陈茂枝	陈氏父子在战时勾结敌伪,收购在东莞万顷沙谷米资敌,并霸耕明伦堂沙田。
125	何家深	曾在日人经营正金银行任买办,暨联昌公司经理。

根据上表所陈,最初被提起引渡的逃匿澳门奸伪人员,从来源上看主要有三类:第一类是抗战时期附敌活动澳门本地华人,如董锡光、高可宁、钟子光等;第二类是抗战时期来澳避难或发展而随之附敌活动者,如傅德荫、王颂献、梁基浩、刘传能等;第三类则是抗战时期附敌活动,战后来澳门避风头者,如张英、冯作霖、容榴等。从被提起引渡者的身份来看,则主要是三类人物:奸商、伪官、特务;从其附敌活动的史迹来看,三者身份往往有交叉,抑或是存在密切的联系。澳门一批有名望的华商被判为"经济汉奸",居于引渡之列,如高可宁、傅德荫、董锡光、徐伟卿、毕侣俭等,其被控附敌经过详列如下:

高可宁:高可宁前系经营鸦片赌坊生意,后与傅德荫合作承包澳门赌坊,担任泰兴公司副总经理,有澳门赌王之称。自1942年始,其担任澳门商会主席,被视为澳门华商领袖,亦是澳葡政府贸易局的主要股东之一。高氏被控与日商新兴洋行联络,与日本人大间知林藏合组大福运输公司,搜购白银、铜铁、粮食等物资资敌。①

傅德荫:前在省贩洋烟,承办深圳赌坊。自广州失陷即来澳与高可宁合作开办泰兴公司,承投赌坊,于泰兴公司任总办,有澳门

————————
① 《高可宁汉奸抗告案》,广东省档案馆馆藏,广东省高等法院卷宗,7—1—408(缩微胶卷)。

赌王之称。傅氏被指控与澳门经济局局长罗保以及其他股东钟子光、梁基浩等合作,收购中国白银、五金、粮食等资敌,以船运载钨砂、粮食和煤矿接济三灶岛日军,资助汪伪各地方政府。日常在普济禅院(即观音堂)内组织一保安部,常与日伪方人员往返。①

董锡光:为澳门昌明火柴厂东家董庆堂之子。董庆堂多年担任澳门商会值理,曾在 1940 年出任澳门商会副主席。董家是澳门有名望的华商家族。董氏被控任中山电力局局长,在广州与日本合资开设电化厂,生产军用燃料如子弹、火药及轰炸品、发电机等物资,以供日军军用;在澳门昌明火柴厂所制的白药亦全数供敌。昌明厂有发动机,每日可产白药 145(斤/镑),厂内有日化学师两名"平生""青田"。在青洲自来水化验室设有硫酸厂,雇工人百余名,出品全售敌伪军用。又在生雪巷开酒厂,名曰"昌发",资本约 15 万元葡币;另在爱惠心街 134 号有枧厂,名曰"昌成",资本约 2 万元葡币;又在十月初五街开昌兴什货铺,资本约 18 万元。又在澳 13号码头经营一码头,即昌明码头,资本约计 8 万元葡币;另有帆船 3艘,名"发利""安利""大利","发利"走省澳,"安利"泊筷子基,"大利"泊广州,后闻董氏在省失踪。②

钟子光:被控以光记公司和德丰行名义为日人执行命令,与日人合组检便所,对来往省澳民众榨取金钱,为日商搜购运输军需

①《广东省高等法院检察处首席检查官张启鸿快邮代电》,检纪字第 673 号(1946 年 12
　月 31 日),广东省档案馆馆藏,第 175—189 页。
②《张发奎致外交电》(1946 年 5 月 31 日),台北"国史馆"藏,外交部档案·澳门引渡
　汉奸战犯等案,172—1—2259;《广东省高等法院检察处首席检查官张启鸿快邮代
　电》,检纪字第 673 号(1946 年 12 月 31 日),广东省档案馆馆藏,第 175—189 页。

品,运棉纱、铜、白银等物资资敌。① 钟氏原为国华戏院宣传员,频年潦倒,于太平洋事变发生后,与高可宁、高福耀、蓝荣辉、马万祺、王颂献开办大福轮船公司,以"永华"轮行走广州湾、越南等地。钟氏则将棉纱、铜仙、白银、电油等物资运往湾越等地供给日军购用。同时,更勾结日海军购料公司之新兴洋行大间子、联昌公司之齐藤合作经营。其次,操纵米谷,囤积居奇。迨至 1944 年春,澳葡政府以葡币收中国双毫白银,钟氏助纣为虐,当时外地谷米受日伪统制,运澳换取白银,于是澳府乃将收集双毫几付诸敌人之手,美其名为维护本澳民食,但实际米价何尝廉平。钟氏亦为日伪周旋谷米之有力者,又传其于 1943 年购买巨型帆船二艘"新生利""新大利",行走广州湾,于是钟氏又以棉纱、鸦片烟、电油等物运往发售,此数年来积得资金占葡币 300 余万元。鸦廉访马路之检便所亦是其产业。当钟氏操纵谷米致米价高涨时,民食恐慌,曾一度为民众包围,迨日本投降后曾斡旋此事,冯祝万代为奔走。

徐伟卿:曾在 1937—1940 年出任澳门商会主席,还曾兼任镜湖医院值理会主席,乃是澳门华商领袖之一。徐氏被控策动华商拥护伪政府,担任特务机构人员,经营五金生意资敌,曾担任日敌驻澳门特务机关长泽荣作的情报员。②

叶子如:曾是澳门商会值理,澳门皇宫理发室大东主。叶氏被控为伪护沙总队叶衍龄四大先锋之一,专为日军掠取军用物资,与

①《澳门奸伪略史暨产业调查表》,台北"国史馆"藏,外交部档案·澳门引渡汉奸战犯等案,172—1—2259;《广东高等法院检察处快邮代电检字第□六七三号》(1946 年 12 月 21 日),《广东行辖接收港澳移交汉奸黄天始案及逃港澳汉奸、奸商名册》,广东省档案馆馆藏,7—1—161。

②《该处对汉奸罪证不确之徐伟卿不予起诉处分案》,广东省档案馆馆藏,广东省高等法院档案,7—1—996。

东莞奸伪刘发如合组皇后袜店,经常利用慈善事业和社会公益掩饰身份,但其学问有限,一切工作多依《市民日报》记者曹奇玉指导。叶氏乃于1943年由伪海防军李根源介绍去广州叶衍龄处工作(按叶衍龄乃东莞县属之附日伪护沙总队,集资葡币约数百万元),衍龄处为四大先锋之一。叶乃专替日敌掠取军谷,购买物资,曾在省桨□街设有大兴粮食行并置有汽船运输粮食,故叶子如亦获得大利。日寇投降前一月,叶氏已由省回澳。①

毕侣俭:为澳门著名鸦片烟商,其被控战时查抄烟土中饱私囊,与梁基浩等合营投机生意,暨物资资敌,战争结束时由日人交给其烟土一批。毕氏亦为澳葡政府贸易局股东,凡与日伪方面合作的生意均由梁基浩代其出面。②

这些商人中的绝大多数因受到澳葡政府庇护而未被引渡,如高可宁、傅德荫、钟子光、毕侣俭、梁基浩等,即便是被引渡到省的商人如徐伟卿、吴盛武、刘星驰、林鹏志等也因澳门各行商会、社团的极力证明而最终以不起诉处理,可以说,澳葡政府与相关各社团、组织等因着各自的缘由成为许多华商的庇护者。

三、几经波折:引渡两批战犯及汉奸回穗

1945年10月,国民政府外交部及第二方面军司令张发奎便已派员赴澳门与澳督接洽,协商引渡逃匿澳门的日本战犯及汉奸的相关事宜。澳督原则上同意引渡,但在行文手续,特别是对于"经济汉奸"的罪名确定及引渡方面百般刁难。加之,澳葡当局认为"经济汉奸"不属于战争罪犯,因此澳门方面的肃奸工作迟迟难有

①②《广东省高等法院检察处首席检查官张启鸿快邮代电》,检纪字第673号(1946年12月31日),广东省档案馆馆藏,第175—189页。

实质性进展。

葡萄牙政府将引渡犯分为两类,属刑事罪犯者同意予以引渡,属战争罪犯者须按个别情况进行研究。澳督表示关于引渡澳门"经济汉奸",中国方面需检附合理证据,并按照国际惯例以外交途径向葡京提出,其中战争罪犯者则须按个案进行研究。① 中国驻葡公使张谦建议外交部电洽张发奎立案,并请饬将引渡名单以及犯罪事实分别具报,转送外交部以凭核办。② 当外交部依葡方要求按国际惯例向葡京提出引渡后,澳葡当局又要求提供中国法院就此引渡"经济汉奸"的正式起诉书,后又要求被引渡的"经济汉奸"应有法院判决书才能申请引渡。1945 年 12 月,葡驻华代办向外交部转送一份备忘录,称葡萄牙政府的立场是对战争罪犯不予庇护,拟一经盟国以正常外交途径提出之后,即可解交。但该备忘录附设一条件,要求该项罪犯必须经负责政府列在战犯名单内,并说明将由何法庭审判。③ 看似中葡之间关于引渡手续的分歧已经解决,可开启引渡工作,但实际上争议仍悬而未决。1946 年 2 月,中葡政府又达成一项协议,葡方要求中国政府引渡汉奸应提请引渡机关,开列罪犯姓名、罪状和拟交审理的法院名称,具备此条件后再由外交途径正式提出。④ 此后,驻葡公使张谦多次向葡交涉,敦促葡方按照备忘录规定配合广州行营进行引渡,但葡方闪烁其词,态度

---

① 陈敏:《战后国民政府对澳门"经济汉奸"的引渡与审判研究》(未刊稿),暨南大学中国近现代史专业硕士学位论文,2016 年,第 27 页。

②《张谦致外交部电》(1945 年 11 月 13 日),台北"国史馆"藏,外交部档案·澳门问题等,172—1—2260。

③《外交部致军令部代电》(1945 年 12 月 14 日),台北"国史馆"藏,外交部档案·澳门问题等,172—1—2260。

④《外交部致中央执行委员会秘书处公函欧字第 02623 号》,台北"国史馆"藏,外交部档案·澳门问题等,172—1—2260。

暧昧。

1946 年 3 月 23 日,张谦与葡萄牙外交部政务司长会面,要求将郭恨劫①引渡解送至广东省高等法院进行审判。葡政务司答复称,葡萄牙政府本欲同中国政府商定引渡专约,以规定双方手续,但为方便起见,允许采用国际惯例引渡之最简手续。葡政务司表示为遵循国际引渡法原则,中方办理引渡时,应参考以下几点:

（一）凡罪犯已受法院判决者,须将法庭判决书内并声明罪状系根据何种法律及应予何等处分,连同起诉口供之各有关文件或抄件,经由各主管机关及各证人签署以后,一并经由外交途径转递葡方,又因葡国已废除死刑,故引渡之犯人不得受死刑之判决;

（二）对于未经判决之所有罪犯,由法庭签发传票,附同证据及各项有关文件或抄件,经由外交途径转递葡方;

（三）所有递到文件经葡主管机关审查认为适当后,方将人犯引渡。②

葡方称上述各条均系保障人权与避免人民因参与政治活动而受到惩处,葡方极愿配合中国引渡工作,只是希望能以上述方式办理。

1946 年 4 月,张谦再次就汉奸引渡问题与葡外交部政务司长磋商,葡方对上年 12 月葡驻华代办所递交之备忘录重新进行解

---

① 中国国民党中央组织部电函张发奎称:郭恨劫曾充任伪香港海员总工会会长,残害海员,并在澳门新马路崔文记钟表店二楼设中华海员公会,举办海员登记证及收费等,要求外交部引渡,而葡外交部回复称郭恨劫早已离澳赴港。《中央组织部代电》(1946 年 6 月 22 日),台北"国史馆"藏,外交部档案·澳门引渡汉奸战犯等案,172—1—2259。

② 《张谦致外交部电》(1946 年 3 月 23 日),台北"国史馆"藏,外交部档案·澳门引渡汉奸战犯等案,172—1—2259。

释，称：

　　驻华葡代办节略所指战争犯各原则，葡方原意系指交战国间的敌国战犯而言，并不包括中国政府所指的汉奸，中国政府坚称汉奸属政治战争罪犯，关于政治战争罪犯是否应引渡，须向驻英国的葡萄牙领事馆取阅联合国战争罪犯委员会所通过的草案，待详细研究后再行答复中国的要求。①

　　这一解释将汉奸排除在战争罪犯之外，又推托将汉奸列入政治战争罪犯引渡的合理性。葡方态度前后不一，不仅自食承诺，还擅自变更引渡协议。张谦对葡外交部的立场甚为不满，且向葡方强调，1944 年 9 月 4 日联合国战争罪犯委员会所通过的法律中第二条和第三条明确指出对战犯的处理原则，并清楚规定战犯引渡无须考虑其政治成分，且本就包括汉奸，此乃国际间一般通罪，葡国不应例外。虽经过几番协商，国民政府外交部、广州行营仍不得不按照澳葡政府提出的要求，将需要引渡的"经济汉奸"名单、犯罪证据、法院起诉书等资料备齐，再提请澳门当局进行引渡。

　　国民政府即便是屈从于如此严苛要求，澳葡政府私下仍是采取对立、破坏的态度。1946 年 3 月 1 日，广东省政府关于驻澳各机关布置情报网防范奸伪的代电提到：澳门当局近对中方在澳党部及青年团之工作极为妒忌，不惜出巨金收买各阶层人员，并深入中方各机关或社团侦查与监视党政军人员动态，《大众报》编辑许国潮已为收买，专调查中方社团一般动态；另有名称为区华者在中山警局充密侦，均受葡方特务探长慕拉士指挥，每月各给津贴葡币

———————————
① 《张谦致外交部第 43 号电》(1946 年 4 月 26 日)，台北"国史馆"藏，外交部档案·澳门引渡汉奸战犯等案，172—1—2259。

300 元。① 慕拉士不仅监视各方动向,而且还在处理汉奸案件中徇私舞弊,甚至倒卖伪产。慕拉士任密探队长后,适当国民政府派员在澳门处理汉奸案件期间,其凭借警厅及地方势力破坏中方的行动,每当中方尚未执行处理而汉奸已闻风逃避时,慕氏即遣派爪牙将逃避者之产业家具劫收暗中出卖。②

1946 年 5 月,引渡汉奸工作才算有了实质性的进展,先后引渡回粤两批汉奸战犯。第一批于 5 月 8 日引渡至广州,共 25 名,其中 3 名战犯:□辉治中,系澳门前日本领事馆秘书,负责搜集情报及压迫民众的高级官员;萨芝□、中岛岳良则为敌军从事运输工作,搜集钨砂、五金、军用品供敌的要犯。③ 而引渡的 22 名汉奸,其姓名、籍贯、身份及所犯罪行,大略如下表所示:

表 6-2　第一批引渡回穗汉奸名册④

序号	姓名	籍贯	身份/罪行
1	戴扬武	茂名县	黄承山参谋
2	汤礼	新会县	黄公杰勤务兵
3	胡飞	新会县	黄公杰集训队副官
4	胡斌	台山县	黄公杰集训队大队附

---

① 《广东省政府关于驻澳各机关布置情报网防范奸伪的代电》(1946 年 03 月 01 日),广东省档案馆馆藏,罗卓英(广东省政府主席)档案,019—001—29—020~021。

② 《澳门尚有官箴 慕拉士渎职撤差查办,官耶舞弊经审判无罪》,《中山日报》(蒋系),1946 年 08 月 31 日,第 3 版。

③ 《匿迹澳门汉奸徐伟卿等解穗》,《中山日报》(蒋系),1946 年 5 月 8 日,第 3 版。

④ 根据《广州行辕澳门区汉奸案卷移交清册》《三水、徐闻、河源等县检举汉奸报告表、清册、外逃香港汉奸名册》,广东省档案馆馆藏,7—4—39;台北"国史馆"藏,外交部档案·澳门引渡汉奸战犯等案,172—1—2259。

续表

序号	姓名	籍贯	身份/罪行
5	黄强	新会县	黄公杰集训队小队长
6	李桂	罗定县	黄公杰集训队队附
7	许觉明	南海县	黄公杰部司书
8	钟端辉	阳江县	黄公杰部军需
9	何挺	新会县	黄公杰部黄承山敌救团联盟队长
10	陈云澄	南海县	伪集训队黄公杰部班长
11	吴江	新会县	伪海防军甘志远特务队队员
12	谭英	新会县	伪中华电影公司行政
13	林华	中山县	因访友郭祥被撞疑拘拿
14	曾金	海丰县/惠州	勾结奸伪日人开设佑德行偷运物资资敌
15	钟彪	中山县	开设泰兴行收买钨砂五金等与日太平公司交还物品资敌
16	梁德容	中山县	敌开设之大林钨矿厂督工
17	吴盛武	中山县	开设广福兴号收买钨砂五金资敌
18	黄志强	—	系误拿王志强,特令准交保
19	张华隆	澳门	开设中山汽车公司为敌军运输货物
20	林鹏志	白蕉	伪海防司令林德民之弟,收买五金资敌,贩运烟土害民
21	刘星驰	新会县	开设昌隆号购买五金及购置机船贩运钨矿资敌
22	徐伟卿	香港	伪澳门商会主席及镜湖医院主席,勾结日本

上述 22 名汉奸中,有戴扬武、许觉明等 14 人均是在澳已毙汉奸黄公杰的部属,徐伟卿、刘星驰、林鹏志等 8 人系资敌之"经济汉奸"。

　　第二批于 5 月 25 日引渡到广州,共 11 名汉奸,① 解交至肃奸

---

① 《澳门昨解到汉奸十一名》,《中山日报》(蒋系),1946 年 5 月 26 日,第 3 版。

委员会核收,由广东省高等法院讯办。这 11 名汉奸的姓名、年龄、籍贯、职业、住址及所控罪行如下表所示:

表 6-3　第二批引渡回穗汉奸名册①

序号	姓名	年龄	籍贯	住址	所控罪行
1	陈波仔	24 岁	番禺	住澳门下环园二楼	敌宪兵密侦
2	李光业	57 岁	惠阳	住澳门文口第四界 20 号二楼	伪广东省府及警务处秘书
3	谢业龙	34 岁	台湾	住澳门柯高路 20 号	敌海军部驻澳情报员,收买钨矿五金资敌
4	陈丹培	45 岁	台湾	住澳门升平里 5 号	敌军通译及敌海军武官府秘书长
5	林清辉	39 岁	揭阳	徐淞医务所	伪澳门医师公会主席
6	鲍美梅	28 岁	中山	住澳门罗传礼将军街 11 号	伪广东大学通译伪省警察局监印员
7	吴秀石	35 岁	中山	住澳门南湾新楼 15 号	伪华南五省政治保卫局李诗清部组长,勒索商民
8	吴公侠	40 岁	顺德	住澳门陈华巷 5 号	敌警备队宪兵队密侦
9	林木	35 岁	中山	住澳门大群酒店	欧大庆营长黄球之卫队
10	张恒丰	30 岁	琼山	住澳门间打 2 号	敌特务机关长泽荣作部当情报员
11	陈灿波	21 岁	台湾	住澳门升平里 5 号	敌通译陈丹培之兄弟

① 《广州行辕澳门区汉奸案卷移交清册》《三水、徐闻、河源等县检举汉奸报告表、清册、外逃香港汉奸名册》,广东省档案馆馆藏,7—4—39。

上述 11 名汉奸中，陈灿波为嫌疑犯，林清辉、鲍美梅为女犯，其余 8 名均为当时罪行昭著的汉奸。

最初，国民政府向澳葡方面提起引渡者达 126 名，而最终仅引渡回来两批，共计 33 人，对比悬殊。就上述两批引渡人员来看，"经济汉奸"很少，第一批仅徐伟卿、刘星驰、林鹏志、张华隆、黄志强、吴盛武、梁德容、钟彪 8 人，第二批更少，仅有谢业龙、林清辉 2 人，总共仅 10 人。

依最初提起引渡两名册来对比，成功引渡者亦是很少。与《澳门奸伪略史暨产业调查表》内名单对比，只有谢业龙、李根源、曾金、谭英、徐伟卿、林鹏志、梁德镛（即梁德容）、钟彪、黄志强 9 人在册，而《澳门部分奸商题名册》中只有刘星驰 1 人在名单内，另外加上吴盛武、林清辉这 2 名不在两名册中的"经济汉奸"，被成功引渡的"经济汉奸"总共也只有 12 人，而且其中李根源、曾金、谭英亦属伪政府人员，林清辉是奸商名册中医生徐淞的日裔妻子。

显然，引渡结果与最初设想相去甚远，引渡回穗者十之八九为非核心人物或对澳葡政府不利人物，其中一二重要人物，如徐伟卿、刘星驰等，亦是有开罪澳葡之处，才被引渡。

澳门"经济汉奸"引渡工作拖延日久，各项工作迟迟未能进入正轨，这与澳葡当局在引渡手续上百般刁难脱不了干系，但国民政府各驻澳机关之间步调不统一、各自为政也是延误引渡工作的重要因素。[①] 外交部实际向澳葡政府提请引渡的真正名单实难统计，但从最初提起引渡的名单可见澳门在经济资敌方面牵涉之深之广。最初引渡设想与最终引渡成功的结果大相径庭，亦折射出问

---

① 陈敏：《战后国民政府对澳门"经济汉奸"的引渡与审判研究》（未刊稿），暨南大学中国近现代史专业硕士学位论文，2016 年，第 31 页。

题的复杂性。

为何会导致这样的结果,澳葡政府的有心庇护最是关键。如前述国民政府中央与地方各部门在肃奸工作上各行其是、政出多门,也是为澳葡政府留下斡旋的空间和拒绝的理由。而像高可宁、傅德荫等重要"经济汉奸"则托庇于澳葡政府之下,当肃奸委员会知会澳葡政府缉捕时,澳葡政府不但拒绝,还加派葡兵保护,俨如政要。当时的报章报道高可宁宅邸设有六道防线,出入则有三四辆汽车随行保护,车上架有机枪,如临大敌。① 不仅如此,军事委员会《扫荡报》社中山版驻澳门特派记者邵廷相,以及该报驻澳门办事处职员王伍,因该报在 1946 年 6 月 30 日刊载《华南经济大汉奸高可宁,澳门政府竟派葡兵保护》新闻一则,而被澳葡政府警察厅逮捕,拘禁 21 小时后始释放,后又派密探严密监视该报办事处,② 足见澳葡政府维护之切。

作为被提起引渡的当事人,"经济汉奸"因财获罪,亦恃财开路。澳葡当局包庇的"经济汉奸"几乎全部家底殷实,澳葡政府各级官员借庇护汉奸敛财,致使许多澳门"经济汉奸"或改换国籍逃往国外或变换潜匿地点,使肃奸人员难以逮捕引渡,如高福铭加入葡萄牙国籍定居里斯本,梁基浩、高可宁、傅德荫等潜匿港澳两地,居无定所,办案人员侦查困难。国民政府各级官员及驻澳机构亦是借肃奸之名中饱私囊,如外交部驻澳门专员唐榴、广州行营驻澳门联络员潘奋南皆因贪污受贿被撤职,此外,高可宁亦有行贿张发

---

① 《葡人包庇保护下,匿澳汉奸高逆可宁防范之严有如显要》,《中山日报》(蒋系),1946年 6 月 28 日,第 3 版。

② 《澳门政府庇护汉奸,非法拘禁记者,扫荡报吁请当局提抗议》,《中山日报》(蒋系),1946 年 7 月 6 日,第 3 版。

奎的举动,后因张发奎要价太高,交易未成。①最终,当事人对于"经济汉奸"罪名的矢口否认与不服抗诉,亦成为故事转圜的焦点,绝大多数"经济汉奸"最终都经过"抗争"后获得不予起诉的结果。

第二节 匿澳"经济汉奸"的自辩与结局

1946年5月,也就是汉奸战犯自澳门提解回广州后,广东肃奸委员会宣布5月底结束办理肃奸工作,将所获汉奸解送至法院和军法机关审讯,以后普通汉奸由法院检举审讯,军职汉奸由军法机关逮捕审讯。② 自1946年6月起,汉奸审判工作按照身份不同由广东省高等法院与广州行营军法处分别办理。

澳门"经济汉奸"的审判工作由广东省高等法院办理。广东省高等法院一方面对已经提解回穗的吴胜武、刘星驰、徐伟卿等"经济汉奸"提起审讯;另一方面,对于像高可宁、傅德荫等被视为重要"经济汉奸"而未被引渡者仍提起控诉,进行通缉。但不管是已经引渡者,还是未及引渡者均拒绝承认其汉奸行为,提出多方证据力求摘掉"经济汉奸"的帽子。因此也出现两种结局,对于提起审讯者自是拒不认罪,经多方具保,举证清白,以免于起诉;对于免诉不成,罪名成立以及控诉通缉者,则绝然提起抗诉,以洗脱罪名。

---

① 陈敏:《战后国民政府对澳门"经济汉奸"的引渡与审判研究》(未刊稿),暨南大学中国近现代史专业硕士学位论文,2016年,第58页。

②《军事委员会委员长广州行营广东肃奸委员会公函(文秘字第17号)》(1946年5月15日),《广东省政府法规整理委员会组织规程及人员选派暨肃奸委员会成立》,广东省档案馆馆藏,2—1—48。

一、多方具保，不予起诉

广东省高等法院自 1946 年 5 月下旬开始收案，陆续对澳门引渡回穗"经济汉奸"提起审讯，并通讯各方取证。在审讯过程中几乎所有人均矢口否认与敌伪有关系，拒不承认汉奸、通敌行为，根据徐伟卿、刘星驰、吴胜武、梁德容、林鹏志、林清辉、曾金、黄志强各案收案、审讯、取证及宣判等情况来看，如下表所示：

表 6－4　澳门"经济汉奸"案一览表①

序号	案名	收案时间	结案时间	判决结果
1	徐伟卿	1946 年 5 月 22 日	1946 年 7 月 11 日	经其妻张瑞英、澳门商会、国民党澳门支部函证，所告之罪缺乏相当证据，不予起诉。
2	刘星驰	1946 年 5 月 22 日	1946 年 7 月 19 日	羁押第二天便申请取保候审，经澳门商会及国民党澳门支部函证，告发之罪均难证实，不予起诉。
3	吴胜武	1946 年 5 月 22 日	1946 年 8 月 5 日	经多位乡长具状保释，并经国民党澳门支部屆仁则与澳门商会函复取证，最终以罪嫌不足，不予起诉。

---

① 根据广东省档案馆馆藏广东省高等法院有关汉奸审讯记录整理而成。

续表

序号	案名	收案时间	结案时间	判决结果
4	梁德容	1946 年 5 月 22 日	1947 年 11 月 25 日	有期徒刑 3 年 6 个月,褫夺公权 4 年,提起抗告,最终判定有期徒刑 1 年 3 个月,褫夺公权 2 年,缓刑 3 年。因羁押时间早已超过判刑时间,予以省释。1947 年 12 月 10 日,保释出狱。
5	林鹏志	1946 年 5 月 22 日	1948 年 9 月 23 日	林鹏志乃伪海防司令林德民之弟,案情反复,提起抗告,最终宣判无罪,但其时已被羁押 2 年多,具体何时保释出狱待考。
6	林清辉	1946 年 5 月 28 日	1946 年 8 月 9 日	经林清辉具状澄清,再经澳门商会主席刘柏盈函复不识其人,法院查证无可定罪之证据,以罪嫌不足,不予起诉。
7	曾金	1946 年 5 月 27 日	1946 年 6 月 14 日	经审讯其为黄包车夫,并无汉奸行为,不予起诉。
8	黄志强	1946 年 6 月 21 日	1946 年 9 月 19 日	系因"王志强"与"黄志强"谐音,而错将王志强当成黄志强抓捕审讯,系属误拘,不予起诉。

　　由上述各案大致情况可知,最初定罪者仅梁德容、林鹏志二人,而后两人提起抗告,最终仅梁德容一人坐实通谋敌国之汉奸罪名。绝大多数嫌犯为证据不足、难以求证的情况,而处以不起诉,

其中曾金、黄志强案甚至是冤假错案。而且从审讯的过程及求证的过程来看,这些案件可谓扑朔迷离,真相令人玩味,每个案子都有匪夷所思之处。

刘星驰在笔录中概不承认有与日伪勾结收买钨矿五金资敌行为,称因未借钱给澳葡政府下级官员,故遭诬陷,并称其昌隆号纯系收买鸡鸭毛、烟酒、头发、猪骨等。但是,澳门商会及国民党澳门支部函复法院称,昌隆号所营系收买生意,五金铜铁等自属营业范围,只是其购入或售出均是与华人直接交易,至于有无资敌嫌疑查无佐证。① 刘星驰的笔录与澳门商会及国民党澳门支部的取证说明相去甚远,但是,广东省高等法院对这么大的疑点却视而不见,以告发之罪均难证实,不予起诉。

吴盛武在审讯中坚决不承认其与梁德容创设大林钨矿厂资敌并担任副厂长等,只认在澳门经营虾蟹生意,且言之凿凿"如有其事,民甘受严行不怨"及"确无做过该厂副主任,如有,愿受枪毙"等语,坚决宣称其系被人诬告。梁德容在审讯中亦否认其与大林钨矿有关,只认其与吴盛武为三灶岛同乡。吴盛武被提起审讯后,有横石基乡、鱼塘乡、月塘乡等八乡乡长具保,还有国民党澳门支部常务委员屈仁则函证告知:屈氏担任广阳守备指挥部暂编第三大队队长时,澳门秘密通讯机关尚设在吴盛武之店内,至于是否代敌收买钨矿则无实据。② 这些更令人相信吴盛武属于被诬告,广东省高等法院因此停止调查,不予起诉。

曾金被指控勾结日伪开设佑德行,偷运物资资敌,但是经广东

<hr>

① 《该处查被告汉奸麦煜明、刘星池二名及梁重昌等十名罪嫌不足不予起诉处分案》,广东省档案馆馆藏,7—1—2114。
② 《广东高等法院查明被告吴盛武无汉奸罪行不予起诉处分书》,广东省档案馆馆藏,7—1—1310。

省高等法院审讯得知，曾金平素在澳门为一黄包车夫，因每日拉大汉奸黄公杰的两个儿子上学，遂于 1945 年 7 月 9 日被澳葡警厅拘捕去讯问黄公杰的下落，因其无人担保又没有钱财，澳葡警厅久未放人，后被引渡回广州。①

　　而黄志强案更是令人质疑肃奸委员会办案人员的能力。据 1946 年 6 月 21 日检察官朱敬泉侦讯黄志强时，黄氏所称：

　　　　本年五月一日有便装男子两人到民家，声称捉汉奸黄志强，民答即是。他要民将枪支交出，民答民无枪支，他等乃搜屋内，严搜并无搜到枪支。其后他等要民签字证明并无失物，民乃签王志强三字，他等谓民改姓名，民答民始终名王志强并无改姓，后民家人通知警察厅派人到来，共同返警察厅，后由警察厅解往石岐。查当日该两男子系拘黄志强，民系王志强，因同音关系被他误会拘去。②

后来经过证实，此人战时避居澳门，在祯祥船务公司当职员，兼任福和公司运输人员，从未参加奸伪组织，后经提交广东陆军庚戍首义同志纪念会证明书、香港往澳门入境证件以及朋友的一封书信证明其确实为"王志强"，并非"黄志强"，纯系被误拘。

　　如此来看，引渡回广州的"经济汉奸"之罪名，疑点重重，缉捕、审讯、判定等各有所取，莫衷一是。下面仅以当时影响较大的徐伟卿案为例，详细阐释从立案到结案的过程流转，以及洗脱嫌疑的套路、方式等。

---

① 《广东高等法院对汉奸嫌疑郑衍荣、曾金、何僚、何邦仇等不起诉案》，广东省档案馆馆藏，7—1—231。
② 《该处查王志强与被告汉奸黄志强因系同音关系被误拘不予起诉处分案件》，广东省档案馆馆藏，7—1—1988。

徐伟卿于 1946 年 5 月 2 日被澳葡警厅逮捕,关押 3 天后解交肃奸委员会引渡,5 月 21 日移交广东省高等法院进行审判。根据广东省高等法院收到的密告,徐伟卿可谓罪嫌累累,如下:

1. 在澳门商会暨镜湖医院同善堂主席任内利用职位侵吞公款,经澳门人士告发。

2. 经刘传能引荐结识日本领事福井保光、特务机关长大久保,附敌献媚,试图策动全澳华商拥护伪南京傀儡政府及悬挂伪国旗。

3. 1940 年下半年,国民政府侨委会副委长周启刚抵澳,与商会及闻人洽商要务时,将此消息报告日伪,欲加逮捕。

4. 澳门商会主席改选前一日,请日本领事致函澳门政府,要求以徐伟卿蝉联主席职,然澳政府不为所动,结果落选。

5. 充任陆军特务机关长泽荣作高级情报员,调查澳葡政府一切措施及华侨绅商与国民政府官员行动,享受日驻澳特务机关津贴甚厚。

6. 收集钨砂、铜仙等资敌,获得不义之财。①

1946 年 6 月 4 日,广东省高等法院检察官朱敬泉、书记官湛伟然对徐伟卿进行提审,但提审内容非常简单、直接。详情如下:

问:姓名年籍等?

答:徐伟卿,年籍在卷。

问:你在澳门是否任商会主席及镜湖医院总理否?

答:是的。

问:你在澳门有生意否?

---

① 《广东省高等法院关于徐伟卿汉奸案的有关材料》,广东省档案馆馆藏,7—1—996—1。

答：以前系经营银号，自香港沦陷后即相继歇业。

问：你在澳门时何以与台长刘传能同往见、日领福井、特务机关长大久保等时常来往呢？

答：当时民充商会主席，为环境关系，故不能不往见他们，但并无非法行为。

问：你何以强迫商民悬挂伪国旗？

答：并无此事，请向澳商民查明。

问：你与敌人曾合作何种工作？

答：民系愤激敌人之侵略恶行，不耻与他们合作的，以前曾干各种爱国工作，事实俱在，请查明办理。①

徐伟卿对于所控各罪嫌均予以否决，并提请查明办理。6月14日，法院便分别电函澳门中华总商会与国民党澳门支部，要求两处核查密告徐伟卿的各项罪嫌是否属实。随后，广东省高等法院首席检察官张启鸿便陆续收到广东省保安司令政治部、澳门商会、国民党澳门支部的函件，案情迅速反转。6月19日，广东省保安司令政治部来信，为转达徐伟卿之妻张瑞英的辩解，强调三点：一是历数徐伟卿对澳门及党国的贡献。抗战之初为侨众推举，选为澳门商会主席、镜湖医院值理、孔教义学等首长，并且担任国防公债、省防公债及各界救灾会主任委员，随吴铁城、周雍能、林卓夫、梁彦明诸人参加救国工作，尚留有往来书信可兹证明。二是申明徐伟卿因爱国行动招致日葡排挤。因此，导致其所经营之省港澳轮船公司、同安公司、内河轮船公司、澳门一品升酒家、公昌杂货店、南粤烟草公司、富昌银号等相继倒闭。三是强调徐伟卿是受吴铁城所托，打探澳葡当局各项消息而致打击报复。其打探澳葡当局政

---

① 《广东省高等法院关于徐伟卿汉奸案的有关材料》，广东省档案馆馆藏，7—1—996—1。

治、金融、粮食各方面政策,为澳葡察觉,澳葡政府遂心生怨恨,便利用国民政府搜索汉奸之机,行打击报复之事。① 依此而论,徐伟卿非但无罪,而且有功。并且,广东省保安司令政治部来信中还特别要求法院将徐伟卿案办案进展转呈吴铁城察核。7月4、5日,法院又接连收到澳门中华总商会与国民党澳门支部的调查取证结果,一一否决了徐伟卿的犯罪嫌疑,称:

1. 关于徐伟卿在澳门商会暨镜湖医院主席任内侵吞公款一节,据该会、院负责人表示,徐氏任内并无侵吞公款情事,且已交代清楚。

2. 关于计捕周启刚,1940年下半年周启刚抵澳之时,澳门尚未发现敌人踪迹,倘若徐氏丧心病狂蓄意陷害,自无策动开会欢迎之理,是非曲直一查当可大白。

3. 关于徐伟卿任商会主席时曾策动华商拥护伪南京政府及悬挂伪旗一节,遍查各方均称并无此事,至所指被告任内命令各团体参加敌人纪念会或庆祝大会,因此引起澳门学生罢课反抗之事,查徐伟卿1941年上半年已辞职去往港,其时香港仍未沦陷,澳门未受敌伪控制,当无敌人纪念会或庆祝会举行,即有举行,徐伟卿事前既已离职,自然再无凭借商会主席名义命令团体参加之权力,且调查各方均无此类命令或通告文书发现。

4. 关于徐伟卿与敌人往来及充任敌高级情报员一节,查徐氏虽曾与敌人往来,但是否负有我政府地下情报员任务不得而知,至担任敌高级情报员,调查各方亦未有迹象可资证信。

5. 关于徐伟卿收集钨砂、铜仙等资敌一节,查徐氏在澳经

① 《广东省高等法院关于徐伟卿汉奸案的有关材料》,广东省档案馆馆藏,7—1—996—1。

营生意计有公昌米店、富昌银号、南粤烟草公司及新嘉宝酒店等，均因生意不前分别倒闭出典，据调查并未闻有经营五金生意情事。①

取证的结果与徐伟卿之妻所强调的意见一致，认为"徐伟卿被告汉奸似非事实，惟查徐伟卿过去任澳门商会主席时，对澳葡政府措施诸多不满，而澳葡政府亦以被告不能奉承意旨供其利用深为嫉恨，且据调查所得，被告个性颇为耿直，有欠海容，每于稠人广众中面斥人非，以致得失各方颇多，是否因此招仇尤似堪研究"②。有多方做证无罪，加之羁押两月，徐伟卿咯血旧疾复发，便于7月8日向广东省高等法院提起申请，希望早日下不起诉处分。7月9日，检察官朱敬泉等再次提审徐伟卿，修缮笔录，徐伟卿的回答与调查取证的词令几乎没有什么出入，并在最后强调有澳葡警探及肃奸委员会人员向其勒索1万元未遂而将他诬告。7月10日，广东省高等法院便对该案下不起诉处分，文书内容如下：

缘广东肃奸委员驻澳办公处以据密报，被告于任澳门商会、镜湖医院、同善堂等主席时，有利用职权侵占公款与日领事福井、敌特务机关长大久保来往及强迫澳侨团体、学校悬挂伪旗，并于敌人开会时通知各团体学校参加，又民国二十九年，侨委会副委员长周启刚抵澳时，竟报告敌首欲加逮捕，其后复充敌陆军特务机关高级情报员，收集钨砂、铜仙等资敌，遂将其拘获呈解肃奸委员会，函送到处。当经依法侦查讯据，被告则坚不认有上述行为，当经函询澳门中华总商会及中国国民党澳门支部查复去后，旋据复称，查被告卸澳门商会及镜

①②《广东省高等法院关于徐伟卿汉奸案的有关材料》，广东省档案馆馆藏，7—1—996—1。

湖医院主席职时，业经交代清楚并无侵吞公款，至同善堂方面则被告未尝充任主席，被告在任时亦无策动华商悬挂伪旗及通知各团体学校参加敌人之集会，至侨务委员会副委员长周启刚抵澳时，系在民国二十九年下半年，是时澳门尚未发现敌人踪迹，如被告蓄意将其谋害，断无策动开会欢迎之理，又遍查各方未闻被告有充任敌人特务机关高级情报员与收集钨砂铜仙资敌之事，查被告在澳经营之公昌米店、富昌银号、南粤烟草公司、新嘉宝酒店等均因生意不前，宣告倒闭，即其所居之产亦于去年按与澳门邮政局，并未闻其有经营五金生意，相应函复查照等由，依上观察则密报所告各节均无事实可以证明，从而被告犯罪行为缺乏相当证据，合依《处理汉奸案件条例》第一条、第五条，《刑诉法》第二百三十一条第十款为不起诉处分。①

其不被起诉的理由，《中山日报》的追踪报道，似乎说得更加透彻。该报道称：

徐伟卿不特无与敌勾结，借图私利情事，且证明其于敌伪期间，所营各项生意，均受战事影响而告失败，并于抗战期间，对我方抗战工作人员曾于经济上及工作上之协助，此等情形，业据某中央大员来函证明属实，准予妥觅店章保释出外，恢复自由。②

徐伟卿案牵涉甚广，关系国民党在澳门的相关利益，且惊动中

---

① 《广东省高等法院关于徐伟卿汉奸案的有关材料》，广东省档案馆馆藏，7—1—996—1。

② 《徐伟卿汉奸案下不起诉处分，准予保释恢复自由》，《中山日报》（蒋系），1946年7月12日，第5版。

央大员吴铁城。下达不起诉书当日,徐伟卿即由其妹徐碧华保释出狱。可见,"经济汉奸"案件办理十分棘手,若非重要绅商者,则是无关紧要充数之人;若系重要绅商者,则是盘根错节、关系复杂之人。审讯本身已成为一种形式,真正主导结果的是各方势力的博弈及其对利益的权衡取舍。

二、不服判决,提起抗告

在这场"经济汉奸"的审判中,亦有不服罪者决然提起抗告。梁德容、林鹏志因对其被判有罪不服而提起抗诉;高可宁、傅德荫、何贤等亦对广东省高等法院对其"经济汉奸"的指控与通缉不服,提起抗告。由此可见,抗告或抗诉俨然成为"脱罪"的另一种形式。以下仅以当时影响较大的高可宁抗告案为例,来剖析"经济汉奸"抗告的缘由、过程、结果及影响等,展现"经济汉奸"审讯中的另一面相。

高可宁(1878—1955 年),澳门赌商,港澳著名实业家、慈善家,原为广东省番禺沙溪官涌人。1937 年,高氏与傅德荫合资成立泰兴公司,承投澳门博彩专营权,专营澳门博彩业长达 20 多年之久,并于港澳地区开设多家典当铺,有省港澳"押业大王"之称。不仅如此,其素来热心公益、慈善事业,曾在多个地方开设学校,亦对澳门多家慈善团体捐助巨款,历任澳门镜湖医院、同善堂、澳门商会的值理及主席等职务。抗日战争时期,高可宁因在慈善救济方面的突出贡献曾先后获得慈善勋章(Comendador da Ordem de Benemerência)、葡国红十字勋章(medalha da Cruz Vermelha de Dedicação)。

高可宁被国民政府通缉为"经济汉奸",当时澳门社会乃至省港地区舆论一片哗然。1946 年 12 月,广州行营主任张发奎仍陆续电函外交部,希望引渡高可宁。高可宁意欲私下解决此事,以便速速摘去"汉奸"的帽子,便托人找张发奎说项,李汉冲称高可宁愿出20万元港币去掉"汉奸"嫌疑,但张发奎索以百万,以致交易未成。① 不过,私下里高可宁的儿女亲家亦曾就此事请教过军统局粤海站站长何崇校。当时何氏担任第二方面军肃奸专员办事处的指导委员,根据其回忆:

> 日本投降后不久,广州有些报纸揭露高可宁曾充汉奸。1946 年 1 月某日,高的儿女亲家凌八姑忽来找我(凌八姑是高可宁旧东家黄孔山之妾,高的长女嫁黄的长子),她和我是甥姨亲戚,知我在军统工作,她来对我说:"外边有人说高可宁曾做汉奸,其实高年事已老,近年来他的生意都交给伙计主持,他本人早已不理外事,说他曾做汉奸实是冤枉。只是高的儿子高福裕一向做煤炭生意,日军占据香港后,高福裕卖了一批煤给日军,这与老头子无关。可是高福裕已经秘密逃往里斯本,外间就来攻击他老子了。"我说:"高可宁是澳门有名的财主,在今天当然有人要打他的主意,好在高身在澳门,葡萄牙是中立国,高如无做汉奸确凿罪证,中国是不能向澳门要求引渡的。但是高一旦被中国方面抓住,事情就难办了。所以现在他还应深深躲藏起来,一面设法请英国驻澳门领事和澳门当局用书面向中国证明,在战争时期高可宁确无勾结日军行为,如此则中国方面便不能逮捕高的。"凌八姑听了我的献策,

---

① 李汉冲:《日本投降后有关香港、澳门的一些事件》,政协广东省委员会办公厅、广东省政协文化和文史资料委员会编:《广东文史资料精编》上编第 1 卷"民国时期政治篇",北京:中国文史出版社 2008 年版,第 197 页。

再三向我道谢后走了。①

高可宁根据何崇校的建议,躲避引渡,日后提起抗告翻案。1947 年 3 月,张发奎以备忘录、罪行调查表、人民呈诉书,以及日本驻澳门间谍大间知林藏②的口供要求外交部驻澳门专员郭则范与澳督交涉引渡,澳葡政府对于国民政府的引渡要求一口拒绝,并提出五点理由:

一、日本间谍的指控多与事实不符,澳方当即搜集证据证明;

二、澳督与高可宁共事多年,深知其为人,绝无汉奸行为;

三、高可宁采购粮食是为供给民食,并非资敌,已有英国领事为之证明;

四、澳方将搜集高可宁无罪之证据送交我方参照;

五、澳方要求在高可宁未定罪前,不能立即逮捕。③

澳葡政府极力维护高可宁,对其授予勋章,允许其改入葡籍,并且设法为高氏辩护。高可宁成为国民政府通缉的"经济汉奸",被指其战时与日人合作资敌。根据 1947 年 8 月 29 日,广东省高等法院特种刑事裁定三十六(1947)年度特字第 42 号,载:

高可宁被告于抗战期间曾与澳门日敌特务机构间谍大间知林藏勾结,合资组织大福公司,运五金白银等资敌,经查明

_____

① 何崇校:《国民党第二方面军肃奸专员办事处与广东肃奸委员会》,中国人民政治协商会议广东省广州市委员会文史资料研究委员会编:《广州文史资料选辑》第 24 辑,第 147 页。

② 台北"国史馆"藏《澳门引渡汉奸战犯等案》档案内第 108 页载此间谍名为"大间知藏林";在相关档案及述著中,"大间知藏林"及"大间知林藏"两种表述反复出现。

③《澳门引渡汉奸战犯等案》,台北"国史馆"藏,外交部档案,172—1—2259。

罪证确实,畏罪匿澳,业呈奉国民政府本年 7 月 10 日处字第
761 号训令,准予通缉在案,请单独宣告没收财产,本院察核无
讹,应准许没收。①

而高可宁本人则不服"汉奸"之名,于 1947 年 9 月向广东省高等法
院提起抗告,其抗告书内容如下:

　　　　具状人:高可宁

　　　　抗告人:高可宁　为不服裁定具状抗告事由

　　　　民向居澳门,昨由邮局辗转送到广东高等法院特声字第
四二号裁定全文。高可宁财产全部除酌留家属必需生活费
没收,其理由谓民曾与澳门日敌特务机构间谍大间知林藏
勾结,合资组织大福公司运五金白银资敌,经查明证据确
实,查核无讹各等语不知。民在澳门经商忝任商会会长
时,日敌封锁澳门,以致数十万华侨粮食断余接济,逼得由
澳门政府署中请求重庆广播台,将澳门华人数名如民可宁
等伪为加入黑名单之内,冀日方可以通融而将粮食售与澳
门,此等委曲应付代澳门全体华侨受过情形,已由澳门民
政总局局长华士贡西路及英国驻澳领事官瑞礼士同备官文
书为之证明有案,是民与日敌向处反对地位,即在重庆有
黑名单亦属我方制作,断无合作资敌可为反证,证明乃原裁定
并无丝毫证据,而混言罪证确实,并未调查明确而混言查核无
讹,实难令人折服,忖思民伺人被证其事尚小,但罪名可以任
意断定,财产可以含糊没收,但影响于各埠侨胞内向之心其事
实大,为此,将民被证各证件影片附状缴呈,提起抗告。伏乞

---

① 《广东高等法院特种刑事裁定三十六年度特声字第四二号》,《广东省高等法院特种刑
　庭裁定没收逃亡汉奸钟亦吾、高可宁等四名财产案》,广东省档案馆馆藏,7—1—408。

钧院审查明白,缴消原裁定,对民之财产免予没收,秉公办理,俾安侨情,而昭公道。①

抗告书内并附有郑介民、英国驻澳门领事、澳门民政局为高可宁一事的证明材料。郑介民具函向广州行营主任说明:"据崔聘西、李登同二先生称,澳门商会会长高可宁被通缉案似属冤枉。"②英国驻澳门领事对高可宁一事出具证明书,称:

> 澳门总督常向余保证,在太平(洋)战争初年高可宁(Kou Hó Neng)先生与日本人间之交往行为系属澳门政府之邀请而为之,其主要目的系为殖民地(即澳门)获取食米。此外,千万之中国人经战区逃来澳门避难云云,就余所知,澳门总督之保证并无不实,特此证明。③

澳门民政总局局长为高可宁一事亦出具证明书,力证如下:

> 甲:在战争期中本总署曾一度见及日方对于澳门行封锁,间澳居民痛苦非常,本总督曾通知阁下,谓澳门情形十分严重,缘日方已决定继续封锁,并宣言谓,间澳居民均为抗日份子,不诲葡国长官以及居民完全均为倾向重庆方面者。

> 乙:本总督属此情形,岁至应付俱穷,焦思竭虑,只有一计划或可掩饰日人耳目,此一计划即为设法请求重庆广播台将澳门华人数名伪为加入敌伪黑名单之内,冀日方可以通融而将粮食售与澳门。

> 丙:阁下毅然依照本总督之计划将伪造之黑名单送达桂林,本局长合再证明居于本澳之高可宁君名字确已加入上方

---

①②③《高可宁汉奸抗告案》,广东省档案馆馆藏,广东省高等法院卷宗,7—1—408(缩微胶卷)。

所指伪造黑名单之内。①

　　然而这些证明材料并没有影响到原来的裁定,1948 年 1 月,广东省最高法院驳回抗告,坚持原判。之后,高可宁仍坚称自身"清白",澳门商会也力证其无罪,具函广州行营,称:

　　　　高可宁向在澳门经商,平日对于祖国捐输及地方公益慈善救济等义举莫不出钱出力,踊跃维持。中外人士均闻其名。……该被告充任本会主席,以期支持全局,协力维持,计其任职五年以来,备尝艰苦,对于华侨商业之维持,难民之救济已尽其最大之努力,至于应付敌伪之威胁,更将感棘手,险象横生,就中尤以拒悬日旗一举为人所称道。②

澳门华人社群极力维护高可宁的名誉,包括"华人代表"卢荣锡、镜湖医院慈善会副主席何贤、同善堂主席黄渭霖、澳门商会理事长刘柏盈等都向国民政府司法部申明,所谓"购粮资敌"是高可宁多年来为澳门粮食供给苦心谋划的不得已之举。经澳督、英国驻澳门领事、商会要员等各方出具证明,1949 年 1 月 12 日,广东省高等法院最终检纪辛字第 62 号对高可宁汉奸案予以不起诉处理。③高可宁抗告"汉奸"一案,经过几年的周折终于尘埃落定,证明了自身"清白",但也因此事名誉受损,不再担任商会主席等职务。而且,战后意在控制澳门华人社群的国民党不会允许有汉奸嫌疑的人出任华人社团领导。

　　高可宁其人究竟如何? 他在澳门华人眼中是怎样的一个人? 我们可以从时人记述、报章报道、华人社团以及澳葡政府观感等几个方面来了解。

――――――――――――――――

①③《高可宁汉奸抗告案》,广东省档案馆馆藏,广东省高等法院卷宗,7—1—408(缩微胶卷)。

②《爱国商人高可宁被诬汉奸经过》,《大众报》,1949 年 1 月 22 日,第 4 版。

　　据夏茹所撰文章记述，日本发动侵华战争令高可宁激愤不已，其曾购械抗日。太平洋战争爆发后，高可宁担任澳门商会主席，期间曾有朝鲜浪人威胁，要求高在商会改挂南京汪伪政府的旗帜，遭到高氏严词拒绝。① 高福耀等编印的《高可宁先生言行录》中对此事亦有记述：

　　　　倭氛侵澳时，鹰犬唆商会改悬倭旗，时先生为商会会长，婉拒之，鹰犬胁以威，先生以辞职对，终不从。华人正气赖以保存，葡人官吏多能道之。②

可见在夏茹、高福耀的眼中，高可宁是一个正道直行的爱国商人。

　　1942 年 12 月，高可宁因在慈善救济方面的突出贡献获得葡萄牙政府所授予的慈善勋章。此事在 *Efemérides da História de Macau*（《澳门历史大事记》）中亦有记载：

1942——Foram conferidas as insígnias de Comendador da Ordem de Benemerência ao cidadāo chinês Kou Hó Neng. ③

（译文：1942 年，澳葡政府授予高可宁荣誉"慈善勋章"。）

　　澳督戴思乐在授勋仪式上赞扬高可宁以仁慈之心行善举毫不犹豫，既不为名，也不为利，④其当场把各界祝贺相赠的 6.8 万余大洋礼金悉数捐出，另再加捐至 10 万大洋交与澳葡当局分配给澳门各慈善团体，戴督亦受感染捐出 2.5 万元西洋纸。高可宁在授勋典礼上发言称：

---

① 夏茹：《高可宁先生轶事》，中国人民政治协商会议番禺县委员会文史资料研究委员会编印：《番禺文史资料》第 5 期，1987 年，第 81—86 页。

② 高福耀等编印：《高可宁先生言行录》，第 22 页。

③ Gomes (Luís Gonzaga)，*Efemérides da História de Macau*（《澳门历史大事记》），Macau：Colecção Notícias de Macau，1954，p. 253.

④ Pe. Teixeira Manuel，*Toponimia de Macau*，Macau：Imprensa Nacional，1979，p. 46.

为大众服务,乃蒙任饰。拜领之余,益增惭愧。际兹世界多事之秋,社会上慈善事业,更属繁重,可宁此后当本人类互助天职,努力为同群谋幸福。①

由此可知,在澳督戴思乐眼中,高可宁是一个仗义疏财的慈善家。

在澳门华人社群中,高可宁热衷行善,他在担任同善堂值理多年间一直支持同善堂的各项善业,从同善堂主席蔡文轩、副主席黄渭霖联合致高可宁的感谢函中,可知高氏对慈善事业的执着支持:

可宁先生大鉴敬启者　　　敝堂□荣

先生捐赠白米一千觔,嘱分贫苦生产之妇孺以资糊口,具见慈悯为怀,功□保赤,良足钦佩,敝堂除遵,尊意照办外,合应修函鸣谢,而先生数□年来办理善举不遗余力,助助敝堂,尤更热心,诚当代之长者也。当民国七年葡政府需用敝堂原日堂址另建,乃将蓝堂址拆去,势成瓦解,幸翌年得蒙先生出任敝堂总理,首倡重建敝堂,先由个人捐双毫五千元以为倡率,复向亲友募集巨金,乃底于成。重建落成后,先生继任敝主席五载,在席期内扩展善举,增办男女义学等善举,先生复每年捐助施药、施棺、施粥、派棉衣等费岁达数千金,敝堂之善举日增而贫者受益日大,此皆先生扩张善举之力也。惟是敝堂善金有限而施济无穷,经费每岁奇绌,捉襟见肘,时在所难免,先生运其精思,效法历公起义会以筹善会,参加者缓急得以资相济,敝堂得征酌之收入,而善费亦有赖焉。

_____

① 《祝高受勋捐善款达国币 40 万元,澳督亲临主持典礼及捐巨款》,《大众报》,1942 年 12 月 21 日,第 1 版;另见《澳督昨在高氏受勋典礼中捐出巨款救济贫民》,《华侨报》,1942 年 12 月 20 日,第 3 版;《澳督戴思乐分配高可宁受勋善款,贫民拜领高氏之赐不浅》,《华侨报》,1942 年 12 月 23 日,第 3 版。

先生复以敝堂日宁施药数佰俐,为者得单拉药,肆配执往返,奔劳病情倍苦,先生日观其情,恻然悯舍,慨然捐助双毫一万元,创建药局一所,以利贫病。复七七事变,暴敌横侥,难广流离,腷日可悯,先生业起大规模施粥救济难胞,每天率领其夫人及其子媳等到场亲手施派,嘉衷哀鸿。先生对于其他团体莫不关怀,他如,镜湖医院增建手术室,先生捐双毫一万元以助其成。又如,发起设立回乡会,遣送难胞回里,先生捐助巨款以送难胞。他如,本澳柴薪缺乏,先生又出而维持,平抑柴价。又如,本澳粮食严重,先生又设法沟通航线,运米来澳,救济侨胞,他如,当局设有难民营收容贫苦,先生又慨然负责每日出资养五十名,且在营里派米分金以济贫苦。综计,先生一生行善乐善不废,□足景仰,今蒙捐□米之便顺叙大略,敝堂今后措施尚祈时予指导,有愿望焉,专此□颂。①

此外,从华人报界舆论中,我们可以看到华人社会对高可宁的高度评价以及对国民政府肃奸工作的强烈不满。1949年1月22日,《大众报》就高可宁"汉奸"案报道:

本澳前中华总商会主席高可宁氏,于抗战期间曾为澳地侨胞作一伟大贡献。当年曾由前总督戴思乐氏,以反间计划,由英领瑞礼士列报高可宁有汉奸名义,俾于抢购侨粮,得所便利。而战后所谓清奸者流藉端砌词捏造,遂令爱国商人,于被诬未雪之期,精神备受打击。然我政府,铨查之下,早由本澳政府、外交部驻澳专员公署、华人代表卢荣锡及同善堂、中华总商会、镜湖医院慈善会等机关将高氏战时多年为澳侨粮食

—————————————

① 《高可宁汉奸抗告案》,广东省档案馆馆藏,广东省高等法院卷宗,7—1—408(缩微胶卷)。

苦心,有所解释。后广东省高等法院获得此有力实证,于本月12 日下不起诉处分。①

《华侨报》于同一天登载了广东省高等法院对高可宁不予起诉的消息,称其被诬案真相大白。② 如此可知,在澳门华人眼中,更倾向于相信高可宁是一个爱国商人。

综上而论,高可宁首先是一个商人,其次才是一个慈善家,至于其在抗日战争时期的活动,只能依具体事例来具体分析,不可一概而论,而且就目前所公开及获知的资料,仍然很难得到确切的认识。简就慈善而论,抗日战争期间,高可宁是华人社会各项慈善活动的领导者之一,亦是各慈善社团的主要资助者。他推行善举,亲力亲为,积极广泛参与澳侨赈饥会、回乡会、同善堂、镜湖医院等社团的施赈与筹募活动。他一生为社会慈善服务贡献良多,声誉极隆,澳门甚至以其名命名各街道,以纪念其人,旌扬其德。

抗日战争胜利后,与日伪进行商业贸易的澳门华商,被国民政府指控为"经济汉奸",进行定罪审判。高可宁是澳门华商的典型代表,也是澳门华商群体战后境遇的缩影。从高可宁在战时的慈善救济工作及其所遭遇的"经济汉奸"风波,我们不仅看到华商在澳葡政府、华人社会内部的重要地位及其影响也认识到华商群体的特殊性、多面性,以及他们在"权""利""义"之间平衡、兼容的生存之道。

澳门华商的这一特殊境遇,与战时澳门的"中立"地位以及澳葡政府的对华、对日政策息息相关。战争带给澳门华商谋得经济

---

① 《爱国商人高可宁被诬汉奸经过》,《大众报》,1949 年 1 月 22 日,第 4 版。

② 《殷商高可宁被诬案粤高院查明不起诉,澳中友好纷向高氏道贺》,《华侨报》,1949 年 1 月 22 日,第 5 版。

利益的机遇,只是这些机遇承载着"正义"与"良知"的权衡取舍,
原本遵旧例的经济活动,因战争带来各种政治色彩,华商的商
业经营也变得纷繁复杂。"经济汉奸"风波让我们了解到澳门
华商不为人知的另一面,但在审视这些华商所从事商业活动的
同时,还应看到其行为的初衷,以及每个华商战时境遇的不同,
切忌一概而论。

国民政府对澳门"经济汉奸"的引渡与审判本意是惩恶扬善,
重塑国家正义。但澳葡政府对重要"经济汉奸"的庇护,使国民政
府一度陷入外交窘境。国民政府各机构对澳门"经济汉奸"逆产的
垂涎,亦使引渡工作步履维艰,且逐渐背逆初衷,虽然最后象征性
地引渡了十余名"经济汉奸"回省,但经过审判,几乎全未遭受任何
实质性的刑罚。在审判过程中,广东省高等法院办案态度敷衍,处
理亦不严肃,以致"经济汉奸"抗告成功。澳门"经济汉奸"审判并
未使国民政府在港澳华人社会中重新树立威严形象,办案人员在
引渡及审判中的贪污受贿、中饱私囊等情况反倒遭时人诟病。从
审判结果可知,澳门"经济汉奸"的定罪率极低,多数"经济汉奸"仍
匿藏港澳,随着国民政府败退至台湾,审判终不了了之。①

"经济汉奸"风波是对澳门华商战时追逐灰色利益的诘责,有
助于我们渗入历史事件更深层面,分析当时的人与事。让我们看
到了澳门华商从事慈善救济之外的另一面相,也让我们看到了商
业活动的多重面相和人性的复杂。

澳葡政府出于自身利益,在国民政府引渡汉奸战犯问题上多
有刁难,且从中中饱,一时令澳门成为汉奸战犯的庇护处。而国民

---

① 陈敏:《战后国民政府对澳门"经济汉奸"的引渡与审判研究》(未刊稿),暨南大学中国
近现代史专业硕士学位论文,2016 年,第 109 页。

政府方面肃奸过程中的腐败、勒索等现象,令此出师"正义"之举,也落得不干不净。当然,这场风波推动澳门社会气象变幻,战时控制澳门的日伪势力俨然肃清,国民党势力在澳门再次抬头,中共方面在澳门的影响力经历抗战的洗礼,亦与日俱增。经过此番风波,华人社会开始"洗牌",高可宁、傅德荫、徐伟卿等一批传统华人领袖受"经济汉奸"之事所累,从此淡出澳门;何贤、马万祺、柯麟等一批支持中共发展的华人领袖崛起,澳门社会的风气在转变中潜移默化影响着澳门社会的发展方向。

结论　澳门命运与战时的角色

　　一座城市的命运与它所处的时代背景、地理位置、内部结构密切相关。在某一特定的历史时期，城市的地理位置固定不移，内部结构相对保持稳定，时代背景的风云变幻成为一座城市命运流转的主要因素，也是引起其内部结构以及区域优势变化的主要原因。在近代西方对外殖民扩张中，因葡萄牙的殖民以及管治，澳门从一个地处珠江入海口的小渔港，逐渐发展成为一个沿海城市乃至东南亚的著名港口，连通东西，贸易发达。

　　战争作为一种极端的手段，在各个历史时期，都以极其残酷、粗暴的方式影响着人类社会城市的发展。就如林蔚（Arthur Waldron）曾在《从战争到民族主义：中国的转折点（1924—1925）》（*From War to Nationalism: China's Turning Point 1924 - 1925*）一书中谈道，"战争往往穿越因果关系的界限，以难以预料的、不可思议的方式颠覆或改变着人类社会的进程"。[1]在日本对中国，乃至东南亚地区发动侵略战争时，澳门的命运亦与这场战争休戚相关，

---

[1] Arthur Waldron, *From War to Nationalism: China's Turning Point 1924 - 1925*, Cambridge University Press，1995，p. 9.

其因葡萄牙的中立国地位,而保有"中立"之名分,一度成为中国及东南亚地区周边唯一未被日军占领的港口城市。

葡萄牙的中立政策,使得澳门在抗日战争时期的远东地位独特,成为战时中国的筹赈埠、各籍难民的避难所、各方物资的中转站、远东的间谍情报中心以及不法之徒的庇护处。一方面,中立的地位,给澳门许多行业的发展提供了稳定的环境,战争为其带来丰厚的发展机遇,使抗战时期成为澳门近代经济发展的黄金时期,许多特殊行业,呈现畸形的繁荣;另一方面,随着战事的进行,难民涌入,以及日军监控封锁,给整个澳门社会带来巨大的灾难,粮食、柴炭、果蔬等基本物资供不应求,引发了前所未有的饥荒与死亡,特别是香港沦陷后,民众更是于内部的生存救济,特别是难民的救济中挣扎生存。整个社会笼罩在阴霾之下,澳门并没有因其"中立"地位而在战争中免于伤害。

有人称澳门为"日军魔掌上的孤儿",亦有人称它为"东方的卡萨布兰卡""战争中的绿洲",而这些称谓的由来,皆源自这座城市在战时境遇下所发挥的作用。战争是它所处的时代背景,"中立"是它赖以生存的屏障,随着战事的推进与变化,这座城市不断展现其托庇于"中立"之下的各项功能。

筹赈埠:日本自进军东北开始,逐渐向南蚕食,葡萄牙宣布在中日之间保持中立。抗战前期南方成为中国抗战救国的大后方,澳门则成为国民政府、广东地方筹集抗战救国经费的侨埠。澳门社会人口中占绝大多数的澳门华人,自"九一八"事变之后,有感于国难,掀起"救灾救国"的热潮,开展了如火如荼的筹款、慰劳、支援前线等活动。自1931年11月民众在内港对岸中山湾仔成立"筹赈兵灾慈善会"始,至1941年冬澳门四界救灾会会务停顿,澳门同胞持续向内地捐输慰问近10年。

为了维持"中立",澳葡政府对抗战活动十分忌讳,澳门本地华人便称其为"赈难运动"。

澳门华人各阶层、各社会群体均投入这一运动中,上至华人领袖、官绅、侨商,下至一般民众、工人,甚至是生活困苦的手车夫、歌姬、校书,均以各种方式捐献,表达拳拳爱国之心,可谓战时华人社会最广泛、最生动的全民动员。澳门华人不仅为祖国抗战筹款、筹物,还派员赴内地开展慰问、劳军以及战地服务,澳门不啻为名副其实的筹赈埠。

避难所:随着日军侵略范围不断扩大,澳门附近各地侨民陆续到来,其时主要有中国、葡萄牙、英国、美国、印度五国侨民避难澳门,此外还有日本等其他一些国家民众来到澳门活动,澳门一时成为远东的安全港。但是,避祸其中的人,境遇各不相同。华人人数最多,绝大多数抛家舍业,远道而来,生活困顿,急需救济。澳葡政府虽然出台了相关措施,但是杯水车薪,救济主要依靠华人社群本身。葡萄牙难民则受到澳葡政府的特殊照顾,每月领取津贴救济,并享有定量食物供给及其他一些特权,只是澳门物价高昂,生活依然困苦。英美难民则受到英国驻澳门领事馆的照顾,安置生活,发放津贴。因此,除去社会地位、身价财富、投亲靠友等因素,对于一般平民而言,不同国籍者的待遇相当悬殊。

对数量庞大的来澳华人难民以及本澳贫困者施以救济成为澳门战时主要的慈善事业。华人团体则是救济同胞的主要力量,除传统的镜湖医院慈善会、同善堂之外,怡兴堂、平粥会、赈饥会等慈善机构也应运而生,澳门中华妇女会、佛教功德林等团体也加入救济难民和贫民的事业中。此外,基督教团体亦加入救济华人贫难者的行列,不但举办粥场施赈,还承担政府"以工代赈"等救济事业。如果说筹赈救国动员了澳门华人各界力量,那么慈善救济则牵动了整个澳门中西各界,政府、民间、宗教均投身其中,为战时的贫难者带去一丝生存的希望。

谍报港:战时,中、英、日、美各方均派人员在此公开或秘密地进行活动,澳门成为远东的间谍中心、秘密活动基地。日本自夺取华南后,相继在澳门设立领事馆、陆军特务机关、海军武官府,将澳门置于日本外务省、陆军省、海军省的重重包围之下,令澳葡政府不得不满足日方的若干要求。日本利用澳门的"中立"地位,获取情报、采购军需、搜集物资。澳葡政府虽然迎合日本以自保,并借力敛财,实则忌惮日伪对澳门的影响,因此对国民政府、中共势力、盟军组织均有私下联系,默许其组织在澳门的活动,甚至私下有所协助,借以削弱日伪在澳门的盛势。因此,国民政府军统、中统两体系、共产党组织、英国方面均在澳门建立自己的秘密联络点,从事情报搜集、人员转移、物资搜集等活动。

各方势力在澳门明争暗斗,间谍与反间谍活动穿插其间,时而擦枪走火,暗杀事件、小规模武装冲突不断,频频挑战澳门社会秩序,甚至促生日伪直接占领澳门的想法。但是,最终事情都不了了之,各方都不愿彻底破坏澳门的"中立",显然,澳门的"中立"对各方都有好处。因此,也可以说远东的谍报活动中心是源自澳门的"中立",也因此维护了澳门的"中立"。

中转站:澳门因其"中立"不仅免于战火的摧残,还保有正常运转的航运、贸易、汇兑等,特别是香港沦陷后,澳门成为远东物资及人员的中转站。日本陆军、海军将澳门作为军需物资的采购站,设立了专门采购公司,不仅如此,还与华人合作操控澳门的航运、贸易、银行、渔业等,欲图垄断各行各业,搜集战略物资之余还谋取财富。国民政府利用澳门的"中立"秘密转移人员、物资,还借助其平台,进行物资交易、货币汇兑等。中共方面则以澳门为中转,对围困在香港的文化民主人士展开秘密大营救,并通过澳门获得电台、药品、经费等急需之物。澳葡政府亦利用澳门的"中立"之便,与日伪势力合组澳门贸易局,以战争物资兑换澳门生活物资,并借以敛财。不仅如此,就连远在东北的伪满洲国权贵们都嗅到了商机,在澳门设立贸易公司,来澳门进行烟土贸易。

澳门作为中转的平台,为各方势力所利用,正义或非正义的贸易、交换等流转其间。侵略者利用它采购军需,扩充物资、经费,反侵略者亦利用它营救人员、转移或采购药品等。但是,从总的影响来看,澳门作为中转站产生的影响更多是负面的。澳葡政府与日伪的合作,以及战时澳门大宗的钨矿、五金、白银等的贸易及走私是对中国经济的掠夺以及抗战事业的伤害。诚然,战时澳门经济的繁荣是畸形的,顺应时势,却并不符合道德与正义的标准。

藏匿处:一座城市的存在,并非完全建立在道德与正义的基础之上,澳门正是这样一处奇葩——它因"中立"得以自保,亦成为不法之徒的藏匿处。战时,它是醉生梦死的"销金窝"、不义之财的"集散地",战后,我国清算罪恶之时,它又成了战犯、汉奸的逃遁之地。在国民政府进行肃奸,提起引渡一众逃匿澳门的战犯、汉奸之时,澳葡政府却千方百计阻挠,庇护诸多列为"经济汉奸"的澳门华商,甚至不惜钳制舆论,派兵保护安全。国民政府在肃奸行动上的诸多失误及用心不良,亦为澳葡政府的庇护打开方便之门,最终只引渡了若干不甚重要,或是澳葡政府有意打压之人。不仅如此,即使被引渡提起审讯者,亦经多方打点、周旋,最终也基本免于处罚,草草收场。

华商是澳门社会的中坚力量,是华人社会的核心。他们曾充当澳门社团的领袖,是前述赈难运动、慈善救济的主要力量。但战后一批华商领袖牵涉"经济汉奸"风波之中,被指附日卖国谋取国难财,亦令人大跌眼镜,也让世人看到了澳门华商复杂的一面。"经济汉奸"风波对澳门华人社群最大影响之一便是重组了华人领导核心,战时上台的一批华商领袖大多牵涉风波,虽然大多托庇于澳葡政府的保护,但还是元气大伤,从此行事低调抑或辗转他处,而一批在战时的赈难、救济、贸易等各个领域崭露头角的避难来澳的人物则成为澳门华人社群的新领导者。这一次华人领导核心的重组,直接改变了澳门在战后的发展方向。

　　战争将一些国家或地区夷为废墟,又使一些国家或地区成为战争中的"暴发户",出现所谓经济的奇迹。但从根本上来说,战争对政治和社会的发展只能起到加速或延缓的作用,它自身是不带来真正的社会进步的,战争带给人类社会的,更多的是灾难。[1] 依据蔡云辉对近代中国衰落城市的研究,战争导致城市衰落的主要表现有如下五个方面:

　　　　第一,城市物态本体的衰落;

　　　　第二,城市人口的锐减;

　　　　第三,城市腹地遭到严重破坏;

　　　　第四,城市发展的动力机制遭到破坏;

　　　　第五,城市发展脉络被打断。[2]

澳门在战时的情况与上述恰恰相反:"中立"地位使澳门免遭破坏;人口因难民涌入而陡然剧增;作为港口城市其贸易的动力非但未受到破坏,反而被激发;邻近地区虽被日军占领,却因采取附日合作的策略,而出现畸形的繁荣。战时的澳门看似幸运,没有出现因

---

① 何一民主编:《近代中国衰落城市研究》,成都:巴蜀书社 2007 年版,第 402 页。

② 蔡云辉:《战争与近代中国衰落城市研究》,四川大学专门史研究博士学位论文,2004
　　年,第 68—75 页。

战争所导致的城市失序与经济衰落，但是，战争的实质是一定阶级、国家、政治集团的政治通过暴力手段的继续，它是阶级、民族、国家和集团斗争的最高形式。战争本身并不是最终的目的，任何战争都不是为战而战，而是为了实现一定的政治、经济目的。① 对于日本而言，稍加控制与威胁，即可让澳门为其所用，实现其战时搜集情报、物资以及特殊交易的目的，又何必大费周章占领与管治呢！战争，说到底只不过是一种手段而已。澳门依托中立，虽然躲过了日军战火的暴力摧残，但却无可避免地被日方操控，卷入战时政治、经济的漩涡，不得不仰人鼻息，以武器换粮食，替日方搜集五金、钨矿，忍受其用军票套取白银、黄金，更勿论因封锁、饥荒、瘟疫导致的触目惊心的死亡。

从葡萄牙选择"中立"始，澳门呈现出有别于以往的历史轨迹，成为战争中的筹赈埠、避难所、谍报港、中转站、庇护处，一块特殊的飞地。澳门的命运与澳葡政府、中西社会各界随着战事的推进，依据环境的变迁所作出的抉择密切相关，而各方势力、历史个体又都带着各自的目的涌入澳门，呈现出纷繁复杂的面相。显然，战时澳门的历史不可以简单概括，亦不可能限于前文所呈现的六重面相，更多的轨迹与细节，仍待有心人去发掘。研究抗战中的澳门，本书且作一尝试，抛砖引玉，更待未来……

---

① 蔡云辉：《战争与近代中国衰落城市研究》，四川大学专门史研究博士学位论文，2004年，第30页。

参考文献

一、档案

葡文：

［1］Administração do Concelho de Macau（管理澳门市）1871—1981，Administração do Concelho das Ilhas（管理海岛市）1848—1976，澳门历史档案馆馆藏民政厅档案，档号：MO/AH/AC/ACI、MO/AH/AC/ACM。

［2］Regulamento e legislação（法律与法规）1924—1973，澳门历史档案馆馆藏印务局档案，档号：MO/AH/IO/001。

［3］Ofícios do Leal Senado para diversas autoridades（市政厅机关往各当局），1930—1945，澳门历史档案馆馆藏市政厅档案，档号：MO/AH/LS/0142——MO/AH/LS/0197。

［4］《澳门宪报》(Boletim Oficial da Colónia de Macau)，1931—1945，澳门历史档案馆馆藏专档。

［5］《澳门档案》(Arquivos de Macau)，AM-Ⅰ-01-01—07(1929)，AM-Ⅰ-02-01—06(1930)，AM-Ⅰ-03-01—04(1931)，AM-Ⅱ-01-01—06(1941)，澳门历史档案馆馆藏专档。

［6］《澳门年鉴》(Anuário)，1938—1939，1939—1941，1940—1941，澳门

民政总署大楼图书馆馆藏缩微胶卷,卷号:124、125、126.

[7] 澳门经济总局:《澳门年鉴:1938》,广东省立中山图书馆特藏室,编号:K/8.2/3111—2.

[8] 澳门经济总局:《澳门年鉴:1940—1941》,广东省立中山图书馆特藏室,编号:K/8.2/3111—3.

[9] *A Voz de Macau*,1933—1947;*A Comunidade*,1935—1936;*O. Tio Tareco*,1936—1939;*Macau Herald*,1943;*The Clarion*,1943—1945;*Jornal de Noticias*,1944—1946,澳门中央图书馆藏缩微胶片。

中文:

[10]《澳门地区档案史料选编》,南京:中国第二历史档案馆馆藏缩微胶片,共 30 卷、18 237 画幅,2002 年摄制。

[11]《中国国民党驻港澳总支部工作报告》,南京:中国第二历史档案馆馆藏缩微胶卷,盘号 35J—175,影像号 342。

[12] 汪伪专档,广州市国家档案(馆)局馆藏《广东省政府管理对澳门汇兑暂行办法》(汪伪),1943 年,广州市国家档案馆(局),卷宗号:26—1—477;《广东省政府管理对澳门汇兑暂行办法》(汪伪),1945 年,广州市国家档案馆(局),卷宗号:32—10—32。

[13]《澳门中国青年救护团第一期学员毕业纪念刊》,广州市国家档案馆(局),卷宗号:资—杂—905。

[14]《中央调查统计局转抄黄公傑(按:杰)自白及揭发葡人罪行全文(自述抗日经过及澳葡在抗战日期后华人罪行)》,1945 年,广州市国家档案馆(局),卷宗号:37—15—76。

[15]《澳门四邑同乡会第一届理监事姓名表——中华总商会第三十六届理监事姓名表》,1947 年,广州市国家档案馆(局),临 5—04—17。

[16]《行政院:中央侨委通缉汉奸令、汉奸人犯表、解送人犯等办法》,广东省档案馆,卷宗号:28—1—9。

[17]《广东省高等法院特种刑庭裁定没收逃亡汉奸钟亦吾、高可宁等四

名财产案》，广东省档案馆缩微，卷号：7—1—408。

[18]《广东省高等法院关于被告汉奸李同交由外交部驻澳门专员唐榴保处候情况》，广东省档案馆缩微，卷号：7—1—890。

[19]《中央侨委关于被日敌劫物及就收敌伪产业的训令》，广东省档案馆，卷宗号：28—2—11。

[20]《汪伪类专档》，广东省档案馆馆藏，汪伪—66，67，68，69，70，71。

[21]《蒋中正"总统"文物》，台北"国史馆"藏，档号：02000002457A、02000002461A，002000000357A。

[22]《陈诚"副总统"文物》，台北"国史馆"藏，档号：008000000119A、008000001945A。

[23]《戴笠史料》，台北"国史馆"藏，档号：144000000052A、114000000049A。

[24]《汪兆铭史料》，台北"国史馆"藏，档号：118000000026A、118000000017A。

[25]《国民政府档案》，台北"国史馆"藏，档号：001000005216A、1000005217A、001000005429A。

[26]《外交部档案》，台北"国史馆"藏，档号：020000004560A、020000023623A、020000003315A、020000001008A。

[27]《军情局档案》，台北"国史馆"藏，档号：148000000001A、148000000024A。

[28]《资源委员会档案》，台北"国史馆"藏，档号：003000024169A、003000010593A、00300007933A。

日文：

[29]「近の澳門情勢に就て」、支情速報第185号、昭和20年4月17日、支那—大東亜戦争全般—38、所蔵館：防衛省防衛研究所。

[30]「経済封鎖情報に関する件」、昭和16年8月31日、陸軍省—陸支密大日記—S16—114—137、所蔵館：防衛省防衛研究所。

[31]「ポルトガル」国澳門政庁憲兵司令官兼政務長官陸軍憲兵大尉「カルロス、デ、ソーザ、ゴルグリヨ」叙勲ノ件、勲00858100、昭和14年(1939)、国立公文書館蔵。

〔32〕「英米避難民輸送方申出拒否に関する件」、昭和 13 年 11 月 1 日、陸軍省—陸支密大日記—S13—26—135、所蔵館：防衛省防衛研究所。

〔33〕司令部「経済封鎖情報月報」、返赤 82006000、国立公文書館蔵。

〔34〕波集団司令部「経済封鎖情報月報」、昭和 17 年 9 月 30 日、支那—大東亜戦争南支—85、防衛省防衛研究所蔵。

英文：

〔35〕英国殖民地部档案：C. O. 129. 及 C. O. 980. , 香港历史档案馆馆藏缩微胶卷。

〔36〕英国外交部档案：F. O. 371. , 香港历史档案馆馆藏缩微胶卷。

〔37〕*DocB. Euments of Mr Y. C. Liang, C. B. E. concerning Wartime Activities in HongKong and Macao in which He was involved*, 香港历史档案馆馆藏, 编号：HKMS30—1—1。

〔38〕*Memorandum by Mr. G. V. Kitson on Japanese activities in South China*, Documents on British Foreign Policy 1919 - 1939, Ser. 2, Vol. 20, Reference：F 4170/727/10. (Jun 27, 1935).

〔39〕*Minute by Sir Warren Fisher of a conversation with the Japanese Ambassador*, Documents on British Foreign Policy 1919 - 1939, Ser. 2, Vol. 20, Reference：F 2384/6/10. (Mar 28, 1935).

〔40〕*Conclusions of the second meeting of the Cabinet Committee on British Shipping in the Far East, held in the Home Secretary's Room, Home Office, S. W. 1, on Tuesday, November 9, 1937, at 11. 30 a. m.* Documents on British Foreign Policy 1919 - 1939, Ser. 2, Vol. 21, Reference：F 9709/130/10. (Nov 9, 1937).

〔41〕*Payment of Portuguese claims for damages inflicted upon Macao by U. S. armed forces during World War II*, August 26, 1950, House and Senate Reports；Reports on Public Bill, 81 H. R. 9484, 美国国会文献。

〔42〕*Payment of Portuguese claims for damages inflicted upon Macao by U. S. armed forces during World War II*，September 20，1950，Payment of certain Portuguese claims，81 H. R. 9484，美国国会文献。

二、资料汇编

[1] 澳门经济总局：《澳门指南》，1932 年，广东省立中山图书馆特藏室，编号：K/8.2/3111。

[2] 史雨生编：《澳门商业人名录》，澳门商会，1933 年，广东省立中山图书馆特藏室，编号：K/8.268/970。

[3] 镜湖医院慈善会编印：《澳门镜湖医院慈善会八年来工作概况》，1946 年 1 月，广东省立中山图书馆特藏室，编号：K/0.757/3911.4。

[4] 镜湖医院慈善会编印：《镜湖医院概况：1941—1946 年》，1947 年，广东省立中山图书馆特藏室，编号：K/8.276/6911。

[5] 中华民国国民政府外交部编：《中葡关于取消葡萄牙在华领事裁判权及处理其他事项之换文》，1948 年，广东省立中山图书馆特藏室，编号：K/8. 28.49。

[6] 镜湖医院慈善会编印：《镜湖医院在战时工作概况》，1949 年，广东省立中山图书馆特藏室，编号：K/8.276/6919。

[7] 王铁崖主编：《中外旧约章汇编》，北京：三联书店，1957 年。

[8] 秦孝仪主编：《中华民国重要史料初编：对日抗战时期》第三编"战时外交"，台北：中国国民党中央委员会党史委员会，1981 年。

[9] 中国共产党佛山市委员会党史资料征集研究领导小组办公室编：《广东人民抗日游击队：珠江纵队文件选编》，1983 年。

[10]《珠江纵队史》编写组：《广东人民抗日游击队珠江纵队大事年表初稿》，1984 年。

[11] 中共肇庆地委党史办公室编：《"澳门四界救灾会回国服务团"大事记资料汇编》，1984 年。

[12] 佛山市档案馆、中共佛山市委党史办公室、中共广东省委党史研究委员会办公室编印：《珠江纵队史料》，1985 年。

[13] 黄汉强主编:《澳门问题资料汇编:1535—1985》,澳门华侨报,1985 年。

[14] 中央档案馆、广东省档案馆编印:《广东革命历史文件汇集:1937—1944》甲 41,1987 年。

[15] 中共肇庆地委党史办公室编印:《抗战初期的"澳门四界救灾会回国服务团"第二稿》,1988 年。

[16] 中共肇庆地委党史办公室编印:《抗战初期的"澳门四界救灾会回国服务团"第四稿》,1988 年。

[17] 陈立平主编:《抗战初期的"澳门四界救灾会回国服务团"》(打印本),肇庆:中共肇庆市委党史办公室,1989 年。

[18] 黄慰慈、陈立平主编:《濠江风云儿女——澳门四界救灾会抗日救国事迹》,澳门:星光书店,1990 年。

[19] 中共湛江市委党史研究室《珠江纵队史》编写组:《珠江纵队史料》,广州:广东人民出版社,1990 年。

[20] 赵荣芳:《何贤生平》,政协广东省中山市委员会文史委员会编:《中山文史》第 19 辑,1990 年。

[21] 中国第二历史档案馆编:《南京国民政府外交部公报》,南京:江苏古籍出版社,1990 年。

[22] 杜岚:《黄健同志革命的一生》,政协广东省中山市委员会文史委员会编:《中山文史》第 23 辑,1991 年。

[23] 台湾"中央研究院"近代史研究所编印:《澳门专档》(共 4 册),1992—1996 年。

[24] 政协广东省中山市委员会文史资料委员会编:《中山文史》第 45 辑"镜海涛声",1992 年。

[25] 中共南海市委党史研究室编印:《珠江纵队独立第三大队史》,1994 年。

[26] 黄秀华、陈丽珠编:《中山日报妇运资料选辑(1937—1948)》,广州:广东省妇女联合会、广东省档案馆,1994 年。

[27] 李健德:《林卓夫其人其事》,政协广东省中山市委员会文史学习委员会编:《中山文史》第 31 辑,1994 年。

[28] 马奔:《从抗战初期看林卓夫其人》,政协广东省中山市委员会文史学习委员会编:《中山文史》第 36 辑,1995 年。

[29] 杨翠华主编:《澳门专档·四(1911—1928 年)》,台北:"中央研究院"近代史研究所,1996 年。

[30] 广州市地方志编纂委员会办公室、广州海关志编纂委员会编译:《近代广州口岸经济社会概况——粤海关报告汇编:1860—1949》,广州:暨南大学出版社,1996 年。

[31] 萨安东主编:《葡中关系史资料汇编》,澳门:澳门基金会、澳门大学,1997—2000 年。

[32] 刘芳编:《汉文文书:葡萄牙国立东波塔档案馆庋藏澳门及东方档案文献》,澳门:澳门文化司署,1997 年。

[33] 萧伟华:《澳门宪法历史研究资料(1820—1974 年)》,澳门:澳门法翻译办公室、澳门法律公共行政翻译学会,1997 年。

[34] 南京图书馆古籍部编:《澳门问题史料》,北京:中华全国图书馆文献缩微复制中心,1998 年。

[35] 梅士敏:《岐关公路六十年》,政协广东省中山市委员会文史学习委员会编:《中山文史》第 43 辑,1998 年。

[36] 黄鸿钊编:《中葡澳门交涉史料》,澳门:澳门基金会,1998 年。

[37] 中华人民共和国拱北海关编:《拱北海关志》,珠海:拱北海关,1998 年。

[38] 莫世祥、虞和平、陈奕平编译:《近代拱北海关报告汇编》,澳门:澳门基金会,1998 年。

[39] 拱北海关志编纂委员会编:《拱北关史料集》,珠海:拱北海关,1998 年。

[40] 澳门中央图书馆、澳门历史档案馆编:《中葡关系 450 年图书目录》,澳门:澳门文化司署,1999 年。

　　[41] 曾庆榴主编,中共广东省委党史研究室著:《中国共产党广东地方史》第一卷,广州:广东人民出版社,1999年。

　　[42] 林水生主编:《广东澳门档案史料选编》,北京:中国档案出版社,1999年。

　　[43] 中国第二历史档案馆:《国民政府军事委员会参事室拟〈澳门问题〉》,《民国档案》,1999年第4期。

　　[44] 中国第二历史档案馆:《抗战胜利后各省县参议会要求收回澳门通电一组》,《民国档案》,1999年第4期。

　　[45] 张海鹏主编:《中葡关系史资料集》,成都:四川人民出版社,1999年。

　　[46] 中国第一历史档案馆编:《中葡关系档案史料汇编》(2册),北京:中国档案出版社,2000年。

　　[47] 吴润生主编:《澳门镜湖医院慈善会会史(1871—2001)》,澳门:镜湖医院慈善会,2001年。

　　[48] 傅玉兰主编:《抗战时期的澳门》,澳门:澳门特别行政区文化局澳门博物馆,2001年。

　　[49] 汤开建、陈文源、叶农主编:《鸦片战争后澳门社会生活纪实:近代报刊澳门资料选粹》,广州:花城出版社,2001年。

　　[50] 政协中山市委员会资料委员会编印:《中山文史》第50辑"文艺史料专辑",2002年。

　　[51] 汤开建、吴志良主编:《澳门宪报中文资料辑录:1850—1911》,澳门:澳门基金会,2002年。

　　[52] 郑培润主编:《澳门历史档案馆藏中文档案与澳门史研究》,台湾:东吴大学,2003年。

　　[53] 黄鸿钊主编:《澳门史料拾遗:〈香山旬报〉资料选辑》,澳门:澳门历史文化研究会,2003年。

　　[54] 海关总署《中外旧约章大全》编纂委员会编:《中外旧约章大全》,北京:中国海关出版社,2004年。

　　[55] 广东省政协学习和文史资料委员会编:《广东文史资料存稿选编》,

广州:广东人民出版社,2005 年。

[56]蔡佩玲主编:《口述历史:抗日战争时期的澳门》,澳门:东亚大学公开学院同学会等,2005 年。

[57]吴当鸿:《珠海凤凰山区人民抗战纪事》,政协珠海市委员会文史资料委员会编印:《珠海文史》,2005 年。

[58]该书编辑组编:《伟大胜利——纪念中国人民抗日战争暨世界反法西斯战争胜利 60 周年大型主题展览专辑》,北京:中央文献出版社,2006 年。

[59]蒋梅:《国民政府教育部等办理战时港澳地区侨民教育相关史料》,《民国档案》,2008 年第 3 期。

[60]林发钦、江淳主编:《平民声音:澳门与抗日战争口述历史》,广州:广东教育出版社,2015 年。

[61]蔡佩玲编:《澳门历史的见证:陈大白大半个世纪的回忆》,澳门:澳门特别行政区文化局 & 澳门历史档案馆,2015 年。

[62]林发钦、王熹编著:《孤岛影像:澳门与抗日战争图志》,广州:广东教育出版社,2015 年。

[63]林发钦主编:《抗战文献文物图录》,澳门:澳门理工学院,2016 年。

[64]林发钦主编:《澳门人的抗战》,澳门:澳门理工学院,2016 年。

[65]吴志良等主编:《民国葡萄牙驻广州总领事馆档案》,广州:广东教育出版社,2016 年。

[66]冯翠、夏泉编:《澳门抗日战争研究广州地区中文资料初编》,澳门:澳门特别行政区文化局 & 广东人民出版社,2017 年。

三、报纸

澳门:

[1]赵斑斓督印:《华侨报》,1935.03.09—1950.05.31,澳门大学图书馆馆藏缩微胶卷,共 25 卷。

［2］李逢春督印：《西南日报》，1941.06.28—1945.08.15，澳门大学图书馆、澳门中央图书馆馆藏缩微胶卷，共6卷。

［3］陈天心督印：《大众报》，1941.07.11—1943.03.27，1943.04.04—1949.01.29，1949.02.01—1950.05.31，澳门大学图书馆馆藏缩微胶卷，共14卷。

［4］龚文督印：《市民日报》，1944.08.16—1945.12.20，1946.02.24—1950.05.31，澳门大学图书馆、澳门中央图书馆馆藏缩微胶卷，共13卷。

［5］《复兴晚报》，1945.04.01—1945.12.31，澳门中央图书馆馆藏缩微胶卷，共1卷。

［6］《复兴日报》，1945.07.21—1945.12.31，澳门中央图书馆馆藏缩微胶卷，共2卷。

［7］郑树森督印：《世界日报》，1946.04.23—1949.12.31，澳门大学图书馆、澳门中央图书馆馆藏缩微胶卷，共9卷。

［8］薛禹贤督印：《商报》，广东省立中山图书馆特藏室，编号：29001.1。

［9］卢彼时督印：《世界晚报》，1945，广东省立中山图书馆特藏室，编号：29002.1。

［10］《澳门日报》

金刃：《救国筹募 热火朝天——澳门抗日救国话当年之二》，《澳门日报》，1985年7月8日。

黄哲军：《光荣和坎坷的历程：记旅澳中国青年乡村服务团》，《澳门日报》，1985年12月22、23、24、25日。

梅士敏：《昔日绑票案轰动本澳》，《澳门日报》，1988年7月21日。

濠江客：《日军为何不进驻澳门》，《澳门日报》，1992年8月24日。

笙秀：《抗战期间三个谜》，《澳门日报》，1994年6月5日。

梅士敏：《澳门与巴西的交往》，《澳门日报》，1994年7月16日。

张晓辉：《抗战初期澳门的商情与粤港联系》，《澳门日报》，1995年4月16日。

黄就顺：《抗战时期澳门实录——介绍"战时我在澳门的日子"》，《澳门日报》,1995 年 7 月 23 日。

　　黄就顺:《抗战时期澳门的救亡团体》,《澳门日报》,1995 年 8 月 27 日。

　　黄就顺:《抗战时期的澳门——汉奸土匪的销金窝》,《澳门日报》,1995 年 9 月 15 日。

　　黄就顺:《抗战时期的澳门——非人生活 永世难忘》,《澳门日报》,1995 年 9 月 18 日。

　　黄就顺:《抗战时期的澳门——日军汉奸横行澳门》,《澳门日报》,1995 年 9 月 19 日。

　　徐新:《中日秘密谈判与中央酒店 1》,《澳门日报》,2000 年 8 月 27 日。

　　徐新:《中日秘密谈判与中央酒店 2》,《澳门日报》,2000 年 9 月 10 日。

　　Admin:《陈大白抗战文物捐澳博馆》,《澳门日报》,2009 年 9 月 21 日。

　　Admin:《同善堂历史档案馆征文物》,《澳门日报》,2009 年 11 月 14 日。

　　[11]《新报》

　　金丰居士:《中央酒店占地利,抗战大发国难财》,《新报》,2007 年 9 月 20 日。

　　金丰居士:《大丰码头:昔日金库,空余阴森》,《新报》,2008 年 1 月 10 日。

香港:

　　[12]《大光报》(香港),1923.07.25—1938.08.29,广东省立中山图书馆馆藏缩微胶片,编号:9/N—164。

　　[13]《华商报晚刊》(香港),1941.04.08—1941.12.12,广东省立中山图书馆馆藏缩微胶片,编号:9/N—005。

　　[14]《正报》(香港),1943.11.13—1948.11.13,广东省立中山图书馆馆藏缩微胶片,编号:9/N—006。

　　[15]《华商报》(香港),1947.01.01—1948.03.28,广东省立中山图书馆馆藏缩微胶片,编号:9/N—002。

广州:

　　[16]《国华报》,1916.08.08—1950.05.09,广东省立中山图书馆馆藏缩

微胶片,编号:9/N—018。

[17]《民国日报》,1923.08.01—1936.12.31,广东省立中山图书馆馆藏缩微胶片,编号:9/N—009。

[18]《越华报》,1927.08.01—1950.08.03,广东省立中山图书馆馆藏缩微胶片,编号:9/N—019。

[19]《广州日报》,1930.06.15—1948.03.28,广东省立中山图书馆馆藏缩微胶片,编号:9/N—035。

[20]《民族日报》,1937.02.01—1946.02.28,广东省立中山图书馆馆藏缩微胶片,编号:9/N—072。

[21]《中山日报》(蒋系),1937.11.01—1945.08.23,广东省立中山图书馆馆藏缩微胶片,编号:9/N—011。

[22]《广东迅报》,1938.12.21—1945.08.15,广东省立中山图书馆馆藏缩微胶片,编号:9/N—022。

[23]《中山日报》(汪系),1939.11.01—1945.08.23,广东省立中山图书馆馆藏缩微胶片,编号:9/N—010。

中山及其他:

[24]《民国日报》(中山石岐),1933.08.30—1949.10.14,广东省立中山图书馆馆藏缩微胶片,编号:9/N—068。

[25]《建中日报》(中山石岐),1947.01.21—1949.10.16,广东省立中山图书馆馆藏缩微胶片,编号:9/N—023。

[26]《申报》(上海),1932.01.01—1947.08.02,暨南大学图书馆特藏室藏。

[27]《时事公报》(宁波)

《澳门可闻炮,学敌在横琴岛登陆劫掠粮食惨杀岛民》,《时事公报》,1937年12月29日。

《敌封锁澳门交通港,食品来源绝断》,《时事公报》,1940年4月3日。

《武汉记者团赴澳门参观》,《时事公报》,1946年8月1日。

《立院批准中菲条约建议收回澳门》,《时事公报》,1947 年 6 月 22 日。

[28]《粤人重新喊出:收回澳门》,《大报》,1947 年 10 月 6 日。

[29]《收回澳门运动》,《宁波日报》,1948 年 8 月 5 日。

[30] 邓开颂:《抗日战争时期的澳门》,《光明日报》,1999 年 12 月 10 日。

[31]《澳门火花的抗日精神》,《台州商报》,2007 年 8 月 21 日。

[32] 石四维:《澳门同胞支援祖国抗战》,《团结报》,2011 年 11 月 23 日。

四、纪念册

[1] 华侨报社:《澳门华侨报五周年纪念手册》,1941 年,香港大学图书馆馆藏,编号:中 052. 99 4424。

[2] 协和中学学治会:《协和学生创校三十周年纪念专号》,1941 年,广东省立中山图书馆特藏室,编号:K/8. 239. 2/5611. 3。

[3] 培道女子中学:《培道女子中学五十五周年纪念特刊》,1943 年,广东省立中山图书馆特藏室,编号:K2966。

[4] 培正中学 1945 年级毅社学艺股:《毅社六周年纪念特刊》,1944 年,广东省立中山图书馆特藏室,编号:K/392/5618. 4。

[5] 培正中学虹社:《虹艺特刊》,1945 年,广东省立中山图书馆特藏室,编号:K2964。

[6] 岭南大学浩社:《岭南大学浩社六周年纪念刊》,1945 年,广东省立中山图书馆特藏室,编号:K/0. 392/5222—4。

[7] 刘日波:《岭分中学钢社五周年纪念刊》,1945 年,广东省立中山图书馆特藏室,编号:K/8. 239. 2/375。

[8] 杨重光:《澳门岭南同学手册》,1945 年,广东省立中山图书馆特藏室,编号:K/1. 395/5222—17。

[9] 私立培正中学同学会:《培正校友录》,1945 年,广东省立中山图书馆特藏室,编号:K/8. 239. 2/5618。

[10] 中国国民党驻港澳总支部:《港澳抗战殉国烈士纪念册》,1946 年,香港公共图书馆馆藏,编号:782 3356。

　　[11]《庆祝葡总理萨拉沙博士就职二十周年纪念特刊》,1948 年,香港公共图书馆馆藏,编号：629.39 0342。

　　[12]岭南大学附属中学曦社:《1948 年曦社成立八周年纪念刊》,1948年,广东省立中山图书馆特藏室,编号：K4079。

　　[13]澳门华文报界编:《欢迎葡海外部长罗瑟文莅澳特刊》,1952 年,香港公共图书馆馆藏,编号：629.39 4343。

　　[14]澳门培正同学会:《澳门培正同学会年刊》,1981 年,1987 年,1988年,广东省立中山图书馆特藏室,编号：KH4078。

　　[15]《同善堂九十周年特刊(1892—1982)》,澳门庆祝同善堂创立九十周年筹备委员会,1982 年。

　　[16]华侨报编辑部:《赵斑斓文化艺术馆开幕暨华侨报四十六周年纪念专刊》,澳门华侨报,1983 年。

　　[17]吴润生主编:《澳门镜湖护士助产学校建校七十周年纪念特刊(1823—1993)》之《历届值理、监事、会董名表(1913—1984)》,镜湖医院慈善会,1985 年。

　　[18]镜湖医院慈善会编印:《镜湖医院 115 周年纪念特刊》(*Special Issue for the 115th Anniversary of Kiang Wu Hospital*),1986 年。

　　[19]澳门华侨报编辑部:《华侨报五十周年庆祝大会纪念专刊:1937—1987》,澳门:澳门华侨报,1987 年。

　　[20]澳门中华总商会编印:《澳门中华总商会成立七十五周年纪念特刊》之《历届值理、监事、会董名表(1913—1984)》,1988 年。

　　[21]广东省柯麟医学教育基金会编:《代有宗师 医林璀璨:柯麟诞辰 105周年纪念特刊》,广州:广东省柯麟医学教育基金会,1988 年,广东省立中山图书馆特藏室,编号：K/8.26.2＝75/G624。

　　[22]澳门青洲小学:《澳门中华总商会附设青洲小学庆祝四十周年校庆特刊:1951—1991》,1991 年。

　　[23]陈树荣主编:《同善堂一百周年特刊(1892—1992)》,澳门:澳门同善堂值理会,1992 年。

[24] 澳门中华总商会编印:《澳门中华总商会成立八十五周年纪念特刊:1913—1998》,1998 年。

[25] 镜湖医院慈善会编印:《镜湖医院慈善会创办一百三十周年纪念特刊:2001》,2001 年。

[26]《同善堂一百一十周年纪念集》,澳门:澳门同善堂值理会,2002 年。

[27] 澳门中华总商会编印:《澳门中华总商会九十周年纪念特刊:1913—2003》,2004 年。

[28] 林锋主编:《广东人民抗日游击队珠江纵队成立六十周年纪念专刊》,广州:广州地区老游击战士联谊会珠江纵队分会,2005 年。

[29] 澳门中华总商会编印:《澳门中华总商会成立九十五周年纪念特刊:1913—2008》,2008 年,澳门中华总商会附设阅报室藏。

[30]《同善堂一百二十周年:今夕简志》,澳门:澳门同善堂值理会,2013 年。

[31] 澳门镜湖医院慈善会编印:《报国济世:抗战时期的澳门镜湖医院慈善会》,该会出版"抗日战争胜利七十周年纪念特刊",2015 年。

五、报告

[1] 镜湖医院慈善会:《澳门镜湖医院慈善会第三届值理会一年来工作报告》,1946 年 3 月,广东省立中山图书馆特藏室,编号:K/8.276/6911.2。

[2]《闽澳各界筹赈两广水灾委员会征信录》,1947 年,香港公共图书馆馆藏,编号:548.31 7326。

[3] 中共肇庆市委党史办公室编:《"澳门四界救灾会回国服务团"专题史料征集编写工作报告》,1989 年。

[4] 中共肇庆市委党史办公室编:《"澳门四界救灾会回国服务团"大事记上报本》,1989 年。

[5]《三十年代南洋华侨团体调查报告书》,澳门大学图书馆馆藏,编号:DS503.NAN.V.8。

[6]《三十年代南洋华侨领袖调查报告书》,澳门大学图书馆馆藏,编号:

DS503. NAN. V. 1。

[7]《三十年代南洋华侨领袖调查报告续编》，澳门大学图书馆馆藏，编号：DS503. NAN. V. 3。

[8]《三十年代南洋华侨汇资调查报告书》，澳门大学图书馆馆藏，编号：DS503. NAN. V. 7。

[9]［葡］莫嘉度著，［葡］萨安东编，舒建平、菲德尔译：《葡萄牙驻广州总领事莫嘉度关于中日战争的报告》，上海：上海社会科学院出版社，2000 年。

六、专著

[1] 吴醒濂主编：《香港华人名人史略》之《范洁朋先生》，香港：香港五洲书局，1937 年。

[2] 梁彦明：《崔诺枝先生善绩纪略》，澳门：澳门中华印务公司，1938 年，香港大学图书馆馆藏，编号：X 山 361.74099 22。

[3] 何翼云、黎子云合编：《澳门游览指南》，1939 年，广东省立中山图书馆特藏室，编号：K/8.216/716。

[4] 宋斐如：《日本战时外交内幕》，重庆：大时代书局，1940 年。

[5] 俞永济：《澳门指南》，香港：商务印书馆，1941 年。

[6]［葡］菲利喇·狄·卡斯特罗：《澳门与中国》，澳门：海岛市市政厅，广东省立中山图书馆特藏室，编号：KY/928.9/F37。

[7] 郑师许：《澳门问题研究》，广东省立中山图书馆特藏室，编号：K/64/140.4—121。

[8]［日］佐野洋：《无凭无据》，澳门：东瀛出版社，1971 年，广东省立中山图书馆特藏室，编号：K/1313.45/Z99—2。

[9]［日］大西齐：《香港と海南岛：附澳门、广东、广州湾》，东京：朝日新闻社，1939 年，香港大学图书馆馆藏，编号：HK915. 12 05。

[10]［葡］约翰·巴路士：《葡国魂释义》，澳门：澳门纪念葡国建国复兴双庆大会，1942 年，广东省立中山图书馆特藏室，编号：K/839/9818。

[11] 麦健增：《澳门金融市场》，1945 年，广东省立中山图书馆特藏室，编

号：K/8.257/516。

[12] 麦健增：《国币葡币港币黄金及投资》，1945 年，广东省立中山图书馆特藏室，编号：K/64/516.2。

[13] 何大章、缪鸿基：《澳门地理》，广州：广东省立文理学院，1946 年。

[14] 澳门世界出版社编印：《澳门今日之侨运》，1948 年。

[15] 澳门广大中学编印：《广大十年》，1948 年。

[16] 高福耀等编印：《高可宁先生言行录》（铅印本），1956 年，广东省立中山图书馆特藏室，编号：K/K828.49/G24。

[17] 布衣：《澳门掌故》，香港：广角镜出版社，1977 年。

[18] 马临：《方树泉回忆录》，香港：方树泉福堂基金会秘书处，1982 年。

[19] 刘玉绍：《澳门历史新述》，香港：文化出版社，1986 年。

[20] 彭琪瑞等编著：《香港与澳门》，香港：商务印书馆，1986 年。

[21] 黄文宽：《澳门历史钩沉》，澳门：星光出版社，1987 年。

[22] 中国戏剧家协会广东分会、广东话剧研究会编印：《广东话剧运动史料集》，1987 年。

[23] 冯汉树：《澳门华侨概况》，台湾：正中书局，1988 年。

[24] 费成康：《澳门四百年》，上海：上海人民出版社，1988 年。

[25] 李葆定、冯彩章编著：《柯麟传略》，北京：人民卫生出版社，香港：香港振兴医药图书企业有限公司，1988 年。

[26] 袁邦建、袁桂秀编著：《澳门史略》，香港：中流出版有限公司，1988 年。

[27] 刘玉兰：《澳门的光荣与坎坷》，澳门：星光出版社，1989 年。

[28] 古维杰：《澳门画集：1844—1974》，澳门：东方基金会，1990 年。

[29] 周景濂编著：《中葡外交史》，北京：商务印书馆，1991 年。

[30] 关振东：《关山月传》，澳门：澳门出版社，1992 年。

[31] 何文翔：《香港家族史》，香港：明报出版社，1992 年。

[32] 何文翔：《香港富豪列传》之《傅老榕》，香港：明报出版社，1992 年。

[33] 鲁阳等：《红色医生：教育家柯麟传》，广州：广东高等教育出版社，

1992 年。

[34] 珠海市政协文史资料委员会编著:《珠海人物传》,广州:广东人民出版社,1992 年。

[35] 林昶:《濠江青英录》,澳门:澳门出版社,1993 年。

[36] 鲁阳等:《柯麟传》(海外版),澳门:澳门国际名家出版社,1993 年。

[37] 吴志良:《澳门政治制度沿革、现状与展望》,澳门:澳门公共行政管理学会,1993 年。

[38] 徐建斌:《港澳战争纪实》,南京:南京出版社,1993 年。

[39] 余振等:《澳门华人政治文化》,澳门:澳门基金会,1993 年。

[40] 杨洪范、张晔主编:《台港澳与海外华人社会》,大连:大连海运学院出版社,1993 年。

[41] 左倩萍、古维杰:《澳门影集:地点、人和生活》,澳门:东方文粹,1993 年。

[42] 雷强、孟庆顺主编:《广东省志·粤港澳关系》,广州:高等教育出版社,1994 年。

[43] 李炳时:《澳门总督与立法会》,澳门:澳门基金会,1994 年。

[44] [葡] 施白蒂:《我的第一个澳门历史故事》(中葡对照),澳门:纪念葡萄牙发现事业澳门地区委员会,1994 年。

[45] 陈大白:《天明斋文集》,澳门:澳门历史学会,1995 年。

[46] 邓开颂:《澳门历史:1840—1949》,澳门:澳门历史学会,1995 年。

[47] 黄鸿钊、任天石主编:《港澳大全》,南京:南京大学出版社,1995 年。

[48] 黄就顺、黄润光主编:《澳门邮话》,澳门:澳门基金会,1995 年。

[49] 李福麟:《澳门四个半世纪》,澳门:澳门松山学会,1995 年。

[50] 李红喜、周冰、刘夕海编著:《香港密约:日蒋和谈秘档》,香港:利文出版社,1995 年。

[51] 章文钦:《澳门与中华历史文化》,澳门:澳门基金会,1995 年。

[52] 陈木杉:《从函电史料观抗战时期汪精卫集团治粤梗概》,台北:台湾学生书局,1996 年。

［53］黄德鸿:《澳门新语》,澳门:澳门成人教育出版社,1996 年。

［54］吴志良主编:《澳门政制》,澳门:澳门基金会,1995 年。

［55］陈欣欣编著:《中国、台湾、香港、澳门四个华人社会的发展》,香港:广角镜出版有限公司,1997 年。

［56］霍英东口述,冷夏整理:《澳门赌场风云》,香港:名流出版社,1997 年。

［57］蔡鸿生主编:《澳门史与中西交通史研究》,广州:广东高等教育出版社,1998 年。

［58］孟学文主编:《世纪盛典——跨世纪领导干部国情读本》(1—3 部),北京:当代中国出版社,1998 年。

［59］[葡]古万年、戴敏丽:《澳门及其人口演变五百年(一五零零至二零零零年):人口、社会及经济探讨》,澳门:澳门统计暨普查司,1998 年。

［60］黄启臣、邓开颂:《中外学者论澳门历史》,澳门:澳门基金会,1998 年。

［61］吴志良:《生存之道——论澳门政治制度与政治发展》,澳门:澳门成人教育学会,1998 年。

［62］谢常青:《马万祺传》,北京:中国文史出版社,1998 年。

［63］庄文水:《澳门文化透视》,澳门:澳门五月花诗社,1998 年。

［64］《澳门万象》编写组编:《澳门万象:简明澳门百科全书》,北京:中国华侨出版社,1999 年。

［65］常青:《百年澳门》,北京:作家出版社,1999 年。

［66］邓开颂、古木:《九九归一》,北京:中央文献出版社,1999 年。

［67］邓开颂、吴志良、陆晓敏主编:《粤澳关系史》,北京:中国书店,1999 年。

［68］邓开颂、谢后和:《澳门历史与社会发展》,珠海:珠海出版社,1999 年。

［69］冯邦彦:《澳门概论》,香港:三联书店,1999 年。

［70］[葡] 费尔南多·科雷亚·德·奥利维拉著,杨立民等译:《葡中接

触五百年》,澳门:纪念葡萄牙发现事业澳门地区委员会、东方基金会,1999年。

[71] 关振东、陈树荣:《何贤传》,澳门:澳门出版社,1999年。

[72] 黄鸿钊:《澳门简史》,香港:三联书店,1999年。

[73] 黄墩:《澳门税收制度》,北京:中国税务出版社,1999年。

[74] 黎小江、莫世祥主编:《澳门大辞典》,广州:广州出版社,1999年。

[75] 刘羡冰:《澳门教育史》,北京:人民教育出版社,1999年。

[76] 靳书伦:《澳门轶事》,北京:中央文献出版社,1999年。

[77] [葡]廉辉南(Fernando Lima)著,曾永秀译:《澳门:她的两个过渡》,澳门:澳门基金会,1999年。

[78] 刘子健、叶文益主编:《澳门归程》,广州:广东人民出版社,1999年。

[79] 郑彭年编著:《重放的莲花:澳门开埠450年》,北京:新华出版社,1999年。

[80] [葡]施白蒂著,金国平译:《澳门编年史·二十世纪(1900—1949)》,澳门:澳门基金会,1999年。

[81] 吴志良、杨允中主编:《澳门百科全书》,北京:中国大百科全书出版社,1999年。

[82] 吴志良:《澳门政治制度发展史》,上海:上海社会科学出版社,1999年。

[83] 王俊彦:《澳门的故事》,北京:世界知识出版社,1999年。

[84] 王文达:《澳门掌故》,澳门:澳门教育出版社,1999年。

[85] 原武道、陈湛颐、王向华编:《日本与亚洲华人社会:历史文化篇》,香港:商务印书馆,1999年。

[86] 中共广东省委党史研究室等编著:《澳门归程》,广州:广东人民出版社,1999年。

[87] 章文钦:《澳门历史文化》,北京:中华书局,1999年。

[88] 邓开颂主编:《澳门历史新说》,石家庄:花山文艺出版社,2000年。

[89] 傅玉兰等:《澳门影业百年回顾》,澳门:澳门博物馆,2000年。

［90］［葡］徐萨斯著,黄鸿钊、李保平译:《历史上的澳门》,澳门:澳门基金会,2000 年。

［91］杨仁飞:《澳门近代化历程》,澳门:澳门日报出版社,2000 年。

［92］赵锡雄、胡波:《广东爱国侨领和港澳知名人士》,广州:广东高等教育出版社,2000 年。

［93］金国平、吴志良:《镜海飘渺》,澳门:澳门成人教育学会,2001 年。

［94］李伟民主编:《粤港澳社会关系》,广州:中山大学出版社,2001 年。

［95］许锡挥、李萍主编:《粤港澳文化关系》,广州:中山大学出版社,2001 年。

［96］杨中美:《赌王何鸿燊传奇》,台北:时报文化出版企业股份有限公司,2001 年。

［97］郑天祥主编:《粤港澳经济关系》,广州:中山大学出版社,2001 年。

［98］朱德新、孟庆顺、周运源:《二十世纪澳门渔民研究》,北京:中国档案出版社,2002 年。

［99］杨开荆:《澳门特色文献资料研究》,北京:北京大学出版社,2003 年。

［100］李蓓蓓编著:《台港澳史稿》,上海:华东师范大学出版社,2003 年。

［101］左双文:《华南抗战史稿》,广州:广东高等教育出版社,2004 年。

［102］娄胜华:《转型时期澳门社团研究——多元社会中法团主义体制解析》,广州:广东人民出版社,2004 年。

［103］郑妙冰:《澳门:殖民沧桑中的文化双面神》,香港:明报出版社有限公司,2004 年。

［104］蔡勤禹:《民间组织与灾荒救治》,北京:商务印书馆,2005 年。

［105］陈湛颐编译:《日本人访港见闻录:1898—1941》,香港:三联书店有限公司,2005 年。

［106］黄子雅:《何贤与我:形影的生活》,澳门:星光书店有限公司,2005 年。

［107］何冠任:《何氏父子》,北京:华文出版社,2005 年。

［108］韦庆远:《澳门史论稿》,广州:广东人民出版社,2005 年。

[109] 岳清:《烽火梨园:1938 至 1949 年香港粤剧》,香港:一点文化有限公司,2005 年。

[110] 查灿长:《转型、变项与传播:澳门早期现代化研究(鸦片战争至1945 年)》,广州:广东人民出版社,2006 年。

[111] 陈树荣:《澳门出入口贸易史略》,澳门:澳门出入口商会,2006 年。

[112] 黄庆华:《中葡关系史(1513—1999)》,合肥:黄山书社,2005 年。

[113] 廖平子著,陈业东点校:《淹留》,澳门:澳门基金会,2006 年。

[114] 中共广东省委党史研究室编:《广东与抗日战争》,广州:广东人民出版社,2006 年。

[115] 赵艳珍:《珠澳关系史话》,珠海:珠海出版社,2006 年。

[116] 丁淦林主编:《中国新闻事业史》(修订版),北京:高等教育出版社,2007 年。

[117] 王吉伦:《两广纵队情系珠江》,北京:军事科学出版社,2007 年。

[118] 徐凯、宋柏年、徐万民主编:《杰出历史人物与澳门》,澳门:澳门理工学院,2007 年。

[119] 叶正大等:《子女记忆中的父亲——叶挺相传》,北京:当代中国出版社,2007 年。

[120] 郑宏泰、黄绍伦:《香港大佬:何东》,香港:三联书店,2007 年。

[121] 何联杰、肖伟光编著:《客家人与澳门》,澳门:澳门客属社团联合总会,2008 年。

[122] 刘然玲:《文明的博弈:16 至 19 世纪澳门文化长波段的历史考察》,广州:广东人民出版社,2008 年。

[123] 吴志良、金国平、汤开建主编:《澳门史新编》,澳门:澳门基金会,2008 年。

[124] 蔡佩玲:《澳门神香业》,香港:三联书店有限公司,澳门:澳门基金会,2009 年。

[125] 邓思平:《澳门土生葡人》,香港:三联书店有限公司、澳门基金会联合出版,2009 年。

[126]〔澳〕杰弗里·C.冈恩(Geoffrey C. Gunn)著,秦传安译:《澳门史:1557~1999》,北京:中央编译出版社,2009年。

[127]胡根:《澳门近代博彩业史》,广州:广东人民出版社,2009年。

[128]何志辉:《从殖民宪制到高度自治:澳门两百年来宪制演进述评》,澳门:澳门理工学院一国两制研究中心,2009年。

[129]吴志良、汤开建、金国平主编:《澳门编年史》第五卷"民国时期(1912—1949)",广州:广东人民出版社,2009年。

[130]亚洲电视新闻部资讯科:《解密五百年澳门》,香港:明报出版社有限公司,2009年。

[131]蔡佩玲:《澳门火柴业》,香港:三联书店有限公司,澳门:澳门基金会,2010年。

[132]窦应泰:《赌王:何鸿燊大传》,北京:团结出版社,2010年。

[133]黄启臣:《澳门是最重要的中西文化交流桥梁:16世纪中叶至19世纪中叶》,香港:天马出版有限公司,2010年。

[134]刘羡冰编著:《世纪留痕:二十世纪澳门教育大事记》,澳门:澳门出版协会,2010年。

[135]娄胜华:《澳门公共行政案例研究》,广州:中山大学出版社,2010年。

[136]李长森:《近代澳门外报史稿》,广州:广东人民出版社,2010年。

[137]潘冠瑾:《澳门社团体制变迁:自治、代表与参政》,北京:社会科学文献出版社,2010年。

[138]谢永昌、萧国健:《国民党之香港百年史略》,香港:中华文教交流服务中心,2010年。

[139]邓开颂、陆晓敏、杨仁飞:《澳门史话》,北京:社会科学文献出版社,2011年。

[140]吕志鹏:《澳门中文新诗发展史研究:1938—2008》,北京:社会科学文献出版社,2011年。

[141]连心豪:《近代中国的走私与海关缉私》,厦门:厦门大学出版社,

2011 年。

　　[142] 林广志、吕志鹏主编:《卢九家族与华人社会——学术研讨会论文集》,香港:民政总署文化康体部,2011 年。

　　[143] 林广志、夏泉、林钦发主编:《西学与汉学——中外交流史及澳门史论集》,上海:古籍出版社,2011 年。

　　[144] 余振、娄胜华、陈卓华:《澳门华人政治文化纵向研究》,香港:三联书店,2011 年。

　　[145] 黄雁鸿:《同善堂与澳门华人社会》,北京:商务印书馆,2012 年。

　　[146] 娄胜华、潘冠瑾、赵琳琳:《自治与他治:澳门的行政、司法与社团(1553—1999)》,北京:社会科学文献出版社,2013 年。

　　[147] 中国人民抗日战争纪念馆:《港澳同胞与祖国抗日战争》,北京:团结出版社,2015 年。

　　[148] 吴志良、娄胜华、何伟杰:《革命、战争与澳门》,南京:南京大学出版社,2015 年。

　　[149] 郑振伟:《1940 年代的澳门教育》,北京:中国社会科学出版社,2016 年。

　　[150] Gomes (Luís Gonzaga), *Efemérides da História de Macau*(《澳门历史大事记》), Macau: Colecção Notícias de Macau,1954.

　　[151] Manuel Teixeira(文德泉),*Macau durante a Guerra*,s. n,1970.

　　[152] José Calvet de Magalhães(马加良斯),*Breve História Diplomática De Portugal*(《葡萄牙外交简史》), Lisbon: Publicações Europa-América, 1990.

　　[153] António de Andrade e Silva(西尔瓦),*Eu estive em Macau durante a Guerra*(《战时我在澳门》),Macau:Instituto Cultural de Macau,1991.

　　[154] José Calvet de Magalhães(马加良斯), *Macau e a China no Após Guerra*(《战后澳门与中国》),Macau:Instituto Portvgvês do Oriente,1992.

　　[155] Ferreira de Castro, *Macau e a China*, Macau: Câmara Municipal das Ilhas,1998.

　　[156] Vasco Callixto, *Os primeiros aviadores portugueses em Macau:*

1924 – 1934,(《1924—1934 年澳门第一批葡萄牙飞行员》),Lisboa :
Universitária Editora,1999.

[157] João de Pina – Cabral(贾渊),*Between China and Europe: person,
culture, and emotion in Macao*(《中欧之间:澳门的人、文化和情感》),
London:Continuum,2002.

[158] Leonel Barros,*Memórias do Oriente em Guerra: Macau*,Macau:
Associação Promotora da Instrução dos Macaenses (APIM),2006.

[159] Altino do Tojal,*Histórias de Macau*,Lisboa :Imprensa Nacional-
Casa da Moeda,2009.

[160] 香港里斯本丸协会编:《战地军魂:香港英军服务团绝密战记》(*The
BAAG Saga:A Wartime History of the Part Played by Hong Kong Citizens
in the Second World War*),香港:画素社,2009 年。

[161] João F. O. Botas,*Macau 1937 – 1945:Os Anos da Guerra*,Macau:
Instituto Internacional de Macau,2012.

[162] John Pownall Reeves,*The Lone Flag: Memoir of the British
Consul in Macao during World War Ⅱ* ,Hong Kong:Hong Kong University
Press,2014.

[163] Geoffrey C. Gunn, *Wartime Macau: Under the Japanese
Shadow* ,Hong Kong:Hong Kong University Press,2016.

七、期刊文章

[1] 朱偰:《澳门之过去与将来》,《国风》,1933 年第 3 卷第 10 期。

[2]《黄居素卜居澳门》《杨清源卜居澳门》,《社会新闻》,1933 年第 1—30
期合刊。

[3]《广州与澳门》,《文华》,1933 年第 44 期。

[4]《澳门渔业近况》,《关声》,1934 年第 2 期。

[5] 麦达云:《从离开母校之后而到社会工作的经过》,《校声》,1934 年第
2 期。

[6]《通商之交涉——葡使请减轻澳门渔业税之交涉》,《政治成绩统计》,1934 年第 4 期。

[7] 志明:《澳门一瞥》,《人言》,1934 年第 26 期。

[8]《李济深在澳门读经》,《社会新闻》,1934 年第 28 期。

[9] 望海:《东洋摩洛戈之澳门》,《老实话》,1934 年第 39 期。

[10]《澳门渔船事业》,《关声》,1935 年第 5 期。

[11]《澳门政府强迫华校增授葡文》,《中华教育界》,1935 年第 8 期。

[12] 杜鹃:《澳门华侨经营之火柴厂歇业》,《国货月刊》,1935 年第 11 期。

[13]《澳门山圣母堂祝圣暨花地圣母出游记》,《圣教杂志》,1935 年第 12 期。

[14]《澳门公进会欢迎广东全省主教举行世界和平大会》,《圣教杂志》,1935 年第 12 期。

[15] 李三郎:《澳门的歌》,《诗歌杂志》,1936 年创刊号。

[16]《澳门公教进行会举行训练大会宣言》,《公教进行旬刊》,1936 年第 8 卷第 1—32 期合刊。

[17]《澳门之麻风》,《麻风季刊》,1936 年第 3 期。

[18] 李三郎:《六月的澳门》,《文艺月刊》,1937 年第 1 期。

[19] 锦帆:《澳门印象记》,《文摘》,1937 年第 5 期。

[20] 伊丝:《抗战中的澳门妇女》,《妇女生活》,1937 年第 9 期。

[21] 陶婴月:《澳门纪游》,《旅行杂志》,1938 年第 1 期。

[22] 露漪:《史良在澳门》,《妇女生活》,1938 年第 7 期。

[23] 霍衣仙:《今日之澳门》,《国魂》,1938 年第 27 期。

[24] 蔡如霖:《澳门杂写》,《宇宙风》,1938 年第 73 期。

[25]《澳门收音成绩报告》,《实用无线电杂志》,1939 年第 9 期。

[26] 卓国铜:《身在殖民地心在祖国(澳门通讯)》,《中国青年》,1939 年第 5—6 期。

[27] 孙沛甘:《富有哲学意味的澳门》,《旅行杂志》,1941 年第 1 期。

[28] 黄鼎:《澳门面目全非》,《现代华侨》,1941 年第 6—8 期。

［29］嘉伟：《澳门之行》，《今日青年》，1941 年第 14 期。

［30］《澳门金融情况简报》，《广东省银行季刊》，1942 年第 3 期。

［31］本室：《敌伪广州输出澳门物资统计表》，《广东省银行季刊》，1943 年第 4 期。

［32］洪振：《澳门：日魔掌心上的孤儿：谁愿做糟鹅》，《半月文萃》，1943 年第 1 卷第 11—12 期。

［33］洪振：《澳门：日魔掌心上的孤儿："梳打埠"的本色》，《半月文萃》，1943 年第 1 卷第 11—12 期。

［34］洪振：《澳门：日魔掌心上的孤儿：人食人的世界》，《半月文萃》，1943 年第 1 卷第 11—12 期。

［35］洪振：《澳门：日魔掌心上的孤儿：祖国的呼唤》，《半月文萃》，1943 年第 1 卷第 11—12 期。

［36］洪振：《澳门：日魔掌心上的孤儿：无形的封锁》，《半月文萃》，1943 年第 1 卷第 11—12 期。

［37］洪振：《澳门：日魔掌心上的孤儿：奇特的神仙饭》，《半月文萃》，1943 年第 1 卷第 11—12 期。

［38］洪振：《澳门：日魔掌心上的孤儿：文化的劫运》，《半月文萃》，1943 年第 1 卷第 11—12 期。

［39］洪振：《澳门：日魔掌心上的孤儿：吃了耳光陪笑脸》，《半月文萃》，1943 年第 1 卷第 11—12 期。

［40］庄泽宣：《澳门心影》，《旅行杂志》，1943 年第 12 期。

［41］甘贝：《诗情画意的澳门》，《新都周刊》，1943 年第 22 期。

［42］汉夫译：《东亚中立港的澳门》，《经济月报》，1944 年第 1 期。

［43］《澳葡政府赋予澳门发行纸币权限》，《银行周报汇编》，1944 年第 9 期。

［44］《澳门禁用双毫》，《银行周报汇编》，1944 年第 11 期。

［45］卢逊：《澳门吟》，《宇宙风》，1945 年第 4 期。

［46］马博良：《忆澳门》，《小天地》，1945 年第 4 期。

[47] 陆丹林:《东方蒙脱卡罗的澳门》,《旅行杂志》,1945 年第 5 期。

[48]《澳门:冒险家的乐园(澳门通讯)》,《国讯》,1945 年第 430 期。

[49] 何大章:《澳门地理》,《图书季刊》,1946 年第 1—2 期。

[50] 黄学勤:《澳门生活的断片》,《文坛》,1946 年第 1—6 期。

[51] 昆明台:《香港与澳门》,《广播周报》,1946 年第 3 期。

[52] 啸龙:《澳门毕竟是中国的》,《建国公论》,1946 年第 4 期。

[53]《澳门禁止法币入口》,《银行周报》,1946 年第 31 期。

[54] 程志政:《澳门剪影》,《旅行杂志》,1947 年第 3 期。

[55] 宋孟桃:《澳门是租界,并非割让地》,《亚洲世纪》,1947 年第 4 期。

[56] 王科祥:《论收回澳门》,《华侨先锋》,1947 年第 5—6 期。

[57] 唐密:《大连与澳门》,《智慧》,1947 年第 24 期。

[58]《关于收回澳门问题》,《中美周报》,1947 年第 268 期。

[59] 锄非:《澳门研究里一件咄咄怪事》,《台湾文化》,1948 年第 3 期。

[60]《澳门的黄金市场》,《经济通讯》,1948 年第 17 期。

[61] 黄兆根:《澳门在变》,《群言》,1948 年第 23 期。

[62] 臻臻:《澳门掠影》,《中美周报》,1948 年第 282 期。

[63] 从南:《东方的蒙特卡罗——澳门》,《中美周报》,1948 年第 278 期。

[64] 马万祺:《林炳炎先生与镜湖医院》,《澳门医药》,1949 年第 3 期。

[65] [葡] 文德泉(Manuel Teixeira):《大战时期的澳门》,《贾梅士学会会刊》,1981 年第 1、2 期合刊。

[66] 粟明鲜、郑天祥:《澳门人口变化四百年初探》,《澳门社会科学协会杂志》,1988 年 4 月。

[67] 黄鸿钊:《近代澳门在中西文化交流中的地位与作用》,《中国边疆史地研究》,1994 年第 2 期。

[68] 王国强:《建立澳门史料学来研究澳门历史》,《澳门研究》,1994 年第 2 期。

[69] 欧初:《孙中山故乡抗日斗争二三事》,《炎黄春秋》,1995 年第 11 期。

[70] 黄就顺:《风潮时期的澳门》,《红蓝史地》,1995 年第 4 期。

[71] 张海鹏:《澳门史研究:前进和困难——国内澳门史研究的动向》,《中国社会科学院研究生院学报》,1995 年第 5 期。

[72] 张海珊:《抗战中的澳门》,《红蓝史地》,1995 年第 4 期。

[73] [葡]飞历奇(Henrique de Senna Fernades):《澳门电影历史:有声影片时代》,《文化杂志》,1995 年总第 23 期。

[74] 连心豪:《近代潮汕地区的走私问题》,《中国社会经济史研究》,1996 年第 1 期。

[75] [葡]理卡多·平托(Ricardo Pinto)著,邓耀荣译:《中立区的炮火》,《澳门杂志》,1997 年第 2 期。

[76] [日]宜野座伸治:《太平洋战争时期的澳日关系:关于日军不占领澳门的初步考察》,《澳门研究》,1997 年第 5 期。

[77] 陈业东:《抗日时期澳门诗坛一瞥》,《许昌师专学报》,1998 年第 1 期。

[78] 杨仁飞:《澳门社团发展——过去、现状与展望》,《澳门研究》,1998 年第 7 期。

[79] 何山:《热血丹心赤子情——抗战时期澳门四界救灾会服务二队在鹤山》,《岭南文史》,1999 年第 s1 期。

[80] 林万晖:《留取丹心照汗青——记澳门同胞林耀的抗日事迹》,《岭南文史》,1999 年第 s1 期。

[81] 许锡挥:《关于抗战时期澳门历史的研究》,《当代港澳》,1999 年第 1 期。

[82] 刘羡冰:《祖国抗日战争期间的澳门教育》,《教育史研究》,1999 年第 2 期。

[83] 房建昌:《从日本驻澳门总领事馆档案看太平洋战争爆发后日寇在澳门的活动》,《广东社会科学》,1999 年第 3 期。

[84] 房建昌:《有关太平洋战争爆发后日本外交与特工人员在澳活动的几点补正》,《民国档案》,1999 年第 4 期。

[85] 叶美兰:《略论抗日战争时期的澳门》,《民国档案》,1999 年第 4 期。

[86] 郭昉凌:《试论澳门在广东抗战中的地位与作用》,《湛江师范学院学报》,1999 年第 4 期。

[87] 林锋:《澳门四界救灾会抗日救亡片断》,《广东党史》,1999 年第 6 期。

[88] 吕一燃:《民国时期中国人民收回澳门的斗争与中国政府的态度》,《近代史研究》,1999 年第 6 期。

[89] 魏宏运:《抗战时期的华侨捐输与救亡运动》,《近代史研究》,1999 年第 6 期。

[90] 张海鹏:《居澳葡人"双重效忠"说平议》,《近代史研究》,1999 年第 6 期。

[91] 左双文:《民主革命时期中国共产党在澳门的活动》,《中共党史研究》,1999 年第 5 期。

[92] 左双文:《抗战胜利前后中国收回澳门的谋划与流产》,《近代史研究》,1999 年第 6 期。

[93] 张涛:《澳门人民的抗日爱国活动》,《民国春秋》,1999 年第 6 期。

[94] 钟青:《澳门同胞的抗日救亡运动》,《统一论坛》,1999 年第 6 期。

[95] 黄少群:《风雨澳门回归路(五)——投入抗日救亡大潮》,《党史文汇》,1999 年第 7 期。

[96] 庶民:《抗战时期澳门实录——介绍〈战时我在澳门的日子〉》,《党史纵横》,1999 年第 8 期。

[97] 高士振:《澳门烟云》,《今日中国》(中文版),1999 年第 11 期。

[98] 谢晓鹏:《抗战时期叶挺在澳门》,《纵横》,1999 年第 12 期。

[99] 何建明:《竺摩法师与抗日战争时期的澳门佛教文化》,《文化杂志》,1999 年总第 38 期。

[100] 郭昉凌:《澳门的抗日怒潮》,《源流》,2000 年第 1 期。

[101] 朱理明:《澳门与中国革命》,《福建党史通讯》,2000 年第 1 期。

[102] 陈锡豪:《抗战时期澳葡政府的对华关系》,《广东社会科学》,2001 年第 1 期。

[103] 张晓辉：《略论民国中后期港粤边界走私畸态（1930—1949）》，《广东社会科学》，2001 年第 1 期。

[104] 金国平、吴志良：《抗战时期澳门未沦陷之谜》，《复印报刊资料·港澳特区行政与社会》，2001 年第 7 期。

[105] 张量：《澳门同胞支援祖国抗战初探——兼谈抗战时期中国共产党在澳门的活动》，《抗日战争研究》，2003 年第 1 期。

[106] 查灿长：《抗日战争时期的澳门报业》，《贵州社会科学》，2003 年第 3 期。

[107] 齐春风：《抗战时期日本在港澳湾地区的走私活动》，《中国边疆史地研究》，2003 年第 3 期。

[108] 汤开建：《进一步加强澳门近代史研究——以〈澳门宪报〉资料为中心展开》，《学术研究》，2003 年第 6 期。

[109] 赵春晨：《澳门历史研究与新史料的刊布和利用》，《学术研究》，2003 年第 6 期。

[110] 马根伟：《明清时期澳门华人公共机构的建立与发展》，《澳门历史研究》，2004 年第 3 期。

[111] 娄胜华：《澳门法团主义体制的特征》，《行政》，2004 年第 3 期。

[112] 娄胜华：《澳门社团的组织变革：从简单混合式到科层化发展》，《澳门研究》，2004 年总第 21 期。

[113] 娄胜华：《民间社团、制度资源与澳门政治发展》，《行政》，2005 年第 3 期。

[114] 张晓辉：《抗战前期澳门的经济社会（1937.7—1941.12）》，《民国档案》，2005 年第 3 期。

[115] 卜穗文：《珠江纵队对澳门的统一战线工作》，《羊城今古》，2005 年第 4 期。

[116] 赵文亮、常县宾：《20 余年来大陆学者关于华侨华人与抗日战争研究述评》，《东南亚研究》，2005 年第 6 期。

[117] 宾水林：《抗战时期的澳门文化界》，《澳门杂志》，2005 年总第

45 期。

[118] 姚鸿光:《抗战中期粤澳邮路初探(1939—1941)》,《文化杂志》,2005 年总第 54 期。

[119] 邢荣发:《澳门马场区沧桑六十年(1925—1985)》,《文化杂志》,2005 年总第 56 期。

[120] 汤开建:《民国时期澳门近代体育的形成与发展》,《行政》,2005 年第 2 期。

[121] 查灿长:《抗战时期的澳门〈华侨报〉》,《新闻界》,2006 年第 4 期。

[122] 元胜林:《略论港澳对祖国抗日战争的贡献》,《大学时代》,2006 年第 4 期。

[123] 安莉:《和平正义事业的伟大胜利——谈国博在香港、澳门等地举办的纪念抗战胜利展览的设计思路》,《中国博物馆》,2007 年第 1 期。

[124] 娄胜华:《1931—1945 年澳门救亡赈难社团的兴盛与转折》,《民国档案》,2007 年第 1 期。

[125] 欧初:《前山高处指南环:关于澳门的往事杂忆》,《源流》,1999 年第 6 期。

[126] 金以林:《战时国民党香港党务检讨》,《抗日战争研究》,2007 年第 4 期。

[127] 周秋光、曾桂林:《近代港澳台地区的慈善事业述论》,《福建师范大学学报(哲学社会科学版)》,2008 年第 6 期。

[128] 盛恩养:《抗日战争时期的澳门美术》,《南京艺术学院学报(美术与设计版)》,2009 年第 3 期。

[129] 黑蕊、陈浩东:《1927—1949 年国民党澳门支部的党务考察》,《澳门研究》,2009 年总第 54 期。

[130] 黄鸿钊:《抗日烽火中的濠江儿女》,《文化杂志》,2010 年总第 77 期。

[131] 林广志、吕志鹏:《澳门近代华商的崛起及其历史贡献——以卢九家族为中心》,《华南师范大学学报(社会科学版)》,2011 年第 1 期。

［132］娄胜华:《十九、二十世纪之交的澳门社会变迁与结构转型》,《华南师范大学学报(社会科学版)》,2011 年第 1 期。

［133］叶农、郭远英:《澳门华商研究的新视角与新成就——"卢九家族与华人社会学术研讨会"综述》,《史学理论研究》,2011 年第 2 期。

［134］赵利峰:《民国时期的澳门博彩公司钩沉》,《暨南学报(哲学社会科学版)》,2011 年第 3 期。

［135］吴树燊:《两岸四地馆藏抗战时期澳门史料的探索与评析》,《文化杂志》,2011 年总第 81 期。

［136］王文隆:《战时中国国民党在澳门情报工作初探(1941—1945)》,《抗战史料研究》,2012 年第 1 期。

［137］孙扬:《"殖民地"的尺度:香港肃奸风波与"国民日报事件"论析》,《近代史研究》,2012 年第 6 期。

［138］邹建辉:《浅析抗战中的澳门四界救灾会》,《现代企业教育》,2012 年第 16 期。

［139］张中鹏:《国民党澳门支部的组织与党务活动(1919—1949)》,《文化杂志》,2012 年总第 81 期。

［140］白爽:《抗战时期澳门镜湖医院和同善堂的救亡赈难活动》,《澳门研究》,2013 年总第 69 期。

［141］郑振伟:《1940—1945 年的澳门教育:澳门私立学校的管理》,《教育史研究》,2013 年第 2 期。

［142］王韬:《抗战时期的澳门文学》,《世界华文文学论坛》,2014 年第 1 期。

［143］杜俊华、赵小洁:《论抗战时期中共对港澳当局的统战工作》,《甘肃社会科学》,2014 年第 3 期。

［144］郑振伟:《澳门中华教育会及其 20 世纪 40 年代的文教活动》,《教育学报》,2014 年第 4 期。

［145］何燕漪:《抗战时期"澳门四界救灾会"的爱国活动》,《人文天下》,2015 年第 18 期。

[146] 杜俊华:《抗战时期葡萄牙的远东政策及对澳门经济的影响》,《求索》,2015 年第 1 期。

[147] 赵广青:《澳门风云——抗战期间的岭南画派大本营》,《收藏·拍卖》,2015 年第 8 期。

[148] 潘琦:《中共在澳门领导革命活动纪实》,《党史博览》,2016 年第 3 期。

[149] 郑振伟:《1940 年代迁澳学校与澳门教育的发展——以广大中学为例》,《民国研究》,2016 年第 2 期。

[150] 郑振伟:《20 世纪 40 年代澳门国语运动述论》,《浙江大学学报(人文社会科学版)》,2017 年第 1 期。

[151] 邵明众:《抗战时期党的粤港澳青年工作的历史启示》,《管理观察》,2017 年第 23 期。

[152] 陈国威、何杰:《抗战时期广州湾"国际通道"探析》,《岭南师范学院学报》,2018 年第 2 期。

[153] 赵佳佳:《抗战时期的澳门救亡团体》,《党的文献》,2018 年第 4 期。

八、会议论文及其他析出分章

[1] 吴树燊:《澳门在英国接收香港中的角色》,"首届澳门学国际学术论文研讨会"论文,澳门,2010 年 4 月,15—16 日。

[2] 李盈慧:《战时国民党在澳门的党务与情报活动:兼论香港的国民党党务》,"首届澳门学国际学术研讨会"论文,澳门,2010 年 4 月 15—16 日。

[3] 莫世祥:《抗战期间葡日合流内幕窥探——依据台北"国史馆"蒋中正档案部分史料的透视》,澳门对外关系史研究暨澳门历史文化研究会 2012 年学术年会,2012 年 9 月 8—11 日。

[4] 吴树燊:《济民报国:抗战时期的澳门镜湖医院》,"第四届海峡两岸抗日战争史学术研讨会"论文,南京,2013 年 10 月 20 —23 日。

[5] 李汉中:《日本投降后有关香港、澳门的一些事件》,广东省政协主编:《广东文史资料选辑》第 3 辑,1962 年。

［6］吴淑凤:《伸张正义?——战后引渡逃匿澳门汉奸(1945—1948)》,《"国史馆"学术集刊》,2001 年第 1 辑。

［7］娄胜华:《澳门华人早期民间结社及其近代变迁》,黄隶乐、兴雅桃编辑:《澳门 2003》,澳门:澳门基金会,2003 年。

［8］娄胜华:《论澳门民间社团功能的"拟政府化"现象》,吴志良等主编:《澳门 2004》,澳门:澳门基金会,2004 年。

［9］麦济生:《抗战初期"粤港青年随军服务团"组成前后》,广东省政协学习和文史资料委员会编:《广东文史资料存稿选编》,广州:广东人民出版社,2005 年。

［10］洪涛:《"二战"期间的军统特工澳门站》,广东省政协学习和文史资料委员会编:《广东文史资料存稿选编》,广州:广东人民出版社,2005 年。

［11］吴敏娜:《珠江纵队与澳门》,中共广东省委党史研究室编:《广东党史资料》第 41 辑,广州:广东人民出版社,2005 年。

［12］游子安:《近代澳门地区的慈善与教化——以同善堂为例》,《近代中国社会与民间文化》第 2 辑,北京:社会科学文献出版社,2007 年。

九、学位论文

［1］陈锡豪:《抗日战争时期的澳门》(未刊稿),华南师范大学中国近现代史专业硕士学位论文,1998 年。

［2］Isabel Maria Peixoto Braga (伊萨贝尔·玛利亚·佩肖托·布加拉),*Macau Durante a II Guerra Mundial: Sociedade,Educação Física e Desporto*(《第二次世界大战期间的澳门——社会、体育与运动》),A Thesis for M. A. of Portuguese Language and Culture at the University of Macau,1999.

［3］Melania Dawn Cannon(米兰娜·冈恩·加侬),*Experience,Memory and the Construction of the Past:Remembering Macau 1941 -1945*(《过去的经历、记忆、组织:纪念澳门(1941—1945)》),A Thesis for the degree of Master of Arts at the University of British Columbia,2001.

［4］吕志鹏:《抗战时期澳门经济发展与社会救亡运动》,暨南大学中国近

现代史专业硕士学位论文,2004 年。

[5] 马根伟:《明清时期澳门慈善机构研究(1569—1911)》,暨南大学中国古代史专业硕士学位论文,2006 年。

[6] 钟子程:《抗日战争时期澳门的难民救济工作研究》,暨南大学中国近现代史专业硕士学位论文,2007 年。

[7] 李昆明:《抗日战争时期澳葡政府的"中立"政策研究(1937—1945)》暨南大学中国近现代史专业硕士学位论文,2007 年。

[8] 李俊:《抗战时期澳门米荒问题研究》(未刊稿),暨南大学中国近现代史专业硕士学位论文,2009 年。

[9] 李立:《清末澳门同善堂的建立与发展》,暨南大学中国古代史专业硕士学位论文,2011 年。

[10] 董锦:《二十世纪中叶澳门华商研究——以马万祺等华商为中心的考察》,暨南大学中国近现代史专业硕士学位论文,2012 年。

[11] 方子乐:《中国国民党澳门支部与澳门社会(1945.8～1949)》(未刊稿),暨南大学中国近现代史专业硕士学位论文,2013 年。

[12] 吴树燊:《英军服务团研究(1942—1945)》(未刊稿),暨南大学中国近现代史专业博士学位论文,2013 年。

[13] Li Zhen Zhen(李真真),*Approaches of Chinese Newspapers in Macau and Their Roles in Four Fields under the Influence of Nationalism during the Sino-Japanese War 1937 - 1945*(《抗日战争时期民族主义影响下澳门华文报纸的走向及在四大领域的作用》),A Thesis for the Degree of Master of Arts at the University of Macau,2013.

[14] Kaede,Chen Zichang(音译,陈子昌),*the Rise of Macao Chinese Cultural Nationalism during the Anti-Japanese War*(《抗日战争时期澳门华人民族主义文化的兴起》),A Thesis for the Degree of Master of Arts at the University of Macau,2013.

[15] 冯翠:《抗日战争时期的澳门华人社会——以慈善救济为中心的研究》(未刊稿),暨南大学中国近现代史专业博士学位论文,2014 年。

[16] 陈敏:《战后国民政府对澳门"经济汉奸"的引渡与审判研究》(未刊稿),暨南大学中国近现代史专业硕士学位论文,2016 年。

[17] 刘龙华:《中立区的声音——抗战时期澳门〈华侨报〉涉日舆论研究》(未刊稿),暨南大学中国近现代史专业博士学位论文,2019 年。

索引

后记

学术研究皆有其源流,踏入"抗战时期的澳门"这一研究领域,始自我在暨南大学历史系求学时期。导师夏泉教授根据我的研究方向(粤港澳近现代史)和研学兴趣指导我投入抗战时期澳门历史的研究。

当时,从事澳门史研究的学者更多关注明清时期澳门的历史,而抗战时期澳门历史的研究还处在起步阶段,具有一定的挑战性。所幸,在这一研究领域有夏师为我保驾护航,还得到汤开建、金国平、林发钦、林广志、王熹、叶农等诸位澳门史研究专家相助、指导和督促,并有曾金莲、胡芸、陈敏等同窗诚挚相助,俾使我在研学中不断成长。几年间积淀学术基础,发表若干论文,并于 2014 年顺利完成博士学位论文《抗日战争时期的澳门华人社会——以慈善救济为中心的研究》。

此后,命运流转至 2017 年,我由浙入苏,进入南京大学历史学院、南京大屠杀史与国际和平研究院共建博士后站工作。随着抗日战争专题研究项目的推进,我在导师姜良芹教授和张宪文、朱庆葆、张连红、张生、李玉、吕晶等诸位前辈的肯定和支持下延续抗战史领域的研究,开启《抗战时期的澳门》书稿之著述。

　　原可依就博士学位论文形成专著，而我却另撰书稿形成宏观解读抗战时期澳门的著作，皆因我认为适时抗战时期澳门的历史宏观轮廓未清，微观多存未解待解之处，需假以时日深入了解与研究，再作论定。缘此，我便将此宏观审视之著视作在此研究领域的第一部成果，后续亦有期待。

　　2018 年，书稿初成，两位导师和肖晓飞、郭洋、刘龙华等多位师友为书稿把关，并经项目组各位专家审阅定稿，而后送审，历经七载，终得过审付梓。近年的编校中，书稿经张晓薇编辑的严格审校，又得刘晓萱、赵道旭等协助，不断修订谬误，力求面世时最大限度减少各类错误，少留遗憾。

　　回顾此中经历，我深知本书不仅承载着我由生为师的学术历程，更是凝聚着师友亲朋对我的关怀和支持，在此特对所有关心支持本书之诸位致以诚挚谢意！我亦深知，此书经七载等待，某些参考文献、观点见解已有"过时"之嫌，错漏之处仍未穷尽，在此诚表歉意！山高水长，还请诸位不吝赐教，继续支持我在这一领域的研学，感激不尽！